新编社会学系列教材

社会调查方法与实务
新挑战、新方法、新工具

丁华 等 著

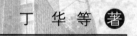
Social Survey Methods and Practices

北京大学出版社
PEKING UNIVERSITY PRESS

图书在版编目(CIP)数据

社会调查方法与实务:新挑战、新方法、新工具/丁华等著.—北京:北京大学出版社,2020.5
　新编社会学系列教材
　ISBN 978-7-301-30959-9

Ⅰ.①社… Ⅱ.①丁… Ⅲ.①社会调查—调查方法—高等学校—教材 Ⅳ.①C915

中国版本图书馆 CIP 数据核字(2019)第 276983 号

书　　　名	社会调查方法与实务：新挑战、新方法、新工具 SHEHUI DIAOCHA FANGFA YU SHIWU: XIN TIAOZHAN, XIN FANGFA, XIN GONGJU
著作责任者	丁　华　等著
责任编辑	武　岳
标准书号	ISBN 978-7-301-30959-9
出版发行	北京大学出版社
地　　　址	北京市海淀区成府路 205 号　100871
网　　　址	http://www.pup.cn
新浪微博	@北京大学出版社　　@未名社科-北大图书
微信公众号	ss_book
电子信箱	ss@pup.pku.edu.cn
电　　　话	邮购部 010-62752015　发行部 010-62750672 编辑部 010-62753121
印　刷　者	北京溢漾印刷有限公司
经　销　者	新华书店
	730 毫米×980 毫米　16 开本　23.75 印张　377 千字 2020 年 5 月第 1 版　2020 年 5 月第 1 次印刷
定　　　价	59.00 元

未经许可，不得以任何方式复制或抄袭本书之部分或全部内容。
版权所有，侵权必究
举报电话：010-62752024　电子信箱：fd@pup.pku.edu.cn
图书如有印装质量问题，请与出版部联系，电话：010-62756370

序

丁华博士组织撰写的《社会调查方法与实务：新挑战、新方法、新工具》即将付梓，我很高兴向读者推荐。

在当今的信息时代，无论进行实证社会科学研究，还是广义的行为科学研究，都离不开数据。各种统计数据、调查数据以及近年来广受重视的大数据，都是理解人的行为与社会现实不可或缺的重要工具。对于中国经济与社会的研究者而言，获得系统的社会经济发展基础数据，尤其是能够解释变迁、反映社会发展动态的跟踪调查数据，是开展高质量科学研究不可或缺的基础条件。

鉴于数据在科学研究中的关键作用，近年来，国内社会科学与管理科学领域高度重视数据采集。不少高等院校和科研院所组建了社会调查机构，一大批社会科学学者投身于社会调查，形形色色的社会调查项目如雨后春笋般涌现，愈来愈多的学者、大学生开始关注数据采集与数据分析。可以毫不夸张地说，数据采集与运用数据开展实证研究处于多少年来最为繁荣的时期。

"工欲善其事，必先利其器。"社会调查是一项复杂的系统工程，从问卷设计、抽样设计、调查执行、质量控制，到数据清理和发布，每个环节都需要科学设计和精心组织。与国内社会调查的蓬勃发展不相适应的是，关于调查方法的研究与探讨显得不足。严格而健全的调查方法乃是保证调查质量的关键。没有严格的调查方法，所谓的调查数据便会缺乏科学性，据此开展的实证研究也难以经受科学检验。

北京大学中国社会科学调查中心自成立以来，致力于采集有全国代表性的、大样本、高质量的微观调查数据,把这些数据经过清理、编码、加权等科学加工,提供给全体学术界同人共享,为相关学科的科学研究提供坚实的数据基础。中心自2008年起开展中国家庭动态跟踪调查(后改为"中国家庭追踪调查",CFPS)和中国健康与养老追踪调查(CHARLS)两个大型数据收集项目,通过多轮追踪调查收集个体、家庭、社区三个层次的社会经济基础数据,反映社会、经济、人口、教育和健康的变迁,目前两个项目数据已成为研究国计民生若干领域最有影响力的微观数据。

在调查项目的设计与执行中,北京大学中国社会科学调查中心十分重视在调查方法上学习借鉴国际先进经验,并根据中国的调查实务不断探索,争创世界一流。中心是国内最早使用计算机辅助方法开展全国大规模家户调查的学术机构。十余年来,中心组织和参与了十余项大型调查,在调查方法上不断创新,以适应新的技术发展和社会环境的变化,在大型社会调查项目组织、管理和方法研究方面积累了大量宝贵的经验。

本书的主要作者丁华博士是北京大学中国社会科学调查中心执行部、质控部和数据部主任,北京大学政府管理学院副教授、中心主任助理严洁博士和中心技术部主任姚佳慧工程师,以及各相关部门的工作人员也积极参与到本书的撰写工作中。其中,第一章的参与者有严洁、石田依和高源,第二章的主笔是姚佳慧,第三章到第六章的参与者有叶雪、张雅欣、李冉、王雪音和王堃,第七章的参与者有任莉颖、马文婷、石田依和王雪音,第八章的参与者有陈敏燕。丁华博士作为本书主笔,参与了所有章节的写作和修订工作,严洁博士对于全书各章节的结构安排和细节处理给予了颇多建设性意见和建议。本书的作者具有两方面的优势:一方面,他们在计算机辅助调查的方法设计、问卷设计、抽样设计和系统设计方法上有深厚的学术功底;另一方面,他们在全国大型社会调查的现场组织和实施方面有非常丰富的实战经验。

本书内容丰富,涉及问卷设计、抽样设计、调查技术、调查执行、质量控制、数据清理、数据库建设,几乎涵盖了社会调查的所有环节。作者对各环节的介绍分析既有严谨的学术阐释,又包含切合实际的实务经验。更为难能可贵的是,作者并未拘泥于介绍国内外已成形的调查方法,他们还特别关注新技术发展和社会调查环境变化对传统调查方法的挑战,对基于移动设备的调查和混合模式调查等新型调查方法做出颇具创造性的分析。

我们希望这本教材能够成为社会科学和管理科学学生深入了解社会调查前沿方法和先进技术的经典读物，成为国内学术调查同行开展高质量社会调查可借鉴的实务手册，为科学调查理念和方法的传播、为社会调查质量的提高做出贡献。

北京大学中国社会科学调查中心主任　李　强

2019 年 10 月

于北京大学

社会科学基础建设的中国努力
（代序）

有一天，丁华跟我说，他们写了一本教材，希望我能写一个序言，我爽快地答应了。

其实，在我答应的那一刻，我并不清楚他们写了一本怎样的教材，只是想着他们写的一定是与社会调查方法有关的教材。自己教了30多年的社会调查与研究方法，自信对教材有一定的鉴别能力，写一个序，似在我能力范围之内。

可待我拿到《社会调查方法与实务：新挑战、新方法、新工具》（以下简称为《社会调查方法与实务》）教材的校读稿时，却有一种震惊的感觉。

社会调查方法的教材大致可以分为两类：一类是课堂教材，也可以被称为学位课程教材；一类是实务教材，可以被称为操作手册。

1979年中国社会学恢复与重建，负责学科建设的费孝通先生曾经设想了一个"五脏六腑"方案，其中的六腑，指的是六门课程："社会学理论""社会调查方法""西方社会学学说史""社会心理学""比较社会学""城乡社会学"。由于各种因素的影响，这六门课，在20世纪80年代早期建设的社会学系中并没有完整地落实到课堂。不过，有一门课是所有社会学系都开的，那就是"社会调查方法"。

课程是开出来了，却没有一本合用的教材。20世纪80年代使用比较广泛的一本方法教材是四川大学的袁亚愚和徐晓禾编译的《当代社会学的研究方法》①。其中,真正讨论调查方法的内容不到80页篇幅,内容涉及抽样、问卷设计、邮寄问卷,以及访谈调查。现在翻看这本教材,读者依然可以感受到在社会学恢复与重建之初,作为学科基础的教材建设的艰难。的确,有30年左右的时间,中国不仅取消了社会学学科,与国外同行的交流也完全中断。在社会学恢复与重建之初,对本学科(尤其是方法)的进展与前沿议题,完全不了解。尽管中国不断地派出学术代表团到国外考察和访问,可一个学科的建设可以挥之即去,却不能招之即来。

许多年之后我们才知道,在那个年代,美国的社会调查与研究方法已经有了长足的发展。社会调查的方法不仅与统计学方法密切关联,也与可以实施的技术和资源条件有关,除了传统的邮寄问卷以外,面访调查和电话调查的方法和技术在发达国家非常普遍和成熟。《当代社会学的研究方法》之所以没有纳入电话调查方法且没有基于中国研究的实例,一方面是社会学处在恢复与重建的早期,完全没有基于科学原理的大规模社会调查实例;另一方面,在中国做调查的技术和资源也非常有限,如1980年,中国家庭的电话普及率还很低,根本没有进行电话调查的前提条件。

可是,要教学生,总得有教材。在缺乏现实的、本土实践的条件下,只有从既有人类实践的成果中去借鉴。是否合用,是下一步要解决的问题。

社会学恢复与重建的另一个困难,也是基础的困难,是缺乏专业人才,费孝通先生设计的六门课在有些学校之所以开不出来,主要是因为没有师资力量。我就是在那个时期转入社会学学科的。我于1986年登上社会学讲台,可我并非社会学科班出身。20世纪80年代,绝大多数站在社会学讲台上的人,都和我情况一样。这样的现象构成了中国社会学在恢复与重建中的一个重要特征——多学科混杂。混杂有混杂的好处,从正面说,是跨学科;也有混杂的坏处,从负面说,便是不正统。在经历了几十年的摸爬滚打之后我们才懂得,获得跨学科优势是有前提的,譬如至少对要跨入的学科有深入的理解,如果有扎实的训练更好。可当初,没有人对社会学的学科前沿有准确的理解,跨入社会学的人甚至连社会学是什么都不明白。

鸭子被赶上了架,总得尽力而为。那时,既没有互联网,也没有微信,复印在那个年代都是奢侈的行为,交通不便和差旅费用的短缺使得各高校之间

---

① 袁亚愚、徐晓禾编译:《当代社会学的研究方法》,四川大学出版社1986年版。

的教师交流更是有限。我们这一代人，就是这样，在各自有限的范围内，在尽力而为的努力中，一边摸索着去理解社会学的传统与前沿，在可用的信息资源中去拼凑社会学的知识与方法；一边试图用有效的资源建设社会科学的基础，譬如教材与实践基地。

我教授的第一门课是"社会调查与研究方法"。可当时，我并不知道有哪些可用的教材，也不知道有《当代社会学的研究方法》。如今，人们使用信息检索工具便可以了解到，20 世纪 80 年代出版了一些社会调查与研究方法教材，包括翻译出版的教材。[①] 不过，大多数都是在国外教材的基础上编译而成，或者是依据 1980—1984 年社会学短训班的培训教材扩充编写而成，与《当代社会学的研究方法》并无本质差别。我使用的是一本油印版本的类似的教材，由马克思主义教研室的几位教师编写而成。

为了寻找适用的教材，2000 年后，我也翻译过艾尔·巴比的《社会研究方法基础》[②]。这本教材，早在 1987 年，李银河教授就弄了一个编译的简版。2002 年，我翻译了完整的第八版。之后，中文翻译版一直更新到第十三版。在教学中，《社会研究方法》是使用量相当大的一本教材。

由于老师们没有接受系统的社会调查方法训练，也没有真正采用社会调查方法进行过大规模的调查研究，在课堂上，除了照本宣科、讲一些调查中的趣事以外，便没有更多实质性内容可以教给学生。

即便如此，老师们还是要带领学生到居委会、村庄去进行社会调查。在进入实地之前，我们自以为了解代表性、随机性、概率抽样、面访调查、填答等概念，也理解概念的字面含义和操作方法，可待到面对实际场景时，却猛然发现不仅学生不知道如何把概念与原理运用到现场，而且老师自己也并未透彻地理解概念蕴含的科学逻辑。譬如，要在村庄进行入户调查，什么算是一个家庭户，就是难以直接处理的问题：住在一个屋檐下的？同一个锅灶吃饭的？

[①] 譬如，林南：《社会学研究方法》，华中工学院社会学研究班油印本 1982 年版。于真、许德琦等：《当代社会调查研究科学方法与技术》，工人出版社 1985 年版。戴建中、高小远：《社会调查研究方法》，中国社会学函授大学 1986 年编印。肯尼思·D. 贝利：《现代社会研究方法》（许真译），上海人民出版社 1986 年版。艾尔·巴比：《社会研究方法》（李银河编译），四川人民出版社 1987 年版。20 世纪八九十年代，几乎每一个社会学系都有自己的社会调查与研究方法教材。

[②] 艾尔·巴比：《社会研究方法基础（第八版）》（邱泽奇译），华夏出版社 2002 年版。此后，邱泽奇翻译，华夏出版社出版，还更新过第十版、十一版（改译为《社会研究方法》）；第十三版由邱泽奇翻译，圣智出版集团出版。

到外地上大学的孩子算不算？等等。

调查看起来是按照课堂知识操作的，可为什么要如此操作，与课堂知识有哪些一样或不一样，既没有系统归纳与反思，更没有把在调查实务中遇到的难题与问题带回课堂进行讨论。课堂教学与实地实践脱节成为中国社会学学科建设中一个长久存在却没有解决的问题。

显然，我们虽然有了五花八门的课堂教材，却没有一本基于中国实践的调查实务手册。每当进入学生实习的季节，我们真希望有一本实地调查的手边书来支撑自己的底气，帮助自己解决在实地调查中面对的具体问题。如果说课堂教材的特征是综合性和学术性，侧重于社会调查的科学逻辑与实践方案的话，那么实务教材则更侧重于社会调查的实践性和操作性，是一部解决问题的方案集。

课堂教材可以通过编译和拿来的方式组织内容，可实务教材必须植根于中国实践的土壤，从脚踏实地的印记中提炼和归纳。否则，名之为实务的教材依然无法指导具体调查实践。说到底，中国社会不是美国社会，美国的实践经验与中国社会的具体情境差之千里。

在这样的背景下，我们知道在指导调查实务的实践中，《社会调查方法与实务》是重要的。可要进一步理解《社会调查方法与实务》的意义，就不得不说到中国社会科学基础建设的另一项努力：综合性社会调查实践。

在美国社会科学方法实务经验的积累中，实地社会调查扮演了极其重要的角色。美国早期的人口普查和民意调查的主要目的是为选举服务[1]，作为社会科学基础的综合性调查则是以1968年开始的美国家庭收入动态跟踪调查（Panel Study of Income Dynamics, PSID）为代表。在此之前，有1951年开始的底特律区域研究（Detroit Area Studies, DAS）。可这些提供的都是局部性实务。也有伴随第二次世界大战开始的当前人口调查（Current Population Survey, CPS）和二战后开始的美国消费者调查（Survey of Consumers, SOC），可CPS是政府统计调查，SOC的规范化是在20世纪70年代之后。因此，真正称得上是覆盖全美的第一项综合性学术性调查，便是PSID。在PSID之后，陆续出现了一系列的学术性调查，如1969年开始的美国教育进展评估（National Assessment of Educational Progress, NAEP）、1971年开始的美国国家

---

[1] 罗伯特·M.格罗夫斯等：《调查方法》（邱泽奇译），重庆大学出版社2017年版，第3页。

药物使用与健康调查(National Survey on Drug Use and Health,NSDUH)、1972年开始的美国综合社会调查(General Social Survey,GSS)、1973年开始的美国犯罪被害调查(National Crime Victimization Survey,NCVS)等。这些覆盖全美的、大规模的、不同主题的调查,为把调查方法应用到实践和从调查实践中提取调查方法的学术问题提供了大量的机会和广阔的空间。

美国的实践还证明,可靠的、大规模的学术性数据集不仅对社会科学发展具有不可替代的重要作用,对社会科学家认识人类社会的基本规律也具有重要价值[1],为美国社会科学的发展提供了支撑。美国社会科学调查与研究方法的成熟与发展,也是在理论与实践的碰撞中展开的。基于美国多情境实践的调查实务手册成为其社会科学基础建设的重要组成部分。

在社会科学基础建设的框架中,《社会调查方法与实务》有其独到的历史意义和学术价值,因为《社会调查方法与实务》是中国大规模社会调查实践结晶的一部分。

中国的社会科学家尤其是社会学家在经历了30年的努力之后,开始意识到一个可靠的、大规模的、学术性的、对中国具有推论意义的数据集对社会科学建设与发展的重要意义。在有了一定的学术基础之后,学者们努力筹集资源,试图建立一个这样的数据集。

其中,最早进行尝试的是中国人民大学的中国综合社会调查(Chinese General Social Survey,CGSS)。2003年,时任中国人民大学社会学系主任的李路路教授与香港科技大学社会科学部主任边燕杰教授合作,双方各出一部分经费,进行了第一次覆盖中国内地的调查,有效样本量为5894份。

2006年,北京大学在进行"985"第二期学科规划时,社会科学的9个院系提出了同样的要求,希望集中经费建立社会科学的基础数据集。为获得后发优势,北京大学专门成立了中国社会科学调查中心,任命本人为中心负责人,负责筹建机构和数据集项目。

2008年5—9月,北京大学中国社会科学调查中心在北京市、上海市和广东省进行了中国家庭动态跟踪调查(后改为"中国家庭追踪调查",CFPS)的测试调查,此次调查在上海市的合作单位是上海大学、在广东省的合作单位

---

[1] PSID入选美国国家科学基金会(NSF)50周年的50项发明创新之一,排在第38位,也是唯一的社会科学项目,由此可以观察到PSID对社会科学之重要影响,参见:https://www.nsf.gov/about/history/nifty50/index.jsp,访问日期:2019年11月1日。

是中山大学。测试调查的设计规模为2400户,每个省/直辖市800户,分布于8个区/县,每个区/县4个村/居,每个村/居25户。2009年5—9月,在同样的合作模式下,增加了与美国密歇根大学社会调查研究中心(Social Research Center, SRC)的技术合作,对三地于2008年进行过初访调查的样本户进行了跟踪调查。

与2008年初访调查比较,2009年的跟踪调查最重要的变化是:2008年采用的是纸笔调查,即由访员使用纸质的问卷和笔在访问中记录访问结果,然后再进行数据录入;2009年则采用了计算机辅助面对面访问(Computer Assisted Personal Interview, CAPI),访员在访问中携带笔记本电脑,使用已经程序化的问卷提问并记录访问结果,通过网络将访问结果及时传回中心服务器,中心服务端有专业人员随时监测数据质量。这是中国第一次实施的伴随调查数据质量监测的大规模计算机辅助调查。

不仅如此,CFPS 的数据来自3个层次的受访者,即村居、家庭、个人,为PPS样本。抽样方案可简要归纳为:依据PPS原则和入户调查的经济性原则进行抽样。第一层抽样到区/县;第二层,在样本区/县直接抽样到村/居;第三层,在样本村/居直接抽样到家户。抽样中不区分城乡,在第一、二层的抽样中,以每层的常住人口、经济指标或家庭人口规模作为抽样的索引指标;为测试不同方法,在到户的抽样中,采用了常住人口名册的自然排序法、社区地图法、社区地址法等不同方式。这是在中国第一次综合了多种抽样方法的尝试,且将末端抽样与计算机辅助调查相结合。

还有,由于CFPS理论假设的复杂性产生了一个非常复杂的问卷结构,问卷数量多达6种,这还不包括条件性模块。在常规的纸笔问卷调查中,要实施这样的调查几乎是不可能的。即使在有丰富调查实务经验的美国,也不曾有过类似的复杂调查。可以说,我们没有现成的经验可以借鉴。这个结构不仅需要计算机辅助系统的支持,更需要从访员培训开始到实施结束为止的一系列组织机制与落实,任何一个环节的疏漏和马虎都会影响调查数据的质量。通常的调查只会产生一种数据,即调查数据,CFPS在2010年的初访调查后则产生了6类数据:问卷调查数据、访问管理数据、质量核查数据、访员观察数据、抽样信息数据、访员信息数据。

不同于中国人民大学实施的CGSS调查,CFPS是追踪调查,意味着除了要在设计阶段制定追踪策略,解决因社区变迁和家庭变迁产生的样本流失、样本膨胀等理论问题以外,还需要在实地调查实施中依据策略解决样本维护和追踪等追踪调查独有的实务问题。

伴随数据质量监测的、多问卷混合的、多重抽样的、维护和追踪样本的大规模计算机辅助调查,对不曾有系统性经验积累的中国社会科学而言,是全新的尝试。复杂抽样、复杂问卷结构、计算机辅助调查等都是新挑战,挑战的不仅是单项技术,更是系统集成和组织协调。在实地调查的摸爬滚打中积累的还有组织方法、管理方法、数据质量监测方法、数据清理方法等面对新挑战的新方法,更有包括从使用电脑、电话到移动设备开展调查等所涉及的新硬件和软件。

丁华博士作为《社会调查方法与实务》一书的主要作者,于2009年进入北京大学中国社会科学调查中心工作,从主持CFPS项目2010年基线调查的末端抽样框方案设计开始,十年来带领执行团队组织实施了CFPS项目的五个轮次全国调查、中国健康与养老追踪调查(CHARLS)的基线调查,以及其他多项调查,如中国居民健康与疾病负担调查(Chinese Mental Health Survey, CMHS)、中国城乡困难家庭社会政策支持系统建设调查、社区治理动态监测平台及深度观察点网络建设调查等,积累了丰富的全国大型社会调查组织实施的经验。她对社会调查执行、质量监控和数据管理全流程有着深刻的理解和把握。本书从调查方法的混合模式入手,依照调查实施的执行步骤,探讨了调查信息系统的设计与基本功能、调查团队组建与培训、调查筹备、调查执行管理、调查质量管理、调查数据清理与数据库建立,以及调查预算编制与管理,系统地呈现了10多年来北京大学中国社会科学调查中心在调查实务领域的经验和教训。

十年树木,百年树人。《社会调查方法与实务》是中国社会科学基础建设努力的一部分,也是培养社会调查人才的参考书。对于从事调查尤其是追踪调查的同人而言,《社会调查方法与实务》是一本难得的调查实践手边书,您在调查中遇到的大多数问题,都可以从书中找到应对的参考方法;对于数据用户而言,《社会调查方法与实务》则是一本北京大学中国社会科学调查中心所发布数据的采集方法、质量管理方法和数据管理方法的说明书,您在使用数据中产生的任何疑问,都可以通过翻阅《社会调查方法与实务》来获得自己的判断。

当然,《社会调查方法与实务》只是中国社会科学基础建设的开始。一方面,调查方法在不断地更新,《社会调查方法与实务》提供的方案会不断面对新的挑战;另一方面,移动终端和应用的普及让大数据逐步成为社会科学基础建设的重要组成部分,处理与大数据的关系,也将成为《社会调查方法与实务》要面对的重大挑战。

  我希望在不久的将来看到越来越多有关社会科学基础建设的努力,促使中国社会科学走在国际学术的前沿,为中国的发展服务,也为人类的知识积累贡献中国的一份力量。

邱泽奇谨识

2019 年冬至日

目 录

第一章 调查方法概述 …………………………………………………… 1
    第一节 调查方法的分类及适用环境 ……………………………… 1
    第二节 模式效应与混合模式调查 ………………………………… 13
    第三节 新时代对调查方法的挑战 ………………………………… 23

第二章 调查信息系统的设计与基本功能 ……………………………… 30
    第一节 调查信息系统的需求 ……………………………………… 30
    第二节 调查信息系统总体设计 …………………………………… 36
    第三节 调查信息系统的功能设计 ………………………………… 39
    第四节 基于移动设备的调查系统 ………………………………… 52
    第五节 新背景下的混合模式调查 ………………………………… 57
    第六节 数据安全保障系统 ………………………………………… 64

第三章 调查团队组建与培训 …………………………………………… 67
    第一节 调查团队的组织结构 ……………………………………… 67
    第二节 督导团队建设 ……………………………………………… 72
    第三节 访员团队建设 ……………………………………………… 79
    第四节 调查团队的培训 …………………………………………… 95

第四章 调查筹备 ………………………………………………………… 116
    第一节 调查执行制度的建设 ……………………………………… 116
    第二节 问卷电子化与系统测试 …………………………………… 126
    第三节 联系信息采集设计 ………………………………………… 146
    第四节 末端抽样框构建 …………………………………………… 154

第五节　调查辅助材料准备 …………………………………… 161
　　　第六节　预调查组织与结果运用 ……………………………… 174
　　　第七节　调查宣传和行政支持 ………………………………… 182

第五章　调查执行管理 …………………………………………… 187
　　　第一节　调查团队管理 ………………………………………… 187
　　　第二节　访问管理 ……………………………………………… 205
　　　第三节　访员效应的控制 ……………………………………… 216
　　　第四节　访问情境的影响和控制 ……………………………… 225
　　　第五节　访员及受访者激励 …………………………………… 233
　　　第六节　追踪调查中的维护工作 ……………………………… 240
　　　第七节　调查报告 ……………………………………………… 246

第六章　调查质量管理 …………………………………………… 256
　　　第一节　质量管理的目标 ……………………………………… 256
　　　第二节　质量管理的方法与流程 ……………………………… 264
　　　第三节　数据监控方法及应用 ………………………………… 282
　　　第四节　质量管理团队组建与管理 …………………………… 292
　　　第五节　质量管理报告 ………………………………………… 301

第七章　调查数据清理与数据库建立 …………………………… 310
　　　第一节　数据管理的工作内容和要求 ………………………… 310
　　　第二节　问卷数据清理 ………………………………………… 314
　　　第三节　并行数据清理 ………………………………………… 330
　　　第四节　数据库建立 …………………………………………… 341

第八章　调查预算编制与管理 …………………………………… 346
　　　第一节　调查支出科目 ………………………………………… 346
　　　第二节　调查预算编制方法和预算控制 ……………………… 350

部分重要名词中英文对照 ………………………………………… 361

参考文献 …………………………………………………………… 363

第一章 调查方法概述

调查方法是一个较为广泛的概念,根据抽样方式、调查模式、调查内容和调查时间等维度可以划分多种具体的方法。由于各种调查方法在适用环境和模式效应上存在差异,利用混合模式开展调查以提高应答率和数据质量成为调查方法研究和实践的新方向。近年兴起的大数据挖掘方法弥补了社会调查方法的不足,也对社会调查方法提出了挑战,有效利用并融合大数据和小数据的优势进行跨学科研究将会极大地拓展社会研究的广度和深度。追求科学的研究设计、采集高质量数据、降低调查成本和建设共享数据平台是社会调查方法未来发展的方向。

第一节 调查方法的分类及适用环境

调查方法(survey methods)的内涵和外延十分丰富,与其词形和词义相近的有社会调查(social survey)、社会调查方法(social survey methods)、调查研究方法(survey research methods)、社会研究(social research)、研究方法(research methods)等。关于这些概念的争论主要集中在它们是否全部或部分为同义词,是否存在包含或交叉关系。

从社会调查的概念出发,主要有三种观点:一种观点认为社会调查是一种活动,而社会调查方法是实施这一活动的方式。[1] 例如,吴增基等人认为,

---

[1] 王学川、杨克勤主编:《社会调查的实用方法与典型实例》,清华大学出版社2011年版,第3—4页。

"社会调查是人们运用特定的方法和手段,从社会现实中收集有关社会事实的信息资料,并对其作出描述和解释的一种自觉的社会认识活动"①。另一种观点则认为社会调查是一种方法,与调查研究是同义词。② 如格罗夫斯(Groves)认为社会调查是一种系统的方法,用来从一个整体(或样本)中收集信息,以对总体的属性进行定量描述。③ 还有观点认为社会调查同时包含了两种定义。如袁方将社会调查视作"一种收集资料的方法,它也指人们了解社会事实的活动"④。

从社会调查与社会研究的角度看,有观点认为社会调查是社会研究的一种,不仅包含收集资料的过程,也包括分析研究,在这种定义下社会调查和调查研究方法是同义词。风笑天认为,"社会调查是一种采用自填式问卷或结构式访问的方法,通过直接的询问,从一个取自总体的样本那里收集系统的、量化的资料,并通过对这些资料的统计分析来认识社会现象及其规律的社会研究方式"⑤。但另一种观点将二者进行了严格区分,认为社会调查仅收集资料,而调查研究则被分为调查和研究两个阶段。⑥

从社会调查实务的角度出发,为了避免混淆,本节介绍的社会调查方法(以下简称调查方法)从三个方面加以限定:(1)调查方法不等同于社会调查,而是实施社会调查的方法;(2)社会调查不包括分析研究的过程,重点在于资料的收集和整理;(3)现代调查方法收集的资料以数据形式呈现,既包括数字、文字等,也包括录音、图像等。

正如费孝通所说:"任何一种社会调查的经验和方法,都是别人从彼时彼地的具体的社会调查中获得,并加以总结提高的。而接触到的客观事物、现象都因人、因时、因地而异,各有其不同的内在联系,有着千变万化的发展过程,有不同的类型。所以,我们不能用某一个模式去硬套,也不能机械地搬用

---

① 吴增基、吴鹏森、苏振芳主编:《现代社会调查方法(第五版)》,上海人民出版社 2018 年版,第 2 页。
② 风笑天:《现代社会调查方法(第五版)》,华中科技大学出版社 2014 年版,第 5—6 页。
③ Robert M. Groves et al., *Survey Methodology*, 2nd, New Jersey: John Wiley & Sons, Inc., 2009, p.2.
④ 袁方主编:《社会调查原理与方法》,高等教育出版社 1990 年版,第 1 页。
⑤ 风笑天:《现代社会调查方法(第五版)》,华中科技大学出版社 2014 年版,第 6 页。
⑥ 袁方主编:《社会调查原理与方法》,高等教育出版社 1990 年版,第 1—2 页。

某种方法去分析具有不同特点的对象。"①社会现实状况复杂而抽象,以大量的社会调查事实经验为基础,目前发展出了一些相对成熟的调查方法,分别适用于不同的情境,以下将分四个维度进行介绍。

一、样本维度

20 世纪 80 年代中期,费孝通按照调查对象的范围,将社会调查分为三种基本方式:普遍调查(普查)、抽样调查和典型调查。普查是对所有对象一个不漏地进行普遍调查;抽样调查是从整体中用一定的方法抽取一部分有代表性的对象进行调查,并将调查结果推论到整体;典型调查类似于个案研究,对一个或还不足以构成样本的少数典型进行深入调查。前两者适用于定量研究,典型调查适用于定性研究,三者的样本量递减。之后几十年,这一划分标准被广泛地用于调查方法的分类,并不断演化。目前从样本角度主要将调查方法分为全面调查和非全面调查两大类,全面调查即普遍调查,由于对所有对象都进行调查,适于了解如人口信息、企业经营等基本情况。普查的工作量大,对人力、物力、财力的要求高,因此多由国家行政部门组织进行,调查周期和调查间隔也较长。非全面调查又分为抽样调查、重点调查、典型调查和个案调查。前三类都是通过对整体中部分对象进行调查推出总体的特征,而个案调查则是就事论事不探求普遍的规律。重点调查和典型调查采用非概率抽样,属于广义的抽样调查。但在实际中,抽样调查一般指的是用概率抽样的方法从整体中选取一部分样本进行调查。重点调查和典型调查的区别在于:重点调查的样本在总体中占重要地位,典型调查的样本在总体中具有代表性。结合各类调查方法的特征,最常使用的两种方法是抽样调查和典型调查。

(一)抽样调查

抽样调查是目前最普遍使用的调查方法,广义上包括概率抽样调查和非概率抽样调查两部分,但通常特指使用概率抽样方法进行的调查,即"从所研究的总体中,按照一定的方式选取一部分个体进行调查,并将在这部分个体中所得到的调查结果推广到总体中去"②。与普查相比,由于只选取一部分样

---

① 费孝通著,刘豪兴编:《社会调查自白:怎样做社会研究》,上海人民出版社 2009 年版,第 9 页。
② 风笑天:《现代社会调查方法(第五版)》,华中科技大学出版社 2014 年版,第 12 页。

本,抽样调查具有成本低、周期短、调查内容丰富等优势,适用于大多数社会调查。

调查是为了反映社会的真实情况,普查虽然原则上覆盖全部调查对象,但仍然不能确保其准确性。普查对访员数量的需求大,访员素质难以保证,调查实施时间长且组织难度大,可能出现各种非抽样误差。抽样调查虽然会带来抽样误差,但对非抽样误差的可控程度明显提高。由于抽样调查的样本量相较于普查显著减少,因此所需的访员数量也随之锐减,这样一方面可以降低成本,另一方面访员素质更有可能得到保证。在抽样调查开始前,选拔出来的访员需要经过专业培训和考核,通过考核后在调查机构的组织和监督下开展调查工作。此外,抽样调查的执行期较普查短,访员的反馈更加及时,调查机构也更有可能对调查数据的质量进行多方面监测。实践经验表明,抽样调查的抽样误差和非抽样误差总和往往小于普查的非抽样误差。随着抽样技术的不断提高以及调查执行制度、质量控制制度和数据管理制度的不断完善,抽样调查的准确性也将进一步提高。

(二) 典型调查

典型调查在实际运用中通常与抽样调查相结合,主要有两种模式:一是在抽样调查之前进行先导性的典型调查,对总体形成初步认识,以优化抽样调查设计;二是在抽样调查之后选取一部分典型对象进行更深入的调查。这两种模式是对典型调查的不同运用,虽然前者是夯实基础,后者是研机析理,但都体现了典型调查的本质。典型调查与抽样调查相辅相成,从操作层面来看,先导性的典型调查应用更加广泛,可以优化大规模、高成本的抽样调查设计,提高抽样调查的效率。中国社会科学院主持的"当代中国社会结构变迁研究"课题就使用了先导性典型调查的方式,先在11个调查点较为系统地考察了相对独立的社区或组织机构的社会结构,为全国范围的社会结构变迁研究提供了分类体系,对下一阶段的抽样调查设计意义重大。然而不论是否与抽样调查结合进行,也不论在抽样调查之前还是之后进行,典型调查都存在代表性的争议问题,即选取的样本是否在总体中具有代表性,这也是推动典型调查发展的关键问题。

二、模式维度

调查模式伴随着技术的发展和使用工具的变化而发展。最早出现的调查模式采用纸笔调查(Paper-and-Pencil Assisted Personal Interview, PAPI)的方式,包括纸笔面访、自填问卷(包括邮寄问卷、集中自填问卷和传真机自填问卷)。随着家庭电话的普及,调查人员开始使用电话访问模式。近年来,计算机技术的发展和成熟催生了计算机辅助调查(Computer-Assisted Interview, CAI)访问模式,包括计算机辅助面对面访问(Computer-Assisted Personal Interview, CAPI)、计算机辅助电话访问(Computer-Assisted Telephone Interview, CATI)、计算机辅助自助访问(Computer-Assisted Self Interview, CASI)。互联网技术的发展又使计算机辅助网络调查(Computer-Assisted Web Interview, CAWI)成为新的调查模式。

本部分将根据调查技术的发展脉络对几种主要的调查模式进行介绍,分析各种调查模式在不同情况下的适用性,帮助调查者选择最符合项目要求的调查模式。

(一)面对面访问

面对面访问是最早被用于调查研究的模式之一,是一种由访员按照结构化的问卷当面对受访者口头提出问题,再根据受访者的回答在问卷中记录答案的访问模式。由于当时电话尚不普及,同时邮寄问卷的应答率较低,因此直到20世纪60年代,面对面访问都被认为是对家庭和个人进行访问的标准模式。[1]

面对面访问最早使用的是纸笔调查形式,随着计算机技术的发展,CAPI被越来越多的调查项目采用。CAPI与传统的纸笔面访在形式和流程上基本一致,不同之处主要体现在所使用的调查工具上,访员需要使用安装有访问系统的笔记本电脑或平板电脑进行访问。CAPI的优点在于可以将问卷中的抽样、跳转等编进程序,在访问中由访问系统自动完成,节省访问时间,降低人为操作导致出错的可能性。同时,访问数据也可以及时回传给调查机构,通过实时的质量管理,有效监督访员的访问行为,及时发现访问中的问题,保证数据质量。

相比其他调查模式,面对面访问可以同时使用视觉和听觉媒介传递信

---

[1] Don A. Dillman and Michelle L. Edwards, "Designing a Mixed-Mode Survey," in Christof Wolf, et al., eds., *The SAGE Handbook of Survey Methodology*, London:SAGE Publications Ltd, 2016, pp. 255-268.

息。在询问选项较多的多选题时，访员可以借助示卡，即将印有所有选项的卡片交给受访者，访员只需读出题干，受访者根据示卡上的选项给出答案。同时，借助视觉媒介，在处理复杂量表问题时也可以对量表的每个刻度进行文字标注，而在只有听觉媒介的电话访问中则需要尽量对复杂的量表题进行简化。在面对面访问中也更适合提出开放性问题，访员可以在面对面沟通中更清楚地理解受访者要表达的内容，记录完整清晰的答案。此外，面对面访问的无应答率（无回答率）较低，访问开始后受访者中途拒访率较低，通常可以允许更长的访问时长。①

面对面访问模式也存在一些问题，比较典型的是访员效应（interviewer effects）②对访问质量的影响。比如，由于访员在场，受访者在回答敏感问题时容易受到社会期许效应③的影响，更可能给出符合社会期待的答案。④

（二）自填问卷调查

自填问卷调查是一种由受访者自行填写问卷，完成资料收集的访问模式，包括集中自填纸质问卷调查、邮寄问卷调查、计算机辅助自助访问、网络调查等几种形式。

1. 集中自填纸质问卷调查

在集中自填纸质问卷调查模式中，受访者接受邀请后，在调查者安排的场所按要求统一填答问卷。所有问卷由调查组织者统一发放，所有受访者同时填写问卷，再由调查者统一回收。特别适合在会议、课程及活动现场等可将被调查者集中起来的场所开展调查。集中自填问卷模式能够一次性接触到大量受访者，相对于一对一面访的方法更加节约时间、人力和费用。此外，集中自填问卷的方式方便调查人员对问卷进行检查、回收和统一管理，数据回收质量和应答率相比其他自填问卷的调查形式更有保证。集中自填问卷

---

① Don A. Dillman and Leah M. Christian, "Survey Mode as a Source of Instability in Responses Across Surveys," *Field Methods*, Vol. 17, No. 1, 2005, pp. 30-52.

② 访员的角色特征影响被访者的应答，从而影响最终的数据质量，这种影响通常被称为访员效应。

③ 社会期许效应是指受访者用社会认可的方式回答问题，使自己看起来更符合社会规范和社会期许的一种倾向。

④ E. de Leeuw and J. van der Zouwen, "Data Quality in Telephone and Face-to-face Surveys: A Comparative Meta-analysis," in R. M. Groves et al. eds., *Telephone Survey Methodology*, New York: Wiley-Interscience, 1988, pp. 283-299.

模式的缺点是受访者容易受到群体效应的影响，因此可能会导致数据测量误差。

2. 邮寄问卷调查

邮寄问卷调查是一种自助调查模式，受访者收到问卷后按要求自行填写，并在规定的时间内将填好的问卷寄回给调查机构或研究者。

邮寄问卷调查模式的优点是调查成本较低、易于操作。由于数据的采集过程由受访者独立完成，不需要访员参与，因此可以节约与访员相关的费用。此外，由于没有访员在场，可以避免由访员造成的测量误差，如访员偏离标准化访问程序的行为和访员违规代答、臆答①等弄虚作假的行为导致的误差。邮寄问卷调查的自助模式也更适合处理敏感问题，由于没有其他人在场，受访者不太容易受到社会期许效应的影响，从而提高了数据的真实性。

邮寄问卷调查的缺点是问卷回收率低，应答率远低于面对面访问和电话访问。由于缺少访员的参与和协助，受访者可能无法准确理解问卷问题，造成测量误差。受访者也可能不按照问卷设计的题目顺序回答问题，导致因答题顺序产生的偏差。受访者在回答多选题时也容易受到首因效应（primacy effect）②的影响。此外，在没有访员协助的情况下，受访者很可能会出现跳问错误。由于缺少访员的追问，受访者填写的开放性问题答案也很可能是简略的和不完整的。在面对面访问和电话访问中，问卷上的"不知道"和"拒绝回答"选项要求访员在读题时不读出，根据受访者的回答情况再适时选择。在自填问卷模式中，是否给出这些选项也是研究者需要考虑的问题。

3. 计算机辅助自助访问

计算机辅助自助访问是受访者在没有访员协助的情况下自行使用计算机访问系统填答问卷的访问模式，这种模式需要受访者有足够的能力进行阅读并填答。而在计算机辅助自助语音访问（Audio Computer-Assisted Self Interview，ACASI）中，所有问题都通过事先录好的语音形式读出，需要受访者有良好的听力能力并确保听懂问题。由于没有访员的现场参与和解释，在设计计算机辅助自助访问问题时应注意问题的措辞，要尽可能清晰易懂。另外，计

---

① 臆答指访员对问卷中的某些题目没有提问受访者而自填答案。
② 首因效应在视觉媒介的模式中比较常见，指在选项较多的题目上，受访者更容易选择排序靠前的答案。

算机访问系统设计要尽可能简便，方便受访者在短时间内学习和掌握，这需要研究者在问卷设计和访问系统开发过程中特别予以注意。

计算机辅助自助访问的优点在于能够处理敏感问题。由于没有访员在场，受访者受到较小的社会期许效应的影响。此前有研究者比较了计算机辅助自助访问和面访问卷的数据，发现计算机辅助自助访问收集的数据中违反社会期许的比例更高，并且突出体现在最为敏感的选项上。

4. 网络调查

网络调查通过网页问卷、电子邮件问卷、社交网络平台调查问卷等形式收集数据和资料。目前，使用最广泛的网络调查方式是网页问卷调查，即以网页作为载体的网上调查形式。网页问卷调查中，受访者通过打开调查网页链接的方式自助填写问卷。

与其他调查模式相比，网络调查具有互动性强、成本低、易于收集数据等优势。其中，互动性强是网络调查最大的优点。借助互联网信息技术，网络调查问卷可以向受访者展示丰富的图像、视频、声音等多媒体内容，有助于吸引受访者的注意力，激发受访者参与调查的兴趣。同时，网页问卷方便调查者进行选项按钮、下拉菜单及逻辑跳转的设计，而这些都是传统的纸质问卷形式无法实现的。同时，网络调查也是成本最低的调查模式，节省了访员的招募和培训等相关成本。

但是，网络调查通常会存在显著的覆盖误差和抽样误差。网络调查只能覆盖到使用互联网的人群，且经常采用便利抽样，样本较难有代表性。此外，网络调查过程中受访者缺少访员的协助、指导和激励，应答率也相对较低。与其他自助访问模式相似，调查者很难控制访问中的环境因素，数据质量管理较为困难。

（三）电话访问

随着电话的普及，越来越多的调查者开始使用电话访问模式开展数据采集工作。电话访问是由访员拨打受访者电话，根据结构化的问卷对受访者提问并记录答案。电话访问中，访员要根据电话号码簿或随机数字拨打电话。在家庭调查中通常要进行户内抽样，使用 KISH 表或采取随机方法抽取符合要求的受访者。

计算机辅助电话访问系统的发展，使电话访问的抽样、呼叫、未应答重拨、回答录音和数据汇总整个流程可以由计算机自动完成，大大提高了访问效率。然而，电话访问只能借助语音传递信息，无法借助示卡等工具，因此在访问中要尽量避免使用选项较多的多选题，必要情况下建议将每个选项改为判断题单独进行提问。此外，在电话访问中使用多选题容易受到近因效应（recency effect）的影响，即受访者受记忆力的影响容易选择最后一个或几个选项。近因效应曾在舒曼（Schuman）和普雷瑟（Presser）的电话访问调查中被发现。[①] 为了避免近因效应，电访量表题通常进行特殊设计。例如，在面访中使用5级量表时会给出完全不满意、比较不满意、基本满意、比较满意、非常满意五个选项，而在电话访问中的提问方式会设计为："1代表非常不满意，5代表非常满意，您的满意程度是几分？"[②]

从应答率方面看，电话访问远低于面对面访问。同时，电话访问的受访者对于访问时长的忍耐程度远低于面访，也更有可能在访问过程中提出中断要求。

三、时间维度

艾尔·巴比将社会研究方法按时间分为截面研究（cross-sectional study）和历时研究（longitudinal study）。截面研究是对一个代表某一时间点的总体或现象的样本或截面的观察。历时研究是一种跨时段观察同一现象的研究方法，根据样本选取的不同，又分为趋势研究（trend study）、世代研究（cohort study）和专题群体访问（panel study）三类。趋势研究是对一般总体内部历时变化的研究；世代研究是对亚总体或世代历时变化的研究；专题群体访问每次访问的是同一批受访者。[③] 对社会调查而言，一般分为截面调查（cross-sectional survey）和追踪调查（panel survey）两类。截面调查收集不同主体在某一时间点或某一时间段的数据，可以反复进行，在同一抽样框内进行的连续性截面调查（同一主题）可以用于趋势研究，多次截面调查数据也可用于世代研

---

① Howard Schuman and Stanley Presser, "The Attitude-Action Connection and the Issue of Gun Control," *The Annals of the American Academy of Political and Social Science*, Vol. 455, No. 1, 1981, pp. 40–47.

② D. A. Dillman et al., "Response Rate and Measurement Differences in Mixed Mode Surveys Using Mail, Telephone, Interactive Voice Response and the Internet," paper delivered to the 56th Annual Meeting of the American Association for Public Opinion Research, Montreal, May 18, 2001.

③ 艾尔·巴比：《社会研究方法（第十一版）》（邱泽奇译），华夏出版社2009年版，第103—107页。

究。而追踪调查收集的是相同主体在不同时间(同一主题)的连续数据,设计与执行难度大,但可以提供更有深度的调查结果,有利于动态规律的探索。

(一) 截面调查

从时间维度来看,大部分截面调查几乎不受限制,运用十分广泛。有些截面调查严格要求收集某一时间点的数据,通常为涉及行政统计要求的普查,例如第六次全国人口普查的标准时间点为2010年11月1日零时。而多数截面调查收集的调查对象的基本情况通常是一段时间内而非某一时间点的,例如月收入、年支出等。单次截面调查虽然是静态的,但也清晰地描绘了某一段时间、某一范围内的社会形态。开展社会调查不仅是为了掌握过去和现时的情况,还希望对已经发生发展的现象进行规律总结,因此在有条件的情况下,同一主题的截面调查也会多次开展,形成时间序列,为分析研究提供更多资源。例如由北京大学中国国情研究中心设计与实施的北京社会经济发展年度调查,从1995年开始每年调查一次,考察了改革开放过程中北京市居民的生活、观念、信心和承受能力等各方面的变化。

(二) 追踪调查

高质量的追踪调查能够提供截面调查无法了解到的深层信息,同一主体形成的有时间序列的数据是做因果推论的重要依据,有助于认识事物发生发展的动态过程。不断发展的科技带动了调查技术的进步,使得追踪调查的实施条件越来越充足。

不同于连续性截面调查,追踪调查是对同一主体进行多轮追踪访问,因而基线调查的质量对整个调查影响巨大,初次调查的各个环节都要经过科学的设计,否则根据基线调查对象进行追踪可能会出现较大偏误。设计时不仅要考虑当次调查的情况,还要以动态的视角为追踪奠定基础,如样本的选取和分布是否有代表性、联系人联系方式的收集是否全面、所设计的问题是否具有追踪价值等。

追踪调查需要对追踪规则进行明确界定。调查对象可分为个人、家庭和社区等多个层次,个人可以通过姓名、性别、年龄、联系方式、受教育程度等基本信息判别是否为同一主体,但家庭结构和家庭成员变化较快,需要制定明确的判断规则和追踪规则,以避免追错对象。例如2010年由北京大学中国社会科学调查中心(ISSS)设计实施的中国家庭追踪调查(China Family Panel

Studies，CFPS)①,通过跟踪收集个体、家庭、社区三个层次的数据,反映中国社会、经济、人口、教育和健康的变迁,为学术研究和公共政策分析提供了数据基础。截止到2019年,该调查项目已经完成四次全国全样本追踪调查。该调查使用"加减法"的方式来收集基线调查之后家庭结构的变化信息,具体规则如图1.1所示②。

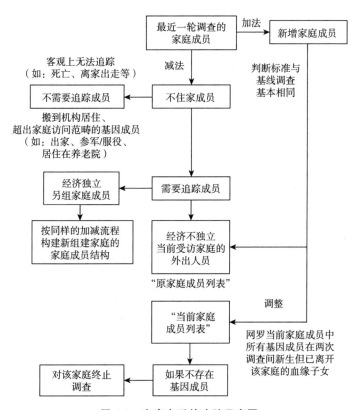

图1.1 家庭变迁的追踪示意图

四、内容维度

社会调查内容涵盖政治、经济、文化等多个方面,主要分为综合调查和专

---

① CFPS是中国首个大型的追踪家庭动态的调查项目。
② CFPS项目办公室:《家庭变迁与追踪调查 | CFPS小课堂·用户手册篇(一)》,http://mp.weixin.qq.com/s/X8YkcOUG6vU-8-wzHRULFg,2017年10月26日,访问日期:2018年3月6日。

题调查两大类。综合调查包含多个主题,可以提供更全面翔实的数据。而专题调查则有针对性地对某一主题进行较深入的考察,在该领域收集的资料更丰富,专业性也更强。

(一)综合调查

综合调查通常是在较大空间范围内对多个层次的调查对象进行连续性的调查,内容涉及多个学科,议题较宏大。如由中国人民大学中国调查与数据中心主持的中国综合社会调查(CGSS)①,自2003年起,每年一次,对中国各省(自治区、直辖市)的10 000多户家庭进行连续性横截面调查,全面收集社会、社区、家庭、个人等多个层次的数据,总结社会变迁的趋势,探讨具有重大科学和现实意义的议题。再如中国社会科学院社会学研究所于2005年发起的中国社会状况综合调查(CSS)②,通过对全国公众的劳动就业、家庭及社会生活、社会态度等方面的长期调查,来获取转型时期中国社会变迁的数据资料。

(二)专题调查

在大型综合调查项目中,有时会搭载相关专题,例如CFPS和CGSS都曾公开征集主题模块。但鉴于综合调查各方面条件的局限,如对访问时长的控制、访员缺乏专题领域方面的知识,要想得到更理想的专题数据需进行专题调查。如由中国人民大学中国调查与数据中心设计与实施的中国教育追踪调查(CEPS),对全体被调查学生及其家长或监护人、班主任老师、主课任课老师以及学校负责人进行问卷调查。该调查旨在揭示家庭、学校、社区以及宏观社会结构对于个人教育产出的影响,并进一步探究教育产出在个人生命历程中发生作用的过程。再如由北京大学第六人民医院承担、北京大学中国社会科学调查中心执行的中国居民健康与疾病负担调查(CMHS),是全国首次进行的居民精神状况摸底调查,涉及大量的临床诊断指标的测量,调查结果反映了我国居民生理和心理健康以及疾病负担、卫生资源分配等现状,为

---

① CGSS始于2003年,是一个全国性、综合性、连续性的大型社会调查项目。中国人民大学中国调查与数据中心于2009年年底作为发起单位,联合全国几十所高校及社科院成立了中国社会调查网络(CSSN),作为CGSS的实施平台。

② CSS是中国社会科学院社会学研究所于2005年发起的一项全国范围内的大型连续性抽样调查项目。

精神卫生、公共卫生等学科研究和政策制定提供了专题基础数据。

第二节　模式效应与混合模式调查

模式效应(mode effects)是指数据采集模式对调查应答产生的影响。模式效应的产生有多个方面的原因,包括社会因素、心理因素和技术因素等。社会因素主要包括社会期许,如受访者所在的社会对某些问题的一致标准、道德规范等。此外,社会中的普遍信任程度也会影响受访者对调查者或调查机构的信任,以及参与访问的意向。心理因素指受访者的心理活动对调查的影响,如访问过程中有他人在场,会使受访者产生心理变化,导致受访者对某些题目给出与实际情况不一致的答案或拒绝回答。最后,技术因素也会对调查产生影响。如网络调查中要使用互联网技术,这类调查无法覆盖不使用互联网的群体。

本节将结合不同调查模式的特点,从多个维度分析模式效应的来源及其对调查研究的影响,并讨论为什么使用混合模式调查、混合模式调查的类型以及设计。

一、模式效应

（一）模式效应的来源

模式效应对调查的影响是综合性的,不同的调查模式会产生不同的效应。本部分将从访员的参与程度、与受访者的交流方式、控制点、受访者的隐私性、媒介类型、计算机技术的使用程度六个方面分析模式效应的影响[①]：

1. 访员的参与程度

根据访员在调查过程中的参与程度可以将调查模式划分为：

访员完全参与的调查。在面对面访问、电话访问等调查模式中,访问过程完全由访员控制。访员需要读出题目并通过纸质或电子问卷记录受访者给出的答案。

访员在场的自助调查。在纸质自填问卷、计算机辅助自助访问和计算机

---

① Mick P. Couper, "The Future of Modes of Data Collection," *Public Opinion Quarterly*, Vol. 75, No. 5, 2011, pp. 889-908.

辅助语音自助访问等调查模式中，由受访者自己回答问题并记录答案。但访员会出现在调查现场，负责问卷或设备的发放和回收，并在受访者需要时给予帮助。

无访员参与的调查。如邮寄问卷、网络调查、电话自助语音调查等。

访员参与程度会对以下几个方面产生影响：首先，访员在场会影响受访者对敏感问题的回答。在访员完全参与的面对面访问和电话访问中，受访者更容易受到社会期许效应的影响，选择给出符合社会期待的标准答案。而在无访员参与的自填问卷模式中，这一效应影响相对较小。在托兰杰（Tourangeau）和史密斯（Smith）负责的一项针对15岁至35岁女性的调查中，无访员参与的受访者汇报的性伴侣数量多于面访模式中受访者给出的数量。[①] 还有研究显示，受访者的种族、性别与访员是否一致也会影响到受访者的答案。在回答态度问题时，黑人受访者面对白人访员时给出的答案比面对黑人访员时更温和。而面对女性访员时，大部分女性受访者也会给出更加符合女权主义的答案。[②] 其次，访员的参与程度会影响数据的质量。在面访和电访中，受过专业训练的访员可以为受访者提供帮助，在受访者理解题目有困难时给予解释，还能够降低发生跳转错误的可能性。最后，访员的参与程度也会影响调查的应答率。通常情况下，面对面调查的有效应答率相对较高，电话访问的有效应答率相对较低，邮寄问卷调查的有效应答率最低。由于面对面访问和电话访问中访员可以追问受访者，在开放性问题上，可以收集到更加完整准确的信息。

2. 与受访者的交流方式

在面对面访问中，访员与受访者在相同的物理空间内进行面对面交流，在交流中既可以使用语言交流，也可以使用表情、肢体动作等非语言交流方式，以获得更加丰富准确的受访者信息。此外，面对面交流也有助于访员使用示卡等工具，同时使用视觉和听觉媒介来传递信息，使信息的传递更加高效便捷。

---

① Roger Tourangeau and Tom W. Smith, "Asking Sensitive Questions: The Impact of Data Collection Mode, Question Format, and Question Context," *Public Opinion Quarterly*, Vol. 60, No. 2, 1996, pp. 275-304.

② Leonie Huddy et al., "The Effect of Interviewer Gender on the Survey Response," *Political Behavior*, Vol. 19, No. 3, 1997, pp. 197-220.

3. 控制点

在邮寄问卷调查模式中,是否回答问题以及回答的时间、顺序、方式完全由受访者控制。在由访员执行的访问中,更多是由访员控制访问的进程。在计算机辅助自助调查中,则是由访问系统控制访问流程。在面对面访问和电话访问中,问卷回答的顺序已经由问卷开发人员预先设置好,可以保证受访者按照设计好的问题顺序回答。而在自填问卷调查模式中,答题顺序、时间完全由受访者控制,无法保证与研究者的设计一致,同时也有可能出现跳答、漏答等情况。

4. 受访者的隐私性

在公共场所进行的拦截调查,调查过程中可能有其他陌生人在场,这种调查的隐私性最低。在家中进行的面对面访问隐私性也较低,访问过程中可能有家人在场旁听了整个过程。电话访问中,访问的隐私性因受访者所在的场所、使用手机或有线电话的不同而有所差别。邮寄问卷调查、网络调查等自助调查模式的隐私性最高。在访问较敏感问题时,调查隐私性会在很大程度上影响受访者参与访问的意愿或提供信息的准确程度。

5. 媒介类型

媒介是指信息沟通的渠道,不同调查模式的媒介差异主要有两方面:一是问题如何呈现给受访者。可能包括视觉方式、听觉方式或两者都有。电话访问和计算机辅助电话访问通过听觉媒介传递信息。在纸笔模式的面对面访问和计算机辅助面对面访问中,访员和受访者之间不仅可以通过听觉方式,还可以借助示卡等视觉媒介传递信息。而邮寄问卷调查只能通过视觉媒介传递信息。二是受访者如何给出答案。如面访和电访中口头的回答,自助访问中的书面回答,或在电子设备中通过键盘录入、鼠标点击、触摸屏点击等方式给出答案。

一些访问模式相比其他模式可以借助更多渠道传递信息。然而,信息传递渠道并不是越丰富越好,面对面访问虽然可以通过更多的渠道传递信息,但也会对调查产生负面影响,如访员在场引发的社会期许效应。因此,研究者应该根据项目特点采用适合的调查模式。

6. 计算机技术的使用程度

计算机技术使用程度最低的是纸笔问卷调查模式。次低的是计算机辅助面访和计算机辅助电话访问,在这两种模式中只有访员使用计算机辅助设备。在计算机辅助自助访问中,受访者可以使用调查方提供的设备。计算机使用程度最高的是网络调查,受访者可以使用自己的设备完成调查。计算机技术的使用程度会影响调查的覆盖面、应答率以及测量误差。

（二）模式效应对调查研究的影响

上文从六个维度讨论了模式效应的来源,下面将结合不同调查模式的特点,分析模式效应对调查研究产生的影响。

1. 模式效应与抽样误差

抽样误差是指概率抽样中期望的误差程度。[①] 调查模式对抽样环节的影响主要体现在能否为特定的调查模式选择合适的样本框。例如在电话调查中,研究者是否能获得研究总体的电话号码簿,又或者在面对面访问中能否通过地图地址抽样法得到所有家庭的地址信息。此外,抽样误差还与样本规模有关。抽样误差会随着样本数量的增加而降低。不同调查模式由于调查成本等差异,通常能够访问的样本量也不同,这导致不同调查模式中抽样误差的差异。值得注意的是,网络调查虽然可以用较低的成本获得大量的应答问卷,但网络问卷的样本通常为自愿参与,并不符合概率抽样的条件,也不能通过统计量得出对总体的无偏估计,对降低抽样误差没有帮助。

2. 模式效应与覆盖性误差

模式效应可能导致的另一个问题是覆盖性误差。覆盖性误差是指在调查的目标群体中,抽样框包含的人群与未包含的人群存在系统性差异,这类问题普遍出现在网络调查模式中。根据世界互联网统计网站"Internet World Stats"发布的最新数据,截至 2019 年 6 月 30 日,世界范围内的平均互联网普及率为 57.3%。[②] 而中国互联网络信息中心（CNNIC）发布的第 40 次《中国互联网络发展状况统计报告》显示,截至 2017 年 6 月,中国互联网普及率为 54.3%。[③] 由此可见,无论在世界范围内还是在中国国内,互联网都远没有达

[①] Earl Babbie, *The Practice of Social Research*, 13th ed., Belmont, CA: Thomson Wadsworth, 2016, p.202.

[②] Internet World Stats, http://www.internetworldstats.com/stats.htm, 访问日期:2019 年 8 月 16 日。

[③] 中国互联网络信息中心（CNNIC）:《第 40 次〈中国互联网络发展状况统计报告〉》, http://www.cnnic.net.cn/hlwfzyj/hlwxzbg/hlwtjbg/201708/t20170803_69444.htm, 2017 年 8 月 3 日, 访问日期:2018 年 6 月 3 日。

到完全普及的程度。互联网使用者与非使用者在经济收入、地域、年龄上存在许多差异,当使用网络调查模式进行调查时,这些差异就会导致覆盖性误差。

3. 模式效应与单元无应答

单元无应答是指在数据采集过程中,无法获得某个样本的任何一项回答。不同模式的单元无应答率有较大的差异。通常面对面调查的单元无应答率比较低,为10%—40%,有研究认为这是由于面对面调查由访员实施,可以根据受访者的状态和现场情况调整沟通方式,更容易取得受访者的信任。电话访问的单元无应答率相对较高,为90%—95%。电话访问相比面对面访问有更高的拒答率和在访问中途中断的可能。

4. 模式效应与项目无应答

与单元无应答相对应的另一种无应答情况是项目无应答(item nonresponse)①。项目无应答在一般性访问题目上的出现频率相对较低——低于5%,但在敏感问题中有较高的出现频率,通常为30%—40%。项目无应答在不同的访问模式中出现的频率也不同,面对面访问和电话访问中项目无应答率相对较低。由于有访员参与,会确保向受访者提问问卷中所有问题,并通过追问和反复确认等技巧尽可能获得受访者对所有问题的回答,而受访者在面对访员提问时也更难选择拒答。与面对面访问和电话访问相比,在完全由受访者自己操作的自助调查模式中项目无应答率相对较高。

5. 模式效应与测量误差

测量误差包括因受访者所提供的答案错误或不准确所造成的误差。与这种测量误差相关的模式效应包括首因效应和近因效应。② 在访问过程中,这两种效应都可能导致受访者选择与实际情况不相符的答案,增加测量误差发生的可能性。

6. 模式效应与调查成本

不同调查模式的调查成本相差较大。面访的调查成本最高,包括调查前

---

① "item nonresponse"也译为项目无回答,是指在一次问卷调查中,受访者虽然接受了调查,但是对其中某个或某些调查题目没有提供答案,包括"不知道""拒绝回答""没有答案""没有观点"等。这里的"项目"特指调查问卷中向受访者提问的单个问题。

② Paul J. Lavrakas, *Encyclopedia of Survey Research Methods*, CA: Sage Publications, Inc., 2008, pp.610-696.

期访员的招募与培训费用,调查执行阶段访员的劳务费、差旅费等,以及其他与访问相关的费用,如督导员的费用、核查员的费用等。电话访问的成本相比面访低一些,节省了交通和住宿的费用,同时调查周期也相对较短。邮寄问卷调查的成本更低,只需要印刷和邮寄问卷以及数据处理的费用。网络调查的成本最低,无须印刷和邮寄问卷,也省去了数据录入和访问成本。

研究者在选择和设计调查模式时,要充分考虑模式效应对调查质量的影响,根据调查的需要选择合适的模式,并在设计中尽可能发挥每种模式的优势,降低模式效应对调查质量的负面影响。

二、混合模式调查

混合模式调查在调查研究中受到越来越多的关注,也被广泛应用于大型的调查项目中。混合模式是一种在同一调查项目中同时或分阶段使用多种调查模式进行数据收集的调查方法。下面将从为什么使用混合模式调查、混合模式调查的类型以及混合模式调查的设计三个方面对这一新兴的调查模式进行介绍。

(一)为什么使用混合模式调查

尽管混合模式比单一调查模式更加复杂,需要研究者考虑的问题更多,但越来越多的调查研究开始从单一的调查模式转向混合模式。其中的原因有以下几点:

首先,混合模式可以在有限的预算内提高调查的预期应答率。某些单一的调查模式,如电话访问,应答率越来越低。为了提高应答率,调查者通常会提供其他模式供受访者选择。

其次,混合模式还有助于提高调查覆盖面和样本代表性。当使用一种调查模式无法收集某类人群的数据时,增加其他调查模式可以提高覆盖面。例如,使用网络调查模式无法覆盖不使用互联网的人群,而这些人一般具有共同的特征,通常是老年人或居住在偏远地区的居民,如果在调查中针对这类人增加面访模式,可以有效提升调查样本的代表性。

2015年荷兰一项针对国内少数族裔的调查表明,混合模式可以提高调查的应答率。① 另一项在美国使用了网络调查和邮寄问卷调查混合模式的研究也表明,两种模式的应答者存在人口特征差异。② 此外,还有研究发现,在采用邮寄问卷、电话访问和网络调查等模式进行调查后,再使用面对面访问进行追踪访问,可以将样本的代表性提升至与单独使用面对面访问模式相同的水平。③

此外,使用混合模式在某些情况下可以减少测量误差。如面对面访问涉及隐私问题时,由于访员在场,受访者的回答可能会受到社会期许效应的影响,导致测量误差的产生。如果在调查中加入自填问卷模式,在提问隐私问题时访员回避,由受访者自己填写问卷,就可以降低访员效应带来的测量误差。

(二)混合模式调查的类型

混合模式按照应用于调查阶段的不同可以分为两类:一类是在前期联系阶段使用混合模式;另一类是在数据收集阶段使用混合模式。下面对这两种情况分别讨论。

1. 前期联系阶段使用混合模式

在数据收集阶段开始之前,需要和受访者进行沟通,并发出预通知(pre-notification)和调查邀请。例如,一项调查使用面对面访问作为数据收集模式,在正式调查之前,可以使用电话访问模式招募受访者并发出预通知。邮寄问卷调查也可以用于网络调查之前,为调查招募受访者。

在前期联系阶段使用混合模式调查,可以通过受访者更容易接受的方式展示调查的合法性和可信度,打消受访者的疑虑。博斯尼亚克(Bosnjak)等人的研究比较了通过手机短信和电子邮件模式发送正式邀请对网络调查应答率的影响。结果表明,手机短信是最有效的发送预通知模式,而通过电子邮

---

① Johannes W.S. Kappelhof, "Face-to-Face or Sequential Mixed-Mode Surveys Among Non-Western Minorities in the Netherlands: The Effect of Different Survey Designs on the Possibility of Nonresponse Bias," *Journal of Official Statistics*, Vol. 31, No. 1, 2015, pp. 1-30.

② Benjamin L.Messer and Don A. Dillman, "Surveying the General Public over the Internet Using Address-Based Sampling and Mail Contact Procedures," *Public Opinion Quarterly*, Vol. 75, No. 3, 2011, pp. 429-457.

③ Thomas Klausch et al., "Selection Error in Single and Mixed Mode Surveys of the Dutch General Population," *Journal of the Royal Statistical Society: Series A (Statistics in Society)*, Vol. 178, No. 4, 2015, pp. 945-961.

件发送调查邀请效果最好,手机短信搭配电子邮件是前期联系最有效的组合。①

此外,访员在调查开始之前,可能没有收集到受访者的联系方式。例如,调查者希望采用网络调查的模式收集数据,但没有收集到全部受访者的邮件地址来发送问卷链接,这时如果调查者有全部调查对象的地址信息,就可以将网络问卷链接以纸质预通知函的方式邮寄给潜在调查对象。另外,在前期联系中使用邮寄模式也方便访员向受访者寄送礼物作为激励。辛格(Singer)和叶(Ye)的研究表明,调查前向受访者预先提供无条件的激励比访问后激励或有条件的激励对应答率的提升作用更强。②

2. 数据收集阶段使用混合模式

混合模式设计应用于数据收集阶段大致可以分为两个类型:并行(concurrent)混合模式和串行(sequential)混合模式。并行混合模式中,访员对同一调查项目中不同受访者使用不同的调查模式。而在串行混合模式中,访员会对同一受访者在调查的不同阶段采用不同的模式收集数据。具体来说,混合模式可以分为以下几类③:

第一类,在同一调查项目中给受访者提供两种或更多的调查模式以供选择。这种并行设计希望通过让受访者自己选择他们认为最方便的调查模式来提高应答率,解决覆盖性误差问题和无应答误差问题。然而,由于在样本的子群体中使用了不同的调查模式,很难区分调查数据中呈现的子群体之间的差异是真实存在的还是受到模式效应的影响。

第二类,在跨国调查中使用并行混合模式。每个国家都有独特的国情,如政策法规、地理环境、基础设施等,在数据收集过程中需要采用不同的调查模式。如国际社会调查项目(ISSP)最初采用自填问卷模式,但随着更多的国家加入项目,在某些识字率较低的国家并不适合采用自填问卷模式,仅能使

---

① Michael Bosnjak et al., "Prenotification in Web-Based Access Panel Surveys: The Influence of Mobile Text Messaging Versus E-Mail on Response Rates and Sample Composition," *Social Science Computer Review*, Vol. 26, No. 2, 2008, pp. 213-223.

② E. Singer and C. Ye, "The Use and Effects of Incentives in Surveys," *Annals of the American Academy of Political and Social Science*, Vol. 645, No. 1, 2013, pp. 112-141.

③ Christof Wolf et al., eds., *The Sage Handbook of Survey Methodology*, London: Sage Publications Ltd, 2016, pp. 146-147.

用面对面访谈模式。①

第三类,在截面研究中采用串行混合模式设计。通常会先使用成本最低的调查模式,如邮寄问卷调查或网络调查,然后再使用成本更高的模式。这类设计通常是为了提高应答率并减小无应答误差。

第四类,在历时研究中也会使用串行混合模式设计。在追踪调查中,首先在基线调查中使用成本较高的调查模式保证应答率,在追踪调查中使用成本较低的模式以降低调查项目的总成本。

除了以上提到的两种串行混合模式,还有一类是在同一调查问卷的不同模块中使用不同的调查模式收集数据,如在基本问题模块采取面访模式,但在敏感题如药物滥用、自杀、堕胎等模块采用自助访问模式,在这类调查中所有受访者都会接受相同的混合模式访问。

(三)混合模式调查的设计

虽然混合模式在成本控制、提高应答率方面与单一模式相比有诸多优势,但多种模式混合使用可能会对测量的准确性产生影响,如相同的问题在不同的调查模式中可能会得到不同的回答。因此,在设计混合模式调查时,需要考虑不同模式之间的差别,尽可能缩小调查模式对调查结果的影响,使不同模式收集到的数据具有一致性。

在联系阶段使用不同的模式,并不会对测量数据的质量产生影响,还能帮助降低无应答误差和覆盖性误差。② 而如果在数据收集阶段使用不同的模式,目前已经明确的只有在一种情况下不会增加测量误差,即在访问中需要回答敏感问题时,对所有受访者改为使用自助访问的形式。在其他情况下,无论串行或并行混合模式都有可能产生测量误差。

为了将混合模式产生测量误差的可能性降至最低,在问卷设计中需要考虑到不同调查模式的特点及其所引起的模式效应,使不同模式下收集的数据保持一致。其中一种设计方式被称为统一模式结构(unified mode construction)

---

① International Social Survey Programme, http://www.issp.org/menu-top/home,访问日期:2018年6月26日。

② E.D. de Leeuw, "To Mix or Not to Mix Data Collection Modes in Surveys," *Journal of Official Statistics*, Vol. 21, No. 2, 2005, pp. 233-255.

或统一模式(unimode)。① 这一设计方式是在混合模式中尽可能使用完全相同或相似的问题结构、问题措辞和呈现方式(包括在纸质问卷和电脑屏幕上),下面对这三个方面进行具体讨论。

1. 问题结构

造成不同调查模式测量结果差异的原因之一是问题结构。例如,在自填问卷调查中通常会使用多选题形式,而在电话访问中通常会将这类问题的每个选项设计成判断题逐项提问。不同问题形式可能会导致受访者给出的最终答案中选项数量的差异,受访者倾向于在判断题中给出更多的肯定选项。② 因此,在混合模式中应在避免近因效应的同时尽量选择近似的问题结构。

2. 问题措辞

除了问题结构之外,问题的措辞也会影响调查的测量结果。例如,在自填问卷调查中选择题的题干与选项会分开呈现,而在电话访问中,可能会将选项整合进问题中。同时,在访员提问的时候,也有可能调整问题的措辞,或在受访者遇到不清楚问题的含义或忘记选项时进行重复解释。这些都有可能影响最终的测量结果。在混合模式设计中,应该使不同模式中的问题措辞保持一致,避免措辞不同导致的测量结果偏差。

3. 呈现方式

在同一个调查项目中同时采用视觉和听觉两种呈现方式也会影响测量结果。迪尔曼等人的研究比较了互动式语音应答(Interactive Voice Response, IVR)和电话访问两种听觉模式与邮寄问卷调查和网络调查两种视觉模式测量结果的差异。研究发现 IVR 和电话访问两种听觉模式的答案比较接近,邮寄问卷调查和网络调查两种视觉模式的答案也比较接近,但视觉模式与听觉模式的答案差异非常大。③ 由此可见,结合视觉与听觉呈现方式的调查模式比单一呈现方式的调查模式更加困难。因此在混合模式设计中应注意呈现

---

① Don A. Dillman et al., "Response Rate and Measurement Differences in Mixed-Mode Surveys Using Mail, Telephone, Interactive Voice Response (IVR) and the Internet," *Social Science Research*, Vol. 38, No. 1, 2009, pp. 1-18.

② Jolene D. Smyth et al., "Comparing Check-All and Forced-Choice Question Formats in Web Surveys," *Public Opinion Quarterly*, Vol. 70, No. 1, 2006, pp. 66-77.

③ Don A. Dillman et al., "Response Rate and Measurement Differences in Mixed-Mode Surveys Using Mail, Telephone, Interactive Voice Response (IVR) and the Internet," *Social Science Research*, Vol. 38, No. 1, 2009, pp. 1-18.

方式的选择,尽可能在同一项目中选择具有相同问题呈现媒介的调查模式,以减少测量误差。

在单一模式调查的应答率越来越低的背景下,混合模式调查为研究者提供了新的选择。在调查中合理使用混合模式,可以提高调查的应答率和样本的代表性。但与此同时,研究者也应该清楚混合模式所带来的负面影响,如模式效应造成的测量误差。在设计混合模式时,应特别注意不同模式对测量结果的影响,尽可能使用相同的问题结构、措辞及呈现媒介,保证在获得较高应答率和代表性的同时提高数据质量。

第三节　新时代对调查方法的挑战

近年兴起的大数据挖掘方法弥补了社会调查方法的不足,也对社会调查方法提出了挑战。此外,高比例的拒访、高昂的成本也使得社会调查方法的应用受到限制。那么,社会调查方法的未来在哪里?标准化的调查组织、调查执行、质量管理以及数据库建立的流程和规范,未来将走向何方,是否还有应用价值?

大数据因其整体性、即时性、全面性和数量上的庞大而备受推崇,为社会科学的发展带来了前所未有的研究机遇,大大扩展了原有的研究领域。但是,大数据不是万能的,存在一定的局限性:如无法代表总体特征,样本的代表性往往是有偏差的;数据源无法实现彻底的公开和透明;只能对人们不同行为的相关性做出描述,而在多数情况下无法确立事件之间的因果关系。在大数据时代,传统的调查数据仍然具有不可或缺的价值。相对于大数据,调查数据的优点仍然非常明显,比如变量定义清晰、数据生成机制可控、检验评估成本较低等。最重要的是,小样本数据对于研究总体有比较明确的认知,可以对社会现象之间的因果关系做出更好的判断。事实上,大数据无法取代以抽样调查和实验研究为代表的传统的"小数据"研究,两者的关系是相辅相成的。[①] 在有大数据源的情况下,一些研究需要将大数据和调查数据相结合

[①] 唐文方:《大数据与小数据:社会科学研究方法的探讨》,《中山大学学报(社会科学版)》2015年第6期,第141—145页;孙秀林、施润华:《社会学应该拥抱大数据》,《新视野》2016年第3期,第36—40页。

才能更好地探讨和解释变量之间的关系。① 北京大学中国社会科学调查中心自 2015 年起,开始将大数据和调查数据相结合,并进行了互联网金融指数、普惠数字金融指数、互联网金融情绪指数、企业发展指数、网民意识形态变迁等方面的研究。未来若干年,大数据和调查数据相结合是一种发展趋势。

同时,出于对因果关系的追求,研究者将社会调查方法和实验方法相结合②也是未来的发展方向。实验方法包括实验室实验、现场实验(田野实验)、调查实验③、政策实验等;此外,还有匹配法(PSM: Propensity Score Matching)、工具变量法(IV: Instrumental Variable)、差分法(DID: Differences-in-Difference)、断点回归设计(RDD: Regression Discontinuity Designs)、固定效应模型(FE: Fixed Effect)等准实验方法。杰克逊(Jackson)和考克斯(Cox)发现实验方法在美国社会科学中的应用有整体上升的趋势。④ 采用类似的方法,对中国经济学、政治学和社会学领域 8 个顶级期刊(《中国社会科学》《经济研究》《经济学动态》《世界经济》《社会学研究》《社会》《政治学研究》《中国行政管理》)上发表的文章进行统计,发现自 2005 年以来各年采用实验设计的文章占比也呈整体上升的趋势(参见图 1.2)。

---

① 例如:G.King, J.Pan, and M. E. Roberts, "How Censorship in China Allows Government Criticism But Silences Collective Expression," *American Political Science Review*, Vol. 107, No. 2, 2013, pp. 326-343;孟天广、郑思尧:《信息、传播与影响:网络治理中的政府新媒体——结合大数据与小数据分析的探索》,《公共行政评论》2017 年第 1 期,第 29—49 页;孟天广、李锋:《网络空间的政治互动:公民诉求与政府回应性——基于全国性网络问政平台的大数据分析》,《清华大学学报(哲学社会科学版)》2015 年第 3 期,第 17—29 页。

② 例如:James N.Druckman et al., "The Growth and Development of Experimental Research in Political Science," *American Political Science Review*, Vol. 100, No. 4, 2006, pp. 627-635;孟天广、季程远:《重访数字民主:互联网介入与网络政治参与——基于列举实验的发现》,《清华大学学报(哲学社会科学版)》2016 年第 4 期,第 43—54 页;孟天广、杨平、苏政:《转型中国的公民意见与地方财政决策——基于对地方政府的调查实验》,《公共管理学报》2015 年第 3 期,第 57—68 页。

③ 调查实验(survey experiment)又称基于人口的调查实验(population-based survey experiment),是指针对一个有代表性的样本进行的实验。

④ Michelle Jackson and D.R. Cox, "The Principles of Experimental Design and Their Application in Sociology," *Annual Review of Sociology*, Vol. 39, 2013, pp. 27-49.

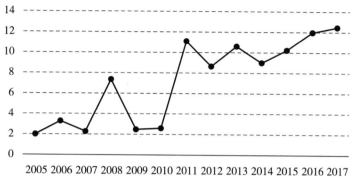

图 1.2 中国经济学、政治学、社会学领域顶级期刊
发表实验研究文章占比(1/1000)

在社会调查的方法发展方面,继续追求科学的研究设计、采集高质量的数据、降低调查成本和建设共享数据平台是未来发展的方向。

一、科学的研究设计

在追求科学的研究设计方面,研究者将更加注重因果推断方法的改进、复杂模型的应用以及复杂概念的准确测量。社会调查属于理论驱动的研究模式,从提出理论假设开始,历经概念操作化、问卷设计、抽样设计、抽样实施、实施方案设计、数据采集和数据分析等主要环节,最终达成研究目标。未来,社会调查的研究设计工作将在以下几个方面持续努力:

(1) 为实现因果推断而采用调查实验设计;为检验因果假设而使用历时数据,或者使用匹配法、工具变量法、差分法、断点回归设计、Heckman 选择模型等统计分析技术。

(2) 为了分析宏观因素对个体行为或态度的影响,应用多水平模型;为了研究复杂概念之间的关系结构应用结构方程模型、潜在类别分析法等复杂模型[1]。

---

[1] 例如:王浦劬、李锋:《试析公务员对于公民政治参与的态度——基于六个地级市问卷结果的结构方程模型研究》,《政治学研究》2016 年第 1 期,第 71—81 页;李锋、孟天广:《政治信任的结构与政治文化起源——基于潜在类别分析》,《北京行政学院学报》2014 年第 6 期,第 40—46 页;王哲、孟天广、顾昕:《经济不平等与民众的腐败容忍度:基于多层次模型的跨国分析》,《经济社会体制比较》2016 年第 2 期,第 89—103 页。

（3）为解决评价参照系偏差，使用虚拟情境锚定法（Anchoring Vignettes）[①]（例如：CFPS2014年成人问卷中测量"社会地位"）；为解决敏感问题、社会期许偏差（social desirability bias）[②]的测量难题，使用列举实验法（list experiment）[③]等。此外，对于一些常用核心概念的测量将进一步标准化、规范化，以便在各个调查中统一使用。随着开放数据源的增多，对同一概念使用相同测量手段已成为可能。

二、采集高质量数据

采集高质量数据表现在更加科学严谨地进行抽样实施工作和访问执行工作。包括：

（1）提高抽样精准度，减少抽样误差。为了解决覆盖偏差，使用地图地址抽样法[例如，CGSS项目、CSS项目、世界价值观调查项目（WVS）[④]，以及法制调查[⑤]、公民意识调查[⑥]等]。为了提高精准度，应用电子绘图和列表[例如，中国健康与养老追踪调查（CHARLS）[⑦]]，以及GPS坐标点和路线定位（例如，CHARLS2018年和CFPS2018年的GPS信息采集和应用）等。

（2）在访问执行中最大限度地避免访员效应。访员效应除了来源于性

[①] 虚拟情境锚定法将虚拟情境法和评价参照系相结合，发挥二者的优势来解决抽象、复杂概念的测量问题。由哈佛大学加里·金（Gary King）教授提出。他将其用于解决跨文化群体在抽象概念或复杂概念上的可比性问题。参见 G. King and J. Wand, "Comparing Incomparable Survey Responses: New Tools for Anchoring Vignettes," *Political Analysis*, Vol. 15, No. 1, 2007, pp. 46-66.

[②] 在面对面访问模式或电话访问模式中，访员的"社会在场"（social presence）会促使受访者在应答时考虑社会规范，使得调查结果系统性偏向那些"正确的"或者社会所提倡的行为，与实际情况发生偏离，这种偏离被称为社会期许偏差。

[③] 列举实验法也称条目计数方法（item count techniques）。列举实验要求受访者报告题目中的选项总数而非具体条目，以此来减少受访过程中其所感受到的社会压力。需将受访者随机分为实验组和对照组。研究者在问卷中给对照组提供 n 个条目，给实验组提供 n+1 个条目，请受访者直接回答条目总数，不需要回答具体是哪个条目。增加的条目就是研究者认为有可能带来社会期许回答的关键条目。在数据分析时，R软件提供的专门软件包（list）可以计算出两组的均值差（选择关键条目的比例）、标准误，也能根据研究假设执行回归分析。

[④] WVS项目从1981年开始实施，是一项全球范围内的概率抽样调查，中国已经参加了7波。

[⑤] 法制调查由北京大学中国国情研究中心设计并于2003年组织执行，是一项全国范围内的概率抽样调查。

[⑥] 公民意识调查由北京大学中国国情研究中心设计并于2008年、2009年进行了两次横截面调查，是一项全国范围内的概率抽样调查。

[⑦] CHARLS是由北京大学中国社会科学调查中心设计实施的跟踪调查项目。

别、个性特征等不可变因素外①,也来源于访员的不规范访问行为②。访员的不规范访问行为主要包括各类形式的非随机取样(如替换或访错地址、替换或访错个人等)、不规范访问(臆答③、诱导、提问不完整、关键词不重读、举例不完整、追问不足、捷径跳转等)和不规范操作(未使用答案卡、未发放/未足额发放酬金等)。

(3)降低无应答误差。无应答包括单元无应答和项目无应答,在访问执行过程中,一方面要降低无应答率,例如,在面访调查中将单元无应答率和项目无应答率作为重要监控指标④;另一方面,在调查执行的过程中利用并行数据、问卷数据和相关的统计数据构建应答代表性指标⑤,降低无应答误差带来的不良影响。应答代表性指标致力于代替应答率来监控调查质量,要求在调查过程中随时根据应答代表性指标来映射调查总体的分布,如格罗夫斯和黑林扎提出的回应式社会调查设计(responsive survey design)⑥,其特点是在调查过程中及时计算应答代表性指标并以此为依据改变调查设计,达到有效提高成本效益和测量精度的目的,从而解决仅仅依靠应答率监控调查过程所带来的应答人群和无应答人群的系统化差异问题。

三、降低调查成本

为了降低高昂的社会调查成本,调查机构在抽样中采用更为经济的设计,在访问执行方面采用混合调查模式,即面访、电话访问和网络访问的结

---

① Patrick R. Cotter, Jeffrey Cohen, and Philip B. Coulter, "Race-of-interviewer Effects in Telephone Interviews," *Public Opinion Quarterly*, Vol. 46, No. 2, 1982, pp. 278-284.
② Ivan C. Choi and George W. Comstock, "Interviewer Effect on Responses to a Questionnaire Relating to Mood," *American Journal of Epidemiology*, Vol. 101, No. 1, 1975, pp. 84-92.
③ 参见严洁等:《社会调查质量研究:访员臆答与干预效果》,《社会学研究》2012 年第 2 期,第 168—181 页。
④ 参见严洁等:《中国家庭动态跟踪调查:2010 年基线调查质量督导报告》,http://www.isss.pku.edu.cn/cfps/docs/20180927133026465668.pdf,访问日期:2018 年 10 月 2 日。
⑤ 应答代表性指标由欧洲的研究者自 2007 年开始研究构建。有关该指标的研究进展和成果,可访问 www.cmi.manchester.ac.uk/research/projects/representative-for-survey-quality,访问日期:2018 年 7 月 2 日。
⑥ Robert M. Groves and Steven G. Heeringa, "Responsive Design for Household Surveys: Tools for Actively Controlling Survey Errors and Costs," *Journal of the Royal Statistical Society*: Series A(*Statistics in Society*), Vol. 169, No. 3, 2006, pp. 439-457.

合。具体表现在：

(1) 抽样方面。减少抽样的阶段数量、缩小抽样单位的范围，并且使用更为经济而准确的数据源作为抽样辅助信息。例如，结合 GPS 和 GIS 数据，以空间单元（经纬度构成的单元格）为抽样单位。使用空间单元格的方法可以在不违反抽样科学性、不降低抽样精度的前提下降低抽样成本和实施难度。[①] 如果以 30 秒经度和 30 秒纬度构成的单元格（简称半分格）为抽样单位，夜间灯光亮度[②]可以作为 PPS 抽样所需的规模度量（measure of size）。以半分格为抽样单位在实施难度和成本上由于面积小（约 0.72 平方公里）、不需要村/居干部作为带路人、边界明确并且固定（边界由经纬度确定）、易识别（用 GPS 仪显示经纬度）而相对比以村/居为抽样单位要低得多。未来，甚至有望直接使用多阶段的 PPS 方法抽取一个 3 秒经度和 3 秒纬度构成的单元格（简称小格，hectar）。最近有学者使用机器学习和统计模型的方法，结合遥感数据和人口普查数据估算了全球每个小格的人口数。[③] 这个数据库免费向社会开放，可进一步降低抽样成本。

(2) 在访问执行方面采用混合调查模式，即将执行成本较低的电话和网络访问模式与面访模式相结合。例如，在 CFPS 中，随着追踪波次的增加，家庭居住地的分散程度逐年扩大。经过三轮全国追踪调查后，CFPS 家户从 2010 年基线调查的 161 个县 649 个聚居村/居扩散到 2016 年的 800 多个区/县 2300 多个村/居，极大地增加了面访追访的成本。经过科学设计和测试，CFPS 调查在近几次追踪调查中使用电话调查与面访调查的混合模式，并逐步加大电话访问的比例。

四、建设共享数据平台

在数据平台方面，未来会有更多的机构自主搭建或者参与搭建共享数据平台，并且有迅速增加的开放数据源出现在共享平台上。北京大学开放研

---

① F. Pierre Landry and Shen Mingming, "Reaching Migrants in Survey Research: The Use of the Global Positioning System to Reduce Coverage Bias in China," *Political Analysis*, Vol. 13, No. 1, 2005, pp. 1-22.

② 夜间灯光亮度数据以半分格为单位，可以免费下载：http://ngdc.noaa.gov/eog/dmsp/downloadV4composites.html，访问日期：2018 年 7 月 2 日。

③ 全球小格人口数的下载地址参见：http://www.worldpop.org.uk/data/get_data/，访问日期：2018 年 7 月 6 日。

数据平台、中国人民大学中国国家调查数据库、复旦大学社会科学数据平台等,均为学者们提供了大量公开免费的数据资源。这个领域未来也面临诸多挑战,如多源、异构数据的整合,多主题跨库、跨平台检索,以及在线分析等。

总的来说,社会调查方法在近些年取得了显著的进展。未来,学者们和调查机构一方面会持续追求高质量的数据;另一方面,将继续探索和应用将社会调查数据和大数据、实验数据相结合的技术,发挥各自所长,对社会科学问题进行更为科学、深入、严谨的研究。

第二章　调查信息系统的设计与基本功能

调查信息系统是整个调查项目实施过程中所有辅助调查项目执行的信息系统的统称。以样本生命周期管理为目标，调查信息系统为抽样、样本加载、问卷设计、样本管理、访员管理、质量控制、财务管理、数据清理等调查工作的各个环节提供技术支持。本章以北京大学中国社会科学调查中心实施的调查项目为例，介绍计算机辅助调查项目中所涉及的调查信息系统的设计及实现，并介绍新背景下混合模式调查的设计理念及数据安全保障策略。

第一节　调查信息系统的需求

一、总体需求

在采用计算机辅助访问模式的调查项目中，项目实施的各个环节、参与项目实施的各个部门的工作都需要有信息系统的支持。以北京大学中国社会科学调查中心实施的调查项目为例，需要在抽样阶段、问卷设计阶段、样本管理阶段、质量控制阶段、数据清理阶段设计开发不同的信息系统来实现对调查业务流程的管理。同时，信息系统需要针对不同部门、不同职位的数据及业务的权限来设计相应的权限管理方案。

调查项目对信息系统的总体需求可概括为五个方面：设计灵活友好的电子化问卷、实现方便快捷的样本管理、辅助实时精准的访员管理、完成安全高效的数据即时传输、提供多样化的问卷数据及并行数据。

设计灵活友好的电子化问卷：问卷是调查项目收集数据的工具，也是调查信息系统需要实现的核心应用。电子化问卷要能够将复杂的问卷以信息系统的形式表现出来，使访员无须关注问卷内部逻辑跳转及有效性校验，只需按照系统展示的内容读出或者提示受访者，并根据受访者回答输入内容，系统能自动对输入内容进行有效性校验，并根据输入内容实现不同的跳转。最终能够将收集到的问卷数据按照项目设计人员的要求存储到结构化数据库中，并能够将其转换为统计分析人员需要的格式。

实现方便快捷的样本管理：抽样调查项目以样本的生命周期为主线，样本管理需要实现抽样人员对样本数据的加载管理、执行督导对样本发放的管理、访员样本的远程调配管理以及追踪调查项目中的追访管理等。

辅助实时精准的访员管理：在以计算机辅助面访或电访为访问方式的调查项目中，访员是收集数据的主体，访员管理系统需要实现对访员行为实时精准的分析，为执行部门提供实时有效的访员监控数据，为质量控制部门提供核查工具以发现质量问题及访员行为问题。

完成安全高效的数据即时传输：数据传输系统需要将访员收集到的问卷数据安全及时地传回中心，并能保证访员实时收到执行督导发放的样本数据。

提供多样化的问卷数据及并行数据：在调查执行过程中，信息系统在收集问卷数据的同时需要最大限度地采集并行数据以提供给项目组，如访员行为、样本信息、访问过程中各种可捕获的并行数据。

二、功能需求

根据调查项目实施的过程，可将调查项目分为项目准备、数据采集及数据服务三个阶段，并根据三个阶段的业务需求设计调查信息系统。项目准备阶段需要信息系统实现样本库管理、访员招聘管理、问卷电子化；在数据采集阶段，信息系统要能够辅助实现访员管理、样本管理、财务管理、质量控制、数据清理；在数据服务阶段，需要信息系统根据项目需求提供对外数据服务平台。

根据调查三个阶段的需求，计算机辅助访问模式的调查信息系统需要实现的基本功能如图 2.1 所示。

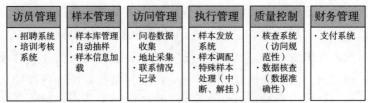

图 2.1 调查信息系统基本功能需求

(一)访员管理

1. 招聘系统

为了更高效地完成招聘工作,统一简历管理,需要一个方便应聘者提交资料、招聘者进行资料审核及管理的服务平台。不同调查项目对访员的要求不同,因此招聘系统需要具有创建不同项目的简历模板、多项目的申请渠道以及对已有简历的管理功能。

2. 培训考核系统

提供访员在线培训和考核功能,以问卷方式进行培训测验,并计算访员在线学习时长和考试成绩。根据访员管理功能总结其业务功能流程如图 2.2 所示。

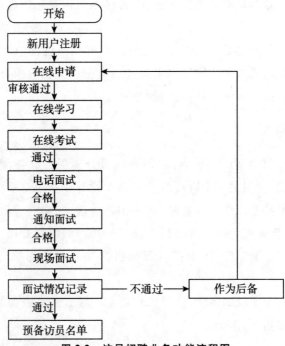

图 2.2 访员招聘业务功能流程图

（二）样本管理

1. 样本库管理

样本库是指所有调查项目收集到的样本列表的集合。在项目实施过程中，不同的调查项目样本列表的属性不同，因此样本库需要具备必选属性和项目自定义属性，并且能够自动维护样本库中的数据。具体包括：（1）支持在线样本信息收集，以互联网形式通过注册方式招募成员收集样本信息；（2）样本定期维护，能够定期联系样本库中的成员确认或更新样本信息；（3）不定期地人工维护样本库的数据。

2. 自动抽样

根据调查项目的需求从样本库中筛选符合条件的样本，比如根据年龄、性别、地区等必选属性筛选，并从筛选的样本列表中指定不同的抽样方式完成自动抽样。需实现的抽样方法包括简单随机抽样、等距抽样、KISH抽样。自动抽样产生的结果为指定调查项目的样本列表。抽样流程如图2.3所示。

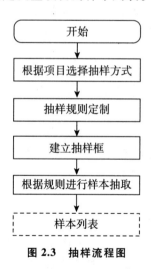

图2.3 抽样流程图

3. 样本信息加载

根据不同的项目需求定义不同的样本属性，依据项目样本库的格式加载所需的样本数据信息。样本信息可在问卷部分进行加载，并根据需求在访员使用终端按需加载。

(三)访问管理

1. 问卷数据收集

电子化问卷是数据收集的工具,是调查信息系统的核心功能。系统需要实现对问卷中的各种题型的展示、问卷中的逻辑跳转和有效性校验。能够将访员录入的数据以合理的方式存储在数据库中,访问过程中中断的数据同样被完整保存下来。在填写问卷的过程中,根据需要采集访问过程中的录音以及打开问卷后所有访员的键盘及鼠标操作,记录所有操作的时间,记录所有问卷的回答路径包括返回修改和删除操作。

2. 地址采集

在 CAPI 模式下,访问终端加载样本的联系信息以辅助访员准确定位及联系样本。在调查执行过程中,要能够自动采集访问时样本的 GPS 信息,实现样本地址文本的更新,支持多个样本地址和电话信息的采集。

3. 联系情况记录

联系记录模块实现对访问过程中访员联系受访者情况的记录,该模块会记录访员的联系方式、联系结果以及联系时间等信息。如果访员选择某些特定的联系结果代码,系统会弹出联系观察问卷,要求访员根据现场观察的情况进行填答。

(四)执行管理

1. 样本发放系统

在正式访问之前,执行督导需要一个平台把样本发放给全国各地相应的访员,访员则需要一个客户端来接收执行督导发送的样本,并在接收到样本之后进行访问工作。

2. 样本调配

访问开始之后,如果已发放的一个样本访问未完成,需要交给另一个访员继续工作,这时访员就需要样本调配的通道。访员需要将样本调配回中心,由中心负责督导调配给可以完成访问的访员。

3. 特殊样本处理

在某些调查项目中,对联系记录有特殊的要求,比如三次拒访或者六次联系不上后,样本会进入锁定状态,在此状态下访员不可操作样本。如有特殊需要,执行督导对锁定的样本进行解锁,解锁后访员方可继续访问,系统需记录解锁原因、解锁操作的时间和操作人。

(五) 质量控制

质量控制包括对问卷数据的实时核查和对访员行为的核查。质量控制的流程如图2.4所示。

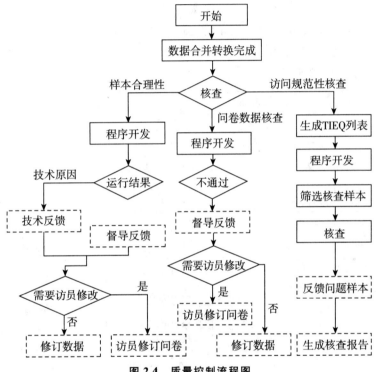

图 2.4 质量控制流程图

1. 核查系统

核查系统实现质量控制部门提出的样本核查需求,核查流程如下:首先根据核查方案对样本进行筛选,然后指定核查方式并将样本分配给核查员,最后由核查员完成核查问卷并由核查督导进行最终审核。核查系统要求实现三种核查方式,包括电话核查、录音核查和实地核查。

2. 数据核查

个别访问数据可能会存在数值有误、数值缺失、数值模糊等问题,存在此类数据问题的样本称为存疑样本。需要针对此类访问数据进行数据清理,进一步完善数据,保证数据的真实可靠。

（六）财务管理

由于社会调查支付规则和支付标准比较复杂，需要支付系统根据多个问卷完成情况进行结算。以 CFPS 为例，如果一个家庭完成了家庭成员问卷，但是没有生成家庭经济问卷，则支付给访员 50% 的劳务费；如果生成了家庭经济问卷但是没有完成，则不支付任何费用；如果生成了家庭经济问卷并完成，支付给访员 100% 的劳务费。为了将支付标准整理清楚并提交给标准制定团队确认，同时也为模块开发提供依据，需设计访员劳务费标准对照表。支付系统的流程如图 2.5 所示。

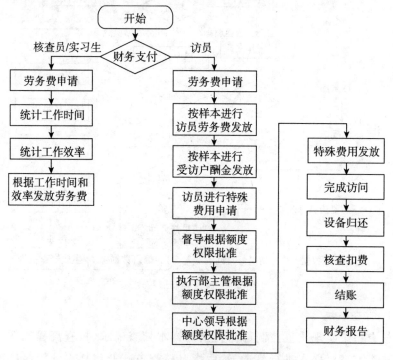

图 2.5 支付管理业务流程图

第二节 调查信息系统总体设计

调查信息系统的设计目标是设计一套适用于面访调查、电话调查以及网络调查的软件信息系统。通过此系统可以完成调查相关的业务，如调查问卷设计、访员管理、样本管理、调查实施以及调查数据的整合与分析等。

调查信息系统建设目标为：

（1）建成一套功能完整、流程高效、模块灵活的社会科学调查软件系统，其中包含对各类调查要素（如访员、样本、问卷等）的管理，以及多种调查执行方式（如网页、移动端等）的实现。

（2）建成为调查业务服务的管理、招聘等业务网站。

（3）完成对相关调查业务数据的整合，实现数据集中管理、高效检索，并实现针对业务数据的分析与挖掘功能。

一、运行环境

（一）网络架构

1. 服务器

VPN服务器以及网站服务器采用校园网内独立IP，外网可直接访问。其他业务服务器均分配内网地址，位于VPN服务器下，连接VPN服务器之后方可接入相应服务器。

2. 用户

调查中心用户分为三类：第一类为访员，在调查期间，主要通过访问管理系统连接生产服务器上传或下载访问数据；第二类为中心工作人员，通过各业务系统访问相应服务器数据；第三类为外网用户，通过互联网访问中心网站。

调查中心网络拓扑结构如图2.6所示。

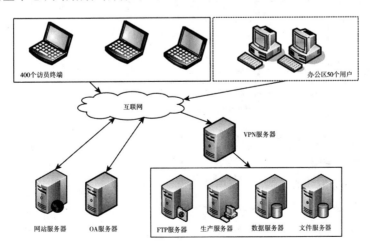

图2.6　网络拓扑结构图

(二)硬件

1. 业务服务器

业务服务器如生产服务器、核查系统服务器、报告系统服务器、录音服务器、电话服务器、备份服务器等采用虚拟化管理,在多个硬件服务器集群上配置不同调查项目的不同业务系统的专属应用。

2. 访员终端

基本配置:i7 处理器,内存 4G+,硬盘 320G。此款机器的性能能够较好满足调查访问、浏览网页、处理 Office 文档的需求,同时电池充满状态下使用时间达 3 小时,能支持较长时间的调查访问。

二、软件系统的设计

根据对系统整体需求的分析,设计系统逻辑架构如图 2.7 所示。

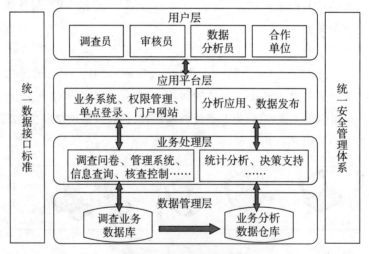

图 2.7 系统逻辑架构图

从图 2.7 可以看到,逻辑架构从上至下由用户层、应用平台层、业务处理层、数据管理层构成(见表 2.1)。整个架构集中体现了以数据层为依托,以业务层和应用层为核心,通过用户层全面为各类用户提供完善的服务。

系统从逻辑上还可分为业务系统与分析系统两大类,其中业务系统负责调查相关业务的执行,分析系统负责调查数据的深入分析与挖掘以及结果发布等。

表 2.1　逻辑架构各层次概要说明

逻辑层次	描述
用户层	各类用户通过用户层访问业务系统，进行数据处理工作。用户可以根据相应的权限来完成调查业务、数据上报与统计、业务审核等工作
应用平台层	应用平台层通过调用业务处理层的相关业务功能，提供社会调查各阶段的应用，包括业务网站、门户网站、登录控制、权限管理等。应用平台层还包括各类统计分析应用的结果展示功能
业务处理层	业务处理层是整个逻辑架构的核心，也是应用平台层的软件支撑平台。业务处理层实现了社会调查业务的逻辑处理流程，实现了包括调查问卷的设计和执行，数据、访员、样本的管理，以及项目的督导与核查等功能。业务处理层还包括对社会调查数据进行分析和挖掘的核心算法模块
数据管理层	数据管理层为应用系统提供数据存储支撑，并为查询、统计分析应用提供数据来源。按照数据服务类型可分为调查业务数据库与业务分析数据库

第三节　调查信息系统的功能设计

从调查项目实施所需要的问卷系统、访问管理系统、样本管理系统、质量核查系统、数据清理系统和支付系统的功能设计的角度出发，本节概述调查信息系统中各子系统所要实现的基本功能。

一、问卷系统

问卷系统需要实现样本和问卷的一一对应，访员在系统中选中一个样本后点击访问按钮，问卷系统会找到对应的问卷并加载该样本的相关数据，打开问卷供访员访问使用。

在以笔记本为访问工具的调查项目中，问卷模块调用 Blaise 问卷编程语言，开发电子化问卷，根据问卷内容确定加载及导出信息。问卷界面如图 2.8 所示。

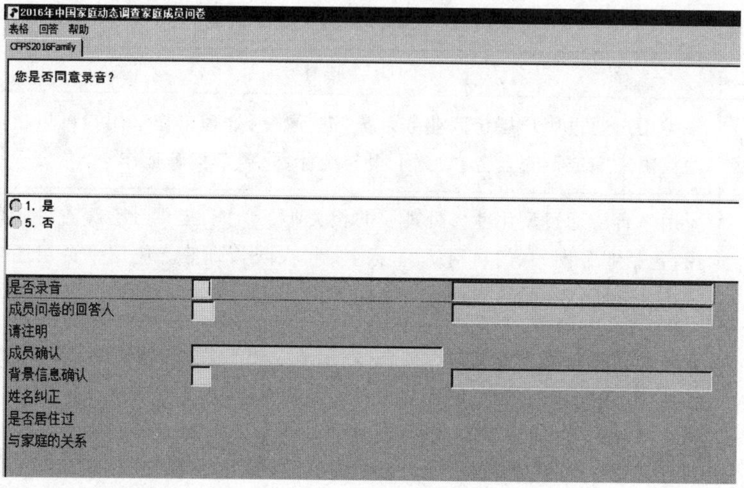

图 2.8　问卷界面示意图

部分 Blaise 代码示例如图 2.9 所示。

```
BLN_HHL
BLSCREENING
IF BLSCREENING.SC19=C01 THEN {**SC19 BRANCH**}
    IF (C02 IN TestSection_) OR TestSectionPre = EMPTY THEN
        BLCHRONIC
    ENDIF
    BLSCREENING2        {3}
    IF (C04 IN TestSection_) OR TestSectionPre = EMPTY THEN
        BLDAYSSYM
    ENDIF
    IF (C05 IN TestSection_) OR TestSectionPre = EMPTY THEN
        BLDAYFUN
    ENDIF
    IF BLSCREENING2.SC21=C01 OR
        BLSCREENING2.SC22=C01 OR
        BLSCREENING2.SC23=C01 THEN
        IF (C06 IN TestSection_) OR TestSectionPre = EMPTY THEN
            BLDEPRESS
        ENDIF
    ENDIF
    IF BLSCREENING2.SC24=C01 OR BLSCREENING2.SC25a=C01 THEN
        IF (C07 IN TestSection_) OR TestSectionPre = EMPTY THEN
            BLMANIA
```

图 2.9　Blaise 代码示例

二、访问管理系统

访问管理系统需要实现样本管理、地址信息采集、联系记录、录音采集、数据同步等功能。该系统需采用模块化设计,将系统的主要功能分解,降低系统的耦合性,提高系统的稳定性及可复用性。系统中的主要功能模块有以下几个方面。

(一) 样本管理

样本管理模块需要实现访员对访问样本的管理,包括:样本基本信息,访员可以在这个模块查看受访者的详细信息;样本调配模块,访员可以根据需要申请将样本调配回中心;调配记录模块,记录所有访员调配成功的样本信息;完成列表模块,列出所有访员完成访问并插入最终联系代码的样本。

样本列表显示内容如表2.2所示。

表 2.2 样本列表显示内容

列标	说明
拒访标识	锁定列
样本编号	锁定列,默认排序列
姓名	
性别	1=男,5=女
样本类型	0=初访,1=追踪
最近访问结果代码	对应联系结果代码文档
最近一次访问日期	
访问状态	0=完成,1=中断
行动标识	
联系观察完成情况	
6次联系失败	
面访次数	
手机	

样本调配列表显示内容如表2.3所示。

表 2.3 样本调配列表显示内容

列标	说明
访问类型	
样本编号	
接收访员	
接收督导	

(续表)

列标	说明
联系结果代码	
访问状态	

调配记录列表显示内容如表 2.4 所示。

表 2.4 调配记录列表显示内容

列标	说明
样本编号	
调配日期	
发送的访员	
接收的访员	
接收状态	

(二) 地址信息采集

地址模块需要采集受访者的地址信息,访员在完成每一份问卷后系统都会自动弹出地址模块,方便访员采集地址信息。地址模块信息举例如表 2.5 所示。

表 2.5 地址模块信息

列标	说明
样本编号	
回答者姓名	
居住地址	
单元门牌号	
邮寄地址	
省/自治区/直辖市	
市	
区/县	
村/居	
邮编	
固定电话区号	
固定电话	
手机	

（三）联系记录

联系记录模块实现对访问过程中访员联系受访者情况的记录，该模块会记录访员的联系方式、联系时间、联系结果代码等信息。如果访员选择某些特定的联系结果代码还会弹出相应模块，以进一步收集详细的信息。下面以调查中心实施的一项全国调查的 KISH 问卷联系结果代码为例，展示联系记录的代码、子代码、代码含义、各步操作指示以及与联系记录相关的样本状态界定。（见图 2.10）

联系结果代码（KISH）

A. 联系过程代码

访问类型	代码	代码含义	第二步操作	第三步操作	备注
面访	0000	未联系			
面访	1008	条件不符			KISH表完成，受访户中没有符合筛查条件的受访者。**系统自动赋值，一旦生成1008便不可修改**
面访	1001	完成			系统自动赋值，一旦生成1001便不可修改

第一类　没有联系到受访户

访问类型	代码	代码含义	子代码	第二步操作	第三步操作	备注
面访	1100	联系不上	1101	敲门/按门铃无人应答		
面访			1102	无法进入单元楼/小区		
电访			1103	无法通过电话取得联系		

第二类　联系到受访户/受访者

2.1 需要再次联系

访问类型	代码	代码含义	子代码	第二步操作	第三步操作	备注
电访/面访	2100	没有拒绝，需要再次联系	2101	住户没有拒绝，需要再次联系		
电访/面访			2102	与住户约定访问时间	日期：年/月/日 时间：时/分	

2.2 遭到拒绝

访问类型	代码	代码含义	子代码	第二步操作	第三步操作	备注
电访/面访	3100	拒访	3101	住户首次拒绝访问	原因选择 忙碌	
电访/面访			3102	住户第二次拒绝访问	不感兴趣 访问时间长	
电访/面访			3103	住户第三次拒绝访问	受访者酬金少 涉及个人隐私	

B. 最终结果代码（首次插入代码时不能选1900、3900、4900）

访问类型	代码	代码含义	子代码	第二步操作	第三步操作	备注
电访/面访	1900	最终：联系不上	1901	住户联系不上		仅在选择六次11系列的代码后，方可插入，样本调配回中心
电访/面访	3900	最终：拒访	3901	住户拒访	忙碌 不感兴趣 访问时间长 受访者酬金少 涉及个人隐私	选择三次31系列的代码后，方可插入，样本调配回中心
电访/面访	5900	最终：身体原因，无法接受访问	5901	年老，丧失语言表达能力		样本调配回中心
电访/面访			5902	受访者或其家人重病/住院		
电访/面访			5903	智障		
电访/面访			5904	聋哑		
电访/面访	7900	最终：访员原因无法访问	7901	方言问题，无法沟通		
电访/面访			7902	调查季无法访问		
电访/面访			7903	地点太远，无法访问		
面访	8100	最终：地址错误/地址不存在				样本进入**完成状态**
面访	8200	最终：非住宅	8201	商用住宅		样本进入**完成状态**
面访			8202	工棚、学校、工厂、监狱等		
面访			8203	学生、工厂等集体宿舍		
面访			8204	拆迁、搬迁、在建		
面访			8205	其他，请注明原因		
面访	8300	最终：空置房屋	8301	全家外出		样本进入**完成状态**
面访			8302	尚未入住		
面访			8303	待出租		
面访			8304	闲置/废弃		
面访			8305	其他，请注明原因		
面访	8400	最终：无法判定	8401	无法判定是否为正确地址		样本进入**完成状态**
面访			8402	正确地址，无法判定房屋类型		
面访			8403	无法到达访问区域		
面访			8404	其他，请注明原因		

图 2.10　联系结果代码举例

（四）录音采集

计算机辅助调查的优势是可以在访问过程中录音,现有的硬件和软件均可以很方便地采集录音。可以选择每份文件存储一个样本的访问过程,也可以选择在一个样本的访问过程中分题录音,从而节省录音核查的成本。

（五）数据同步

数据同步系统实现访问数据的实时传输功能,该模块由发送接收和录音上传两部分组成,其中发送接收程序实现对问卷数据及并行数据的实时传输,录音上传程序实现对访问过程中录音数据的实时传输。

三、样本管理系统

样本管理系统是样本管理及技术支持系统的统称,用户是督导和技术支持人员,涉及在访问过程中对访问样本的发放、解锁、调配、信息展示以及技术问题的在线解答。

样本发放:样本周期从样本发放开始,最初始的样本归中心管理,由督导发放给访员。

样本调配:待调配列表中列出访员调配回中心的样本,每个督导可看见自己管理范围内访员调回的样本,选择后调配给合适的访员。

样本帮助:对挂起样本的解锁,通过样本帮助系统来完成。根据结果代码设计,访问管理系统对六次联系不上以及三次拒访的样本进行锁定,被锁定的样本由中心督导在样本帮助系统中解锁后方可继续访问。样本帮助界面如图 2.11 所示。

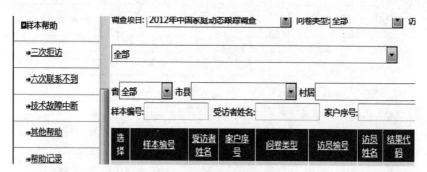

图 2.11　样本帮助界面

四、质量核查系统

(一) 概述

核查系统需要实现项目对样本核查的需求,根据项目制定的核查方案对样本进行筛选,指定核查方式,分配给核查员,完成核查问卷,并由核查督导进行最终审核。

核查系统主要分为两个部分:一是核查部分,二是审核部分。核查部分主要是核查员通过电话回访或者录音回放的方式来对访员的工作进行核查。审核部分则是审核员对核查员的工作进行审核,纠正核查员工作中的失误或者错误。

核查系统需对人员权限进行较好的控制,不同角色的人员登录后看到的内容是不同的,比如核查员只能看到核查样本,审核员只能看到审核页面,而督导则可以看到核查界面、审核界面和样本管理界面等。

(二) 功能模块

1. 数据导入

导入问卷单题时长不通过的样本以及核查系统所需加载的信息,如图2.12所示。

图 2.12 核查系统加载数据导入界面

2. 样本筛选

对所有完成访问的样本按照核查设定的条件进行筛选,并可按比例随机抽取样本,指定核查方式。对于筛选出的样本,可以分配到对应的核查员。核查员登录后即可看到需要核查的样本,打开核查问卷,完成核查工作。

3. 核查审核

主要是审核核查员的工作,进一步保证核查结果的可靠性。核查员完成核查的样本会进入核查审核模块,该模块同样有三个功能,即筛选样本、分配样本和审核样本,不同的是操作人员不同:督导在筛选样本和分配样本页面上操作,审核员在审核页面上对访问员录音和核查员电话录音进行回听,以完成审核工作。

4. 督导反馈

核查无误的样本会进入督导反馈模块,执行督导可以在该模块看到核查的所有结果(一个样本多次的核查结果都可以看到),并与质量控制部门进行沟通。

5. 统计报告

按不同分类要求对核查结果进行汇总统计,展示问卷质量状况和核查完成情况。

五、数据清理系统

数据清理系统分为问卷数据清理系统和地址清理系统两部分。

（一）问卷数据清理系统

问卷数据清理系统功能如图 2.13 所示,分为数据导入模块、分配数据模块、核查数据模块、访员督导模块、审核数据模块和统计数据模块。

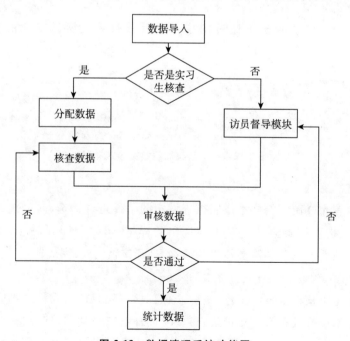

图 2.13　数据清理系统功能图

需要清理的问卷数据以 Excel 表形式导入系统,导入的 Excel 文件需按照规定格式进行编写。需要提醒访员的数据,将会自动转发样本对应的访员,访员可登录系统进行反馈。

需要走核查清理流程的数据,由管理员进行分配,指定某个核查员进行此条数据的核查清理。分配结束后,被指定的核查员在核查界面可进行核查清理操作。

核查(录音核查、F2 备注核查)结束后,管理员进行审核,判断是否需要继续清理、核查结果是否符合要求以及是否添加备注。管理员可对样本添加备注,方便问题的汇总,避免以后发生相似问题。

1. 数据导入

初始数据按规定格式导入。分为存疑样本信息表和变量表。导入顺序无影响,但不可缺失。数据导入规范如表 2.6 所示。

表 2.6　数据导入规范

序号	名称	类型/长度	显示属性	备注
1	导入文件	样本变量条数小于 5000	必选项	
2	题号	字符串	可选项	数据统计页
3	变量名	字符串	可选项	数据统计页

2. 分配数据

管理员将存疑样本分配给指定的核查员进行数据清理,管理员可查看所有核查员的任务数量和任务进度,以及每个核查员的所有历史清理样本变量记录。

分配分为 F2 备注核查分配、一轮录音核查分配、二轮录音核查分配(一轮录音核查结束后进行二轮录音核查的分配)。图 2.14 为存疑样本分配界面示意图。

图 2.14　存疑样本分配界面示意图

3. 核查数据

根据导入数据中的核查方式,将核查数据分为两类:录音核查和 F2 备注核查。

一轮录音核查通过听取录音或浏览样本变量信息判断录音情况,填写变量的修正值和备注信息;二轮 F2 备注核查根据 F2 备注信息填写变量的修正值。(见图 2.15)

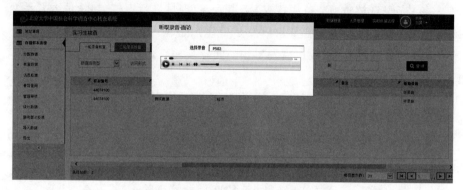

图 2.15　问卷数据清理回听录音示意图

4. 审核数据

审核模块分为四部分:录音核查(清理)完成的样本变量;F2 备注审核完成的样本变量;发送给访员并通过督导审核的样本变量;提醒督导和访员反馈的样本变量。图 2.16 为访员审核部分示意图。

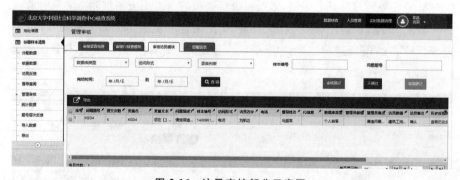

图 2.16　访员审核部分示意图

5. 访员/督导反馈模块

因为存疑样本中有部分数据需要访员做出解释,所以有此类标记的样本变量直接发送给所属访员。访员登录后填写解释或确认新值,提交给督导(如图 2.17 所示)。督导可以在访员解释基础上给出反馈意见,也可以核实无误后点击审核通过按钮进行提交(如图 2.18 所示)。

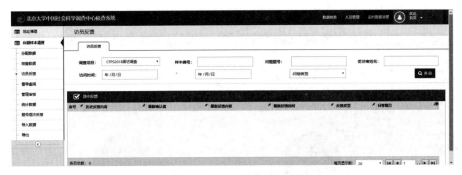

图 2.17　访员反馈模块示意图

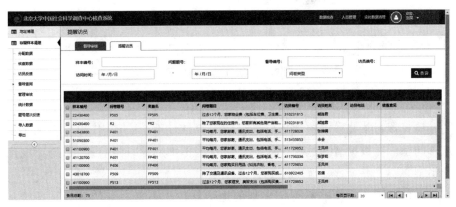

图 2.18　督导审核模块示意图

6. 统计数据

统计模块从几个维度来完成统计功能(见图 2.19),包括:

(1)存疑样本归纳分类:导入数据标记为提醒访员的样本变量归类为提醒访员反馈信息;F2 备注核查中判断为接受访员解释的样本变量归为非存疑样本;F2 备注核查中判断为其他的样本变量归类为其他;F2 备注核查中判断为需要反馈设计系统问题的样本变量归类为设计系统反馈;管理员审核强制通过的样本变量归类为存疑确认失败;管理员审核通过的样本变量归类为确认修改样本变量。

(2)数据库类型分类统计:分为家庭成员、家庭经济、个人自答、成人代答、少儿代答。

（3）各模块存疑样本数：提醒访员信息模块、发送访员模块、F2备注核查模块、录音核查模块。

（4）各访员存疑样本：每个访员名下的所有存疑样本。

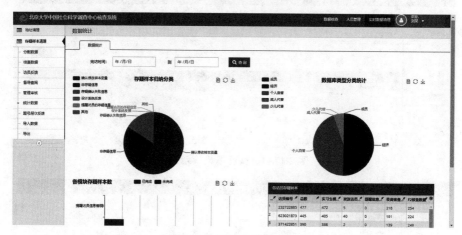

图 2.19　统计模块示意图

（二）地址清理系统

访员填写某些样本的地址信息存在五级地址不全、五级代码中有文字信息等问题。在数据清理过程中需要针对这些不准确地址进行修正，并标注问题类型。

地址清理是将样本不符合规则的地址修改为正确地址的过程。系统从核查数据表中提取不符合规则的样本，并从放置 GPS 信息的服务器中获取 GPS 文件信息，自动导入相关表中。管理员将样本分配给第一轮清理员，若清理员完成地址修改，则此流程终止。若未完成，则管理员分配进行第二轮清理，第二轮清理员完成地址修改则此流程终止。若仍未完成则直接进入督导模块，督导进行地址修改，督导提交后的样本进行第三轮分配。第三轮清理员修改地址，终止流程。地址清理系统的功能模块包括以下几个方面。

1. 数据导入

数据导入时，首先是在核查表中提取出不符合地址规则的样本。必须先提取样本，再导入 GPS 文件。GPS 文件是根据已提取的样本进行匹配。GPS 文件在局域网服务器相关路径下，可按样本编号、督导编号、访员编号等条件查询。

2. 分配

管理员可针对所有的清理员完成三轮分配。一轮分配的是所有未开始清理的导入样本,被分配人员是具有一轮清理员权限的人员(AC 实习生1)。二轮分配的是一轮清理未完成的样本,被分配人员是具有二轮清理员权限的人员(AC 实习生2)。同一样本在一轮、二轮不会分配给同一人。三轮分配的是进入督导模块的样本,被分配人员具有三轮清理员权限(AC 实习生3)。分配模块界面如图2.20 所示。

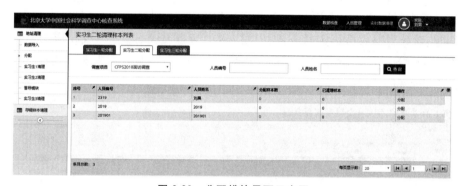

图 2.20 分配模块界面示意图

3. 清理样本

清理员登录系统可查看被分配到的样本,点击 GPS 经纬度,可进入地图界面。点击更正进行五级地址的选择,判断是否是一个准确的地址,判断是否完成修改及未完成修改的样本错误类型,填写备注和详细地址等信息。界面如图 2.21 所示。

图 2.21 地址信息清理界面示意图

4. 督导审核

二轮清理仍未完成的样本进入督导模块。督导可查看一、二轮清理填写的地址信息和备注信息等，同时可以进行审核，选择五级地址，填写相关备注，并提交到三轮清理模块（AC 实习生 3）。

六、支付系统

支付系统需要实现对访员劳务费用及受访者酬金的计算功能。访员可以通过支付系统实时查看自己应得的劳务费及应支付给受访者的酬金数额，同时，财务管理人员可实时查看访员应得的劳务费金额，并生成相应的支付单提交财务部门。财务部门支付完成后，系统会统计出剩余未支付金额。图 2.22 为支付系统部分结算界面截图。

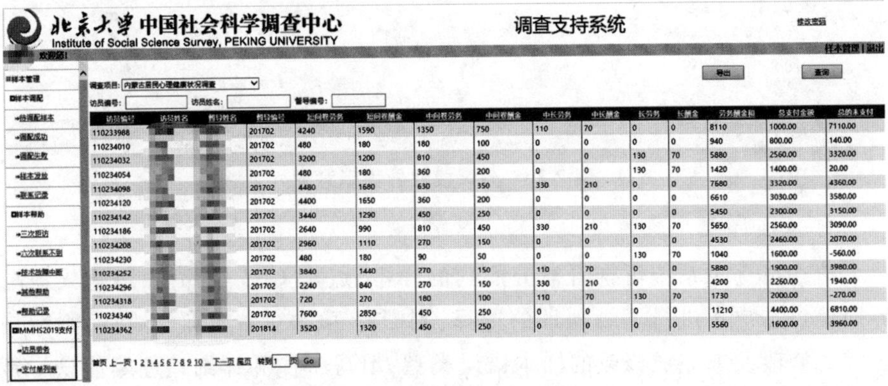

图 2.22　支付系统结算界面示意图

第四节　基于移动设备的调查系统

一、应用背景

大数据时代的到来和智能移动终端的广泛普及，给以笔记本为访问媒介的 CAPI 方式带来了新的挑战。越来越多的调查项目希望利用智能移动终端如手机、平板电脑完成问卷调查。相较于笔记本电脑，移动终端成本低、携带方便，同时能够采集更丰富的信息，如实时的 GPS 信息、访问移动轨迹、准确的联系记录，还能进行实时的质量控制等。

二、功能分析

（一）概述

移动端的总体功能与前文所述访问管理系统的基本功能类似，主要功能模块如图 2.23 所示。

图 2.23　移动端功能模块图

（二）功能模块

1. 访员登录

用户打开 App，输入账号和密码，点击"登录"按钮。登录分为在线登录与离线登录两种。有网络时，进行在线登录。系统将用户输入的账号和密码发送至服务端进行验证，验证成功则允许登录，并记录访员信息。无网络时，在本地数据库进行账号和密码验证，验证成功则允许登录。本地数据库无相关数据时，禁止登录。

2. 更新数据

访员在线登录成功后可进行数据更新，在主页面点击"更新"按钮，上传本地答案、联系记录和访问状态，下载服务器端全部数据。在主页面点击"上传"按钮，打包并上传当前未上传过的本地录音和照片。

更新流程包括以下若干步骤：

（1）检查 SampleState 表的全部数据，如果没有数据就跳过答案上传步骤，直接上传联系记录，否则记录下需要上传数据的问卷 ID。

（2）根据记录的问卷 ID 上传对应的答案表数据，匹配问卷 ID、当前访员 ID、上传状态为 0 的记录。上传成功（调用接口服务器端返回 SUCCESS 状态）后，将上传的答案在本地的上传状态更新为 1（上传成功）或 2（服务器端返回 error 字段），匹配问卷 ID、当前访员 ID、上传答案的时间戳范围。

（3）上传联系记录，从联系记录表找出当前访员的全部上传状态为 0 的联系记录，如果没有可上传的联系记录，跳至下一步；否则调用上传接口，上传成功后将本地联系记录的上传状态改为1,匹配当前访员ID、上传联系记录的时间戳范围。

（4）访问状态上传,包括ViewerSample表、ViewerAllocation表的所有信息（访问状态、质控统计数据）,匹配当前访员ID。上传完成后,删除SampleState表中当前访员的相关数据。

（5）分配(关系)数据,用当前访员ID去服务器端申请访员被分配到的问卷和样本,全部入库完成后,进行下一步。

（6）下载问卷数据,根据当前访员拥有的问卷ID分别(同时)下载问题(问题组+题目+选项)、跳转逻辑(跳转+条件)、软硬校验规则、样本数据、联系记录。其中前三者是增量更新的,在下载问卷问题后还会下载中断的答案、缓存表和snapshot,样本数据是用访员ID和问卷ID去申请的,联系记录下载后将upload置为1后入库。这些数据全部下载并入库完毕后显示"数据更新成功"。

除了问卷数据上传外,录音和照片数据的上传流程为:检查RecordState表,获取当前访员需要上传录音的问卷、样本,将对应的录音文件夹压缩打包,将照片文件夹压缩打包,检查存放压缩包的文件夹,依次上传压缩包,并将上传成功的压缩包移动至备份文件夹。全部上传成功后,显示"录音和照片上传成功"。

3. 本地备份

在访员信息页面点击"备份"按钮,将本地数据库备份至对应文件夹。程序中大部分错误回调函数,将错误日志写入对应的日志文件。

4. 应用更新

在访员信息页面点击"有新版本"横幅,可以从服务器下载最新移动端版本。在检查更新时需要注意:进行数据更新时从服务器端选取最新版本号;将最新版本号与本地版本号比较,若服务器端版本号较大,则判断为有新版本,否则本地为最新版本;有新版本时,按照版本号生成新版本下载链接,用户打开该链接下载新版apk。

5. 选择问卷及样本

在主页面点击各个问卷的横幅,进入样本选择页面。在样本选择页面点击导航栏的标签,可以切换查看不同访问状态的样本。点击样本可以进入样本信息页面。点击"地图"按钮,可在地图上显示当前访员在当前问卷调查中拥有的全部样本的位置和访问状态。在地图上点击样本对应的点可以对样本进行操作。

6. 样本选择

在样本信息页面，可以查看样本信息。点击"开始答题"按钮，可以进入问卷填答页面。对于"已完成"的样本，可以点击"查看答案"按钮，进入问卷填答页面进行答案的只读查看。点击"查看联系记录"按钮，可以查看本地样本的全部联系记录。点击"填写联系记录"按钮，可以填写一份新的联系记录（包含联系类型、联系状态、样本地址、备注等信息）。点击"拍照"按钮，可以为选定样本拍一张照片，照片将被命名并存储到照片文件夹。点击"样本回调"按钮，将自动为选定样本插入一条回调联系记录，样本将在本地不可见。进行数据更新时，服务器端将收回该样本。点击"返回选择"按钮，返回到样本选择页面。

7. 执行问卷

（1）题目加载。

进入问卷后，载入答题缓存表的最后一题，若答题缓存表无数据，则载入整个问卷的第一题。根据题目 ID 读取问题及选项信息。根据题目类型以不同模板将题目显示在页面上。

（2）变量替换。

题目的题干、选项文字支持文字变量替换，其他表达式支持值变量替换。可替换的变量有：已答题答案变量、变量表变量、抽样结果变量、样本属性。

（3）问题向前跳转。

通过点击"上一题"，跳转到回答过的上一题。点击"跳转列表"按钮，在展开的跳转列表中点击任一题，跳转到对应的题目。

（4）单题答案提交。

点击"下一题"，提交当前题目答案，生成缓存和答案向量，进行答案检查，进行软硬校验检查，若满足条件则保存数据，否则弹出相应的提示。

（5）退出问卷。

点击"返回"按钮，在弹出的提示框中点击"是"，退出问卷。若问卷要求填写联系记录，则跳转至填写联系记录页面，否则跳转至样本选择页面。

（6）答题质量统计。

填完问卷最后一题后点击"下一题"，进入结束页，显示结束语和整份问卷的质量统计表。质量统计表汇总答题时间、无回答率、单题时长少于1秒率、单题时长少于题目要求最少时长率,并分问题组汇总显示。

(7) 完成问卷。

从结束页点击"下一题",完成问卷。程序将答题状态、样本访问状态及答题质量数据写入数据库。若问卷要求填写联系记录,则跳转至填写联系记录页面,否则跳转至样本选择页面。

8. 问卷录音

进入需要录音的问卷时,在弹出的提示框中选"是",则可以在问卷答题过程中为每一题录音。系统提供自动检测录音状态功能,在问卷开始之后定时检测录音状态,自动提示异常情况。

三、与传统 CAPI 相比的优势

与传统的 CAPI 模式相比,基于智能移动终端的调查有更多的优点,主要表现在以下几个方面:

(1) 购买设备及维护成本低:能够满足复杂调查项目要求的笔记本电脑通常成本为每台 3000 元以上,由于调查业务系统复杂,导致安装流程烦琐且对操作系统要求高。基于移动终端的项目一般使用轻量级客户端,支持跨平台,价位在 1000 元左右的移动终端即可较好地满足大型调查项目的需求,同时对型号无较高要求。移动终端的应用更新简单,联网状态下可实现热更新操作,维护成本低。

(2) 携带方便:笔记本电脑一般重量在 3kg 左右,而智能移动终端在这方面优势明显。

(3) 待机时间长:移动终端相较于笔记本电脑明显待机时间更长,使用移动终端的访员可以在无法接入电源的情况下完成更多的访问。

(4) 采集数据丰富:移动终端设备可安装 4G 网卡,将访员实时的位置信息发送回调查机构。移动终端自带 GPS 模块,可以将访员的移动轨迹自动记录下来并实时发送。有通话和短信功能的移动终端可以自动存储所有与样本联系的记录,采集更丰富的并行数据。

(5) 实时质量控制:移动终端能够在访问过程中实时计算出质量控制结果,如无回答率和单题时长不合格比率,并在问卷完成后自动显示质量控制结果。

(6) 数据传输便捷:联网状态下可实现数据自动传输,或直接连接服务器完成访问,无须二次传输。

(7) 数据格式统一:基于移动终端的调查信息系统采用统一的设计、统一的架构和数据库,因此可以提供统一的数据格式,无须在多个数据库之间进行同步及数据转换。

第五节　新背景下的混合模式调查

随着调查项目对电话调查和网络调查的需求逐渐增多,亟须构建可平行应用于网络、移动设备及电话的软件信息系统。通过此系统,可以完成调查相关的业务如调查问卷设计、访员管理、样本管理、调查实施以及调查数据的整合与分析等。

一、实现方式

混合模式的调查信息系统建设目标是:

(1) 建成一套功能完整、流程高效、模块灵活的社会科学调查软件系统,其中包含对各类调查要素(如访员、样本、问卷等)的管理,以及多种调查执行方式(如网页、移动端等)的实现。

(2) 建成为社会调查业务服务的管理、招聘等业务网站。

(3) 完成对相关调查业务数据的整合,实现数据集中管理、高效检索,并实现对业务数据的分析与挖掘功能。

系统设计目标是:

(1) 整合现有技术及业务流程,提高工作效率:统一使用 Java 技术开发,降低系统维护成本;重新设计、整合原有工作流程,提高工作效率;模块化设计,子系统可灵活定制和组合使用;兼顾混合模式(CAPI、CAWI、CATI)调查需求,实现调查问卷一次性设计,多种调查方式兼容使用。

(2) 统一数据接口和管理模式,提升数据质量:集中式数据管理,减少各子系统之间的数据转换工作;统一的数据管理为统一的权限控制、数据质量控制、数据报送打下基础;更深入的数据分析与挖掘成为可能,促使用户更愿意报送数据。

基本的业务系统级功能模块如图 2.24 所示。

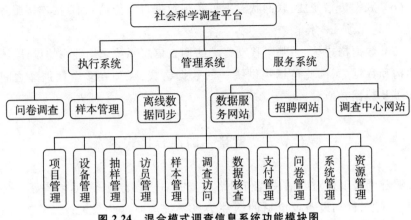

图 2.24 混合模式调查信息系统功能模块图

调查软件系统由两部分组成:服务器端和客户端。服务器端负责访员管理、公共样本管理、项目管理、问卷管理和变量管理(服务器端的功能模块如图 2.25 所示);客户端主要负责下载相关数据,执行访问。

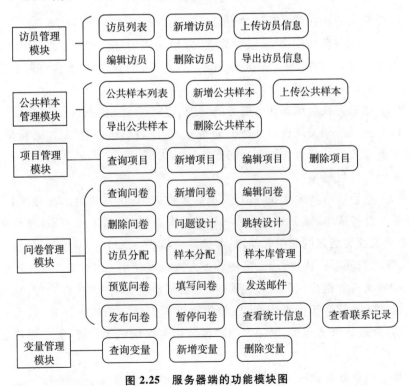

图 2.25 服务器端的功能模块图

二、混合模式的优势

混合模式的调查信息系统的技术特色和优势体现在以下几个方面。

（一）过程感知的调查系统设计

以样本的生命周期为主线，设计过程感知的调查信息系统（见图2.26），实现从问卷设计、样本分配、问卷执行、质量控制、费用统计到数据分析的全业务过程统一管理的调查信息系统。

图 2.26　过程感知的调查系统流程图

在问卷设计中可以进行质量控制相关选项的设置，比如对单题时长的要求、问卷中无应答比例的限制等。在进行问卷调查时，程序将根据这些设置进行实时监测，超出限制会及时提示，并记录到系统中，如图2.27所示。

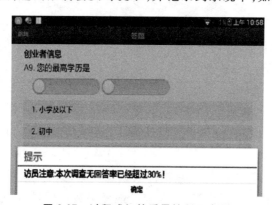

图 2.27　过程感知的质量控制示意图

对于复杂的问卷，可自动检查可能存在的错误，包括选项错误、数值范围错误、跳转逻辑循环错误等，图2.28为问卷逻辑中死循环的检测结果。

图 2.28　问卷逻辑检测示意图

（二）面向流程的数据存储技术

在变量存储的设计上，混合模式的信息系统有独到之处。现有的网络调查平台大多采用列存储变量，每增加一个变量就要在数据表中增加一列。而数据表的列是有限的，例如常用的 SQL Server 数据库，列的上限仅有 1024 个，而社会科学的问卷设计通常比较复杂，有时变量有上万个。Blaise 虽然支持海量变量，但 Blaise 的数据存储是基于文本的，导入导出复杂，也无法很好地利用关系数据库强大的查询和分析功能。混合模式的信息系统基于已有复杂问卷的逻辑及变量特点，设计了面向流程的以变量为主键的行式存储方式。这种存储方式能够支持海量的变量存储，支持复杂的跳转逻辑，支持用户快捷地编辑问卷变量，修改问卷逻辑。基于这种存储方式，可以方便地建立统计分析模块，实现实时高效的统计分析功能。

在样本管理模块中，系统考虑用户自定义样本库的灵活性，支持动态列模式，在系统默认的样本属性之外，允许用户自行扩展属性，为样本的筛选提供更多依据（见图 2.29）。同时，调查项目可以随时从系统的公共样本库中以多种方法进行抽样，形成项目特有的小样本库。样本管理模块如图 2.30 所示。

在问卷执行过程中，管理员可以随时对问卷状态进行控制，如果在问卷发布后要临时对问卷进行修改，可以暂停问卷，修改后再继续执行。问卷的答案数据也可以根据调查项目的具体需求，选择以选项或者问题为粒度进行导出操作。

除了录音外，系统对其他的并行数据也以日志的方式进行详细记录，比如交互的细节、答题的操作等，最大限度地确保数据质量，还原样本答题的过程，为深入的数据分析与挖掘做好准备。日志记录如图 2.31 所示。

第二章　调查信息系统的设计与基本功能 | 61

图 2.29　自定义变量示意图

图 2.30　样本管理模块示意图

```
"2016/7/10 09:24:25:345","Enter Survey:11201603121007259","ViewerID:TV201604001","Sample:144070312011","Status:Normal","Record:On"
"2016/7/10 09:24:25:365","Enter Question:132015073015585010","Type:0001"
"2016/7/10 09:24:26:002","Action:Check","Value:A"
"2016/7/10 09:24:26:123","Action:Check","Value:D"
"2016/7/10 09:24:27:102","Action:Check","Value:A"
"2016/7/10 09:24:27:889","Leave Question:132015073015585010","Cause:Next","Value:A"
"2016/7/10 09:24:28:002","Enter Question:132015073015586023","Type:0002"
"2016/7/10 09:24:28:776","Action:Check","Value:A"
"2016/7/10 09:24:28:980","Action:Check","Value:D"
"2016/7/10 09:24:29:102","Action:Uncheck","Value:A"
"2016/7/10 09:24:29:432","Action:Check","Value:B"
"2016/7/10 09:24:29:889","Leave Question:132015073015586023","Cause:Next","Value:[B,D]"
"2016/7/10 09:24:30:032","Enuter Question:132015073015586234","Type:0100"
"2016/7/10 09:24:30:234","Action:Input","Value:[1,2,4,BACK,BACK,5,6,ENTR]"
"2016/7/10 09:24:32:383","Leave Question:132015073015586234","Cause:Next","Value:156"
"2016/7/10 09:24:33:545","Leave Survey:11201603121007259","ViewerID:TV201604001","Sample:144070312011","Status:Interrupt Out"
```

图 2.31　日志记录示意图

（三）全过程的可视化分析方法

编辑复杂问卷的跳转逻辑一直是个难题。商业调查软件通常采用下拉框条件组合方式设置跳转逻辑，对于非常简单的问卷比较适合。Blaise 等学术调查软件为了应对大规模的复杂问卷，使用了脚本编辑方式，虽然功能强大，但学习难度大，容易出错。混合模式的系统不但支持条件组合和脚本编辑，还创新性地加入跳转逻辑流程图的展示和编辑，将整张问卷的跳转逻辑以流程图的方式进行动态展示，学习简单、逻辑清晰。另外，由于后台采用了统一的数据存储，三种编辑方式的结果是同步的，使用任何一种方式编辑，产生的变化将立刻体现到另外两种方式中。图 2.32 为问卷逻辑流程图展示实例。

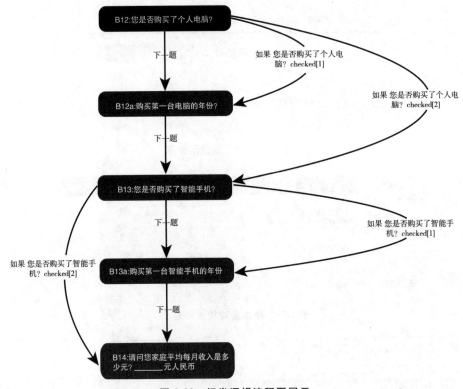

图 2.32 问卷逻辑流程图展示

地图管理模块能够展示样本和访员的位置信息，支持多维度动态查询，相关样本显示在地图上并以颜色区分不同状态。样本状态如图 2.33 所示。

第二章　调查信息系统的设计与基本功能 | 63

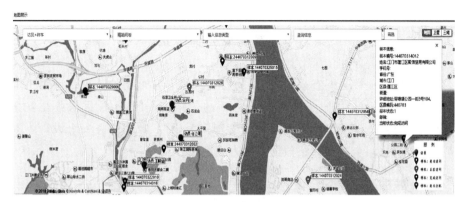

图 2.33　样本状态展示

全过程的联系记录以时间为轴线展示联系记录情况并实现实时动态更新,展示实例如图 2.34 所示。

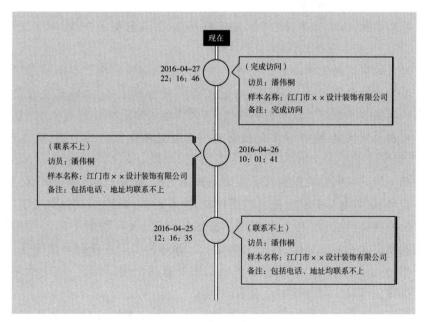

图 2.34　联系记录展示

实时动态的数据流向在地图上以动画方式展示数据上传和样本发放的实时动态。

第六节 数据安全保障系统

对任何一项社会调查来说,数据的安全都是非常重要的。采用计算机辅助面访方式进行的调查,会涉及四个方面的数据安全问题:数据采集端安全设计、数据传输安全设计、服务器数据管理安全设计、数据服务安全设计。本节主要围绕这四个方面介绍数据安全方面的设计。

一、数据采集端安全设计

采用计算机辅助面访方式进行访问的项目,会用到大量的笔记本电脑。电脑在交给访员之前,会预装访问管理系统、数据同步程序等应用,为了支持离线访问,还需要安装数据库。在整个访问过程中,所有数据都存储在笔记本电脑中,这些数据对于调查单位和受访者来说都是至关重要的。数据通常涉及隐私问题,包含受访者的个人和家庭信息,如果数据丢失、损坏或被非法窃取,那后果将是灾难性的。

常见的数据损失有以下几种情况:自然灾害;访员将笔记本电脑遗失;笔记本电脑的硬盘损坏;人为错误,有意或者无意地删除文件、格式化磁盘等;病毒或者黑客恶意窃取或者破坏数据;有人恶意从笔记本电脑上拷贝数据。

根据上述状况,应设计多种措施来尽可能地减少数据的泄露、遗失或者损坏。

(1)笔记本电脑权限控制。在访问开始之前,调查机构会为每位访员准备一台电脑,对电脑的权限进行严格控制,配置严格的安全策略,限制用户的登录权限和访问权限,甚至限制用户的删除权限,保证数据不会人为丢失。采用网络模式安装电脑时,将一台电脑上配置好的权限克隆到其他所有访问员使用的笔记本电脑上。采用这种模式主要有两个优点:第一是快速高效,第二是避免配置权限过程中人为的疏忽。

(2)访问数据存储加密。采用数据存储加密技术的目的是,防止在存储环节出现数据失密,即使数据被非法拷出电脑,也无法使用。该技术通常从两方面入手:一个是对数据密文存储;另一个是对用户访问数据库的资格、权限加以审查和控制,防止非法用户存取数据或合法用户越权存取数据。

(3)数据完整性鉴别。这一措施主要是解决数据不完整、覆盖不全的问题。例如,一个样本在 A 访员访问过程中会出现中断的情况,此时访问端已经对问题答案进行了存储。在某些情况下,该样本需要调配给 B 访员继续访问。此时,需要对 A 访员的数据库、服务器数据库以及 B 访员的数据库进行联合校验,保证数据的同步。

二、数据传输安全设计

数据上传到服务器数据库要经过多个步骤,首先访员的笔记本要连到服务器,然后访问服务器的数据库。在此过程中有很多安全隐患。主要采取以下几种方式进行防范:

(1)控制身份验证。在访员进行数据、录音等资料上传下载时,要在客户端和数据库服务器之间进行双向身份验证。采用现在比较通用的基于公钥密码体制的双向身份验证技术,以及非对称算法(RSA)。

(2)加密数据通信。数据在身份验证成功之后,可以开始向服务器传输,但是在传输过程中,依然会出现报文窃听和报文重发攻击等危险,为了对抗这些攻击,对采集到的数据采用 DES 算法进行加密。

(3)控制数据的访问。经过前两个步骤,客户端连到了数据库服务器,但有可能发生数据库的越权攻击。为了防止这种攻击,设定用户不能直接操作生产数据。用户的数据访问请求要先发送到访问控制模块进行审查,然后通过系统的访问控制模块代理有访问权限的用户去完成相应的数据操作。

三、服务器数据管理安全设计

服务器要为各种各样的客户端提供服务,只有置身于网络中,服务器才能更好地完成数据存储、查询、转换、发布等各项任务。为了防御网络攻击,建议采取如下措施:

(1)设计专有 VPN 服务器进一步对用户进行验证,使所有业务服务器处于内网,只有通过验证的用户才可进行相关业务操作。

(2)服务器托管单位需提供定期漏洞检查,以及端口扫描、系统升级等安全检查,并在网络防火墙上对进出规则做相应的设定。

为了应对服务器自身故障,可采取如下措施:

(1)采取有效措施保证数据的安全。数据备份是一种行之有效的方法,万一调查信息系统出现故障,可以将数据还原出来,把损失降到最低。在服务器上采用集群技术对调查所用的各个系统任务进行调度,在降低成本的同时,获得较高的性能,并且在调查系统发生故障时,可以减少系统的停运时间。当一台服务器出现故障时,可由另一台服务器承担服务任务,不需要人工干预,自动保证系统持续对外提供服务。

(2) 异地灾备。调查数据的收集耗费了大量的人力、物力和财力,而且有较多的隐私数据。自然灾害、丢失盗窃、硬件自身损坏等事故都可能造成数据丢失。而将数据备份到异地以后,即使由于外部不可抗因素导致数据丢失,也可以从异地备份中恢复数据,避免数据的损失。

四、数据服务安全设计

根据数据内容的不同,可以将数据用户分为三类,分别是调查机构数据分析人员、公开数据用户和限制性数据用户。针对不同的数据用户,设计采取不同的数据安全使用方案。

调查机构数据分析人员需要实时查看所有的数据信息,包括所有的样本信息和问卷数据。为防止系统病毒、恶意攻击、工作人员粗心外传等引发的数据泄露,所有工作电脑需安装安全软件,工作过程中的所有文档和数据要采用加密方式存储,没有安装安全软件的电脑无法打开数据文件。需要外发的数据结果或者文件经过审核后完成解密操作方能外发。

公开数据用户可在数据服务的官网上注册,并在线申请相应的数据下载权限,通过审核的用户可在线完成公开数据下载。

限制性数据用户可申请在调查机构提供的限制性资料访问室里完成数据分析,经过审核后拷贝分析结果。限制性资料访问室提供限制性数据的全部访问权限,但不提供复制权限,此类用户可在保密机上编写数据分析代码,运行数据分析程序,得到的结果经过审核后由调查机构工作人员通过专用设备复制。

第三章　调查团队组建与培训

调查团队组织的合理性和管理的科学性对于调查高效实施具有重要作用。本章主要介绍调查队伍的组织结构和各组成部分的职能,特别是调查队伍的核心部分即督导队伍和访员队伍的素质要求、选拔机制和建设要点。同时,本章还将对调查队伍的培训方法、组织以及考核重点进行介绍。

第一节　调查团队的组织结构

调查队伍由多个具有不同职责的小组组成,必要的工作小组包括问卷设计和测试组、执行管理组、质量管理组、技术开发和支持组、数据组、行政组。对于调查机构而言,通常会根据工作小组职能设立相关部门。在项目筹备和执行过程中,各小组在有明确分工的前提下进行合作,共同完成不同阶段的工作任务。本节将介绍调查队伍的构成及各组成部分的主要职能。

一、调查队伍的构成

社会调查项目的组织和实施,是一个复杂的系统工程,需要一个分工明确、互相配合的团队来统筹完成。从大的功能划分上看,一个完整的调查团队一般由两部分组成,即研究团队和执行团队。从具体职能构成上看,研究团队承担研究设计、抽样设计、问卷设计和研究报告撰写的职责,调查团队主要承担问卷电子化和测试、技术开发、现场调查、质量管理、成本控制和财务管理、数据清理、数据分析以及技术报告撰写的职责。根据调查生命周期的特点,需要设置多个既互相独立又相互配合的部门或小组,在调查主管的组织和协调下,共同完成调查实施和管理工作。

调查团队的组织结构可以根据项目需求和项目规模而灵活设置,就一个常规的大型调查项目而言,调查团队的组织架构如图3.1所示。

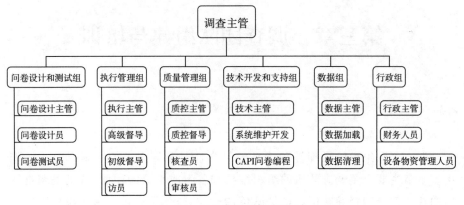

图3.1 调查团队组织架构图

二、调查团队各部门职能

调查团队中每个部门承担相应的职能,在不同的调查项目中,每个部门承担的任务量有所不同。一般来说,各部门的职能如下:

(一) 项目负责人(Principal Investigator, PI)

项目负责人视项目不同可以是一个人,也可以是一个团队,通常由某个领域的专家/学者担任,对调查项目的发展起到重要的指导作用。一般情况下,PI或PI团队需要筹集调查资金,设计调查方案,组织进行问卷设计和抽样设计,利用数据进行研究并对数据进行宣传和推广。PI或PI团队可以不参与实际的执行工作,但需要对调查项目的实施保持密切关注,定期听取调查主管的汇报并对项目实施中发生的突发事件及重大事项进行决策。

(二) 调查主管

大型调查通常需要由一定规模的调查队伍组织和实施。在调查队伍中,首先需要设立调查主管。调查主管是调查团队的核心成员,肩负与调查委托方和研究团队负责人沟通及向相关人员汇报、协调调查队伍中各个部门、保障调查项目顺利实施的职责。具体而言,调查主管主要负责的工作如下:

1. 制订项目实施方案

在项目实施的初期阶段,调查主管的主要工作是了解委托方或研究团队的研究和调查需求,并与调查团队共同协商制定调查项目的实施方案。方案将对问卷设计、抽样设计、执行策略、质量管理措施和数据清理方法等方面的工作分别进行详细说明。作为实施调查项目的指导性文件,该方案应该包括与执行相关的所有要点和细节,对实际操作起到"说明书"的作用。在制订项目实施方案的过程中,调查主管需要充分了解研究团队和执行团队这两个有不同视角的团队的需求,指导各部门或小组提出科学且可操作的实施方案。

2. 组建调查队伍

通过对项目的深入了解和对项目实施方案的制订,调查主管应明确调查队伍的小组构成及各小组的工作职责。同时,根据各小组的工作量确定小组成员人数,组建一支符合项目要求的调查队伍。不同项目对于调查队伍的规模和各功能组的设置要求存在较大差异,在实际中有较多复杂的情形,例如:有的调查项目工作重点是前期的系统设计与开发,那么在队伍组建中需要重点考虑技术开发和支持组的人员配置及能力要求;有的调查项目选择传统纸笔问卷调查形式开展访问,那么在技术支持组上的投入可以减少,但质量管理组的人力投入需要相应增加。另外,在团队组建时还需要考虑样本量、样本分散程度及执行期的问题。样本量大、样本较为分散的项目需要投入更多的人力,执行期较短但调查任务量较大的项目也需要更多人力。除了确定调查队伍的结构和各个岗位的职责分工之外,还需要建立招聘和解聘的制度、调查队伍参与人员的薪酬制度以及绩效奖惩制度。

3. 规划调查进度

根据调查项目的实施方案和调查队伍的组建情况,需要制定内容完备、时间节点清晰的调查进度表。进度表对各项工作的核心内容和起止时间进行安排,较实施方案更加简明易懂。制定项目进度表,需要与调查队伍中各小组主管进行讨论,充分考虑项目实施过程中可能出现的复杂情况。在调查实施期间,需要严格按照进度表开展和完成各项工作,任何一个环节的拖沓都可能会影响到调查的按期完成。调查主管需要对进度表中的关键节点进行监控,如果发现无法按照进度表完成某项工作,需及时了解情况并做出相应调整,以确保调查整体进度。

4. 协调各部门工作

调查队伍中各部门分工协作，共同达成调查目标，但在这一过程中也存在各种冲突，调查主管需要具备协调各方以化解冲突和解决问题的能力。冲突不一定都是破坏性的，有时反而能够激发更多的创新，妥善地解决冲突也能够提升团队的凝聚力。

5. 应对调查中的不确定性因素

调查项目实施过程中可能会遇到各种不确定因素，例如招聘人员不足、协调不力、访问出现作弊问题以及数据丢失等情况。对于调查主管来说，在制订实施方案阶段就需要对实施过程中的各种风险进行预案，在出现突发状况时根据预案并结合实际情况及时妥善解决，并将突发事件及解决方案及时向客户或PI/PI团队汇报。

6. 预算控制

调查主管根据调查项目的资金状况和实施方案进行预算设计，在预算中尽可能详细地罗列项目实施过程中每一个环节所需要的费用。在项目实施过程中应关注每一阶段的实际花费情况，了解每一笔资金的去向，分阶段进行费用结算和总结，并对超过预算的费用进行控制和调整。

7. 总结及成果汇报

项目实施结束之后，调查主管应组织各部门进行工作总结，分析和检查项目实施过程中各项工作的完成情况及出现的问题，总结经验和教训并提供书面的总结报告。同时，调查主管也应向客户或PI/PI团队呈现项目完成的成果，并提出项目改进建议。

（三）问卷设计和测试组

调查项目的问卷主要由相关专家和学者进行设计，设计完成后需要组织学术讨论会对问卷结构及内容进行评估。调查团队根据调查执行经验，针对问题表述方式、问题敏感性、问卷时长、问卷适用性等提出建议。在计算机辅助调查模式下，问卷设计工作还包括纸版问卷的电子化，即将纸质问卷转变为计算机语言。此外，在问卷电子化过程中还要进行专业的问卷测试工作。问卷测试需要保证问卷中的每一条路径都被测试到，每一道题的显示、加载、值域、跳转、校验等各方面均需测试。问卷测试的工作量与问卷的长度和复杂程度相关，在一些大型的社会调查项目中，问卷测试工作不能由单一小组进行,而是需要整个调查队伍的不同功能组参与完成。每个组各有专业特长,测试的关注点和重点不同,有利于对问卷进行全方位考察。

(四)执行管理组

执行管理组是整个调查团队中人数最多的小组,主要包括执行主管、执行督导、访员三类人员。管理结构呈金字塔形状,执行主管管理若干名执行督导,每名执行督导再管理若干访员。一般情况下,可把执行管理组分为督导队伍和访员队伍。督导队伍负责调查项目执行的筹备、组织和管理工作,包括执行方案的制订、访问相关材料的准备、访员招募、访员培训、执行进度管理、访员管理、质量控制、执行期间财务管理和设备回收等。访员队伍负责现场执行,以规定的访问形式按照访问规范开展访问工作,采集真实有效的调查数据。

(五)质量管理组

质量管理组由质控主管、质控督导、核查员和审核员等人员组成,负责对问卷数据和并行数据进行监督和管理。质量管理组采用多种手段对访员采集的数据进行核查,通过核查系统及时地将问卷质量问题反馈给相关执行督导及访员,指导并纠正访员的不规范访问行为。有严重质量问题的样本需要汇报给数据组进行废除处理,并通报给执行管理组的督导队伍,由督导队伍安排进行相关补访或重访工作。

(六)技术开发和支持组

在计算机辅助调查模式下,技术开发和支持组的工作任务至关重要,主要工作内容有三部分:一是承担各种系统的开发和维护工作,例如访员招聘系统、访问数据采集系统、样本管理系统、访问管理系统、数据提取系统、质量核查系统和支付系统等多个信息化系统;二是在现场执行阶段开展在线技术支持工作,解决调查信息系统使用过程中的软件和硬件问题;三是数据合并和加密存储工作,即对调查过程中访员每天回传的各类数据进行合并,并通过加密方式进行存储,确保数据安全。

(七)数据组

如果调查采用计算机辅助模式,可以在调查过程中每天获得访员回传的最新数据。在这种模式下,数据组的主要工作职责是对问卷数据和并行数据进行实时清理与深度清理、对开放式问题实时编码、建立数据库、制定编码手册和撰写数据报告等。对于实时清理中发现的野码、离群值、逻辑错误等问题，要及时通过执行督导反馈给访员，访员再与受访者进行核实和反馈。数据实时清理能够有效利用访员还在访问现场、对访问内容比较熟悉且能够较方便地与受访者联系核实的优势，对问题数据进行修复。开放式问题编码在计算机辅助调查模式中能够实时进行，数据组每天对新回传的开放式问题数据进行实时编码。开放式问题答案记录不完整、不清晰的，可以与访员沟通核实，并及时提醒访员注意开放式问题的记录规范，对其记录技巧进行针对性指导。在调查收尾阶段，数据组将根据实时清理和深度清理结果，建立规范的数据库，并提供编码手册和数据报告以便研究人员和数据用户使用。

（八）行政组

大规模的调查涉及财务、设备、物资保障等工作，行政组的工作职能是为调查项目的顺利实施提供一切后勤保障。调查准备阶段，行政组负责印刷访问材料和培训材料，采购受访者礼品，采购访问设备如笔记本电脑、平板电脑，为访员培训预定场地，有些项目培训还可能涉及安排培训访员住宿及用餐。执行期间，行政组负责访员劳务费、受访者礼品/酬金、行政协调费的申请和发放。项目收尾阶段，行政组负责账目整理，访员交通费用和住宿费用报销，访问设备回收、检修、登记入库等工作。

第二节 督导团队建设

督导是调查团队的一线人员，也是保证调查项目高效实施的团队关键组成部分。督导队伍的组建由执行主管负责，执行主管确定督导的岗位职责、基本能力与素质要求，并依此招聘合适的人员，将其培养为合格的督导。本节将着重介绍项目督导的职责、素质与基本能力、选拔技巧以及培养措施等要点。

一、督导职责

督导是调查团队的核心组成部分，在团队中处于承上启下的位置，向上对执行主管负责，向下管理访员，指导访员开展调查工作。[1] 督导的工作内容较为庞杂，所承担的职责也比较多，主要有以下几个方面。

---

[1] 顾佳峰:《调查机构管理:理论与实践》，人民出版社 2013 年版，第 304 页。

（一）实施方案制订

执行中涉及的环节较多，每个环节都需要制订相应的具体实施方案，包括访员和实习生的招聘方案、培训方案、预调查方案、执行方案以及访员和受访者激励方案、样本维护方案等，督导需要根据调查需求协助执行主管制订相应的方案。

（二）访员招聘

一般情况下，访员是根据调查项目的需要临时招募的兼职人员。督导负责组织各种形式的招聘工作，收集应聘者信息，主导访员面试、选拔和聘用工作。访员招聘工作对现场执行影响很大，督导需要具备考察和甄别的能力，在招聘中根据调查需求选择最适合的人员。此外，访员的解聘也需要参考督导的考察和评估意见。

（三）访员培训

访员培训是一项由多个小组分工协作完成的工作，督导主要承担筹备、组织和管理的工作。工作内容包括开发培训讲义、制定培训日程表、确定培训日程和批次、讲解执行和质控相关课程、帮助访员熟悉访问系统以及指导访员开展问卷和系统练习等。

督导在访员培训中不仅仅要让访员熟悉问卷、掌握访问技巧，还承担着观察和筛选访员的任务。对于培训过程中表现不佳、不符合要求的访员需要及时劝退，以免影响现场执行工作。

（四）行政协调

在调查执行中，督导需要与各级协调单位保持顺畅的沟通，获得协调单位的支持，处理访问现场发生的协调问题。对于有协调合作单位的调查项目，督导要在现场执行之前与相关单位做好沟通工作，为访员现场作业做好铺垫，减少访员现场的协调工作量，提高访问效率。对于没有协调合作单位的调查项目，访员在访问中如需要协调力量支持，督导要积极与相关部门沟通，帮助访员获得支持和协助。

（五）访问管理与质量管理

督导在访问期间与访员保持密切沟通，解决访员在访问过程中遇到的各种问题，并根据访问进程定期编写访问指南，提供给访员学习。督导需要监督管理访员的访问进度,合理安排和调配访员,保证调查按照预定计划完成,必要情况下带领优秀访员进行实地攻关以保证应答率。督导还需要关注访员访问质量,对访员进行访问规范和技巧指导,保证访员高效率、高质量地完成访问任务。

（六）访员评估与激励

督导对访员的评估从培训期开始,贯穿整个执行过程。督导负责制定一系列访员评估指标,拟定访员激励制度,实时关注访员工作情况并适时开展访员激励活动,以保证执行工作的顺利进行。

（七）访员维护

在执行过程中,督导需要积极维护与访员的关系,例如通过编辑执行周报,准备生日、特殊纪念日或节日的礼物等方式增进与访员的感情。同时也要注重整个访员团队的维护,提高访员团队的凝聚力。另外,督导还需要定期收集访员信息,建立访员储备库,以应对执行过程中访员因为伤病、事故等临时退出的意外情况。调查结束之后,访员群也需要进行定期维护,例如在节假日编发祝福短信,定期向访员介绍调查机构的动态及项目进展情况等,老访员的维护对于访员队伍储备和项目宣传推广有重要作用。

（八）财务管理

一般而言,调查项目团队中由行政部门的专人负责财务管理工作。但大型的社会调查项目通常需要几百人甚至上千人的访员队伍,财务管理工作量较大,需要督导协助完成访员的财务管理工作,如访员劳务费和调查产生的差旅费等费用的预算、申请、对账和结算等。

（九）调查总结

在调查项目完成之后,督导需要撰写执行总结报告,对调查执行过程和组织安排细节进行说明,对调查中的特殊情况进行汇报,对调查结果进行展示,对调查经验进行总结和分析,以期为其他调查项目的执行提供借鉴。

二、督导素质与基本能力

督导的工作内容较为丰富,需要具备人力资源、培训、财务、管理等多方面职业素养,是一个对综合能力要求很高的工作。（见图3.2）

图 3.2 督导的职业素养

具体来说,督导需要具备以下基本能力:

(一) 沟通和协调能力

督导是整个执行团队的中枢,需要与执行团队内部各部门以及外部各单位进行沟通协调,沟通协调的对象包括本部门工作人员、访员、受访者、相关合作部门的工作人员等。面对不同的对象需要有不同的沟通技巧,例如与访员在沟通时,除了保持良好的互动关系,同时也应不失威严;与受访者在沟通时应注意所代表的机构/项目的立场和形象;与相关合作部门工作人员沟通时应做到礼貌谦和、不卑不亢。

(二) 表达能力

督导的重要工作之一是访员培训,督导需要具有良好的语言表达能力,能够用简练清晰的语言向访员讲授课程内容,同时也能运用语言技巧活跃课堂气氛。通过培训让访员掌握访问能力和技巧,同时建立起团队意识和合作意识。此外,督导在项目执行中期阶段和结项阶段需要跟 PI 团队或委托方汇报项目进展、问题及解决方案,要求督导具备较好的语言组织和表达能力,以全面展现执行团队的工作,树立执行团队的专业形象。

(三) 写作能力

督导应有较强的方案及报告写作能力,能够撰写执行方案、预调查方案、招聘方案、培训方案、攻关方案以及项目执行总结报告等。此类文档需要提交给 PI 团队、调查委托方及调查团队成员,并且作为项目的重要文件存档。督导需要具备良好的文字组织能力,才能撰写出具有专业水准的方案和报告。

（四）组织管理能力

督导是访员团队的管理者，带好访员团队要具备良好的组织管理能力。优秀的督导带领的访员团队不仅访问完成率高、访问质量佳，且整个团队具有较强的凝聚力和荣誉感，能够在日常访问及攻关过程中互帮互助，高效率完成访问工作。

（五）应变及抗压能力

调查执行过程中会遇到各种各样的突发状况，例如突发的天气或地质灾害、某些地区的集中拒访、访员遭受人身伤害等，需要督导有灵活应对的能力。面临突发状况，督导要全面了解情况并快速提出应对方案。另外，督导在项目实施期间还会遇到各种压力，例如访员招聘压力、完访率压力以及访员负面情绪压力等。作为督导需要有强大的心理素质，有自我调节的能力和心理疏导的办法，将压力化解而不影响正常的工作。

（六）系统全面的规划能力

督导工作贯穿整个项目的实施过程，除了认真踏实地做好每一环节的工作外，督导还要有系统全面的规划能力。这种能力的培养需要一定的工作经验积累，督导在工作中可以有意识地了解整个项目的运作，锻炼全局思考能力。

三、督导选拔技巧

挑选、组建并培养一支优秀的督导队伍，对于调查项目的高效率、高质量实施非常重要。督导在调查过程中需要密切监督和指导访员的访问行为，而且要根据调查情况及时调整执行策略。督导选用是否得当会直接影响调查的进度和数据质量，在督导的招聘和录用上要特别注意考察以下几点：

（一）工作时间

由于调查执行工作的特殊性，在项目实施过程中需要督导手机 24 小时开机。晚上和周末是访员开展访问的高峰时间，督导需要随时在线处理访员的各种问题。有些调查项目执行期会涵盖国家法定假期，督导在假期期间也需要及时跟进访员的进展。因此，选拔督导时应告知其工作时间的特殊性，并获得其对工作时间的充分认识和认可，这是筛选督导的首要条件。

（二）综合工作能力

督导工作比较繁杂琐碎，包含多方面内容，大到与合作单位的沟通协调，小到收发快递、整理票据。既包含高技术含量的职责，比如担任培训讲师、负责问卷测试、访员管理和质量管理等，也涉及一般技术含量的职责，比如访员招聘和维护等，每一天都需要在不同的角色间穿梭转换。在督导筛选过程中，需要挑选有管理能力、做事细心且愿意承担烦琐工作的应聘者。

（三）团队合作能力

在调查执行各环节中，有很大一部分工作需要督导合作完成，如访员招聘和培训、组队实地攻关、问卷和系统测试以及访员维护等。调查项目执行工作通常有较明确的时间和任务要求，因此更加需要督导相互配合和支持。在团队中，调查工作的完成水平取决于团队整体合作能力。在对督导的选拔中，团队合作能力以及配合其他督导工作的能力是要重点考察的内容。

（四）抗压能力

在调查项目的组织实施过程中，督导需要面对多方面的压力：执行进度要求和应答率要求、访员负面情绪的疏解、访员安全的保障、现场突发事件的处理、访问质量反馈和指导、访员结账精确性要求等。面对如此多的压力来源，督导需要有较强的抗压能力，在满足众多项目要求的同时，保持健康向上的心理状态。在选拔督导时，尽量设计一些压力测试情境题目，充分考察候选人的抗压能力。

（五）创新能力

调查方法随着技术发展和实地经验积累会不断改进和提高，相应地，督导作为执行团队的核心也需要有创新思维和能力。督导需要根据一线工作经验，主动进行研究和总结，提出改进工作流程、提高工作效率、有效管理访问进程、提高应答率以及降低执行成本等的新思路和新办法。创新能力可以在工作中培养，在选拔时可以设计一些相关问题对其创新潜力进行考察。

四、督导培养措施

督导队伍的组建需要在项目实施前3—6月完成，一方面能够保证队伍内部人员的磨合，另一方面可以使成员更好地熟悉项目要求并完成项目执行各项准备工作。经过一段时间的培养，逐渐形成梯队式的队伍结构。对于不同级别的督导,采取有针对性的培养方式,以期逐渐形成执行主管、高级督导、中级督导、初级督导的阶梯团队,并形成以老带新、以新促老的团队合作氛围,培养出更多的优秀督导。

(一) 新督导培养

对新督导的培养和锻炼可以采取以下措施:

(1) 一个执行主管带一个新督导做助手,带领其全面参与项目各个环节的工作,指导其在完成本职工作的同时,通过观察和参与熟悉项目管理流程。

(2) 鼓励新督导选听社会调查类课程,充实专业知识。鼓励其自学调查相关知识,增强专业能力。

(3) 给予新督导小规模的调查或分项工作的组织和管理机会,锻炼其独立组织和协调的能力,为其以后成长为更高级别的督导和主管打好基础。

(二) 执行主管和中高级督导培养

对于有一定工作经验的督导,可以按照执行主管或中高级督导要求进行培养,需要着重关注以下几方面:

1. 专业能力培养

鼓励督导参加专业研讨会,获取更多的调查专业信息和知识。鼓励其参加调查类课程,充实专业知识。鼓励其阅读管理和调查类书籍,并定期交流。邀请调查专家或业内同行开设讲座,丰富督导的专业知识,提高其业务能力。

2. 项目管理能力培养

带领督导参加调查项目双方协商会,指导其制定项目执行方案和执行流程。逐渐培养其安排和管理执行团队工作的能力,增强与各部门和单位沟通协调的能力。

3. 技能培养

通过组织培训或提供自学材料的方式,增强督导的文字表达能力、办公软件使用能力(Word、PPT、Excel)、数据简单处理能力(SPSS、Stata、SAS)、预决算和成本控制能力。

4. 培训能力培养

安排其担任访员培训的课程主讲人、承担对外宣讲工作,提高其表达能力和主讲精品课程的能力。

在督导团队的建设和培养过程中,要特别注意团队文化的建设,营造团结互助、认真负责、不断创新的氛围,让督导在工作中有成长、有收获。通过职业发展通道的设计,让督导对职业发展有良好的预期,既保证团队的稳定性,又实现了督导执行经验的沉淀和积累。

第三节 访员团队建设

访员是调查项目最前线的人员,在督导的管理下开展实地访问工作。访员直接与调查对象接触,其对待调查的态度和在调查中展现的访问能力代表了调查团队的专业形象,也直接影响调查数据的质量。就政府机构和商业机构组织的调查项目而言,大都由兼职或全职访员队伍完成。在学术调查领域,调查项目一般以组织学生访员参与的方式完成。在具体操作模式上,可以采取多个高校合作的方式,由各合作高校独立完成学生访员招聘、培训和实地执行工作;也可以由单个高校或科研机构独立完成学生访员招聘和培训工作,并直接对访员现场工作进行管理。考虑到调查执行的质量,越来越多的调查项目倾向于使用后一种方式开展执行工作。

根据调查方式的不同,访员可以分为面访访员和电访访员,对两种访员的基本素质的要求有相同点也有区别。本节将根据不同调查方式对访员素质的要求,介绍面访访员队伍和电访访员队伍建设的要点。同时,介绍访员队伍组建阶段的团队建设方法。

一、面访访员队伍组建

面对面访谈是收集调查资料的一种方法,这种方法不是让受访者亲自阅读并填写答卷,而是由研究者派遣访员采取面对面的方式进行口头提问,并记录受访者的回答。[①] 在面访调查过程中,需要访员完成与村/居负责人、样本家庭/个人的沟通和协调工作,获得村/居行政支持,开展访问工作。在访问期间,应该根据调查要求发放项目介绍资料,高质量地进行问卷问题的提问和记录,收集受访者签署的知情同意书并按要求发放礼品或酬金。

(一) 面访访员的素质与能力要求

访员在调查过程中扮演重要角色,对调查成本和数据质量都会产生重大

---

① 艾尔·巴比:《社会研究方法(第十一版)》(邱泽奇译),华夏出版社 2009 年版,第 264 页。

影响。访员在调查中的主要工作和作用是:在抽中单位中根据规则选择受访者;获得受访者配合;引导受访者完成访谈;控制问答过程,提问访题,适时追问;如实记录受访者答案;将调查数据及时传送至调查机构。其中,访员在获得受访者配合中发挥的作用尤为重要,会对覆盖误差和无应答误差产生重要影响。① 因此,需要对访员的基本素质和能力要求有特别的考虑。

1. 熟悉当地方言

中国地域广阔、民族众多,方言和民族语言问题是面访调查中要面对和解决的现实问题。虽然目前全国各地普通话普及程度较高,但是在一些偏远地区或者面对年龄较大的调查对象时,方言问题仍是影响调查进行的较大障碍。面访访员掌握当地方言,一方面可以应对只会用方言沟通的受访者,另一方面用方言交流会更容易拉近与受访者的距离,获得受访者的信任和好感。

2. 学校、工作地或家乡在或靠近样本区/县

面访中最大的挑战就是如何快速地获得受访者的信任。在相同或相近地域生活的人往往风俗习惯与行为方式更接近,这有利于访员敲开受访者的大门,获得较高的应答率。同时,访员在当地的社会资源一定程度上能够在调查中发挥作用,甚至在行政协调上起到关键作用。此外,访员熟悉样本地区地理状况,有助于其有效地规划调查路线,提高调查效率。对于调查执行而言,访员在样本地的交通和食宿费用占调查费用支出的比例较高,如果访员学校、工作地或家乡在样本区/县,能够在较大程度上减少食宿和交通方面的财务压力。

3. 较强的沟通能力

访员在家户调查中需要与街道干部、村/居负责人、物业负责人、带路人、社区保安、受访户等进行沟通,在企业调查中需要与企业负责人、企业内调查对象、各种企业协会以及相关管理部门进行沟通。与不同的对象有不同的交流目的,良好的沟通技巧可以帮助访员节约时间,达到事半功倍的效果。

4. 较强的应变能力

访员开始正式现场调查工作后,会遇到包括受访者在内的很多陌生人,要面对各种各样的状况,良好的应变能力是访员安全的保护伞,也是访问工

---

① Robert M. Groves et al., *Survey Methodology*, 2nd, New Jersey: John Wiley & Sons, Inc., 2009, p.291.

作顺利进行的保障。

5. 时间规划和管理能力

通常情况下,调查项目要求访员在规定时间内独立或组队完成一定量的调查任务,如何合理安排访问任务、科学规划访问行程是对访员的一大挑战。在实地工作开始之前,访员需要做好访问计划,在有限的时间里高效率地完成访问任务。在现场访问工作中,实际情况往往与事先计划有较大差异,且经常会遇到突发状况,访员需要根据现场情况对计划做出及时调整。

6. 抗压能力

面对面访问是一项有挑战性的工作,访员需要面对陌生的地区、陌生的人,应对陌生的事情。受访者中有热情配合的,也有冷漠不合作的,还有怀疑拒绝甚至是恶语相向的。面对不同的受访者,访员需要有抗压能力、心态调整能力,以及在压力环境下保持积极态度高质量完成调查的能力。

7. 团队合作能力

无论是单人访问模式还是组队模式,都需要访员具有团队合作能力。一方面,访员在执行团队之中,需要和督导有良好的合作。另一方面,在组队模式下,访员需要与其他访员配合和合作,队员的团队合作能力对于团队任务的完成效率和质量都会产生重要影响。在队员的挑选上要特别注意其团队合作性和配合性。

8. 外观与举止

访员直接面对受访者,在一定程度上代表了调查项目和调查机构的形象。因此,对访员外貌和行为举止有一定的要求,原则上要符合大众审美和一般行为规范。

9. 计算机使用能力

在计算机辅助调查模式下,计算机使用能力是访员必须具备的,包括Office软件应用能力,例如Word、Excel。良好的计算机使用能力也是访员熟练掌握调查访问系统的基础。

(二)招聘方法

根据招聘方案和调查团队人员配备情况,可以采取成立招聘小组或区域负责人独立招聘两种方式进行招聘。成立招聘小组是指由数名督导组成专门的招聘小组负责全部访员的招聘工作,招聘小组的督导在对应聘人员进行面试后会与相关区域负责督导讨论并决定最终访员人选。区域负责人独立招聘是由各区域督导如大区督导或省督导独立进行各自负责区域的访员招聘工作。

访员招聘渠道主要包括专业招聘网站、校园招聘、老访员推荐、合作院校招聘以及微信推送等方式，可以根据项目执行方式和时间选择适合的招聘渠道。

1. 专业招聘网站

专业招聘网站的特点是用户覆盖面广、收集简历量大，缺点是会收到应聘者的海投简历，在一定程度上增加了简历筛选的工作量和难度。

2. 校园招聘

校园招聘包括在各高校论坛上发布招聘信息、参加校园宣讲会、与高校就业指导中心合作招聘、与高校学生团体合作招聘以及在校园公告栏贴招聘启事等形式。校园招聘的特点是招聘范围较固定，对象均为在校学生，在一定程度上保障了访员素质。对于执行期在寒暑假期间的调查项目而言，校园招聘是优选的招聘途径。

3. 老访员推荐

一般情况下，调查机构通过若干调查项目的运作，会积累大量的优秀访员资源。考虑到学术调查机构较多使用学生访员，可以发动优秀老访员积极推荐同学校或同院系的同学报名参加调查。

4. 合作院校招聘

合作院校招聘是指与某些院校或院系达成合作协议，共同完成访员招聘及执行任务。可以通过建立高校调查联盟的方式在全国各省份各选取一个或若干个高校作为合作院校。合作的方式主要是合作院校负责在学生群体中宣传访员，鼓励学生参与项目。有条件的院校可以进行初筛工作，之后交由调查团队进行面试。调查团队可以给合作院校提供一定的合作经费，在招聘中优先录用合作院校的学生，根据学生表现开具相应的实践证明，更进一步的合作还可以考虑数据共享、数据开发和合作研究等方面。

5. 微信推送

微信推送是新兴的招聘途径，调查团队可在项目成立之初就建立微信公众号。在公众号上发布推送可以让关注调查团队的人及时收到招聘消息，消息的扩散非常便利，且形式上较直观活泼，在招聘的同时也起到了项目宣传的作用。微信推送的对象以大学生群体为主,该群体的特点是具有一定的知识储备,有探索世界、了解社会的欲望,有较多可独立支配的课余时间,同时也有赚取生活费的现实需求。在微信推送的内容上可以针对大学生群体的特点进行策划,包括参与项目的收获,如社会调查的经验、田野调查的人文乐趣、访问路途中的风土人情体验、工作团队的深厚友情以及经济回报等。在形式上可以使用轻松活泼的图文介绍、视频短片等。(见图3.3)

图3.3 中国家庭追踪调查项目微信推送截图

(三)访员招聘流程

一般来说,调查项目的访员招聘流程如图3.4所示。

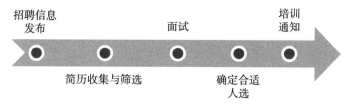

图3.4 调查项目的访员招聘流程图

1. 招聘信息发布

根据项目需求及目标人群,选择合适的招聘渠道发布招聘信息。

2. 简历收集与筛选

督导定期查看应聘简历,筛选出符合条件的应聘者进入面试。通常情况

招聘信息系统应用

下,应聘者都会有自己设计的简历,但是简历的格式内容多种多样,提取关键信息较困难。为了提高简历收集与筛选的效率,在实际执行中可以设计统一的访员申请表(见图3.5、图3.6)。对于较为成熟的调查机构,可以设计专门的招聘信息系统,进一步提高招聘工作效率(详细介绍请扫本页二维码获取)。

图 3.5 中国家庭追踪调查访员申请表内容 1

图 3.6 中国家庭追踪调查访员申请表内容 2

另外,在访员申请表中还可以增加一些执行团队关心的开放性问题,进一步了解应聘者的情况及报名意愿。

3. 面试

面试的目的在于通过与应聘者直接沟通，进一步了解应聘者的性格特征、语言表达能力、应变能力和工作态度等。同时，在面试过程中，可以向应聘者介绍调查项目的工作安排、工作方式和工作难点，使其充分了解实地访问工作的主要内容。通过面试，督导对应聘者是否符合实地访问的基本要求将做出初步判断。

在面试中，为了防止督导遗漏需要了解的重要问题，可以提前制作面试问题，表3.1是CFPS项目的访员面试问题模板，可供参考。

表3.1　CFPS面试问题模板

测评项目	测评问题
兼职/全职确认	1. 请问你是想找一份兼职还是一份全职工作？ A. 兼职，继续提问 B. 全职，询问是否愿意寻找兼职 C. 都可以，向其介绍兼职工作内容，询问其意愿
个人信息确认	2. 询问应聘者的性别、年龄、籍贯。 3. 确认其家庭常住地址（具体到区/县）。 若不在样本区/县，需询问如何到样本区/县（包括时间、费用、常用的交通工具）。 （如果常住地在非样本区/县需要询问）你在样本市有亲戚或者朋友吗？ 4. 请问你会说当地的方言吗？ 5. 你报名参加本次调查，是否与家人商量过？家长是否支持你参加本次调查？
在校经历	6. 请问你目前就读于哪所大学？学习什么专业？（研究生需询问其本科学校和专业） 7. 请问你在校期间有没有兼职经历？（如有，请简单介绍一下你的兼职经历）
实习/工作经历	8. 请问你有没有参加过实习？（如有，简单介绍一下你的实习情况） 9. 请问你有没有参加过工作？（如有，简单介绍一下你的工作情况）
对工作的认知	10. 你是否了解北京大学中国社会科学调查中心？ 11. 你是否了解CFPS项目？能谈谈你对这个项目的认识吗？

(续表)

测评项目	测评问题
测评题(接下来我们需要对你进行一个简单的测评)	测评 1. 谈谈你自己的性格。 2. 请问你在学校担任过班干部吗？ (1) 担任过,转问题 A1 (2) 没有担任过,转问题 A2 A1. 若担任过,询问其担任过什么班干部,在任期内有没有组织过班级活动,组织活动的细节(包括筹划、宣传、组织协调和执行等) A2. 若没有担任过班干部,向其询问:如果由你来组织一次班级聚会,你会怎样来组织这个聚会？(考察应聘者的组织协调和执行能力)

根据项目的需求和成本预算情况,可采取的面试方式分为以下三种:

(1) 电话面试。

在调查项目经费有限的情况下,电话面试是可以优先考虑的面试方式。电话面试的优点和缺点都很突出,优点是:不受场地限制,时间灵活;电话中仅能通过语言进行交流,可以充分考察应聘者的语言表达能力;通常应聘者是在没有预告和准备的情况下接到电话,一定程度上考察了应聘者的应变能力和心理素质。但电话面试不能看到应聘者本人,无法对应聘者的外貌形象及行为举止进行深入了解。

(2) 现场面试。

现场面试需要预先给应聘者发送面试通知短信,约定面试时间,准备面试场地及相关材料。现场面试的主要缺点是成本较高,但在面试中所获得的信息最为全面,可以对应聘者的综合素质做全方位的考察。

在现场面试中可以设计情景模拟题目,例如让应聘者现场演绎如何应对拒访,通过观察应聘者的临场表现判断其是否胜任访员角色。在组队执行的模式中,还可以采取集体面试法,集中多名应聘者组成临时团队,请应聘者就访问过程中可能出现的某一困难情景讨论解决方案,或者现场共同完成一项工作任务,督导通过观察每个人在团队中的行为言谈和扮演角色来选拔合适的访员并确定访员团队中的队长人选。

(3) 网络视频面试。

网络视频面试能够较好地结合电话面试和现场面试的优点,弥补了电话面试中只闻其声不见其人的缺陷，相比现场面试来说也节约了成本。视频面试需要用到的设备比较简单，带摄像头的电脑或手机均可。但在实际应用中，网络视频面试受到网速的影响较大，声音及成像的延迟可能导致面试无法一次性顺畅完成。

4. 确定合适人选

通过多轮面试后，督导会根据应聘者的表现确定拟录用人选。在调查项目实施中，每个地区需要的访员人数是有限的，而应聘的人数往往数倍于需求数，需要督导根据应聘者的综合表现及项目的特点进行取舍。

确定录用的应聘者将成为预备访员，一般情况下，执行团队需召集所有预备访员按照样本区域建立 QQ 群或微信群，建群的功能有以下几点：

（1）增加预备访员与督导之间、预备访员相互之间的熟悉程度，培养预备访员的团队意识；

（2）便于督导及时解答预备访员的问题，对于常见问题可以整理归档放入群共享文件中供大家查阅；

（3）项目相关材料可放到群共享文件中供预备访员查看和学习；

（4）通过日常维护增强预备访员对调查项目的认可度。

5. 培训通知

待培训时间、地点确定之后统一发送培训通知，培训通知应包括以下内容：

（1）开场白，祝贺其即将成为调查团队的一员，同时提醒其培训的重要性；

（2）培训时间、地点；

（3）培训需携带的物品、证件；

（4）培训期间的住宿、餐饮安排；

（5）如涉及交通费用，应明确告知报销标准及要求；

（6）其他培训相关注意事项。

培训通知中还可以要求应聘者提交确认参加培训的回执，通过发放培训通知和收取回执，及时了解访员培训前的退出情况，并开展相应补充招聘或预备人员替换，变后期被动补充为主动应对解决，有效提高访员培训报到率。

二、电访访员队伍组建

电访与面访在访问形式上的不同决定了电访访员在人员素质、能力要求和选拔机制上与面访访员存在差异。

（一）电访访员的素质与能力要求

电访访员通过电话与受访者建立联系，与面访相比，缺少与受访者建立信任的方法。密歇根大学消费者态度调查的回答率研究显示，1979—1996年，电话访问的应答率从72%下降到60%。1996年之后，大幅下降。这些增加的不回答主要是拒绝或联系不上引起的。① 而且，近些年随着骚扰电话的增多，越来越多的受访者对于陌生电话持拒接态度。考虑到电访应答率的问题，对电访访员的素质和能力有特殊要求。

1. 较强的语言表达能力

由于在电话访问中访员无法借助眼神、表情、肢体动作来传递信息，语言表达能力成为访员获取受访者信任和配合的最重要因素，也是选拔电访访员最重要的指标。语言表达能力具体指语意清晰、用词准确、语句简洁，能把问题表述得清晰、准确、连贯、得体，易被受访者接受。在调查项目中，还需要电访访员在接通电话之后极短的时间里，通过恰当的自我介绍和项目介绍，使用适当的技巧迅速拉近与受访者的距离，获得受访者的信任和认可。

2. 优异的声音条件

当电话接通，受访者的第一感受来自电话里传来的声音，有些声音听起来比较舒服容易获得他人的信赖，有些声音则显得底气不足或令人烦躁，优异的声音条件是促成电话访问顺利进行的重要条件。

3. 快速、灵活的应变能力

面访访员与电访访员均要求具备应变能力，所不同的是，在电访中受访者转变心意或挂掉电话仅有几秒钟的时间，电访访员需要抓住时机通过三言两语挽回受访者。相对于面访访员，电访访员需要有更强、更快速的应变能力。

4. 较强的抗压能力和自我调节能力

在电访中往往会遇到比面访更多的拒访情况，拨打一天电话，可能接通的寥寥无几，访员的挫败感会很强烈。因此，电访访员需要具备更强的抗压能力，能够快速调整心态投入到新的电话拨打和访问中。

（二）电访访员招聘

电访访员的招聘途径和招聘流程与面访访员基本类似，但在面试环节会

---

① 艾尔·巴比：《社会研究方法（第十一版）》（邱泽奇译），华夏出版社2009年版，第271页。

与面访访员有所区别。对电访访员的面试会增加模拟电话访问的情景测试，一般情况下会准备测试脚本，由面试官扮演受访者，应聘者根据设定的脚本问卷对面试官展开电话访问。测试过程中，面试官需要给应聘者的访问设置障碍，例如扮演脾气火爆、对访问非常不耐烦的受访者，或是扮演年纪较大、对问卷问题理解困难的受访者。在测试中需要关注的不仅是应聘者是否能够最终解决问题，还包括应聘者是否能够感知面试官所扮演受访者的情绪状态并做出及时的反馈。

三、访员队伍组建阶段的团队建设方法

访员队伍的素质和稳定性影响到执行的进度和效果，团队建设需要贯穿整个项目的始终，包括项目执行前、项目执行过程中和项目执行结束后三个阶段。调查执行中的团队管理和建设、项目结束后的访员维护工作会在第五章进行详细说明，下面具体介绍访员队伍组建阶段的团队建设方法。

（一）招聘期的访员团队建设

招聘期的访员还不能被称为"正式访员"，只是作为有参与调查意向的"预备访员"。由于只有口头约定没有书面协议约束，这一阶段访员的流失率是最高的。为了在招聘期维护好访员，可以采取以下措施提前进行访员团队建设。

1. 访员群维护

当前的访员群体主要由高校学生组成，利用年轻人喜爱的社交方式，适时地建立访员QQ群或微信群，可以有效地提高团队的凝聚力，增强访员对调查机构和调查项目的认同感，减少访员流失。群管理的经验有以下几项：

（1）明确群用途。

建群之初就让访员关注群公告以及群须知，明确群用途，鼓励大家参与群内互动和群内讨论。督导需时常关注群消息，及时关注访员动态。

（2）早安播报。

早安播报消息可以每天发也可以一周选定几天发，消息内容在招聘阶段可以是对目前招聘进度的总结，如有招聘困难区/县可以鼓励大家推荐访员。在实地访问期间，可以针对项目的进展情况进行总结，对访员普遍存有的疑问进行解答，如果有最新的通知也可以在早安播报中重点标注。（见图3.7）

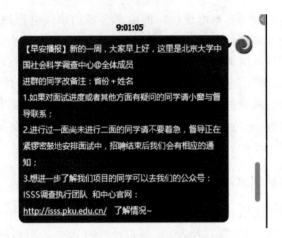

图 3.7 访员群早安播报示例

(3) 群投票。

发动群成员对某一话题投票,并对投票结果进行汇总公布(见图 3.8)。例如,每周选定一个话题,周一早上发起群投票,周三早上截止,周四对投票的情况进行分析和公告,对于一些访员共同的疑虑统一进行解释,对问题进行解答。

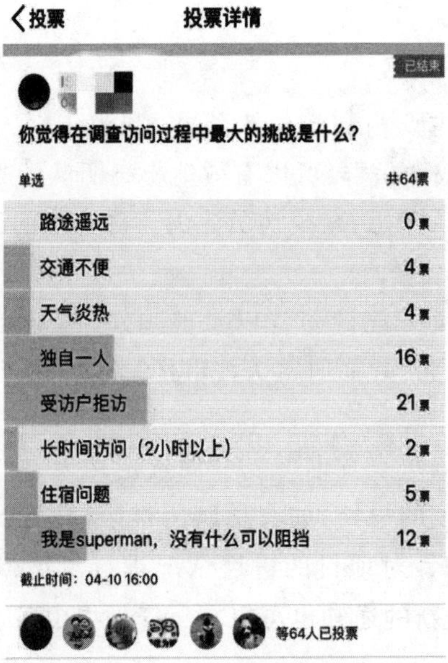

图 3.8 访员群投票示例

（4）话题讨论。

话题讨论可以是与调查相关的,例如:实地期间我们可能遇到什么样的困难?计划如何解决?如果受访者拒访,怎样处理?如果受访者提出想要更多的酬金,怎么办?也可以是跟大家的日常生活相关的,例如访员家乡的美食、学校的特色等。(见图 3.9)

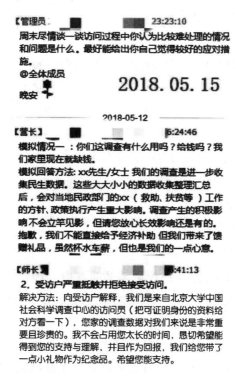

图 3.9　访员群话题讨论示例

（5）群活跃度。

根据群内问题讨论的活跃程度给予访员激励,督促没有参与群内互动的访员积极参与。督导需要定期关注群内成员的活跃积分,对于积分很低的访员要提高关注,可以单独沟通了解原因,及时发现访员的流失倾向,降低培训前的访员流失率。

（6）群内答疑。

培训之前访员会对调查项目或即将参加的实地访问工作有各种疑问,可以请访员在群中提出,由督导予以解答。对于提问较多的问题可以汇总整理成问题集,放在群文件中共享。

(7) 访员经验、文章和照片分享。

为了增加预备访员对实地调查的直观认识,可以整理往期调查项目采集的现场照片、访员征文集和经验分享素材,放到群里共享;也可以邀请参加过同类项目的优秀访员在群中分享实地访问经验,降低访员对访问工作的焦虑感,并对可能遇到的问题有心理预期和预案。

2. 沟通回访

对于某些招聘期较长的调查项目,可以在招聘阶段进行不定期的沟通回访,确认访员的工作意愿。回访可以采取网络沟通或电话沟通形式,沟通的主要内容有:

(1) 确认访员参与调查意愿;

(2) 确认访员执行期间的时间安排有无变动;

(3) 确认访员家人是否支持;

(4) 确认参加培训时间;

(5) 解答访员的疑问。

(二) 培训中的访员团队建设

访员培训的过程中,除了让访员掌握问卷内容和访问规范技巧外,还需要借机进行团队建设,增加团队凝聚力。团队建设方法有以下几种:

1. 仪式

完整的培训过程应包括培训启动仪式和结业仪式,在访员出发去实地之前还可以举行出征仪式。仪式的目的是宣告一个时间点,通过正式的仪式明确培训的开始时间、结束时间和实地访问工作的开始时间。仪式上需要邀请项目团队负责人讲话,调动访员们的情绪,让访员融入调查团队中,正式成为其中一员,这样的仪式感有助于访员满怀热情并有信心完成接下来的工作任务。

2. 破冰活动

社会调查的访员通常都是短期兼职人员,在培训之前彼此并不熟悉,为了尽快消除访员之间的陌生感,可以设计一些破冰活动。破冰活动根据培训时间来定,一般会安排在培训第一天,时间为 1—2 小时。破冰活动的设计需要考虑参与者的年龄、身份,还有培训的场地。以下介绍几种破冰活动:

(1) 不管三七二十一。

从 1 开始报数,每逢 7 和 7 的倍数不能说出。速度要快,犯规者淘汰出局,最终胜出的人为获胜者。报错者出队站到旁边,剩下的人接着报,直到胜出者产生。这个游戏考验参与者的快速反应能力,锻炼思维的敏捷性,同时不受场地限制,是非常简单易行的破冰活动。

(2) 反口令。

参与者站成一排,主持人说一个口令,所有人重复说出相同的口令,同时做出与口令相反的动作,例如主持人说"举右手",大家应重复"举右手",同时举起自己的左手。该游戏同样是测试反应能力,需要的场地较小,能够较快地调动现场气氛。

(3) 心有千千结。

7—9 人为一个小组,围成一个圆圈,面向圆内。每个人伸出两只手,呈两臂前平举的状态。之后每个人两只手分别抓住对面两个不同的人的一只手,保持住这个姿势,然后想办法还原成手拉手站的一个圈。这个游戏需要稍微大一些的场地,注意这个活动会有肢体的接触,陌生的人在一开始可能会有些抗拒。如果是夏天,穿裙子的女生不适宜参与这个游戏。

3. 团队意识培养

如果调查执行是组队模式的,在培训中应尽快让队内成员熟识,通过一系列活动培养成员的团队认同感,形成自己的小团队。可用于团队建设的活动有以下几种,在培训中可以选取其中部分进行。

(1) 拟定队名、团队宣言和口号。

队名是团队独特的标识,通过取队名可以快速建立小团队的集体意识,也是最简单的团队意识培养方式,团队宣言和口号可以在队名的基础上进一步增强团队认同感。

(2) 设计队旗、队标。

培训时间充足的情况下,可以给予大家一定时间设计队旗、队标,设计的过程也是小团队磨合的过程,设计完成之后可以由团队推举代表介绍队旗、队标的设计思路。

(3) 团队展示。

团队展示可以是演讲形式也可以是表演形式,可以由单人代表也可以团队全员上场,展示的主题可以包括介绍团队成员、展示团队成员才艺、结合队名介绍团队特色等。团队展示活动可以放在培训后期,给予大家充分的准备时间。这类活动能够促使团队成员在培训课程之外紧密联系和接触,彼此加深了解。同时,在团队展示的准备过程中,也能够自然地进行团队成员分工,确定各名成员在团队中扮演的角色。

4. 角色分工

高效的团队工作有赖于默契协作,合理的角色分工能够令团队和谐、高效。以 CHARLS 项目为例,在实地调查期间每个队伍有六种角色分工,分别为队长、副队长、先遣员、财务人员、宣传员及保管员。

(1) 队长及副队长。

队长是整个团队的领头人,是团队中最重要的角色,需要选择具有领导力和全局观的访员担任。队长负责协调安排访问执行期间所有人员的工作,制订访问计划,掌控访问进度,团结团队所有成员共同完成访问任务。在团队人数较多的情况下,可以增加一名副队长作为辅助。

(2) 先遣员。

在队伍出发到实地之前,先遣员需要先行前往村/居完成联络、安排和协调等任务,为调查队伍顺利到达及高效开展工作提供支持。具体工作内容包括确定协调人和带路人、走访家户记录联系情况和约访结果、搜集调查队伍所需的食宿行等后勤保障信息、确定调查队伍的最佳到达时间和工作时间等。先遣员一般为两人,建议同性别队员搭档,方便出行。

(3) 财务员。

财务员负责管理团队经费和日常账目,需要及时记录本队财务信息,整理财务票据,了解财务规范和报销流程,向调查机构财务负责人报账及反馈财务问题。财务员需要选择细心的访员担任。

(4) 宣传员。

宣传员是一线调查素材的收集者,负责通过文字、照片和视频等形式宣传本队的精神风貌,收集并保存本队的各种宣传资料。访问期间宣传员要定期编写团队宣传稿件,同时还需要协助队长营造积极向上的团队氛围。

(5) 保管员。

保管员负责保管与访问相关的材料、物品以及设备。例如负责全队纸质材料和电子材料的分发和汇总,保证全队纸质材料(如知情同意书、劳务表单等)的书写规范,保证提交的电子材料填写完整准确。实地调研工作完成后,负责整理好本队的各项物资按要求交还项目组。

第四节　调查团队的培训

调查队伍培训的质量在很大程度上影响到调查质量和数据质量,调查队伍培训的对象主要由两部分组成:执行督导和访员、质控督导和核查员/审核员。督导培训的重点是组织协调能力和项目实施管理能力的培养,访员、核查员和审核员培训的重点是调查工具的使用和调查技巧及规范的学习。培训课程设置是否科学、培训方法是否有效、培训时间是否充足都会影响访员在实地调查中的表现,并最终影响数据质量。

一、执行督导培训

执行督导是团队的重要组成部分,对执行督导的培训主要包括两项内容:一是专业素质培训,包括入职培训及项目专项培训;二是常规性业务能力培训。培训的侧重点要根据督导工作的年限及能力进行调整。

(一) 专业素质培训

如本章第二节所述,执行督导需要具备沟通和协调能力、表达能力、写作能力、组织管理能力、应变及抗压能力、系统全面的规划能力等专业素质。在督导入职之后,将采取入职培训和项目专项培训的方式对其进行专业素质培训。

1. 入职培训

入职培训能够使督导对调查机构有一个全方位的了解,明确岗位职责和工作目标,对调查机构及督导职业有较强认同感。具体来说,督导入职培训包括以下内容:

(1) 调查机构基本情况。

介绍调查机构的起源、宗旨、发展概况,展示调查机构已获得的工作成果,描绘机构未来的发展前景。通过课程培训增强督导对调查机构的认同感,使督导将个人职业规划与调查机构的发展紧密联系起来。此外,还可以介绍调查机构的组织结构、部门设置、各部门职责与人员情况、部门间协作关系等,其中重点介绍督导所属部门的情况,带领新员工认识老员工。通过这类课程让督导更好地融入团队,迅速熟悉同事。

(2) 调查机构规章制度。

介绍调查机构考勤休假、着装礼仪、绩效考核、职级评定、差旅费报销、薪酬福利、办公用品领用、设备管理以及办公系统使用等各方面的规章制度,让督导在日常工作中有规可循、有例可依。

(3) 调查机构主要业务。

介绍调查机构的主要调查项目,包括项目意义、发展概况、项目影响以及成果应用等方面,这一内容可以与调查机构基本情况合并介绍,也可以单独作为一块来讲。

(4) 督导职责与工作内容。

介绍督导工作的职责、目标、具体工作任务,讲解督导工作中的注意事项、可能遇到的困难及解决办法,树立优秀督导标准,阐述督导职业发展前景,让新入职督导对督导工作有全面细致的了解,更好地进入督导角色。

(5) 数据保密与安全。

社会调查必须确保数据安全,因此应单独安排数据安全管理的课程,讲解《中华人民共和国统计法》《中华人民共和国保守国家秘密法》《中华人民共和国刑法》《中华人民共和国民法通则》《中华人民共和国知识产权法》等法律中关于数据安全的相关规定。介绍调查机构数据安全管理制度,讲授日常工作中应注意的保障数据安全的方法及安全软件的使用方法。通过课程培训提高督导的数据保密和安全意识,切实保障数据安全。

2. 项目专项培训

专项培训在每一个调查项目开始前 2 个月进行,主要围绕着调查项目介绍、执行程序和要求、受访者保护培训等展开。

(1) 项目介绍。

项目介绍包括研究背景、调查目的、调查对象、调查问卷、抽样方案、调查方法的选择以及调查方案设计等。在调查方法介绍部分,需要讲解调查方法和调查目的之间的关系,采用特定调查方法的主要考虑因素以及如何保证调查的科学性和效率。此外,调查中的创新点和难点应进行重点阐述,例如中国家庭追踪调查项目在2014年首次采用历史事件日历记录法（Event History Calendar，EHC）对受访者的迁移史、工作史和婚姻史进行访问，在项目培训中就EHC的设计背景、适用范围、基本内容及系统操作注意事项进行详细的讲解。

（2）项目的执行程序和要求。

每一个项目的执行程序都有其特殊要求，需要具体介绍项目招聘、培训、执行及各个环节的要求，根据项目周期梳理项目执行各个环节的时间节点。招聘环节包括招聘来源、招聘对象要求、招聘截止日期及招聘人数。培训环节包括培训内容、培训课程时间、培训批次、培训地点和培训方式等。执行环节包括执行开始及结束时间、调查方式、执行策略以及执行阶段的特殊要求等。

（3）受访者保护培训。

社会调查应遵循相关的伦理原则，这些原则的设立目的是保护受访者的合法权益，在督导专项培训中要加入这部分内容。通过培训，帮助督导深刻理解受访者保护的重要原则。

① 知情同意原则。尊重和保障受访者参加调查的自主决定权，严格履行知情同意程序，防止使用欺骗、利诱、胁迫等手段使受访者同意参加调查，允许受访者在任何阶段无条件退出调查。

② 控制风险原则。将受访者人身安全、健康权益放在优先地位，其次才是科学和社会利益。研究风险与受益比例应当合理，尽可能避免对受访者造成伤害。

③ 免费和补偿原则。应当科学地选择受访者，对受访者参加研究不得收取任何费用，对于受访者在访问过程中支出的费用应当给予适当补偿。

④ 保护隐私原则。切实保护受访者的隐私，如实将受访者个人信息的储存、使用及保密措施告知受访者，未经授权不得将受访者个人信息向第三方透露。

⑤ 特殊保护原则。对儿童、孕妇、智力低下者、精神障碍患者等特殊受访者，应当予以特别保护。

（二）常规性业务能力培训

督导的业务能力包括访问能力、组织管理能力、沟通和协调能力、突发事件处理能力、演讲能力和财务管理能力,同时督导还需要掌握社会调查方法和统计学基础知识、常用统计软件及办公软件使用技巧。

督导作为调查机构的专职员工,对其进行培训是一个长期的、循序渐进的过程。在督导日常工作中,需要结合其工作特点,开展常规性的能力培养相关培训。此类培训课程一方面能够保证督导掌握相关工作技能以满足岗位要求,另一方面也能够通过持续的能力培养和提升,帮助督导完成职位晋升,为团队发展储备优秀人才。

1. 访问能力培训

督导要在调查实施过程中解决访员的疑问和困难,指导访员的访问行为。为此,督导首先要成为一名优秀的访员,具备优秀的访问能力。在调查正式开始之前,应该安排督导参与实地调查,例如参与项目预调查,实际参与访问,深入了解访员在实地访问中可能遇到的差旅安排问题、协调问题及访问工作规划问题,可能会出现的访问规范问题和技巧问题,在哪些环节可能会产生数据质量问题等。在条件允许的情况下,督导应在每次调查中参与一部分样本的实地访问工作,了解实地访问情况,以更好地对访员进行管理和指导。

2. 组织管理能力培训

督导在执行团队中的角色是管理者,要招聘、培训和管理访员。同时,为保证调查项目的顺畅运行,要在多任务之间做出时间、人力和资源上的统筹安排。较高级的督导还将参与调查项目管理,需要具备较强的组织管理能力,这种能力可以通过培训课程培养。课程针对调查项目组织的招聘、培训、执行、结项、报告等各个环节,具体指导督导如何进行组织管理和统筹安排。在督导管理能力培养上,除了专业课程之外,更有效的方法是采取轮岗制,督导在相关的岗位上工作一段时间,可以了解各个岗位的职责,对调查各流程工作有更直接的认识。通过轮岗锻炼,督导能够在多任务之间自如切换,调查管理者在调查季中调配人力也会更加顺畅和高效。

3. 沟通和协调能力培训

督导需要具备较强的沟通和协调能力,对内的沟通对象是访员和实习生,平行协作部门的沟通对象是调查团队中各部门工作人员,对外沟通对象包括受访者、调查项目委托方以及各级行政协调单位。对象不同,沟通协调的内容也有差异,但沟通协调中需要用到的技巧是类似的,例如简化语言、学会倾听、重视反馈、控制情绪等。沟通协调的方式方法不是唯一的,在培训中可以根据不同的沟通对象设计案例并展开讨论,探求更合适的沟通协调方式。

4. 突发事件处理能力培训

调查执行过程中会遇到各种各样的突发事件,例如样本无法发放、数据无法上传等技术层面的问题导致执行工作受阻,需要及时与访员沟通解释,将技术人员的解决方案传达给访员;遇到自然灾害,需要与访员沟通了解情况,及时安排访员撤离,同时向上级领导汇报;访员遭遇意外伤害,应及时安排访员就医,同时告知访员妥善保存医疗单据,以便按照保单规定进行后期理赔;发生访问设备丢失或损坏情况,需要了解丢失过程、设备损坏程度,及时给访员邮寄新的访问设备,同时与技术人员确定数据存储情况,安排补访或重访的工作。由于突发情况较多,督导培训中应尽可能列举实例,讨论类似情况的处理方案。

5. 演讲能力培训

督导要担任培训讲师,承担培训访员的任务,需要有较强的演讲能力。相关培训应不拘泥于简单的课程讲解,要更加注重实践训练,给予督导演讲的机会。可以通过在部门内部定期做演讲、不定期地举办主题辩论会或安排督导进行访员培训课程试讲的形式,让督导得到足够的锻炼机会,提高演讲和表达能力。

6. 财务管理培训

督导的日常工作涉及访员的票据整理和财务申报,执行主管的工作还涉及项目的预算和成本控制,因此需要有一定的财务管理能力。为督导开设的财务管理课程应侧重实用性,尽量结合调查机构的特殊财务规定进行针对性培训。通过财务课程的学习,督导应该熟悉调查机构财务管理制度,掌握具体的财务管理技能,具备成本预算和合理进行经费支出的意识。

7. 社会调查方法和统计学基础知识培训

对督导进行社会调查方法和统计学基础知识的培训,一方面是出于社会调查工作的需要,另一方面也是出于对督导能力提升的考虑,有助于其更好地理解社会调查的理念和方法。社会调查方法培训包括社会调查发展历史、社会调查方法分类及应用、目前主流的社会调查方法和前沿的调查技术、抽样方法、问卷设计方法以及其他调查机构的执行模式等。除了课程培训之外，还可以鼓励或安排督导参加社会调查和大数据研究方面的讲座和研讨会。统计学基础知识培训可以涵盖统计学的基本概念、统计描述、概率分布、抽样分布、假设检验和回归分析等内容。

8. 常用统计软件及办公软件培训

常用统计软件培训作为督导培训的扩展部分，旨在培养督导对数据处理和分析的兴趣。培训内容可以是介绍数据处理和分析软件，如SPSS、Stata、SAS入门介绍、常用的数据分析方法和模型介绍，可以结合实际工作需要对模型应用进行讲解。办公软件培训内容包括督导日常工作中经常用到的Word、Excel、PPT、视频编辑以及微信图文编辑软件的使用技巧，通过培训提升督导工作效率及工作技能。

二、访员培训

访员培训的目的是让访员了解调查项目的来源、背景、意义和预期达到的目标，了解项目的组织形式、执行流程和对调查质量的要求，熟练使用调查工具，并掌握访问技巧和规范。除了直接服务于调查实施的目的外，访员培训还需要通过相关课程促进访员了解调查机构和调查项目，理解高质量社会调查数据对科学研究和政策研究的重要性，达到引导访员认同机构和项目的目标。实践证明，访员只有在对调查机构和调查项目价值有充分的理解和认同的情况下，才可能在调查过程中秉承真实、科学的工作态度开展数据采集工作。

（一）培训内容

访员培训主要由六部分内容构成：调查机构和调查项目介绍、调查问卷和访问工具讲解、访员一般规范和访问技巧、执行程序和质量管理方法讲解、财务制度以及安全守则。

1. 调查机构和调查项目介绍

向访员介绍调查机构的起源、宗旨、组织架构、发展概况及未来的发展前景，增强访员的认同感和归属感。调查项目介绍的重点是调查的背景、意义、调查方法和调查内容。课程的主讲人通常在调查机构或项目团队中有较高地位,同时拥有一定学术背景,能够从研究与实际应用两方面讲解社会调查在社会科学领域发挥的重要作用。此类介绍性的课程能够加强访员对机构和项目的理解,有助于访员在与受访者沟通时清晰地传达项目的相关信息,获取受访者的理解和信任。

2. 调查问卷和访问工具讲解

一般情况下,面访调查问卷类型相对复杂,问卷内容也较丰富。访员培训中会重点对各类问卷的结构、重要概念和访问难点逐一进行细致的讲解,让访员对问卷能有较准确的理解。为了保证问卷讲解的深度和准确度,应尽量邀请问卷设计者主讲问卷培训课程,通过问卷讲解和访员问题答疑,能够让访员深刻理解问卷设计的意图,有助于访员在访问过程中通过提问、解释和适当追问获得受访者准确的回答。在计算机辅助访问模式中,根据项目需求,还要对访员使用 CAPI、CATI、CAWI、CASI 等调查方式的访问工具进行培训,确保其了解访问工具的操作流程,掌握访问工具的使用技巧。

3. 访员一般规范和访问技巧

访员一般规范和访问技巧是培训课程中非常重要的部分,一般会安排半天时间进行讲解和练习。访问规范是访员在访问过程中需要遵守的基本规则,包括受访者保护原则及访问中提问、回应的规范,是否严格按照访问规范开展访问会直接影响到数据质量。而访问技巧的灵活把握有助于访员有效劝说受访者接受访问,提高应答率。这类培训一般会采取比较灵活的方式,在讲解规则和技巧的基础上,配合情境案例视频和现场模拟练习,让访员直观地感受访问现场。通过演示、讨论和练习,让访员掌握访问所需的各种沟通技巧、访问技巧和访问规范。考虑到调查的难度,在这类培训中需要通过模拟练习对访员进行抗压能力和抗挫能力的培养。

入户访问技巧和电话访问技巧在很多方面类似,又各有不同:入户访问可以通过直接观察采取应对策略,且可以多次上门进行尝试;电话访问主要通过对方的语气态度进行判断,应对的时机和速度非常重要,且一旦被拒访挽回的可能性相对面访较小。因此,在电话访问培训中应更加注重提高访员的听觉辨析力及应对速度,模拟练习之后应及时总结,针对每种情况归纳出应对策略以供访员参考使用。

4. 执行程序和质量管理方法讲解

为了保证现场调查顺利开展，培训中需要安排执行程序讲解，让访员明确项目开展的流程、执行中需要注意的各个环节以及访员的日常工作要求。此外，为了让访员充分认识到访问质量的重要性，并对核查流程和访问标准规范有足够了解，还需要通过质量管理方法课程讲解质量管理的意义、方式、程序、标准以及重要的核查概念和指标。

5. 财务制度

访员在访问现场会产生各种费用，如交通、住宿、餐饮、通信等，如果调查项目采取给受访者支付酬金的方式予以激励，还需要访员在访问完成后发放受访者酬金。一般情况下，调查机构都有特定的财务管理制度，调查项目也有经费审查的要求。根据具体的财务制度要求，需要对访员进行相应的培训，让访员清楚地了解支付流程、劳务表和受访者酬金单的填写规则，以及票据整理、报销的规则。财务培训课程除了讲解报销规则和薪酬标准外，还可以通过课堂练习的方式对财务表单的填写进行强化训练。

6. 安全守则

安全守则包括数据安全、人身财产安全和设备安全等方面。针对数据安全，应讲解相关法律关于数据安全的规定，强调数据保密和数据安全的重要性。人身财产安全部分应重点介绍在实地访问中衣食住行等各方面的注意事项，提高访员的人身财产保护意识。针对设备安全部分，通过培训应提高访员对访问设备的保护意识，注意在访问期间避免设备被偷、被抢和意外损坏。

(二) 培训方法

1. 集中授课

为了保证培训效果，建议采取集中授课、小班教学的方式，每个班 40—50 人为宜。班级规模过大而又没有配备足够督导的情况下，培训讲师无法对每个访员的问题给予详细解答和指导，难以保证培训质量，也会影响督导对每个访员课堂表现的观察。此外，在授课方式上，建议采取讲师现场讲授的方式。为了节省培训费用，有些调查项目会以播放录制的课程视频的方式替代现场授课，这种授课方式缺乏课堂互动，较难引起访员对课程的兴趣。考虑到培训效果对访问质量的直接影响，在经费允许的情况下，应尽量采取现场授课方式。

2. 分组练习

访员的主要工作职责是对受访者进行访问,工作的实操性较强,需要熟练使用访问工具。在培训过程中需要根据授课需求,每天穿插大量的分组练习,以增强访员的操作能力和对系统、问卷的熟悉程度。为了保证练习效果,建议每名督导带领6—8人的访员小组开展练习。分组练习的方法大致有以下两种。

(1) 角色扮演法。

由督导扮演各种类型的受访者,让访员依据实地入户访问的情景进行模拟练习。角色扮演需要有脚本,即提前设定好受访者的家庭背景、人口结构、受访者对问卷问题的回答,保证每一批每一小组访员都能练习到同样的内容。脚本编写需要明确每套样本的练习重点,例如CFPS项目问卷类型较为复杂,覆盖了所有年龄段的受访者,不同年龄段的受访者需要回答的问题不同,因工作、上学、婚姻经历不同导致回答的问题也存在较大差异,因此在设计脚本中应根据问卷模块和跳转设置不同的情景,让访员了解和熟悉问卷结构和内容。脚本编写中还应明确标出训练点,即训练中需要向访员强调的内容,对于易出错的部分进行强化练习。脚本练习中,督导通过扮演多种类型的受访者,训练访员与不同类型受访者沟通的技巧,指导访员简明扼要地介绍调查目的和价值,获得受访者的认可和配合。在受访者直接表示拒访或委婉表示无法接受访问时,训练访员的应对技巧和逆转拒访的方法。

以下以CFPS成人问卷脚本为例,展示脚本的设计方法。

题目1:您这份工作的单位主要是做什么的,也就是,他们制造什么产品或者从事什么活动?
Value(标准答案):禽肉加工,加工业。

脚本内容:
   受访者回答:管人的。
   访员提问:是问您工作单位是做什么的。是制造什么产品吗,还是从事什么活动?
   受访者回答:禽肉加工。

训练点:注意此处是填写单位做什么,而不是受访者自己做什么。考察访员是否有追问,是否了解了题目要求。

题目2:将检查、治疗、住宿、看护等各项费用都算在内,过去12个月,包含已报销和预计可报销的部分,您住院总共花费了多少钱(元)?
Value(标准答案):10 000(元)。

脚本内容:

受访者回答:可以报销的也要算?不太清楚啊。

访员提问:是的,要算,您大概估算一下。

受访者回答:住院检查花了2000元,治疗药费花了6000多(元),住宿1000(元),看护1000多(元)。

访员提问:那这样算下来您住院花费了10 000元吗?

受访者回答:是的。

训练点:住院费用包括住院期间的所有费用,且包含自己支付和报销部分。注意观察访员如何应对,以及是否有追问。

(2)案例分析法。

在培训中向访员提供执行过程中的实际访问案例,让访员围绕案例展开讨论,探求多种解决方案。案例分析法与角色扮演法的区别在于:角色扮演法较直观,考验访员的临场应对能力;案例分析法是就某个案例进行充分讨论,一个案例可以讨论出多个解决方案,激发每一个小组成员积极思考并提出自己的观点。

3. 真实受访者练习

为了进一步模拟真实访问情境,培训中会邀请符合调查项目要求的受访者配合访员进行练习。真实受访者练习以分组形式进行,2—3名访员一组,轮流对受访者进行提问,督导在访问期间负责观察和记录每名访员在访问过程中的表现和存在的问题,待访问结束之后对小组内访员的表现进行点评,对访员的问题进行解答。由于访问过程中面对的是真实的受访者,没有脚本可循,访员可以感受访问的现实情景,练习如何应对受访者的各种问题。

4. 实地入户练习

在全部培训课程结束后,将安排访员以 3—4 人组队的方式,由督导带领在指定的非正式调查样本村/居进行实地入户练习。因为实地入户时不会提前安排好受访者,所有的沟通工作都由访员完成,所以访问过程与正式调查也更为相似。从实践经验上看,实地入户练习效果优于任何一种课程练习,能够有效缓解访员入户访问的紧张感和压力,也能对真实访问进行预演。实地入户访问完成后,需要组织访员进行经验总结和问题集中解答,这能够有效缓解正式调查开始后访员问题的集中爆发。这一培训环节也可以作为预调查的一个延续或补充,可以对问卷、系统和调查流程再次进行检验和测试。

5. 培训考试

培训结束前将利用半天左右的时间对访员的培训效果进行考核,考核的方式一般有两种:一是笔试,考核访员对于访问规范、质量核查规则、问卷关键概念、财务等方面知识的掌握程度。考卷设计 A、B 卷,A 卷用于常规考试,B 卷用于补考。题型可以采取单选、多选、判断、简答和计算题等多种方式,形式为闭卷考试。二是系统操作考试,如果采用计算机辅助调查模式,需要对访员的系统操作能力进行考核,确保访员能够熟练操作访问系统。除了笔试和机试两种客观考核方式外,督导对访员在培训期间的学习态度的评价也将纳入考核。经过综合考核,成绩不合格的访员,将在培训之后淘汰。

6. 讨论会

在考试结束之后,通常会利用半天时间进行培训总结和讨论。总结和讨论的重点是培训中遗留的问题、入户访问练习中发现的问题、笔试和机试中的疑问以及对于执行程序理解上的问题。在讨论会上,建议把所有培训讲师请到现场,与访员进行面对面的沟通和答疑。实践证明,讨论会对于巩固访员的培训效果、加深访员对问卷的理解、提高访员对调查访问的信心和责任心有重要作用。

7. 远程培训

有些小型调查项目培训内容较简单或者培训对象是有调查经验的老访员,可以采取远程培训形式。远程培训需要准备电子版培训材料和课程讲解视频,同时需要准备能够在线练习的样本。培训完成后,访员除了完成在线考试,还需要接受督导的电话考核。考虑到远程培训的效果欠佳,在经费和时间充足的情况下,应尽量选择现场培训。

（三）访员培训日程安排

根据项目的复杂程度,培训时长通常在3—7天。如果访员主体来自同一院校,可以通过让学生选修调查相关课程的方法将调查项目的培训内容在一个学期内讲授完成。修完课程后,学生即可参加现场调查访问,访问的完成情况将作为课程实践部分得分计入课程成绩。

下面以CFPS项目的培训日程为例(见表3.2),介绍访员培训日程的具体安排。

表 3.2 访员培训日程表(CFPS)

时间		课程名称	学习目标
第一天	上午	培训启动仪式	从研究与实际应用方面,讲解社会调查在社会科学领域发挥的重要作用和意义
		项目介绍	了解项目目标、起源、组织以及未来发展
		访问管理系统介绍及CAPI数据传输和管理	熟悉访问管理系统的操作流程,掌握CAPI入户访问过程中的各项技术操作技能
	下午	联系结果代码讲解	掌握联系结果代码的要点,并熟练运用计算机进行记录
		家庭成员问卷讲解	掌握家庭成员问卷要点,并熟练运用计算机进行访问
		家庭经济问卷讲解	掌握家庭经济问卷要点,并熟练运用计算机进行访问
		家庭成员问卷和家庭经济问卷分组练习	根据脚本对家庭成员问卷和家庭经济问卷进行分组练习
第二天	上午	成人问卷和疾病表、死亡表讲解	掌握成人问卷要点,掌握疾病表和死亡表分类并在系统中进行准确分类选择
		成人问卷分组练习	根据脚本对成人问卷进行分组练习
	下午	少儿问卷讲解	掌握少儿问卷要点
		少儿问卷的分组练习	根据脚本对少儿问卷进行分组练习

(续表)

时间		课程名称	学习目标
第三天	上午	访员一般规范和入户访问技巧	学习访员职业伦理和规范,掌握实地入户调查的具体技巧
		CAPI全流程与执行程序	对访问全过程进行要点回顾;系统了解项目执行程序
	下午	财务制度	了解支付流程,掌握劳务表填写规则和票据整理报销规则
		质量管理方法	掌握质量管理方法、程序和标准
		追访程序	了解追访的策略与要求
		实地入户分组	实地入户分组
第四天	全天	实地入户训练	通过实地入户,体验访问全过程
第五天	上午	笔试	闭卷考试
		实地入户总结与答疑	解答访员在实地入户中遇到的各种问题,并做经验交流
	下午	讨论会	对访员疑问进行集中讨论
		结业仪式	举行结业仪式、颁发证书、签署协议、收回教师授课反馈表

(四)各组工作安排

访员培训中无论是培训准备还是培训实施都需要多部门的配合。在大型调查项目的执行中,通常需要培训的访员数量多达数百人乃至上千人,且访员来自全国各地,准备、组织和实施培训需要有周密的计划安排和多个部门的分工合作。

1. 执行组

(1)访问入户材料设计。

入户材料一般包括"致受访者的一封信""致村居的一封信""保密声明""知情同意书"和留言条,具体材料内容会根据项目的不同有所调整。此类材料需要在访员培训之前设计完成,并在访问培训期间进行讲解,让访员了解各类入户材料的功能和发放时机。

（2）访员相关资料设计。

访员相关资料包括"访员培训通知""访员培训协议""访员协议"和"访员保密协议"。"访员培训通知"在培训开始前 1—2 个月发送给预备访员，告知培训时间、地点和培训注意事项，同时需要访员提交参加培训回执。访员会在培训的第一天签署"访员培训协议"，以保证培训工作的顺利展开。而"访员协议"和"访员保密协议"则是在访员通过培训考核之后，也就是培训的最后一天进行签署。双方签署协议的目的在于明确双方的职责，有效进行访员管理。

（3）培训课程设计和讲义开发。

根据调查项目特点和访员特点，执行组需要设计培训课程和具体日程。课程的安排需要兼顾培训内容的全面性和重点，且在课程安排顺序、时间安排上体现科学性。既要保证时间紧凑，减少培训费用，又要保证有充足的时间供访员学习和练习。培训课程中大部分内容都与执行相关，由执行组统筹安排培训讲义开发较为方便。讲义设计需要做到重点突出、结构合理、深入浅出、通俗易懂、理论与实践相结合。

（4）内部试讲。

为保证培训质量，在讲义开发完成后，将由各门课程的主讲人在调查项目组内部进行公开试讲。项目组成员在听讲过程中需要认真记录发现的问题，并对试讲人提出改进建议。试讲完成后，将对各位主讲人进行打分，对于得分较低的采取调换主讲人或整改后再次试讲的处理方式。同时，为了应对培训期间主讲人无法参与培训的情况，每个主讲人需要另备一个候补讲师，候补讲师同样需要进行试讲和讲课准备。

（5）访员报到接待。

在访员报到当天，督导负责接待访员，主要工作包括：指引到培训地点的路线、发放培训材料和物资、检查并收集相关证件及复印件、访员证拍照、送访员至预订宾馆、协助宾馆处理入住事宜及其他突发事件。

（6）课堂指导和监督。

培训期间，每天安排督导随堂听课，主要目的在于维护课堂秩序并保证培训质量。随堂督导的主要工作包括访员点名、监督访员课堂纪律、随时解答访员问题、收集和整理访员培训反馈、组织分组练习、分发课堂资料、解决访员日常生活相关问题等。

（7）培训期间例会。

每天培训结束之后，参与培训的督导召开例会，对当天的培训情况进行及时总结，如访员的情绪、问卷中发现的问题、系统问题等，讨论解决方案并做会议纪要。

（8）建立访员团队。

培训期是督导与访员面对面交流最多的时期，在培训期间督导需要尽可能地熟悉访员，了解每个人的性格特点和行为方式，组建自己的访员团队。

（9）访员培训表现考核。

在每批访员培训结束后，由各负责督导对访员培训表现进行评分，评分作为访员考核的参考标准之一。考评可以包含课堂态度、分组练习情况、遵守培训规定和实地入户练习等四方面内容。（见表3.3）

表 3.3　访员培训表现考评表

访员培训表现考评表			
访员姓名：_____　访员编号：_____　负责督导：_____　培训批次：___批			
考核类别	考核内容	考核标准	分数
课堂态度	培训期间态度端正，上课认真听讲	0—8分	
	积极参与课堂讨论，善于提出问题	0—6分	
	愿意与他人分享自己的学习经验	0—6分	
分组练习情况	能够简明扼要地向受访者介绍调查项目，具有较好的沟通技巧	0—8分	
	对问卷结构、重点概念理解准确	0—6分	
	遵守访问规范，能够按要求逐题提问，能适时追问	0—8分	
	熟练操作访问系统	0—6分	
	能够正确地填写联系记录	0—6分	
	准确填写财务表单	0—6分	
遵守培训规定	妥善保管访问设备，有保障设备安全意识	0—6分	
	严格遵守上课时间，不迟到、不早退	0—8分	

(续表)

考核类别	考核内容	考核标准	分数
实地入户练习	在访问中应变能力强,能有效劝说受访者接受访问	0—8分	
	访问过程中能始终遵守访问规范	0—6分	
	具有团队合作精神	0—6分	
	能较深入地总结实地入户的经验和问题,给出具体建议	0—6分	
	总分		

（10）收集讲师授课质量反馈表。

在访员培训开始前,为每位访员发一份"讲师授课质量反馈表"(见表3.4),请访员为每一位授课讲师评分并提出具体改进建议。为了保证访员如实填答,此表用不记名的方式提交。

表 3.4　讲师授课质量反馈表

讲师授课质量质量反馈表

批次:(　　)批

说明:1为最低分,5为最高分,请为授课讲师打分。

课程名称	讲师	语言准确、清晰	内容明确、结构安排合理、重点难点突出	理论联系实际,可操作性强	授课方法灵活、能够激发学习的积极性

您对我们的培训还有什么改进意见?(如授课形式、内容和课程安排等方面)

2. 行政组

（1）培训物资的准备工作。

培训物资要在访员培训前一周准备完成，包括：记事本、笔、培训教材、访员名片牌、结业证书、访员证、入户材料（"致受访者的一封信""致村居的一封信""保密声明""知情同意书""留言条"）、三项协议（"访员培训协议""访员协议"和"访员保密协议"）。由于每名访员负责的样本量有一定差异，因此需要根据具体访问量为每名访员准备好足够的入户材料袋。

根据项目安排和预算，可以给访员配发T恤、帽子、雨伞、手电筒、背包等访问用品。

（2）培训教室预订。

根据培训批次、课程结构和访员人数，通常需要安排两间教室，一间用于授课，一间用于分组练习。

（3）宾馆预订。

在培训之前为访员预订培训地点附近的宾馆，需要预订的宾馆房间数量依每批次需培训的访员数量而定，并在此基础上为夜间值班督导预留一个房间。

（4）培训期间餐饮。

如果培训地点有食堂，需要向访员发放饭卡。如果培训地点没有食堂，为了方便访员就餐，通常会统一订餐。

（5）实地入户练习准备工作。

为了让访员更好地体验真实的访问过程，会在培训地周边的村/居安排实地入户练习，需要提前与相关村/居委会工作人员进行沟通协调。

3. 质量管理组

实地入户练习后会让访员立刻上传数据，由质量管理组进行核查，并在第二天给出核查结果，作为"实地入户总结与答疑会"的讨论内容之一。通过核查结果分析和讨论，访员更直观地感受访问规范要求和质量控制要求，对减少正式调查中的质量问题非常有帮助。

4. 技术组

（1）设备准备。

在培训前一周内，技术部工作人员需要完成电脑维护和访问管理系统的安装工作，确保在培训期间设备和系统可正常使用。

(2) 系统更新。

在培训过程中,根据访员使用情况,对问卷系统和访问系统进行更新,保证访员到达访问现场后能立即开展工作。

5. 数据组

(1) 报告系统准备。

针对项目需求,在充分评估执行团队和项目委托团队的需求后,设计报告系统,并完成测试。

(2) 培训样本准备。

制作培训样本和加载数据,保证每位访员能分发到至少30个练习样本,以便在培训期间开展各种形式的练习。

三、质控督导培训

质控督导的能力要求与执行督导较为相似,但又有特殊的岗位职责要求,需要对质控督导进行针对性的培训。

(一) 培训内容

根据质控督导的职责和能力要求,需要对质控督导进行系统的培训。培训主要分为三大部分:第一部分是业务培训,主要涉及质量管理工作的所有流程环节,包括核查员招聘和培训、核查员的管理、核查样本审核、核查问卷的开发与测试、核查数据的提取和加载、核查系统使用、报表制作和报告撰写等方面;第二部分是专业能力拓展培训,主要包括社会调查理论与方法、问卷设计方法、统计分析方法等相关课程;第三部分是管理能力培训,包括团队管理、汇报和展演以及沟通与协调等方面。

(二) 培训方式

在质控督导正式开始工作前,可以采用轮岗制的方式,让其经历调查执行整个流程,对调查工作及质控工作有一个全面的认识。

通过体验访员的工作,质控督导可以了解到社会调查一线的真实情况,例如如何与受访者沟通、访问的技巧、受访者对于社会调查的态度等。除此以外,担任访员能够对调查问卷有更深入的了解,比如访问问卷的类型、模块、关键词、敏感题和困难题等。通过访问,质控督导还能对访员在访问中可能出现的规范性问题、导致数据质量问题的访员因素和受访者原因有切身体会。对访员工作的亲身体验对于质控督导合理制订核查方案、确定核查流程、科学选择核查点、理解并指导访员的访问行为等有较大的帮助作用。

通过体验核查员的工作,质控督导可以对质量管理的实施流程有深入的了解。因此,质控督导上岗前,应先作为核查员完成一定量的电话核查、录音核查和实地核查工作。通过电话核查可以了解与受访者沟通的技巧,判断访员访问的真实性。通过录音核查可以对访员访问行为规范进行深入了解,并对问卷中的核查点、核查题目进行验证。了解录音核查问卷中各个核查点之间的逻辑关系,熟悉核查结果计算方式,为参与核查问卷开发打下基础。在核查中,还有一部分重要工作是核查审核,审核是对核查员的工作成果进行检查,避免由于核查员因素导致的错误核查结果。经审核发现核查员工作失误后,需要及时与核查员沟通并告知正确的方法。通过审核工作,锻炼质控督导的专业能力、沟通能力和管理能力。

经历了访员、核查员、审核员的一线工作后,质控督导对于质量管理工作应该有一个系统的了解,对于质量管理的整体流程有清晰的认识。但是要成为合格的质控督导,还要对部门间的工作配合内容、工作流转流程以及部门间的沟通方式有一定的了解,这对质控督导的统筹和沟通能力提出了更高的要求。

除了业务方面的培训,还需要围绕社会调查方法对质控督导开展更系统、更全面的培训。例如专业课程培训,包括社会调查的理论与方法、抽样方法、问卷设计方法、质量管理方法、统计分析方法、SPSS/Stata/SAS 统计软件应用等。还可以根据社会调查项目的特点开展专项培训,例如:核查问卷设计、核查系统操作和核查方案设计等。为了增强团队凝聚力、拓展质控督导的知识面,定期举办例会、交流会和互助学习会也是必不可少的。

四、核查员、审核员培训

(一)培训组织方式

核查员和审核员的培训组织方式主要是集中培训。课程形式较为多样,除了课堂授课以外,还有小组练习、情景模拟练习和上机操作等,不仅可以增加培训课程的趣味性,还可以加深核查员和审核员对核查工作的理解和核查技巧的掌握。根据电话核查员、录音核查员和审核员的工作角色不同,培训内容也有所不同。除了讲师讲解工作内容以外,还会根据工作角色安排情景模拟和重现工作难点,使核查员和审核员在上岗前对工作内容和形式有充分的了解。培训结束前,需要根据授课内容和实操内容安排笔试,检查核查员和审核员的培训效果,对于集中出现的问题进行讲解和再次指导。

(二)培训内容

培训主要包括课程讲解、课堂练习和考核。根据核查方式不同,可以分为录音核查培训课程与电话核查培训课程。这两个课程在内容安排上有所交叉,同时又各有侧重。除了常规培训内容外,电话核查员的培训会增加电话访问技巧、电话联系结果代码练习和电话访问情景模拟练习等内容,而录音核查的培训重点是向核查员讲解容易造成误判的题目。核查员和审核员培训具体课程内容见表3.5。

表 3.5 核查员和审核员培训内容

课程框架	课程内容	课程说明
课程讲解	培训流程介绍	
	机构及项目介绍	
	核查员岗位及管理办法介绍	
	核查问卷讲解	
	电话访问技巧	适用于电话核查
	电话核查结果的判定与操作	适用于电话核查
	上机操作注意事项与核查系统	
	审核	
	实时核查	适用于电访调查的实时录音核查
课程练习	电话核查脚本练习和模拟练习	适用于电话核查
	上机操作练习	
考核	笔试	

考核在核查员和审核员培训中必不可少,考核在全部课程结束之后对参训人员统一进行,要求标准统一。在技术允许的条件下,可设计考核系统,即将考核题目系统化,核查员和审核员在系统中填答并由系统自动判分。可设计两套测试问卷,第一套问卷让核查员和审核员对考核有一个初步的认知;第二套问卷侧重考核,在难度上高于第一套问卷,用于评估参训人员对培训

内容的掌握程度。考核结束之后对结果进行分析,并对核查员和审核员进行集中讲解。

为了了解核查员和审核员对培训工作的满意程度,质控督导可以使用评估问卷对培训效果进行评估。评估问卷可设计两套:第一套在核查员和审核员培训结束之后发放,目的是让核查员和审核员反馈培训过程中的问题,包括培训课程的内容、时间长度、督导授课情况等;第二套评估问卷的使用者为工作满一定时间的核查员和审核员,目的是了解培训课程对核查员和审核员实际工作的指导作用,题目涉及哪部分培训课程内容需要加强、哪些课程需要增加以及对质控督导工作的建议等。通过评估问卷获取的信息对于改进核查工作有重要参考价值。

第四章 调查筹备

社会调查项目前期的筹备工作对于项目的顺利实施至关重要,筹备工作越细致越充分,实施中出现问题的可能性越小。对于一般调查项目而言,筹备阶段需要组建项目团队,确立执行制度,构建末端抽样框,准备调查所需的物资和材料,开展预调查,通过各种渠道对调查项目进行宣传并努力获得协调和支持单位的配合。

在计算机辅助的面访调查中,筹备阶段还需要完成调查系统开发和测试工作、问卷电子化及测试工作、联系信息采集设计工作以及调查设备的软硬件准备工作。本章将结合一般调查项目和计算机辅助调查项目的特点,对筹备工作的内容和要点进行详细介绍。

第一节 调查执行制度的建设

为了保证调查项目顺利实施,需要制定一系列的工作制度,本节将对调查执行过程中的组织管理制度、实施程序、沟通制度、报告制度、数据安全制度、财务制度和设备管理制度进行说明。

一、组织管理制度

调查项目在具体实施之前,需要明确项目团队组织结构、激励制度和实施程序,形成一套完整的项目管理制度,达到科学指导项目实施的目的。

(一)组织结构

规模较大、实施程序较为复杂的调查项目,可以选择层级较为明确的组织结构。从管理层级上划分,包括项目 PI/PI 团队、项目主管、各分部门主管(包括抽样主管、执行主管、技术主管、质控主管、数据主管和行政主管)、各部门骨干、一线访员、核查员和实习生。对于同期执行多个调查项目的调查机构而言,层级制的组织结构又分为两种管理方式:一种是项目主管负责制,由项目主管从各职能部门选择人员组成项目组,项目主管直接管理项目组成员。这种方式的优势是项目组内管理较为简单,信息传递较为直接;劣势是部门主管对于同时参加多个项目组的人员的工作情况缺乏深入了解,难以组织部门内部的探讨和交流,不利于部门的建设和发展。另一种是部门主管负责制,由部门主管统筹管理部门人员,并对不同项目的人员配备进行规划和安排。这种方式的优势是能在多个项目同时开展的情况下,集中全部门力量高效率完成工作;劣势是项目主管难以直接管理项目组成员,可能会对项目组的凝聚力造成一定影响。根据项目的特点,综合各种组织结构的优劣势,可以选择不同的组织方式。

(二)激励制度

调查项目的激励制度是指针对项目组主要参与人员的奖惩措施,其中访员激励措施详见第五章第五节。为了提高调查项目实施效率,应制定项目人员的激励制度。考虑到薪酬支出的稳定性和可预测性,调查机构会选择以基本工资为主,以绩效奖励为辅,强调通过评估和晋升稳步提高薪酬的制度。这种制度在一定程度上实现了奖勤罚懒、表彰优秀、体现付出的目的,员工对于薪酬收入的预期比较明确,对于晋升路线也会有清晰认识。但在有些情况下,调查机构需要在短期内激发员工的工作效率,可以采取大幅增加绩效奖励的办法激励员工完成较为复杂和困难的工作。从机构长期发展来看,建议以稳步增长的薪酬制度为主,辅之以临时性的激励措施。

二、实施程序

一个调查项目标准的实施程序通常包含:方案设计阶段的抽样方案设计和论证、执行方案设计和论证、问卷内容设计和论证;准备阶段的调查队伍招聘和培训、行政协调和相关支持获取、问卷电子化和测试、调查信息系统开发和测试;调查实施阶段的预调查、正式调查和质量控制、技术支持;结项阶段的数据清理、数据库建立、实施报告提交。(见图 4.1)在实施过程中,各程序可能会同期开展,需要在实施前对各环节起止时间进行合理规划,尤其对衔接和交叉部分进行特别安排,保证各流程顺利进行。以下就实施程序中涉及的几个重点问题进行介绍。

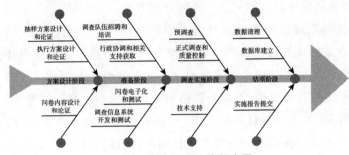

图 4.1　调查项目实施程序图

（一）抽样方案设计和论证

抽样是调查的基石,抽样的科学性关系到调查数据的代表性。抽样设计需要在完全把握调查目的的基础上进行,对于追踪调查而言,还需要考虑到样本的流失和补充。通常抽样方案设计会请专家主持,并组织专家论证会进行讨论、论证和修改。在抽样方案确定之后,即可开展抽样实施工作。一般情况下,全国大型调查的抽样实施需要获得抽样单元的基本信息,此类信息的获取需要取得相关部门的支持和协助,这部分工作可以与行政协调工作合并开展。对于需要进行末端抽样的调查而言,在抽样实施阶段还需要制订科学合理的末端抽样方案,招募并培训抽样员进行绘图和地址列表制作。与此同时,还应该进行抽样审核和核查,在确保绘图和列表制作质量的前提下,进行末端抽样。

（二）问卷设计和测试

问卷设计工作主要由项目专家团队组织完成,在问卷设计筹备阶段应召开多次专家讨论会,就问卷设计的框架、主要模块和重点内容进行梳理和确认。在问卷开发完成后,需要召开较为正式的专家论证会,就问卷设计的科学性、合理性和可行性进行论证。论证通过的问卷,仍需通过组织预调查或者招募受访者的形式,进行多轮测试和修订。在计算机辅助调查中,在问卷定稿之后,还需要对问卷进行电子化设计和测试。

（三）调查信息系统开发和测试

根据项目特点，进行调查信息系统的设计和开发。这部分工作一般在问卷设计和测试之后开展，需要开发的基础模块包括：访问系统、管理系统、支持系统、核查系统和报告系统。在保证调查正常实施的前提下，为了进一步提高工作效率，还可以开发招聘系统、地址清理系统和在线编码系统。所有系统开发完成后，都需要进行多轮测试。在预调查实施中，也需要重点对系统功能实现和运行稳定性进行测试。

三、沟通制度

调查项目的实施需要在筹备阶段即建立沟通制度，包含调查团队和PI团队/委托方沟通制度、调查团队内部沟通制度以及调查团队和受访者的沟通制度。在沟通制度中需要明确沟通的内容、沟通负责人、沟通的频率、沟通方式以及对于争议的解决办法等。

（一）调查团队和PI团队/委托方沟通制度

1. 明确各部门负责人

一个调查项目团队组建完成后，应明确PI团队及项目团队各部门的负责人。同时整理汇总包括PI团队在内的所有参与调查项目人员的联络信息，并制作调查项目团队联络表，保障PI团队与项目团队联络畅通。

2. 例会制度

为提高调查项目实施工作效率，保证信息在各部门之间顺畅流通和共享，应在项目筹备阶段即建立例会制度。需要注意的是，项目筹备期、执行期、收尾期的例会频率和关注重点有所不同。

（1）项目筹备期。

项目筹备期的例会需要讨论的事项较多，包括预算、抽样、问卷设计、技术开发、招聘、培训和实施方案等。这一阶段的例会频率应保持在每周一次或两次，关注重点在调查大方略的制定和各环节具体方案的讨论。

（2）项目执行期。

项目开始执行之后，例会频率可以固定为两周一次，执行周期短的项目可以一周进行一次例会，例会的主要内容是执行进展、执行中发现的问题和解决方案讨论。

(3) 项目收尾期。

项目收尾期也是项目攻关阶段,这一阶段例会应重点关注攻关方案制订及实施效果评估,根据实际情况及时调整攻关策略。

每期例会应提前制订会议讨论提纲,邀请相关团队成员参加,在会后整理会议纪要存档并发送给所有项目相关人员。

3. 建立团队邮件群、微信群或QQ群

除例会制度外,调查团队与PI团队/委托方最重要的日常沟通手段就是电子邮件,尤其是一些重大事项的讨论及各种方案的确定,应通过邮件形式通知调查项目团队和PI团队/委托方的所有成员。另外,可以建立工作讨论微信群或QQ群,群内的讨论可以更加自由,频率也不受限制,沟通更加及时。但需要注意的是,群中讨论的重要结果也应以文档形式记录并通过邮件通知所有相关成员。

(二) 调查团队内部沟通制度

1. 设立调查项目总协调人

调查项目总协调人负责协调项目团队内部各部门的工作,包括方案制订、进度把控、冲突处理、预算管理和最终决策。

2. 制定工作时间表

调查项目总协调人根据调查项目具体情况制定详细的工作时间表,将调查工作细分为不同的任务,并明确每个任务具体内容和要求、负责人和任务完成时间点。工作时间表应与各部门充分讨论后确定,时间表确定之后需严格执行,不能随意更改、拖延。

3. 制作工作流程图

社会调查涉及的环节较多,每个部门负责不同的工作,各部门之间有分工也有合作。为了保证调查团队内部运作顺畅,应制定工作流程图,明确信息流转方向。调查团队的内部沟通和信息传递也应依据工作流程图进行。

工作流程图是按照样本的生命周期来制定的。工作流程一般从抽样开始,抽样完成之后,交由数据部门将样本和预加载数据导入系统,由督导按照既定规则发放给访员,访员完成访问之后上传数据,再由技术部门负责合并和提取数据。上传至机构服务器的数据流向两个部门,一是质控部门,二是数据部门。质控部门进行核查之后,将核查结果反馈给访员。数据部门则对问卷数据进行实时清理,需要访员核实的信息会通过督导发放给访员,督导将访员的反馈信息收集整理后提交给数据部门。在调查生命周期的末端,是对样本的有效性和质量给出评级,然后据此进行劳务结算。劳务费发到访员手中,清理后的问卷数据和并行数据进入数据库中,完成这两项工作后调查生命周期结束。在这个过程中,每一个环节都有专项负责人。对于各环节之间产生的特殊问题或者争议纠纷,则由调查项目总协调人来解决。

(三)调查团队和受访者的沟通制度

调查团队与受访者的沟通主要通过访员作为媒介实现。在访问过程中,访员代表调查机构向受访者介绍调查内容和意义,获得受访者的理解和支持。但有的受访者出于对项目的关注或对访员的不信任,有直接与调查团队进行沟通的需求,需要调查团队确立与受访者沟通的渠道和制度。

1. 沟通渠道

(1)电话。

调查机构需要开通400热线,并将热线号码印制在受访者知情同意书中或者其他交由受访者保存的材料中,在调查机构的网站上也应公开热线号码和办公室座机电话,保证受访者在需要时能第一时间与调查团队进行直接沟通。调查团队需要安排专人接听受访者来电,工作人员对电话内容进行记录,将需要处理的信息及时转发给相关负责人。

(2)邮件。

除了电话外,还需要让受访者了解调查团队为调查项目专设的电子邮箱,应安排专人定期查看并回复受访者邮件。

2. 沟通内容

(1)调查真实性。

受访者出于对调查项目的疑虑或对访员身份的怀疑,会向调查团队进行求证。调查团队在接到受访者此类来电或来信时,应向受访者解释调查项目的背景和意义、调查机构的基本情况以及访员的来源和身份信息,争取受访者的信任。

(2)受访者信息变更。

对于追踪调查项目而言,受访者与调查团队会逐渐建立信任和良好的合作关系,调查机构需要提供渠道以供受访者在电话信息或地址信息发生变更时与调查团队及时取得联系。调查机构对于主动提供变更信息的受访者应通过多种方式予以感谢,例如电话充值卡、邮递小礼品以及在下一轮追踪调查时发放礼品等。

(3) 受访者个人或家庭问题。

一些受访者由于个人或家庭在生活、工作中遇到了困难或不公平待遇,可能会向调查团队寻求帮助。在处理这类问题时应特别注意方式方法,在坚持不干涉受访者生活的原则前提下,适当表示对受访者诉求的关注,并告知其相应的解决渠道。

四、报告制度

在调查项目实施过程中,信息的及时汇集、整理和共享对于调查项目的有效管理具有重要作用。为此,调查正式展开之后,应形成调查信息报告制度,对实时回传的问卷数据、并行数据和实地访问进展情况进行分析和汇报,帮助 PI 团队和执行团队及时全面地把握项目的进展情况和质量情况。

从时间维度看,调查报告包含四类:调查日报、调查周报、调查月报和调查项目总结报告。

(一) 调查日报

调查日报的特点是实时、动态,适用于执行周期较短的调查项目。日报多以表格形式呈现,重点关注执行进展和数据层面的质量核查情况。通过日报信息能够掌握调查实施的最新进展,发现新增执行问题点,并据此及时调整执行策略。

(二) 调查周报

周报是较为常规的调查报告形式,内容包括:调查前期关注的调查协调情况、访员招聘情况、培训情况;调查中期关注的各调查样本点进展状况,各种指标的计算(如应答率、拒访率、合作率等),调查特殊问题说明和解决方案,以及调查质量核查结果及分析;调查后期关注的整体执行进展情况,质量核查结果(包括分样本点、分访员、分问卷类型的汇总与分析)以及困难地区攻关情况。

(三) 调查月报

月报不是周报的简单汇总,其内容较为丰富,包括对月度工作的总结和分析。例如，在招聘阶段重点报告访员招聘渠道、困难、解决办法和访员基本特征分析；在访员培训阶段，重点报告培训课程设计和培训开展情况，对培训效果进行评估，对培训经验进行初步总结；在现场执行阶段，重点报告各样本点开展调查的情况、各类问卷完成情况、未完成的原因分析、拒访率及原因分析、调查质量核查结果及影响因素分析等。

（四）调查项目总结报告

调查项目总结报告是在项目结束之后撰写的报告，是对项目实施的回顾和总结，可以细分为抽样报告（含加权报告）、技术报告、调查实施报告、质量督导报告和数据管理报告（含数据使用说明）以及财务报告。分类报告也可以整合成一份完整的项目总报告，调查项目报告的具体内容将在第五章第七节进行详细阐述。

五、数据安全制度

由于社会调查会涉及大量的数据信息，必须认真贯彻执行《中华人民共和国保守国家秘密法》和《中华人民共和国统计法》的相关规定。一方面需要根据国家法律法规，结合调查机构的实际情况，制定出严格的数据安全制度；另一方面需要在调查实施过程中严格执行数据安全制度，提高调查团队的数据安全意识，通过切实有效的措施确保数据安全。

（一）数据安全传输、存储和使用

在数据安全制度中，要明确规定数据安全传输、存储和使用的方法，以及数据保密内容和保密措施。

1. 保密内容

（1）调查项目涉及的抽样信息，包括样本市、区/县、街道/乡镇、村/居信息、样本地址信息。

（2）调查数据中的保密信息，如受访者的姓名、住址、身份证号、家庭成员信息以及联系方式等。

（3）调查过程中采集的并行数据，包括访员行为数据和质量监控过程数据。

（4）项目实施相关文件，包括项目预算、项目实施方案和相关的技术文档等。

2. 涉密文件传输形式

（1）单位内部的电子文件传输仅能在安装了安全软件的电脑上进行。

（2）所有涉密文件禁止打印。

（3）所有电子文件如需向外传输，需经过上级主管领导批准并记录。

3. 存储设备管理

台式电脑、笔记本电脑、U盘、移动硬盘及其他存储设备需由调查机构统一购置并进行管理，所有设备均需记录在案。如需借用，需登记领用时间、领用人、使用用途、归还时间等信息。所有设备均需安装安全软件，且仅限在单位内使用，禁止携带外出，如有特殊情况要带离单位需经上级主管领导批准并记录。

4. 服务器和数据库安全

调查数据上传至服务器后，需要通过各项措施确保数据安全，如合理设置用户操作的管理权限、保证服务器设置系统安全、服务器物理位置安全和数据库应用系统安全。此外，对数据库数据需要进行加密处理。特别需要注意的是，要对数据库进行安全备份，确保服务器遭受攻击或出现问题时能够从备份中恢复数据。

5. 安装专业的安全软件

目前有较多技术成熟的数据安全软件，可选择安全可靠的开发厂商提供专业的数据安全保护。

（二）保密协议

保密协议是用来约束和规范参与项目人员在数据采集、整理和使用过程中的行为的，具有法律效力。

1. 签订保密协议的范围

所有参与调查项目组织和实施的调查团队成员（含全职人员、兼职人员和实习生）、PI及PI团队成员、项目委托方成员均需签署保密协议。

2. 保密协议内容

（1）保密内容。

规定需要保密的内容，例如项目抽样的区/县、村/居、样本信息和各类调查辅助文件等。

（2）责任主体。

责任主体即签订协议的当事人。

（3）保密期限。

保密期限包括签订协议的当事人在职期间及离职之后的规定期间。

（4）保密义务。

明确签订协议的当事人需要承担的保密义务。

（5）违约责任。

明确违约所需承担的法律、经济等方面的责任。

保密协议的范例详见本章第五节的相关内容。

六、财务制度和设备管理制度

（一）财务制度

1. 明确财务负责人

规模较大的调查项目通常需要安排专人负责财务工作，制定财务管理细则并对调查中的具体财务工作进行统筹安排和处理。

2. 制定规范的财务流程及报销制度

调查项目中需要制定的财务流程包括：访员劳务费申请和发放流程；受访者酬金申请和发放流程；协调费申请和发放流程；特殊费用申请和发放流程；项目团队成员薪金及津贴申请和发放流程等。

调查项目的报销制度主要包括培训期间讲师团队的差旅报销制度、访员的交通和食宿报销制度、督导差旅报销制度。

3. 财务文件存档制度

调查项目的相关财务合同文件、经费的收支明细资料需要妥善存档。财务支出过程中，对各项支出进行规范记录，并留存正规发票凭证。

（二）设备管理制度

1. 明确设备管理负责人

调查设备需由专人管理，设备管理人员负责编制设备编号，统一登记入库，定期对设备进行检修，记录设备流转情况和损耗情况。

2. 制定设备领用和归还制度

发放调查设备时应逐一进行登记，每台调查设备责任到人。归还时应检查设备性能情况,确认无误后登记入库。对于设备数量较大、类型较多的调查项目,建议开发设备管理系统,对设备出入库和流转过程进行科学监控和管理。

3. 制定设备遗失/损坏赔偿办法

调查中由于人为因素或意外情况可能会导致设备遗失或损坏,在访员培训中以及设备发放之前应向访员强调设备安全注意事项和设备遗失、损坏的赔偿办法。在发生遗失或损坏时,需要当事人写明情况,由调查团队进行设备遗失、损坏原因分析,视遗失或损坏的责任情况核算设备赔偿额和具体赔偿办法。

第二节　问卷电子化与系统测试

在计算机辅助调查方式下,问卷电子化和各种调查相关系统的测试是调查筹备工作的重要组成部分。问卷是数据采集的主要载体,问卷设计需要有合理的操作概念,同时还要考虑如何最大限度地减少因问题设计不当造成的回答误差。在计算机辅助调查中,还需要对纸质问卷进行电子化,并组织人员专门对电子化问卷进行测试。此外,在实地调查开始之前还需要对访问管理系统、样本管理系统、核查系统及报告系统做全面测试,以保证调查顺利进行。本节将对这两方面的准备工作进行详述。

一、纸质问卷电子化

问卷电子化的过程就是传统的纸质问卷计算机语言化的过程。在编程的过程中,编程人员应以纸质问卷为标准,准确地将其"翻译"成计算机语言,并展示给问卷设计者和使用者。问卷电子化主要涉及问卷题号编写、选项编码、变量名和变量标签编写、访员注意的编写、逻辑跳转的编写、加载及标注的规则、值域编写、检验编写以及变量数据存储编写等。

(一) 问卷题号编写

为适应计算机语言,电子化问卷的题号由字母和数字组成,在将纸质问卷进行电子化之前需要对问卷结构有全面的了解,并制定统一的题号编写规则,以下以北京大学中国社会科学调查中心的题号编写规则为例做详细描述。

1. 模块编号

一般来说,调查问卷会分为若干部分,称为大模块。每个大模块用一个英文大写字母作为标识,例如:

A 户口

B 教育

C 语言交流

D 婚姻

E 工作

对于较复杂的问卷来说,大模块下可能存在子模块,子模块的编号规则为大模块英文字母+子模块英文字母。

例如:D 婚姻

  DA 2018 婚姻情况

  DB 婚姻史

2. 题目编号

每一个模块中,都有若干题组,题组依据模块中题干的内容进行区分。题目编号的规则为:模块编号+题组编号+组内顺序编号。题组中题号的编写形式为 0+个位数,如 01、02、03 等。如果题组中题目数量较多,可以扩展位数,如 001、002、003 等。例如:

A101 QA101"记录受访者性别" 该受访者性别是?

访员注意:无须提问,通过观察记录受访者的性别。

1. 男   5. 女

【CAPI】如果 A101 = CFPS_gender,跳至 A201 之前的 CAPI;否则继续提问 A102。

A102 QA102"修正错误性别" 请您再次填写该受访者性别。

1. 男   5. 女

【CAPI】Hard Check:A102!=CFPS_gender。

A201 QA201"核对 2010 年记录的出生日期" 我们记载您的出生日期是"【CAPI】加载 CFPS2010_qa1y_best",我们的记录正确吗?

1. 正确(跳至 A301) 5. 错误(继续回答 A202)

A202 您的出生日期是:QA202Y"出生日期(年)"_____1874..2014

年 QA202M"出生日期（月）"_____1..12 月 QA202D"出生日期（日）" _____1..31 日。

上面的例子中，A101、A102、A201、A202 都属于大模块 A 部分，其题号都是以字母 A 开头。其中：

A101 和 A102 是属于 A 部分大模块中的第 1 个题组。

A201 和 A202 是属于 A 部分大模块中的第 2 个题组。

具体说明：

A101 代表大模块 A 中的第 1 个题组中的第 1 道题。

A102 代表大模块 A 中的第 1 个题组中的第 2 道题。

A201 代表大模块 A 中的第 2 个题组中的第 1 道题。

A202 代表大模块 A 中的第 2 个题组中的第 2 道题。

另外，对于有分支关系的题目，还可以在题号上添加数字（1,2,3,…）或字母（a,b,c,…）后缀。例如：

C301　QC301"非学历教育"　过去 12 个月，您是否参加过任何不授予学位的非学历的培训或进修？

1. 是　　　　　5. 否

【CAPI】

#1 若 C301＝5 或"不知道"或拒绝回答，跳至 E 部分。

#2 若 C301＝1，提问 C3021。

C3021　QC3021"参加技术技能培训"　在您过去 12 个月参加过的培训或进修中，是否有以学习专业技术或实用技能为主的培训或进修？

1. 是　　　　　5. 否

【CAPI】若 C3021＝1，继续提问 C3022，否则跳至 C303。

C3022　QC3022"专业技术证书"　过去 12 个月，您是否从这项培训或进修中获得专业技术资格证书或执业资格？

1. 是　　　　　5. 否

上面的例子中，C301、C3021、C3022 均为 C 部分教育模块的题目，且都属于 C 部分大模块中的第 3 个题组，其中 C3021 和 C3022 是分支题目。

3. 量表题目

在问卷设计中会应用一些量表题，量表题的特点是共用选项。量表题下的子分支题编号规则为：题组编号+分支题序号。例如：

M101　QM101"生活描述"　下列语句是对生活的一般描述。请根据你自己的情况进行回答,你的选择没有对错之分。

1. 十分不同意　　2. 不同意　　3. 同意　　4. 十分同意
5. 既不同意也不反对【不读出】　　6. 不知道【不读出】

M1011　QM1011"我有价值"　我觉得我是有价值的人,至少不比别人差。

M1012　QM1012"我有好品质"　我觉得自己有许多好的品质。

M1013　QM1013"我是失败者"　归根结底,我认为自己是一个失败者。

M1014　QM1014"我能把事情做好"　我能像大多数人一样把事情做好。

上面例子中:

M101 表示 M 大模块中的第 1 个题组的第 1 道题。(与 M102 同属一个题组,不是分支题)

M1011 表示 M 大模块中的第 1 个题组的第 1 道题中的第 1 道分支题。(M101 题组下的分支题)

(二) 选项编码

1. 仅有两个选项的题目

由于在键盘上数字键 1 和 2 的位置较为接近,为了防止键盘录入错误,仅有两个选项的编号通常设置为 1、5。例如:

U202　QU202"是否电脑上网"　你是否使用电脑上网?

1. 是　　　　　　5. 否

2. 选项为三项的题目

选项编号设置为 1、3、5。例如:

U2021　QU2021"与不认识的人网聊"　在网上你与不认识的人聊天吗?

1. 常聊　　　3. 不聊　　　5. 偶尔聊

3. 选项超过三项的题目

若是选项超过三项的题目,选项编号按顺序排列,注意排版美观。选项内容较短时,尽可能横向排列。选项内容较多时,纵向排列,各选项位置对齐。例如:

S302　QS302"致贫原因"　您认为致贫主要原因是什么?

1. 缺少劳动力　　2. 自然条件差或灾害　　3. 疾病或损伤原因
4. 下岗、失业　　5. 投资失败

4. 特殊选项编号

特殊选项包括"其他""以上都没有""不适用"等情况，这类选项通常采用与正常选项区别较大的方式编号，例如：

(1) 其他：编号为 77。

U801　QU801"了解渠道"　您了解信息的主要渠道有？

1. 电视　　2. 互联网　　3. 报纸、期刊

4. 广播　　5. 手机短信　77. 其他【请注明】____

(2) 以上都没有：编号为 78。

K801　QK801"参加活动"　你参与过以下哪些活动？

1. 到 KTV 唱歌　　2. 去 Disco 舞厅　　3. 喝酒　　4. 抽烟

5. 去网吧玩游戏　　6. 和同龄朋友/同学一起外出吃饭

78. 以上都没有

(3) 不适用：编号为 79。

A401　QA401"孩子户口"　您孩子现在的户口是以下哪种类型？

1. 农业户口　　3. 非农户口　　5. 没有户口　　79. 不适用

(三) 变量名和变量标签编写

变量名编写的一般规则为"字母+题号"。变量标签是对题干的简短表达，用中文表示，不超过 12 个中文字符，在问卷数据库中用来对变量含义做出说明。变量标签在变量名的后面，用双引号("")标识。每一个变量标签前面都有一个变量名，一道题可能有多个变量标签。

1. 当题目中只有一个变量时

变量名在变量标签的前面，在题号的后面，例如：

A2　QA2"户口状况"　您现在的户口状况是以下哪类？

访员注意：如果受访者是非中国国籍，属于不适用，请录入"79"。

1. 农业户口　　3. 非农户口　　5. 没有户口　　79. 不适用

上面的例子中，QA2 是变量名，"户口状况"就是变量标签。

2. 当题目中有多个变量时

(1) 在选择题的选项中出现"77.其他【请注明】____"时，对于记录的文字信息需要用单独的变量进行存储，在选项 77 的变量标签前面加入针对"77"这个选项的变量名，即"字母+题目编号+SP"。例如：

E303　QE303"是如何认识的"　请问,您与现在的同伴是如何认识的?【单选】【出示卡片】

　　1. 在学校自己认识　　　　2. 在工作场所自己认识
　　3. 在居住地自己认识　　　4. 在其他地方自己认识
　　5. 经亲友介绍认识　　　　6. 经婚介介绍认识
　　7. 父母包办【屏蔽】　　　8. 通过互联网认识的
　　77. 其他【请注明】_____QE303SP "如何认识注明"

在上面的例子中,QE303 和 QE303SP 是变量名,"是如何认识的""如何认识注明"都是变量标签。

(2) 当题目涉及填写年、月、日时,需要分别在年、月、日的变量标签前面加入年、月、日的变量名:"年"为"字母+题目编号+Y","月"为"字母+题目编号+M","日"为"字母+题目编号+D"。变量名在变量标签前面。例如:

　　A101　您的出生日期是:QA101Y "出生日期(年)"_____1874..2014 年 QA101M "出生日期(月)"_____1..12 月 QA101D "出生日期(日)"_____1..31 日

(3) 当填空题中有多个变量标签时,变量名为"字母+题目编号+题内顺序号(通常用英语大写字母表示,如 A,B,C,…)"。变量名在变量标签前面。例如:

　　A201　您现在的户口落在什么地方:QA201A "户口所在省/自治区/直辖市"_____省/自治区/直辖市 QA201B "户口所在市"_____市 QA201C "户口所在区/县"_____区/县

(4) 当遇到选择和填空的综合题目时,题干中的变量名为"字母+题目编号"。选项中的变量名为"字母+题目编号+变量标签的第几个(如 A,B,C,…)"。变量名在变量标签前面。例如:

　　A302　QA302 "现在户口所在地"　您现在的户口落在什么地方?
　　1. 本村/居
　　2. 本乡镇/街道的其他村/居
　　3. 本区/县的其他乡镇/街道
　　4. 本省的其他市、区/县:QA302A "户口所在市"_____市 QA302B "户口所在区/县"_____区/县
　　5. 境内的其他省份:QA302C "户口所在省/自治区/直辖市"_____省/

自治区/直辖市 QA302D"户口所在市" _____ 市 QA302E"户口所在区/县" _____ 区/县

(四) 访员注意的编写

纸质问卷中的题目作答说明和注意事项在电子化问卷中统一为"访员注意",且以蓝色显示,提示访员在访问过程中要注意,对访员的访问起到指导作用。

访员注意的格式如下:

- 访员注意要显示在题干下方,所用字体和颜色应该能够引起访员的注意。
- 访员注意与变量名左端对齐。
- 如有多条访员注意,每条写完后用中文句号结束。第二条需要另起一段,用(1)(2)标注,各条标号对齐。例如:

GA4　QGA4"实习工作行业"　过去 12 个月,"【CAPI】加载您/你"干过的最主要的一份实习/兼职的单位主要是做什么的?(也就是,他们制造什么产品或者从事什么活动?)_____

访员注意:
(1) 记录格式:行业+受访者工作单位制造的产品/从事的活动。
(2) 举例:① 咨询服务业,为政府机构提供法律咨询服务。
　　　　② 教育事业,公办大学。
　　　　③ 制造业,造纸。
　　　　④ 邮电通信业,为客户安装固定电话。
(3) 如果受访者有多份实习/兼职工作,请其自行选择最主要的一份工作。

(五) 逻辑跳转的编写

1. 单选题

在需要跳转的选项之后用红色字体在中文括号内标明跳转。例如:

GB001　QGB001"是否从事农业工作"　过去一年,您家有没有人从事农业方面的工作,包括种地、管理果树、采集农林产品、养鱼、打鱼、养牲畜以及去市场销售农产品等?

1. 有(继续回答 GB004)　　　5. 没有(跳至 GC001)

2. 多选题

对于多选题,在选项后面不标明逻辑跳转,而是在题目后面用 CAPI 标明逻辑跳转。例如：

HA065 QHA065"是否有下列物品" 您家有下列物品吗？【可多选】
【出示卡片】
 1. 汽车 2. 电动自行车 3. 摩托车 4. 电冰箱、冰柜
 5. 洗衣机 6. 电视机 7. 家用电脑 8. 组合音响
 9. 摄像机 10. 照相机 11. 空调 12. 手机
 13. 值钱家具 14. 高档乐器 15. 昂贵的装饰、物品、花瓶
 16. 您拥有的珠宝和贵重金属（如黄金等）
 17. 您拥有的古董、字画及其他艺术品
 77. 其他耐用消费品 78. 以上都没有
【CAPI】
#01 选项"78.以上都没有"与其他选项互斥。
#02 HA065="78.以上都没有"跳至HA066,否则提问HA065_1。

3. 开放题

如果在开放题中出现逻辑跳转,需要用CAPI标明跳转路径。例如：

J101 QJ101"工作职责" 您的具体工作职责？_____
【CAPI】回答完J101,跳至J3。

（六）加载及标注的规则

在问卷设计中,有些题目需要加载其他题目的选项。在追踪调查中,还需要加载前一轮或前几轮调查采集的信息。因此,在题干或者选项上需要做加载设计。

1. 题干中的加载

采用【CAPI】+红色中文双引号说明加载内容。例如：

S701 QS701"值多少钱" 您的"【CAPI】加载S7选项"现在值多少钱？_____1..50 000元

2. 选项整体加载

采用【CAPI】说明加载内容。例如：

RESP1 QRESP1"财务回答人" 您家哪位家庭成员最熟悉并且可以回答过去12个月家庭财务部分的问题？

访员注意:以下问题由最熟悉家庭财务的受访者回答。

【CAPI】加载 FML2014 家庭成员名单。

(七) 值域编写

值域(range)是指给问题答案设置合理的取值区间。例如:

过去一年,您家生产的全部农产品和林产品加起来值多少钱? ＿＿＿＿＿
1..1 000 000 元

上面的例子是对金额进行了限定,即在 1—1 000 000 之外的数值不允许录入。除此之外,还可以对时间、年份、年龄、物品个数进行限定。

(八) 检验编写

在设计电子化问卷时,会针对一些答案设定检验(check),以排除明显不合理的数值或答案,提高数据的准确性。对于可能出现错误的情况,CAPI 检查设定了相应规则,系统可自动进行比对,如果答案取值违反了规则,会弹出提示框,提醒访员跟受访者进行确认。检验分为两种情况:一种是提示性校验即软检查(soft check),这种校验的主要功能是对访员录入答案的合理性进行提醒,访员可以选择修改也可以确认答案并强行通过;另一种是强制性校验即硬检查(hard check),这种检验对于访员答案的不合理性存在强假设,如果访员不对答案进行修改则不允许提交答案。举例如下:

N301　FN301"领取离退休或养老金总额(元)"　过去 12 个月,您家所有家庭成员领取的离/退休金或养老金总共有多少钱? ＿＿＿＿＿
1..10 000 000 元

【CAPI】Soft Check:＜＝50 000"过去 12 个月,您家成员领取的离/退休金或养老金超过 50 000 元吗?"

其中 N301＜＝50 000 是通过条件。"过去 12 个月,您家成员领取的离/退休金或养老金超过 50 000 元吗?"是访员录入的数值超过 50 000 元时,系统自动弹出的对话框内容,以便访员再次进行确认。

(九) 变量数据存储编写

对于需要生成的新变量和由问卷变量得来的中间变量,CAPI 问卷中以【data】标示,对需要生成的变量的变量名和生成条件做出说明。例如:

A101　TA101"背景信息确认"　您刚才提到您家不存在"【CAPI】加载成

员信息"这个人。请您确认一下"【CAPI】加载 fmiwtime_last 调查时"您家是否有除了名字外其他特征都符合的人员？请注意,【CAPI】加载 fmiwtime_last 之后来到您家中的人员不算。

  1. 是   5. 否

【CAPI】A101 = 1,继续回答 A102;否则,跳至下一名 A1 未被选中人员。

A102 TA102"姓名纠正" 他/她的正确姓名是? _____

【CAPI】该题不允许"不知道"或拒绝回答。

【data】按照以下规则生成家庭成员更新列表 FML_updated。

（1）排除 A101 = 5 或"不知道"或拒绝回答的人员。

（2）将 FML 中 A101 = 1 的成员姓名改成 A102。

  上面例子中的 data 是对 FML_updated 变量进行更新存储,并规定了两条更新变量的规则:一是删除受访者明确表示不存在的人员,二是对错误姓名进行更正。

二、电子化问卷测试的内容与方法

  问卷测试的主要目的是优化问卷设计。问卷测试是一项复杂的工作,一般由问卷设计部门组织开展,项目组的各相关部门协同参加。调查模式不同,问卷测试的任务和重点也有所不同。一般而言,若采用的是纸质调查问卷,将主要针对问卷设计、问卷采访用时、排版等内容进行测试。若采用计算机辅助的调查方式,测试的任务则要繁复得多。以下针对计算机辅助调查方式下问卷测试的主要内容、方法和流程进行阐述,并结合 CFPS 和 CMHS 项目问卷测试经验进行详细说明。

  在进行问卷测试时,测试人员应以经过电子化设计的问卷为准,检查编程人员在编程过程中是否准确地采用计算机语言表达了问卷的全部信息。同时,测试员可以对问卷设计提出意见。具体来说,计算机辅助调查方式的问卷测试主要内容及测试方法有以下几种。

  （一）显示测试

  问卷的显示部分主要包括问题题干和选项。在一些调查中,为了方便访员记录答案,在问卷填答的空白处前面还会有对问题题干的简短提示,一般称为"短显示"。在电子化问卷中,设计人员会对短显示的内容进行限定。因而,显示部分的测试主要指计算机系统显示的以上三项内容与纸质问卷的相应部分是否一致。

1. 问题显示测试

问题显示测试主要包括三部分:题干主体、题号和问题的附加说明。

(1) 题干主体。

需要关注的重点包括计算机系统显示的问题是否与问卷一致,有无漏字、错字,标点符号是否相符。此外,问卷设计中有时会采用加粗字体、斜体、加下划线等方式对问题中的重点概念或关键词进行突出显示。在测试中,需要注意突出显示部分在系统中是否完全实现。

(2) 题号。

对于结构化的问卷而言,题号是区分不同题目的标识,问卷中各题的题号应是唯一的。采用计算机辅助的调查中,题号会出现在问卷界面的固定位置,如在 CFPS 问卷系统中,题号被设定在屏幕的左下角,测试时需要检查各题题号是否和问卷一致。

(3) 问题的附加说明。

问题的组成部分除了题号、题干和选项外,还包括对于问题填答的一些说明,如多选题允许选择选项的个数、附加的名词解释、提示访员注意的事项(简称"访员注意")等。在一些访问中,对于一些选项内容较多或较敏感的题目,还会提供受访者手册来辅助访问,问卷设计者应在问卷中对需要出示受访者手册的题目进行标识,编程人员则需在计算机系统中进行展示。测试中需要查看系统中这类题目是否出现查看标识,并核对需要查看的受访者手册页码与问卷的显示是否一致。访员注意在计算机系统中一般都是以不同于问题题干和选项的颜色显示的。如在 CFPS 的问卷中,题干和选项以黑色字体显示,访员注意则以蓝色字体显示。对访员注意的显示测试主要是检查系统与问卷的对应部分内容是否一致。

2. 选项显示测试

问卷中的选项主要分两种:一种是选择题,另一种是填空题。因此,选项的测试相应有两种不同的方法。

(1) 选择题。

主要测试系统中的具体选项与问卷中的数量是否一致,内容是否相同,编号是否统一。

（2）填空题。

主要测试填入数字的取值范围与单位是否与问卷设计的一致。

3. 短显示测试

短显示是对题干的简要提炼。因此，对短显示的测试主要看系统和问卷的短显示顺序是否对应，个数是否一致，有无漏字、错字。特别要注意，如果是包含计量单位的题目，还要看系统与问卷中的计量单位是否一致。

（二）加载测试

在一些复杂的问卷中，一些题目与之前填写的问题答案密切相关。在向受访者提出问题时，需要系统自动加载之前提出的相关问题的答案，并正确地显示在当前问题的题干或选项中。测试时应根据问卷中的加载说明检查应加载的内容是否正确全面，有没有遗漏、重复、冗余或错误的情况。

例如，在采用 Blaise 程序编写的 CFPS 问卷中，加载情况主要分为两种：

1. 内容加载

内容加载是指根据问卷中问题的关联性直接显示之前题目的录入内容。例如：

F301M　　QF301M"孩子上哪级学校"　　孩子正在上哪级学校？

1. 托儿所　　2. 幼儿园　　3. 小学　　4. 初中
5. 高中　　6. 大专　　7. 大学本科

F303　　QF303"哪年开始上"　　孩子是哪年开始上"【CAPI】加载 F301M 选项"的？

在访员进行 F303 题的提问时，应先加载 F301M 的答案，以便访员能够准确读出问题。如果加载不正确，可能出现的错误情况有：

（1）应该显示加载的地方是乱码；

（2）显示内容与之前录入的不符；

（3）应该显示加载的地方是空白。

2. 选择加载

选择加载是指题干给出了两种或两种以上的加载项，根据前面题目的情况显示其中一项或多项。例如：

O3UB　　FO3UB"打工收入区间"　　过去 12 个月，您家帮其他农户做农活或外出打工挣的钱加起来是否高于/低于（2500/5000/10 000/25 000/50 000 元）？

【CAPI】采用逼近法(Unfolding)的方式提问,以 10 000 为起点。起点及以上数额在题干中加载"高于";否则,题干中加载"低于"。

除了上面提到的错误外,还有可能出现的错误情况有:
(1)无选择性显示,把几种加载选项全部显示出来;
(2)显示的加载项不正确。

(三)跳转测试

跳转测试是指检查系统中的跳转路径与问卷中的说明要求是否一致。

1. 问卷中的跳转类型

(1)无跳转说明的选项、题目。

若在题项上没有任何跳转说明,则系统默认为回答完本题后,按照问卷的顺序自动进入下一题。

(2)选项中注明的跳转。

多选题中经常会出现选择不同的选项对应不同的跳转路径。

(3)访员核查点注明的跳转。

根据问卷之前的题目答案决定不同的跳转路径。

2. 对跳转测试的要求

在问卷测试工作中,逻辑跳转是非常重要的测试内容,同时也是最容易出错的部分。为了提高测试的效率,保证测试的准确性和全面性,通常会在测试之前以流程图的方式对问卷中的所有题目跳转路径进行梳理和绘制,以作为跳转测试的指导。跳转测试的具体要求有如下几点:

(1)多选题选项全部覆盖。

多选题往往有两种或两种以上的跳转,测试中需要对这些不同的选择进行逐一测试,并核实跳转结果是否与问卷中的说明要求一致。

(2)长路径原则。

对于有两种或两种以上跳转情况的题目,在测试中要选择长路径以覆盖更多的题目,参见图 4.2。

(3)往返确认。

跳转测试是最为烦琐的测试工作,不仅要看本题的跳转,通常还需要根据之前题目的回答决定跳转。测试时需要往前查看,返回找到发生跳转的相应题目,重新录入所需条件,使其转到之前跳过的题目上进行测试。这样才能保证每一条路径都能走过,每一道题目都能测到。

即使经过复杂的测试流程,也可能因为疏忽或者系统的错误而导致某些题无法测试到。因此,在进行跳转测试时,建议在问卷中将测试过的题目进行标注,以便核对测试中遗漏的问题。

R1 FR1 "除现住房是否还有房产" 除了您家现在的住房以外,您或其他家庭成员是否拥有其他房产?
　1.是(继续回答R101) ➝ 长路径
　5.否(跳至R5) ➝ 短路径
R101 FR101 "除现住房还有几处房产(处)" 还有几处其他的房产?
　___1..10处
【CAPI】 R101不允许"不知道"或拒绝回答。
R2 FR2 "其他房产市价(万元)" 除了您现在的住房外,您家所有其他房产当前市场总价加起来是多少万元?___0.01..20,000.00万
访员注意:以万元为计量单位,保留两位小数。
R2UB FR2UB "其他房产当前市价区间" 您家所有其他房产当前的市场总价是否高于/低于(2.5/5/10/25/50)万元?
【CAPI】采用Unfolding的方式提问,以10万元为起点。起点以上数额题干中加载"高于",否则,题干中加载"低于"。
R5 FR5 "是否有住房出租" 过去12个月,您所有的房子(包括正在住的)是否有部分有偿用来出租?
　1. 是　5.否

图 4.2　CFPS 家庭经济问卷

(四)校验测试

校验测试是检查在系统中填入某些答案后是否能够按照问卷设定的规则跳出说明或直接通过。

1. 值域

值域是指题目可录入的数值范围,测试时需注意测试两端极值。

例如,PR2 题录入范围是[(PR2>=1)AND(PR2<=120)],测试时应分别测试 0、121、0—121 之间任意值。

2. 不回答的快捷操作

一般调查中,问卷里大部分问题都允许受访者选择"不知道"或拒绝回

答,在系统中会有相应的快捷操作来标识受访者的选择,但有个别题目明确不允许采用此类快捷操作。如在 CFPS 的访问系统中,对于"不知道"可以采用同时按下 Ctrl 和 D 键的方式记录下"?"。"拒绝回答"则可以采用同时按下 Ctrl 和 R 键的方式记录下"!"。在一些题目上,比如受访者年龄,若问卷明确表示不能做不回答操作,在测试时则需要尝试同时按下 Ctrl 和 D 键或 R 键看是否能够通过,能够通过则表示未做校验,不能通过则表示校验正确。

3. 软检查和硬检查

软检查和硬检查测试是指,若在系统中录入的答案不符合通过条件,系统应跳出提示窗口,提醒受访者修改相关题目的答案,以保持逻辑的一致。出现"soft check"表示允许确认填答无误后强制提交答案进入下一题;出现"hard check"则表示初次提供的答案明显不符合逻辑,无法强制提交答案,必须返回修改才能进入下一题。对于这项内容的测试方法为:

(1) 录入不正确的条件。

查看是否出现提示框,是否能够强制提交答案,显示的提示语是否正确。

(2) 录入正确的条件。

查看是否允许通过。

4. 单选题、多选题和限选题

(1) 单选题的通过条件是,选择一个且仅选择一个选项时允许通过。测试时应注意如果多选,是否不允许通过。

(2) 多选题的通过条件是,选择两个及以上选项时允许通过。测试时需注意如果选择多个选项,是否允许通过。

(3) 限选题的通过条件是,选择少于或等于规定个数的选项时才能通过。测试时需注意如果选择规定个数之外的选项数,是否不允许通过。

(五) 问卷设计

在问卷测试阶段,测试人员除按照问卷进行测试外,还可能会对问卷内容提出意见和建议,如问卷结构、问题提问方式和措辞、题目选项的全面性和互斥性、值域和校验值的设定以及问卷时长等。在测试时,测试人员对问卷设计提出问题的同时,应提出修改建议供问卷设计者参考。问卷测试的组织者应把测试人员对问卷设计的意见和建议进行汇总,并给出修改说明。

三、问卷测试的流程

（一）测试人员分工与职责

测试队伍的规模根据问卷的长度和复杂程度而定，与项目的执行计划也有关系。如果测试时间短且问卷复杂，需要组织较多的人员参与问卷测试工作。反之，则不必占用过多人力，进行小规模的测试即可。

测试人员分为以下三类。

1. 协调人

一般项目可由一人担任总协调人，如项目较大，也可考虑由两人担任协调人。其主要工作内容与职责是：

（1）组织开发测试所需的各类工作文档，制订测试方案；

（2）编写测试大纲；

（3）组织、协调问卷测试；

（4）汇总测试问题，制订解决方案。

2. 小组组长

根据项目大小、问卷长短、项目参与人员多少确定分组情况，每组设一名组长，每组4—6人。组长直接对协调人负责，其主要工作内容与职责为：

（1）进行预测试；

（2）在测试大纲的基础上，组织开发测试案例；

（3）如有专门的测试工具，在测试工具中加载测试数据、分配测试样本；

（4）督促各组员的测试进度，解答组员关于测试的疑问；

（5）审阅、编辑本组成员提交的测试问题。

3. 组员

组员需要服从组长的工作安排，在规定的时间内，完成分配案例的测试工作，提交测试问题。

（二）问卷测试流程

问卷的繁复程度决定问卷测试的工作量。若问卷较简单，进行1—2轮测试即可；若问卷较复杂，则需要进行多轮反复测试，以保证问卷在实际投入使用之前尽可能完善。对于较复杂的问卷，可以开发问卷测试系统，实现测试问题备注分题导出、多人在线测试以及测试问题备注共享等功能,这对于提高测试效率发挥着重要的作用。具体测试流程如图4.3。

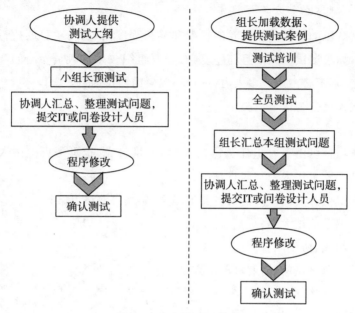

图 4.3　问卷测试流程图

为更好地实现测试目标,在进行问卷测试之前,需要制订详细、可操作的测试方案,编写测试案例,供测试人员使用。在开发测试案例前,需要根据项目的要求及问卷设计目的和内容编写测试大纲,由小组长按照测试大纲进行第一轮问卷测试。第一轮小组长测试之后,结合测试中的问题调整测试大纲,编写多套各有侧重点的测试案例。测试案例是对测试大纲的具体化,作为全员测试时测试人员的指导文件。在测试案例中,需要明确测试目标、测试重点,在此基础上编写模拟真实情况的案例,使测试人员在尽可能真实的案例中进行测试。

除了模拟情景下的问卷测试,还可以专门组织人员对受访者进行真实的访问,评估问卷的适用性,并记录受访者对问卷的反馈。除此之外,预调查也是进行问卷测试的良好时机。总之,在问卷正式投入使用之前,都可以不断修改和完善,以保证在实际访问中的访问工具最优化。

四、访问管理系统测试

访问管理系统指访员在实地访问时，装载在计算机中用于访问的系统。根据访问模式的不同，访问管理系统也有差异，一般有 CAPI 访问管理系统、CATI 访问管理系统和 CAWI 访问管理系统。

（一）访问管理系统测试的目的

访问管理系统测试的目的在于保证系统在正式调查时的稳定与正常运行，访员可以用之顺利收集数据。测试时，需要参照系统的设计方案，逐条检验是否实现了所有功能。

（二）访问管理系统测试的内容

访问管理系统的测试需要密切结合系统的设计方案来进行，逐条测试系统的所有功能是否均已实现。一般包括：

（1）系统是否能够顺利打开并进入；

（2）系统各模块的各种功能是否按设计要求实现，各模块的衔接是否顺畅；

（3）系统是否能够保证各类型问卷顺利生成；

（4）系统是否稳定。

（三）访问管理系统测试的组织与安排

访问管理系统的测试一般由技术组组织开展，执行组负责配合进行，必要时其他部门同时参与。测试使用访员实际访问时的硬件设备，以保证在最接近真实使用环境的前提下开展测试。

测试前，负责组织测试的技术组应设计好测试方案，明确测试的目的和任务、测试内容和重点、人员和进度安排以及测试结果的反馈方式。访问管理系统的测试任务一般较多，可以按照测试内容对测试人员进行划分，以免测试力量过于分散。测试开始后，技术组负责统筹测试进展情况并对测试发现的问题及时进行修正。测试结束后，技术组需要对所有问题的处理情况进行汇总并报告项目负责人和测试参与人员及其他相关人员，同时对测试工作进行总结，使项目组对访问管理系统的设计和测试有全面的了解。

五、样本管理系统测试

（一）样本管理系统测试的目的

样本管理系统是指用于发放样本、调配样本并对样本状态进行管理的在线支持系统。样本管理系统测试的目的在于评估该系统是否能够满足样本管理的需求。

（二）样本管理系统测试的内容

样本管理系统测试一般包括以下内容：

（1）样本发放功能：是否能够根据项目的需求，将样本以预定的方式发放给指定的访员。

（2）样本调配功能：是否能够根据项目的需求，将特定样本调配至指定访员。

（3）样本状态管理功能：是否能够根据项目的需求，更改样本的状态，解决执行中可能出现的样本状态问题。

（4）其他基于项目设计和工作需求而设计的功能：是否能够满足使用者的需求。在以往项目中未出现过的为新项目而设计的功能，应该是这部分测试的重点。

（三）样本管理系统测试的组织与安排

样本管理系统的测试也应由系统设计部门组织开展，执行组负责配合进行。测试开始前，技术组应设计好测试方案。方案中需明确测试的目的和任务、测试内容和重点、人员和进度安排以及测试结果的反馈方式。测试开始后，技术组和执行组需要保持密切沟通，执行组需要对发现的问题按规定格式进行记录并汇总提交给技术组，技术组逐一进行确认和解决，最终保证设计方案中所有功能的实现。测试结束后，技术组需要对测试工作进行总结，将测试的结果以报告的方式发送至参与测试的人员和项目负责人，使项目组对样本管理系统的设计和测试有全面的了解和把握。

六、核查系统测试

（一）核查系统测试的目的

核查系统是用于进行样本质量管理的系统。核查系统测试的目的在于确保系统具备支持质量管理部门开展各类核查工作的功能,能够满足执行部门对访问数据质量和访员行为规范进行管理的需求。

(二)核查系统测试的内容

核查系统测试一般包括以下内容:

(1)质量管理部门使用功能:是否能够按核查方案设计提取各类核查方式的待核查数据、提取的数据是否准确、数据提取是否及时,是否能够准确判定核查结果并进行展示,是否能根据审核结果和执行督导反馈对核查结果进行修订。

(2)执行部门使用功能:是否能够准确展示样本核查的结果。比如,各样本各种方式核查的过程与结果展示是否准确、核查数据的展示是否完整、核查反馈界面是否简便易用等。

(三)核查系统测试的组织与安排

核查系统的测试也应由系统设计部门负责组织,质量督导部门和执行部门配合进行。具体组织和工作安排要求参照访问管理系统和样本管理系统测试部分。

七、报告系统测试

(一)报告系统测试的目的

报告系统是在调查过程中全面展示调查进度的在线系统,这一系统的设计涉及大量调查数据的汇总和分析,一般由数据部门负责开发和设计。报告系统测试的目的在于评估系统是否能够满足不同身份的人员掌握项目进展情况的需求。

(二)报告系统测试的内容

报告系统测试一般包括以下内容:

(1)项目组内不同类型人员了解项目进度的需求不同,在系统中是否能够根据人员类型区分查看数据的权限。

(2)数据汇总的分类情况是否按照设计方案进行,如是否能够展示各省/自治区/直辖市、市、区/县、村/居各类问卷累计完成情况和应答率、各类问卷每日完成情况、访员的每日/累计完成情况和应答率等。

(3)完成状态存在问题的样本是否能准确展示,如结果代码显示已经完成但缺乏完整问卷数据的样本、结果代码为非最终状态但有完整问卷数据的样本以及一个编号对应多个问卷的样本等。

(4) 各类数据汇总表是否能够导出,数据的更新是否及时,数据的分布是否准确等。

(三) 报告系统测试的组织与安排

报告系统的测试一般由数据部门组织开展,项目组所有需要使用报告系统的人员都应配合参与测试。具体组织和工作安排要求参照访问管理系统和样本管理系统测试部分。

调查相关系统的测试是采用计算机辅助调查方式的项目在筹备阶段必不可少的工作。除了上述常规的系统测试外,对系统的稳定性、安全性进行测试和评估,也是系统测试工作的重要内容。技术部门作为各系统开发与设计的主要负责部门,应注意在系统的开发过程中满足各系统用户需求的同时,保证各种调查数据的安全。系统测试并不仅限于系统设计阶段,预调查阶段在真实的执行环境下,可利用真实数据对各种系统再次进行全面测试,进一步完善各个系统的功能。

第三节 联系信息采集设计

联系信息是指访员在调查访问过程中采集的与受访者联系的全部过程和结果,包括联系方式、联系时间、联系结果和联系情况观察。联系信息的主要作用体现在两个方面:一是访问管理。调查管理者通过联系信息了解每个样本的联系状态,对于样本的处理采取恰当措施。二是调查方法研究。通过采集样本从接触到完成访问的联系过程数据,结合问卷数据和质量管理数据,能够对样本流失风险、访员访问行为以及访问时机判断等进行综合研究,为调查方法改进和调查项目方案设计提供支撑。

鉴于联系信息对访问管理和调查方法研究的重要性,无论是纸笔调查还是计算机辅助调查,都会在问卷之外进行联系信息采集问卷/模块的设计与开发。与纸笔调查相比,计算机辅助调查能够突破纸质问卷的版面限制,更全面地记录每次联系的详细过程和结果。此外,通过联系信息实时上传,能够实现调查管理策略的及时调整。本节将以计算机辅助调查为例,详细介绍联系信息采集设计的相关内容。

一、设计目的

联系结果代码设计的目的主要有两个方面:一是信息的记录与传递,二是建立访员行为数据库。

(一)信息的记录与传递

在大型调查项目中,每个访员平均会负责几十个至上百个样本的访问工作。为了清楚地了解每个样本的状态,需要详细记录样本的联系情况,并设计规范化的代码及清晰的定义来进行状态识别。同时,调查机构内部及调查机构与项目委托方之间需要就联系代码达成共识,以便样本在各组之间流转时,每个组的工作人员都能够明晰每个结果代码的状态及含义。

1. 状态记录

记录每个样本/电话的状态,便于执行督导及时了解情况并给出指导建议。以一个电访联系信息采集系统为例,样本 A 在 2018 年 3 月 14 日 13∶26 因受访者年纪大无法交流而停止访问(代码 3005),在访问管理系统上的操作与展示如图 4.4。可以看出,通过联系记录界面,访员能够看到并填写这一样本的如下信息:第几次联系、联系方式、电话号码、电话类型、联系时间(具体到年/月/日/时/分)、联系代码(下拉菜单选择)。

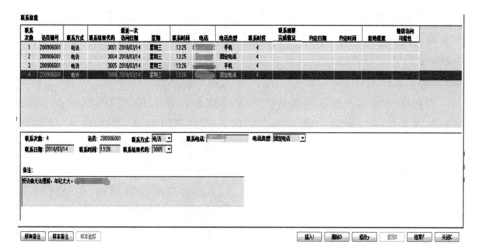

图 4.4 电话访问联系信息采集系统界面

相对于电访,面访的联系信息要更加详尽。以一个面访联系信息采集系统为例,样本 B 在 2013 年 6 月 13 日 17:30 第一次拒访(代码 3100),在访问管理系统上的操作与展示如图 4.5。相较于电访,面访在遇到拒访情况时,还可以记录拒访人的身份、性别、年龄、拒访程度、拒访环境等信息,具体记录内容可以视项目需求而定。

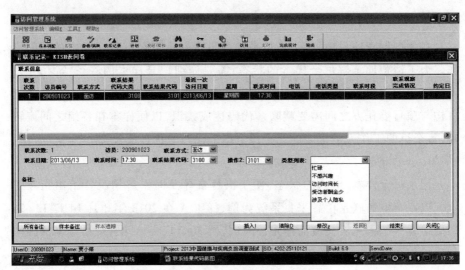

图 4.5　面访联系信息采集系统界面

2. 进度记录

联系结果是调查机构了解访员访问工作进展的重要途径。不同于纸笔问卷调查中只能通过手工统计方式了解访问进展的管理模式,在 CAI 模式下,执行督导可以通过调查支持系统(见图 4.6)实时查询访员对应样本的状态,了解实地执行进展,明确某一地区所处的执行阶段。

调查支持系统按照联系结果代码设计规则计算出每个样本的状态,以便执行管理人员随时查询。样本状态的展示信息可以包括:样本编号、受访者姓名、问卷类型、访员姓名、访员编号、联系结果代码、联系日期和时间、村/居名称等。根据执行管理的需求,调查支持系统还能够进行专项计算和展示,比如六次联系不上的样本查询展示、三次拒访的样本查询展示、因技术故障中断的样本展示以及进入完成状态的全部样本查询。通过专项展示,执行管理人员能够及时发现某些地区的访问困难情况,比如农忙期间白天的联系状态大都是联系不上,或者某高档小区存在集中拒访的问题等。根据联系信息的分析可以及时采取相应措施,如对农忙期的受访者可以采取晚间访问的策略或者跟受访者约好到田间地头进行访问。对于集中拒访的小区需要由调查机构联系村/居委会或者上级组织进行沟通和协调,尽力获得基层组织的配合,打消受访者的疑虑。

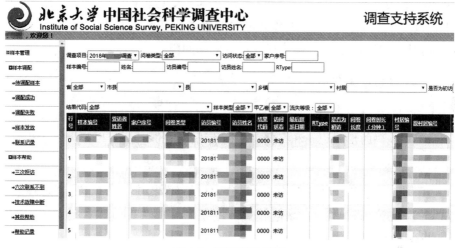

图 4.6 调查支持系统

3. 信息传递

每个样本的生命历程以执行督导将其从样本库中发出为起点,访员在接收到样本后开始联系受访者,记录联系结果后上传回中心数据库,再分别由质量管理组、数据组和项目组进行质量核查和数据清理,直至最终进入数据库。样本在各组之间的流转,都是以结果代码为标识,不同联系状态的样本的核查规则、冗余样本的清理以及样本所对应问卷的确认也都是以结果代码为依据的。

(二)建立访员行为数据库

CAI 模式调查中,与联系信息同步收集的还有访员的行为数据,如与受访者接触的日期和时间、每次接触的结果、接触时采用面访还是电访、访问的整体时长与单题时长等。对访员行为数据进行分析,有助于形成一套有效辅助执行工作的访问规则,提高执行的效率和应答率。例如在 CMHS 项目中,通过分析预调查的访员联系信息和行为数据得出的结论是,访员每天完成问卷在 4 份以上,质量会显著下降。因此在正式调查中,要求访员每天完访的问卷份数上限为 4 份。再例如,通过联系信息数据分析,发现访问成功率最高的时段是晚间和周末,结合地区变量和家户基本情况变量,还可以进一步分析出每种类型社区和每种类型家庭的最佳访问时段。此外,联系信息采集系统的设计还可以限制访员每种类型联系结果的时段,限制访员在短时间内多次接触同一受访者,避免无效联系和对受访者的过分打扰。比如,要求访员对于联系不上的受访者分不同时段进行联系,如白天、晚上、平时与周末,且每两次联系之间需要有一定的时间间隔。

二、联系结果代码类型

为了方便调查机构内部各部门对样本联系状态的识别和操作,每种联系结果都以代码的形式记录和存储。根据代码类型的不同,可以分为以下几种。

(一) 样本状态代码

联系结果代码按状态划分,通常分为初始代码、未完成代码、转型代码、最终代码和完成代码。

1. 初始代码

初始代码表示访员尚未开始联系,且没有进行过任何操作的样本。执行督导通过支持系统发给访员的样本通常是初始状态,一般设计其代码为 0000。

2. 未完成代码

未完成代码表示还处于联系的过程中。常见的是联系不上、需要再次联系、拒访、受访者原因无法访问、受访者外出、拆迁/搬迁(仅适用于面访)、访员原因无法完成访问等几类。

每一类代码均可以根据项目需要再设定下一级代码,如拒访可以按拒访人员类别进行分类,可以采集拒访原因;受访者外出可以按外出原因进行分类;受访者原因无法访问可以根据身体原因还是事务原因进行分类等;拆迁/搬迁代码插入后可以设计采集新的联系地址和联系方式等。细致的下级代码分类设计有助于执行督导安排访员的执行工作,也能够采集有效的并行数据以便对访员的访问行为进行分析。但是从访员的操作层面上来说,如果采集信息设计过于复杂,访员在现场访问中要花费大量时间进行代码插入操作,会影响到实际采集效果。因此,在进行代码设计时,在充分考虑项目需求的情况下,需要在联系信息采集的复杂性和执行可行性之间做权衡。

3. 转型代码

在混合模式的调查项目中,需要设计样本在不同调查模式之间流转的转型代码,如从面访转为电访或网访,或者由电访转换为面访或网访等。这种代码的设计对于混合模式调查非常重要,需要实现从转型代码追溯到每条样本信息所经历的所有访问形式的功能,能够准确统计每种访问形式所完成的问卷量和各种指标的计算,如接触率、应答率、拒访率等,并能够对数据清理阶段确定样本状态起到关键性的识别作用。

转型代码可以通过编程内置于问卷中,通过程序条件设定,进行访问形式的转换。需要注意的是,为保证问卷、转型代码和系统功能之间流畅的连接,需要进行多轮测试,确保所有转型代码准确实现相应访问模式的转换。

4. 最终代码

最终代码表示样本满足了联系要求,确定已经无法访问。比如根据 CFPS 的访问规则,每个样本要在不同时段联系六次,无法成功之后才可以插入最终代码。系统能够自动计算联系不上的次数和时间,符合要求后才能够成功插入最终联系不上的结果代码。根据此结果代码,可以确定样本的最终状态。未插入最终状态代码的样本,还需要督导继续督促访员进行联系和访问。

在追踪调查中,还有两类样本需要特别注意区分:一是在本轮调查执行中无法完成的样本,如联系不上、拒访、受访者重病住院等,但是在今后的调查中仍会尝试;二是由于受访者死亡无法完成的样本,在今后的访问中将从样本库中剔除,不再尝试联系。

5. 完成代码

表示样本已经是完成状态,将进入完访数据库,一般设计其代码为 1001。如果某些问卷要求不同人群回答不同模块,可以根据不同人群设计不同的完成代码,比如 CFPS 对于 10 岁以下少儿仅要求父母完成代答模块,对于这类部分完成的问卷可以设计完成代码为 1005;而 10 岁及以上的少儿除了父母代答问卷外,还需要完成个人自答模块,对于这类两部分都完成的问卷可以设计完成代码为 1001。通过不同的完成结果代码,相关人员能够较为快捷地了解每类问卷的完成情况。

(二) 系统自动生成代码与可选代码

系统自动生成的代码相较于可选代码而言,在规则上更加严格,避免了访员的主观判断，有利于控制代码插入次数，也有效地解决了漏填问题。

在常见的设计中，条件比较单一的样本初始代码和完成代码是自动生成的，过程代码则是可选代码，而最终代码是否设计为根据过程代码选择次数自动生成，需要考量的主要因素是项目的执行期时长、访员的人数和每个类别代码的规定次数等。考虑到自动生成和可选代码的不同使用情境，在应用中应根据实际需要进行选择与搭配。

（三）过程代码与最终代码

过程代码与大部分的最终代码应该是一一对应的关系，表示某种情况在经历一定次数后，确实无法访问，选择最终代码结束样本的访问。例如对于拒访通常会规定需要尝试三次才可以停止联系，过程代码设计为4100系列，最终代码为4900系列，规则要求访员选择三次4100系列过程代码后才允许选择4900系列最终代码结束样本的访问尝试（见表4.1）。但是在访问管理系统层面的设计上，为了避免在遭遇极其严重的拒访时出现系统难以处理的情况，在选择一次4100系列后，系统允许选择4900系列结束样本的操作。

表 4.1 过程代码和最终代码

第二类：访员可选的代码

访问类型	适用问卷类型	代码	操作1	代码	操作2
面访	所有问卷	4100	拒访	4101	受访者本人拒绝
面访	所有问卷	4100		4102	家庭成员干扰
面访	所有问卷	4100		4103	村居不配合
面访	所有问卷	4100		4104	其他

第三类：访员可选的终极代码【样本进入待调配】

访问类型	适用问卷类型	代码	操作1	代码	操作2
面访	所有问卷	4900	最终：拒访	4901	受访者本人拒绝
				4902	家庭成员干扰
				4903	村居不配合
				4904	其他

三、面访联系结果代码

通常情况下,面访联系结果代码的设计以样本为单位。在设计前需要与项目组进行充分的讨论,明确具体需求,比如是否为追踪调查、追踪的对象(个人、家户还是社区等)、联系结果代码的具体作用以及次数要求等,以此来确定代码的细化程度和样本流向。

另外,应该充分发挥面访访员亲临现场的特点,设计较为详细的问题对人或事物进行深入观察和记录。无论是在企业类调查还是家户类调查中,面访都是对末端抽样框的实地检查,在联系信息采集中可以一并排查空宅、错误地址、非住宅/非企业等不符合调查资格的情况(见表4.2),也可以对拆迁/搬迁的家户和企业进行标注。在接触到受访者后,即使没有成功完成访问,也可以采集如受访者性别、衣着整洁程度和拒访程度等信息。在遭到受访者的拒绝后,访员除了在系统中填写正确的代码外,还可以对拒访程度和拒访原因进行选择。

表 4.2 不符合调查资格的代码

6002	错误地址	
7002	非住宅	1. 商用住宅
		2. 非传统住宅(工棚、宿舍、监狱等)
7003	空置房屋	1. 尚未入住
		2. 待出租
		3. 全家外出务工
		4. 废弃/闲置

四、电访联系结果代码

电访的联系结果代码在设计上更加复杂,尤其是对于有多个电话号码的样本,既需要对每一个电话号码的情况进行标记,也需要对样本的情况进行综合性描述。

(一)电话联系代码

电话联系代码用于对每一个电话号码的实际联系过程和结果进行记录。

根据电话号码拨打的结果，代码可以分为两大类：一类是电话未接通类代码，包括无人接听、占线、关机、停机、空号、拒接等；第二类是电话接通类代码，包括开始访问、约定时间、错号、拒访、获得新的电话号码以及方言问题暂时无法访问等。对于不同的联系结果，应设计不同的联系次数要求，比如，如果拨打结果是错号、空号，则不需要进行第二次联系，直接进入最终状态。对于占线、关机、不在服务区的电话号码则需要保留，更换时间再次进行联系。

（二）样本层面代码

对于只有一个电话号码的样本而言，电话号码的拨打结果就是这一样本的最终状态，而对于有多个电话号码的样本而言，需要综合电话拨打的情况并结合项目要求，给出一个代表样本整体状态的最终结果代码。在存在多个电话号码且各号码有不同的联系结果的情况下，需要根据规则制定优先级：(1)某一类代码优先达到限定次数，以此作为样本的结果代码。(2)人为制定的某一优先级规则。如代码 A 为一级（规定联系次数为一次），B 为二级（规定联系次数为三次），C 为三级（规定联系次数为六次）。假设样本有两个联系电话，当电话 1 的联系结果代码中仅有 B 与 C 时，且 C 达到了联系六次的要求，电话 1 的结果代码是 C，因为电话 2 尚未联系，所以样本的联系结果代码是"继续联系"；当电话 2 的联系结果代码中 A、B、C 同时存在时，代码 A 必然是优先达到联系次数的代码，因此电话 2 结果代码是 A；综合电话 1 的结果 C 与电话 2 的结果 A，样本的最终结果代码应该为 A。

无论规则如何，都建议由系统按优先级顺序自动生成样本的最终结果代码，避免人为判断而引发的失误。

第四节 末端抽样框构建

在抽样调查中，抽样设计和末端抽样框构建设计方法的科学性直接影响到抽样的代表性。目前，大量的社会调查方法出版物中对前端抽样设计方法都进行了系统的论述，但在末端抽样部分通常缺乏较为详细的介绍。本节以全国大型抽样家户调查的末端抽样实践经验为基础，全面介绍末端抽样框构建的方法。

一、抽样方法

传统的末端抽样方法主要有两种:一是利用村/居委会的户籍资料进行抽样。在我国目前人口流动性大、人户分离状况严重的情况下,如果仅利用村/居委会的户籍花名册进行抽样,势必会遗漏掉很大一部分住户的信息,也无法保证抽样框的完整性和末端抽样的有效性,会产生较大的抽样误差。二是利用村/居委会的住户门牌号码进行抽样。这种方法在建设规整的城市新住宅区能够构建较为准确的样本地址框,但在老旧小区、城乡接合部和大部分农村社区,由于缺乏完善的门牌号码系统,在抽样框构建中会遗漏大量的住址,也会产生抽样框覆盖不足的相关偏差。

为避免传统末端抽样框制作方法的弊端,目前在大型社会调查尤其是学术调查中通常会使用地图地址法构建末端抽样框。地图地址法是指通过绘制样本村/居的地图,确定每一个住址的地图信息和住户信息,以此来构建末端抽样框的方法。采用地图地址法构建末端抽样框,能够通过实地绘图过程,绘制出村居所有建筑物,并通过进一步的核查措施,排除非住户信息和特殊地址信息,最终形成住址和住户信息相结合的抽样框,大幅提高抽样的精度。①

二、调查地图绘制技术要点

以地图地址法构建末端抽样框通常包含两阶段工作:地图绘制和列表制作。本部分重点介绍调查地图绘制的技术要点。②

(一)绘图内容

(1)边界:标识村/居委会单位的边界线。

(2)地图方位标识:按照实地绘图中上北、下南、左西、右东的规则在图纸左上角空白处标识地图方位。

(3)交通:标识铁路、道路、桥梁,注明主要道路名称。

(4)水系:标识河流、溪流、渠道、湖泊、水库、池塘等。

---

① 丁华等编著:《地图地址抽样框制作手册》,北京大学出版社2011年版,第25—26页。

② 丁华:《中国家庭动态跟踪调查:2010年基线调查末端抽样框制作》,http://www.isss.pku.edu.cn/cfps/docs/20180927132959246462.pdf,访问日期:2018年10月2日。

（5）建筑物：标识所有建筑物的类型（楼房、平房、四合院、大杂院等）及位置，住宅与非住宅建筑用不同标志标识。

（6）地理标识：如机关、学校、商业网点、中心公园、绿化带、农田、山地以及标志性建筑，必须在图上标识。

（7）住宅数和住户数：标明多住宅建筑物内的住宅数和住户数。

（8）绘图信息：地图名称，地图所属省/自治区/直辖市、市、区/县、街道/乡镇、村/居信息，绘图日期，绘图人员签字，审核日期，审核人员签字等。

（9）备注：在绘图图框外的右侧边设有备注栏，对于无法用绘图方法绘制的，或者已经在图中绘出但仍需特殊说明的情况，在备注栏中做简练的描述。

（二）建筑物绘制规则

村/居中的所有建筑都要求进行绘制，包括空宅、在建住宅、正在拆迁住宅、商用店面、办公楼等，所有建筑物的绘制都要体现其原有的形状和朝向，具体绘制方法如下：

1. 普通住宅建筑物绘制规则

（1）楼房必须整栋绘制，如果楼房形状不规则，绘图需要体现楼房的真实形状。

（2）平房、平房院、独立小楼、四合院、大杂院、城区的自建房和平房区的空宅、窑洞等以长方形格绘制。独门独户的平房、平房院、独立小楼，在长方形格内填写其编号。如果几个独门独户的平房、平房院、独立小楼紧挨，可用连续的长方形条格表示。如果住宅之间有道路、池塘、农田、商业店面、办公房、正在拆迁房、未竣工房等相隔，则不可连续绘制。由多户组成的四合院、大杂院、小楼，在长方形格内填写其编号、住宅数和住户数统计。

（3）如果建筑物既为商用，又有人在内居住，算作商住两用住宅，楼房中的商住两用住宅无须在绘图中体现，但需在住户列表清单的备注中进行说明。

2. 非住宅建筑物和非传统住宅建筑物绘制规则

（1）非住宅建筑物（如办公地点、商业店面、生产车间、学校等）、未竣工住宅建筑物、已竣工尚未入住的建筑物、正在拆迁的住宅建筑物、即将拆迁的住宅建筑物在图上用椭圆形表示，并在椭圆形内标识建筑物类型（如办公场所、已拆迁、待拆迁、未竣工等）。

(2) 非传统住宅建筑物在地图上用椭圆形表示,并在椭圆形内标识建筑物类型。非传统性住宅包括:工棚/工厂和农场等集体宿舍、学生宿舍、医院病房区、旅馆、军营、福利院、养老院、寺庙、监狱、帐篷和船屋等。

(三) 建筑物编号规则

(1) 有明确楼房编号或门牌号码的住宅建筑物必须采用原有编号。住宅建筑物的编号应写在代表该栋建筑物的长方形格子内。

(2) 如果村/居内同一个住宅建筑物有两个及以上编号或门牌号码,则需询问村/居干部,确定当前使用的一套编号,并在图纸右侧的备注栏里进行说明。

(3) 无明确楼房编号或门牌号码的住宅建筑物按照从西到东、从北到南的顺序由绘图员进行编号。楼房、平房、大杂院、四合院、商住两用建筑,每栋编一个号。

(4) 如果村/居内部分建筑有楼房编号和门牌号码,部分建筑没有编号,则整体编号规则为:以现有楼房编号或门牌号码为基础进行补充,不需要全部重新编号。

(5) 既有楼房也有平房的村/居住宅建筑物编号规则如下:

① 如果楼房和平房有连续的楼房编号或门牌号码,或者各自有独立的不连续的楼房编号和门牌号码,都采用原有编号,并在住户列表清单备注中说明。

② 如果楼房区有编号,而平房区没有编号,且楼房区和平房区呈各自成片聚集状态,则楼房区采用原有编号,平房区以西北角为起点,按照从西到东、从北到南的顺序独立编号,编号不与楼房区连续。

③ 若楼房散落于平房区内或平房散落于楼房区内,且都没有编号,则按照行走路线规则进行统一连续编号。如果平房区有门牌号码,楼房没有编号,则采取楼房跟前一个平房附属的规则进行编号。反之亦然。

CFPS 村居抽样绘图实例请扫本页二维码获得。

CFPS 村居绘图实例

(四) 电子绘图

2011 年 CHARLS 开发了 CHARLS-GIS 电子绘图系统,进一步提高了调查地图的绘制质量。与传统纸笔绘图相比,电子绘图能够在以下几个方面提高绘图准确率：

（1）电子绘图采用连接 GPS 采集设备的笔记本电脑或平板电脑采集村/居的边界 GPS 信息，对于村/居边界的界定会更加准确。

（2）通过边界 GPS 信息可以获得村/居建筑物底图，在底图上能够清晰地看到每个建筑物的轮廓，从而保证访员无遗漏地对所有建筑物进行绘制。

（3）电子绘图能够采集每个建筑物和抽样单元的照片信息，方便与访问过程中采集的信息进行比对核查，提高质量管理的准确度。

（4）电子绘图软件能够实现在绘制建筑物的同时进行电子列表制作，提高列表准确性，也能减轻绘图员记录和整理住址信息的负担，提高列表的完整性和准确性。

（5）电子绘图软件能够将抽中的住址单元在地图上进行展示，方便访员准确寻找样本地址，减少找错访问地址的可能性。

三、住户列表制作技术要点

住户列表清单需要对住宅建筑物和住户的详细信息进行整理和记录，具体内容包括：省/自治区/直辖市、市、区/县、街道/乡镇信息，村/居名，小村/社/组/队/小居和路名，住宅地址，地图编号，户主姓名，住宅状态，一宅多户/一户多宅和备注。住户列表清单需要整理成电子版的 Excel 格式，具体内容如下：

（1）小村/社/组/队/小居和路名：如果一个村/居由多个边界分明的自然村/社/村民小组/大队/居委会组成，需要在这一栏写明建筑物所属的村/社/村民小组/大队/居委会名称。如果住宅建筑物编号包括路名，需要在这一栏标明道路的名称。

（2）住宅地址：要写到门牌号，如某某小区 1 号楼二单元 101。

（3）地图编号：在地图中标识的建筑物编号，需要跟地图中的编号一一对应。

（4）户主姓名：户主姓名要求跟住宅建筑物编号和住宅地址内的住户一一对应。住户户籍在本村/居的按照户口本的户主姓名填写；户籍不在本村/居的，按照实际居住的户主姓名填写。

（5）住宅状态：区分不同的住宅状态，如正常住户、空户、商用、商住、非住宅和详细标注的其他情况。

（6）一宅多户/一户多宅：对于一宅多户情况，需要完成拆分工作（有几个分立户，就要拆成几条记录），并要在备注栏中注明"一宅多少户"；对于一户多宅情况，需在备注栏中分别标清"户主自住""户主××，由××租住"或"空宅"等情况。

（7）备注主要说明以下各种情况：空户、商用户等经常无人居住的户、一户多宅、一宅多户；简易楼、商品楼、商住两用楼、大杂院、四合院、自建房等建筑物的特征；楼房的楼层数；编号采用原有编号或自行编号。

四、大社区分割方案

为了降低绘图难度，在不影响抽样质量的前提下，对规模较大、人口较多的样本村/居可以进行拆分和分割，具体拆分对象和规则如下：

（1）大社区定义：一般情况下，大社区是指常住人口超过 10 000 人的村/居委会。

（2）考虑到抽样的可操作性，对人口在 10 000 人或以上的村/居进行拆分，从拆分好的片区中随机选取一块或几块作为村/居的代表，拆分后抽取的一块或几块总人口不少于 4000 人。

（3）拆分方法。

① 如果村/居由多个自然村、社、居、村民小组、大队、居民小组等组成，可以以此为基础进行拆分。在村/居委会干部的协助下，统计各自然村、社、居、村民小组、大队、居民小组的常住人口，并对每部分的居民特征做简单描述，将信息发回给调查机构，等待抽样组进行抽样。

② 在没有自然村、社、居、村民小组、大队、居民小组的村/居委会，应根据自然地貌和建筑特征（如道路、标志性建筑、河流、山川、桥梁）将村/居划分成几个片区，将几个片区按地理位置分布绘制在一张图上。在村/居委会干部的协助下，统计各片区的常住人口，对各片区的居民特征进行简单描述。

③ 抽取的某个片区或某几个片区的总人口最好接近于 4000。具体来说，将村/居内总常住人口除以一个自然数，使得数最为接近 4000（尽量不少于 4000）。

五、质量控制

为了保证绘图质量，地图绘制工作完成后，要求绘图员将地图与实际区域再次进行核对,重点核查地图所标的边界是否准确,尤其要注意绘制的村/居地图是否有住宅建筑物的重复或遗漏、住宅建筑物的位置和朝向是否与实际情况完全一致,以及住户列表清单的住户数和村/居委会提供的总户数是否有差别。

在绘图员完成自查的基础上,调查机构在收到地图和住户列表清单后开始进行第一轮审查,审查内容包括:

(1) 地图上的住宅建筑物编号是否有重复或遗漏。

(2) 对照地图和住户列表清单,确认住宅建筑物编号和住宅编号是否与住户列表清单中的信息相符。

(3) 地图上住宅建筑物编号数量是否与住户列表清单数量相符。

(4) 住户列表清单中的备注是否完整、准确,是否确认空宅、商用、商住两用、一户多宅和一宅多户的信息。

调查机构工作人员在第一轮审查过程中要与绘图员保持密切联系,及时对原有地图和住户列表清单的不准确信息进行修改和补充。在完成第一轮审查之后,需要对所有地图和住户列表清单进行第二轮审查。在审查过程中,共同确定需要实地核查的村/居地图,并在实地核查问卷中补充针对性核查内容。

通常,在所有样本村/居委会中会按20%的比例抽取核查样本,由绘图核查员进行实地核查,实地核查内容包括:

(1) 边界和四周道路标注是否明确。

(2) 方向标注是否准确。

(3) 建筑物有无重复或遗漏。

(4) 住宅建筑物与非住宅建筑物标识是否有区别。

(5) 住宅建筑物编号是否准确。

(6) 是否标识了多住宅建筑物内的住宅数和住户数。

(7) 抽取10%的多住宅建筑物,检查住宅数和住户数统计是否准确。

(8) 本村/居针对性核查题目若干。

对于以下经核查不符合质量要求的情况,需要对地图进行修改或重新绘制,同时要对"住户列表清单"做出相应修改:

(1) 方向标注不准确。

(2) 边界和四周道路标注出现错误。

（3）住宅建筑物总数出现超过5%的误差。

（4）住宅建筑物编号出现超过5%的误差。

（5）多住宅建筑物内的住宅数和住户数出现超过5%的误差。

核查地图和核查问卷返回后，需要再一次进行审查，如果绘图核查员在实地核查过程中汇报的实际情况与地图差异较大，需要重新绘制地图。

六、其他方法介绍

用地图地址法构建末端抽样框较为科学，抽样精度较高，比较适于经费充足的大型调查项目。对于经费紧张且要求一定抽样精度的一般调查项目而言，采用这种方法较为困难，可以采取分区域绘制地图和制作列表的方式。

具体方法是在获取高清卫星地图的基础上，根据村/居内的经纬度信息，将整个村居划分为大小较为一致的若干个格子，再根据样本量要求抽取一定数量的格子。在每个边界清晰的格子内，根据地图地址法进行绘图和制作列表工作。这种方法也适用于对整个城市进行区域划分，如将城市均分成大小一致的区块（$0.5\text{km} \times 0.5\text{km} = 0.25\text{km}^2$），随机抽取一定数量的区块，在区块内进行地图地址的抽样框构建。

第五节 调查辅助材料准备

在开展实地调查之前，研究团队和执行团队需要准备多种项目材料，以实现在样本点宣传和推介调查项目，增加受访者对项目的信任，为访员进入实地顺利开展访问做好铺垫的目的。本节将对调查所需材料的种类、具体内容和作用进行详细描述，并提供较为成熟的各类材料范本。此外，还将对计算机辅助调查的设备种类及优劣势进行分析，并对调查所需物资进行详细介绍。

一、调查材料

社会调查项目需要用到的材料繁多，项目启动之前需要向有关部门提交伦理审查材料，还需要准备具有法律效力的文件，例如访员培训协议、访员协议和保密协议，调查过程中还会用到项目宣传材料、致相关协调单位的信函、致受访者的信、保密声明、留言条、访员手册和示卡等。

（一）伦理审查材料

国际伦理准则规定，凡以人或人体标本等作为实验对象的科研课题，均需通过伦理委员会的审查。2007年我国卫生部（现为卫健委）发布了《涉及人的生物医学研究伦理审查办法（试行）》，对宣传普及科研伦理原则、建立健全受试者保护机制、规范生物医学研究行为起到了积极促进作用。为进一步保护人的生命和健康，维护人的尊严，尊重和保护受试者的合法权益，规范涉及人的生物医学研究伦理审查工作，原国家卫生和计划生育委员会于2016年10月12日公布了《涉及人的生物医学研究伦理审查办法》（自2016年12月1日起实施，以下简称"办法"）。该办法适用于采用流行病学、社会学、心理学等方法，收集、记录、使用、报告或者储存有关人的样本、医疗记录、行为等科学研究资料的活动。根据该办法，涉及人的生物医学研究应当符合以下伦理原则。

（1）知情同意原则。尊重和保障受试者是否参加研究的自主决定权，严格履行知情同意程序，防止使用欺骗、利诱、胁迫等手段使受试者同意参加研究，允许受试者在任何阶段无条件退出研究。

（2）控制风险原则。首先将受试者人身安全、健康权益放在优先地位，其次才是科学和社会利益，研究风险与受益比例应当合理，力求使受试者尽可能避免伤害。

（3）免费和补偿原则。应当公平、合理地选择受试者，对受试者参加研究不得收取任何费用，对于受试者在受试过程中支出的合理费用还应当给予适当补偿。

（4）保护隐私原则。切实保护受试者的隐私，如实将受试者个人信息的储存、使用及保密措施情况告知受试者，未经授权不得将受试者个人信息向第三方透露。

（5）依法赔偿原则。受试者参加研究受到损害时，应当得到及时、免费治疗，并依据法律法规及双方约定得到赔偿。

（6）特殊保护原则。对儿童、孕妇、智力低下者、精神障碍患者等特殊人群的受试者，应当予以特别保护。

根据伦理审查委员会的要求，需要提交的伦理审查申请表及相关材料包括以下几个方面：

1. 项目概况

明确项目名称、项目负责人、负责人单位、负责人联系方式和项目联系人及其联系方式。

2. 资金来源

说明项目的资金来源,例如企业、政府、基金会、国际组织、院校课题、研究生课题等。写明资助方名称、基金会名称和资助编号。

3. 利益冲突

如研究者在项目中可能与其他利益群体/个人产生利益冲突,不得隐瞒不报,必须在伦理审查申请表中做出相关说明。

4. 研究组主要成员

研究组主要成员包括项目负责人、协同负责人、项目协调人等,需说明每一个成员的姓名、单位、学科背景、学历、职称。

5. 特殊审查要求

特殊审查包括申请免除知情同意、研究涉及敏感人群、内容涉及采集生物标本或涉及生物学遗传研究等情况,具体来说有如下内容:

（1）申请免除知情同意；

（2）申请免除签署书面知情同意文件；

（3）申请开展在紧急情况下无法获得知情同意的研究；

（4）研究涉及弱势群体,包括儿童/未成年人、认知障碍或因健康状况而没有能力做出知情同意的成人、申办者/研究者的雇员或学生、教育/经济地位低下的人员、疾病终末期患者、囚犯等；

（5）纯属研究目的的常规医疗/体检以外的生物标本采集(体液、组织等)、侵入性检查、放射性检查；

（6）研究涉及遗传信息的出口,包括生物标本和数据；

（7）研究涉及生物标本库的建立；

（8）利用干细胞进行研究。

6. 研究摘要

包括研究方法、研究背景与目的、受访者筛选规则、对照设置、干预措施、观察指标、随访情况、样本量、风险收益分析和拟研究时间等内容。

7. 受访者招募、费用和补偿

需要说明受访者的招募负责人、是否使用招募材料以及受访者的费用补偿金额等。

8. 送审文件

除了填写规定格式的伦理审查申请表外,还需要提交项目相关的送审材料,一般包括:研究方案、知情同意书、调查问卷和项目负责人专业履历等。其中知情同意书是送审文件的重要部分,在办法中对知情同意的内容和签署进行了具体规定。在知情同意获取过程中,项目研究者应当按照知情同意书内容向受试者逐项说明,给予受试者充分的时间理解知情同意书的内容,由受试者做出是否参加研究的决定并签署知情同意书。具体而言,根据办法规定,知情同意书的内容包括:研究目的、基本研究内容、流程、方法及研究时限;研究者基本信息及研究机构资质;研究结果可能给受试者、相关人员和社会带来的益处,以及可能给受试者带来的不适和风险;对受试者的保护措施;研究数据和受试者个人资料的保密范围和措施;受试者的权利,包括自愿参加和随时退出、知情、同意或不同意、保密、补偿、受损害时获得免费治疗和赔偿、新信息的获取、新版本知情同意书的再次签署、获得知情同意书等;受试者在参与研究前、研究后和研究过程中的注意事项。

知情同意书是调查机构履行告知义务的书面凭据。项目执行方需要让受访者知晓在调查过程中被询问的问卷内容概况,保障受访者的知情权。在受访者充分了解相关信息后,请其签署问卷调查知情同意书。如果项目需要录音、进行生物样本提取(抽血、采集唾液等),则需要增加针对性的介绍并单独进行知情同意书签署。需要注意的是,知情同意书需要受访者签署姓名,如遇到受访者不会写字或其他特殊情况,可以请受访者按手印来代替签名。

问卷调查知情
同意书样例

知情同意书内容需要涵盖上述要求,请扫左侧二维码了解相关内容。

(二)访员培训协议

访员培训协议由预备访员在接受培训之前签署,是访员与调查机构的第一份协议,通过签署协议让访员充分意识到培训的重要性和规范要求。尤其让学生访员将访问工作与其他兼职工作区别开来,用更加认真的态度面对培训及访问工作。访员培训协议的作用如下:

(1)明确双方在培训期间的责任与义务;

（2）保证访员在培训期间按项目规定认真接受培训；

（3）减少培训过程中的访员流失和机构利益损失。

一份完整的访员培训协议应包含培训日期、培训双方责任与义务、培训未达标或未完成的处理办法、双方签字盖章和签订日期等内容。其中培训双方责任与义务是培训协议的重点内容，包括培训课程安排、培训地点、培训期间食宿以及交通费用报销等内容。以下是北京大学中国社会科学调查中心的访员培训协议中的部分相关内容（协议详情请扫右侧二维码获取）：

访员培训协议

甲方责任与义务：

1. 培训课程、培训地点、食宿由甲方负责统一安排；

2. 在乙方完成培训且考试合格，成为正式访员后，除出现本协议第三条的情形外，甲方全额承担乙方培训期间的食宿费、往返交通费；

3. 在培训期间为乙方购买意外伤害和意外医疗保险；

4. 为乙方提供必要的培训材料和设备；

5. 在培训期间做好培训指导、监督、协调和服务工作。

乙方责任与义务：

1. 服从甲方培训安排和管理，遵守培训纪律；

2. 完成培训课程，掌握计算机辅助面访相关技能，通过结业考试；

3. 保证在接收到甲方发放样本一周内开展实地入户访问工作，并按时保质完成甲方分配的任务。

培训未达标的处理办法中应明确指出甲方的权利及乙方需要返还的物资，例如培训材料和设备、培训期间食宿和交通费用等。以北京大学中国社会科学调查中心访员培训协议为例：

若乙方提供虚假身份信息，在培训期间学习态度不端正，不遵守培训课堂纪律，不认真学习培训内容，不尊重授课老师，没有通过结业考试，或乙方由于个人原因没有完成规定的培训任务，中心将按照按以下办法处理：

1. 甲方有权单方面终止乙方培训；

2. 甲方不提供乙方往返交通费报销；

3. 乙方需归还培训期间发放的所有培训材料、培训证、设备及相关物品；

  4. 乙方需全额退还甲方已支付全部培训相关费用。

（三）访员协议

1. 作用

访员协议是调查机构与培训合格的访员签订的劳动合同，其作用如下：

（1）明确双方在项目执行期间的责任与义务；

（2）对访员的工作内容和报酬进行详细规定，促使访员高效率开展工作；

（3）对访问质量问题的处理措施进行详细规定，提高访员对采集高质量数据的重视程度。

2. 内容

访员协议的内容较多，一般来说应包括协议双方基本信息、协议期限、工作内容和工作地点、双方的责任和义务、设备的使用和管理、劳务报酬、违约责任、保密制度、双方签字盖章和签订日期等。

访员协议中的违约责任属于重点内容，除了规定访员中断访问或退出的处理办法外，还要明确访员违反工作规范及造成数据质量问题和数据丢失问题的处理措施。制定协议时应注意，所有的访员工作规范应在培训过程中进行详细讲解，在签署协议时应提醒访员注意相关内容。以下是北京大学中国社会科学调查中心的访员协议中违约责任部分的相关内容（协议详情请扫左侧二维码获取）：

访员协议

  第十六条 乙方由于个人原因退出访问工作，需全额返还甲方已支付的全部培训费用（包括交通费、食宿费、保险费）和全部预支费用。劳务报酬依完成所分配工作量酌给。

  第十七条 若乙方在收到甲方发放样本一周内没有上传问卷数据或没有开展任何实地工作，甲方有权终止本协议，并视乙方为由于个人原因退出。

  第十八条 若乙方未完成对本协议第五条所列样本的访问工作，视为未完成访问工作，甲方将根据乙方完成量差额和未完访核查结果来决定乙方的报酬。

  第十九条 乙方需严格遵循访问规范，保证数据质量。甲方有权根据核查结果,针对产生数据质量问题的不同情形对劳务报酬进行不同比例的扣除。

第二十条 除有正当理由并经甲方特许,乙方如无法于约定期限内完成工作,每超出约定日期1天罚款××元。

第二十一条 乙方在实地工作期间,需每天及时发送访问数据回中心。如因乙方的疏忽而造成数据丢失,乙方有责任按照访问规范补回所丢失的数据,甲方不对此重复计算乙方酬劳及向受访者支付的酬金。

(四) 保密协议

保密协议是社会调查中必不可少的合同文件,签署的对象涉及调查机构的所有专职和兼职工作人员,也包括访员。保密协议的作用在于:

(1) 明确项目工作人员的保密义务;
(2) 明确项目工作人员的保密内容;
(3) 通过明确保密内容和违约责任,对泄密行为起到预防作用。

保密协议包括保密内容、责任主体、保密期限、保密义务及违约责任等内容。需要注意的是保密不仅限于项目工作人员、访员在职或工作期间,也应包括其离职之后的保密责任。以北京大学中国社会科学调查中心的访员保密协议(协议详情请扫本页二维码获取)为例,在职期间的保密条款包括:

保密协议

第一条 乙方在甲方任职期间,必须遵守甲方规定的任何成文或不成文的保密规章、制度,履行与其工作岗位相应的保密职责。

第二条 除了履行职务的需要之外,乙方承诺:未经甲方同意,不得泄露、告知、公布、发布、出版、传授、转让或者以其他任何方式使任何第三方知悉受访者个人及其家庭的任何信息、属于甲方或者虽属于他人但甲方承诺有保密义务的各项信息,也不得在履行职务之外使用这些秘密信息。

离职之后的保密条款包括:

第三条 乙方在离职之后仍对其在甲方任职期间接触、知悉的受访者个人及其家庭的任何信息、属于甲方或者虽属于第三方但甲方承诺有保密义务的信息,承担如同任职期间一样的保密义务和不擅自使用有关秘密信息的义务。乙方离职后承担保密义务为无限期保密,直至甲方宣布解密或者秘密信息实际上已经公开。

第四条　乙方因职务上的需要所持有或保管的一切记录着甲方信息和受访者信息的文件、资料、图表、笔记、报告、信件、传真以及其他任何形式的载体，均归甲方所有。

第五条　乙方应当于离职时，或者于甲方提出辞退要求时，返还记载着受访者和甲方秘密信息的一切载体。

（五）项目宣传材料

项目宣传材料需要简明概要地介绍项目的目的、设计理念、学术价值和社会应用价值，并对设计单位、执行单位、行政支持单位及其他合作单位进行介绍。此外，对项目开展的日程安排和工作计划进行概括说明。

项目介绍的内容设计和展现形式根据受众而异，对于调查社区，可以采取喜闻乐见的海报形式进行项目介绍和宣传，同时可以配合横幅宣传方式。对于需要获取合作和支持的单位，项目介绍资料的制作应该突出专业特点和社会价值，可以采用宣传册或宣传单张的形式。具体内容请见本章第七节。

（六）致相关协调单位的信函

1. 作用

信函相比一般的项目介绍宣传材料更有针对性，发送对象是相关协调单位的负责人，例如样本区/县和村/居委会负责人，形式上也较为正式，需要加盖调查机构公章。其主要作用如下：

（1）介绍调查项目的基本情况；

（2）使相关协调单位工作人员明确需要提供的帮助；

（3）可以作为证明访员身份的文件之一。

2. 内容

信函应该包括：项目的起源、意义、主要调查内容、调查方案及时间安排、需要行政协调单位协助的工作内容和调查机构联系方式。（信函详情请扫左侧二维码获取）

致村/居委员会的一封信

（七）致受访者的信

1. 作用

大多数受访者对项目缺乏了解，仅靠访员的介绍可能无法全面了解参加项目的意义。致受访者的一封信是访员的敲门砖,由访员在首次登门时发放给受访者,向受访者介绍调查项目的内容和意义,以增进受访者对项目的了解。这份材料也是受访者对调查项目第一印象形成的重要开端,在一定程度上影响受访者参与调查访问的意愿。

2. 内容

介绍项目的主要调查内容和意义、调查的起止时间、样本抽取的规则、提出希望受访户积极配合的真诚愿望、对数据保密的声明、对完成访问的受访者的酬谢方式以及调查机构和合作单位的联系方式。

3. 形式

可以采取信函形式,也可以采取问答形式将受访者最想了解的问题进行标准化解答。

问答形式中可以设置的问题有:

(1)为什么进行这项调查或这项调查有什么意义?

(2)为什么选中受访者参与这项调查?调查访问的人群是怎样的?

(3)需要受访者回答一些什么问题?

(4)需要花费多少时间做访问?

(5)做这个调查有什么风险?

(6)做这个调查有什么收益?

(7)个人信息会保密吗?

(8)如有问题如何联系调查机构?

(9)调查结果是否会对政策制定有参考作用?

(八)保密声明

保密声明简要介绍项目、负责实施的调查机构以及委托机构,并详细说明调查机构保护受访者隐私的措施和数据保密的举措。声明通常是作为致受访者或致相关行政协调单位的信函的一部分出现,也可作为单独的一份材料,后一种形式更能凸显调查项目的严谨性及对保密工作的重视(详情请扫本页二维码获取)。

保密声明

(九)留言条

在实地调查中,访员不一定每一次登门都会遇到受访者,在未能与受访者接触的情况下,通常会通过留言条的形式向受访者表明来意,给受访者留下访员电话,以便再次登门联系,也便于受访者联系访员。此外,在访员第二次登门时,通过观察留言条是否被受访者收走也可以间接判断访问地址是否有人居住。留言条的内容较简单,通常尺寸也较小,便于访员携带并可以插入门缝或塞入信箱中。

留言条内容主要包括:访员来访原因、项目名称、调查机构的名称/电话/邮箱/网址、访员的姓名和电话以及受访者参加项目报酬等,并表明希望受访者在看到留言条后能联系访员。范例如下:

留言条

尊敬的女士/先生:

您好!

我是北京大学中国社会科学调查中心的访员,正在进行"中国家庭追踪调查"。经过前期专家们的科学抽样,您家被抽中为本村/居的受访家庭之一。我们将对您和您的家人进行问卷访问并支付相应酬金。希望能得到您的支持和配合!

今天初次登门访问,恰巧您和家人不在家,我改天会再次登门拜访。如果您能打电话或发短信通知我方便访问的时间,我将非常感激!

如有其他问题需要咨询,请拨打北京大学中国社会科学调查中心电话:010-×××××××。

访员:××

联系电话:×××××××××××

北京大学中国社会科学调查中心
××××年××月

(十)访员手册

访员手册是访员的答疑册,集合了访员培训的精华部分,目的是让访员在访问过程中能够快速找到解决方案。主要包括以下内容:

(1)问卷重点问题解读;

(2)访问系统使用;

(3)执行流程讲解;

(4)访问技巧与规范;

(5) 访问过程中的注意事项。

访员手册的内容宜精不宜多,选取访员普遍存疑的问题或重点、难点问题,同时应方便访员随身携带。

(十一) 示卡

在面访调查中,通常会为受访者准备示卡,以辅助受访者更好地回答问题。需要制作示卡的题目有几种类型,如选项较多的题目、量表题、选项较为接近的题目、敏感题和测试题等。

二、设备物资

(一) 访问设备

在 CAPI 模式的调查中,由于引进了计算机等相关技术,需要给访员配备相应的访问设备。目前常用的访问设备有笔记本电脑、平板电脑和手机,三种访问设备各有优势,实践中应根据项目的特点进行选择。

1. 笔记本电脑

笔记本电脑是当前技术较成熟、普及度较高的访问设备,其主要优势有:

(1) 屏幕较大,常见的尺寸有 13.3 英寸、14 英寸和 15.6 英寸。大尺寸的屏幕可以展示较为复杂的访问界面,同时显示字体也相对较大,在访问中有部分问题需要受访者自行填答的情况下,对年老及视力不佳的受访者适用度较高。

(2) 硬盘稳固,系统稳定,存储容量大,特别适于问卷较长或收集数据较多的调查项目。

(3) 不仅可作为访问设备,也可作为访员的工作设备,方便访员与督导利用 QQ 或微信在线传输文件、编辑文档和表格等。

笔记本电脑的劣势也比较明显,主要有:

(1) 电池容量有限。待机时间通常只有 3—5 个小时,访员需要随身携带电源线或备用电池。如果到偏远山区或电力供应缺乏的地区进行访问,工作时长会受较大限制。

(2) 自重较大。一般在 2.5 千克左右,访员负担较大,尤其在农村或山区,访员背负电脑徒步寻找受访者较为辛苦。随着技术发展,目前有相对轻薄的笔记本电脑,重量在 1.5—2 千克,可以在一定程度上缓解这一问题。

（3）开关机需要一定时间。这不利于访员在征得受访者同意后及时打开问卷。此外，开关机问题也在很大程度上影响访员及时插入每一次与受访者的联系情况，影响联系信息记录的准确性和完整性。

（4）使用场所有一定限制。由于笔记本电脑形态的限制，需要有一个相对稳固的支撑物才能使用，例如桌面、膝盖，因此笔记本电脑使用通常要求访员采取坐姿进行访问，访问场所也通常为室内。

（5）成本相对较高。尽管随着技术发展，笔记本电脑的成本有所下降，根据电脑配置有较大的价格区间可供选择，但相较于 Pad 价格仍旧略高。

2. 平板电脑

平板电脑是一种方便携带的小型个人电脑，以触摸屏作为基本的输入方式。其应用于调查的优势有：

（1）平板电脑屏幕尺寸适中，一般在 7—10 英寸，可以满足大部分项目的显示要求。

（2）携带方便，平板电脑的重量在 300—900 克，减轻了访员携带的负担。

（3）触摸屏操作较简单，开关机便利，访员可及时打开问卷开始访问并记录联系情况。

（4）基本不受访问场所限制，访员手持平板电脑即可开始访问工作，不需要考虑现场的设施是否具备访问条件。

（5）价格较笔记本电脑便宜，能够节约设备成本。

由于平板电脑拥有以上优势，目前应用平板电脑作为访问设备的项目也逐渐增多，但是在实践中也发现了平板电脑存在的一些问题：

（1）存储容量有限。平板电脑存储容量较小，除去系统程序及自带软件外实际存储容量比较有限，不适于大型的调查访问项目。

（2）丢失损坏问题。平板电脑的便携小巧是优势，但也因此加大了丢失和损坏的概率。在应用平板电脑作为访问设备的项目中，需要向访员特别强调访问设备的保护及安全问题。

3. 手机

手机是人们日常生活必不可少的通信工具，随着科技发展，手机增添了越来越多的社交、娱乐和学习功能，也可以作为访问设备来使用。手机作为访问设备的优势有：

（1）普及度非常高，不需要统一购置，节约了设备成本。

（2）携带方便，不会给访员增加任何额外负担。

但是，手机作为访问设备的缺陷也较明显：

（1）手机存储容量有限，与平板电脑情况一样，不适于大型调查访问项目。

（2）屏幕较小，由于手机为日常应用物品，屏幕太大会影响手持感受，目前市面上的手机屏幕以5—5.5英寸的为主，一个页面上显示的文字有限，设计问卷需注意题目精炼。

（二）GPS设备

GPS是英文Global Positioning System（全球定位系统）的简称，具有导航、定位、测量的功能，广泛应用于工程施工、勘探测绘、广播电视、通信基站、导航等各个领域。现代社会调查中主要使用GPS定位功能，具体应用如下：

1. 受访户定位

采集受访户住址GPS信息，可以结合问卷数据开展相关研究。此外，这一信息可以用于核查访员是否真实地找到了受访户。对于追踪调查项目来说，GPS信息可以帮助访员寻找正确的受访户，也可协助调查机构监督访员访问行为。

2. 访员定位

利用GPS定位系统描绘访员行走轨迹，可以实现对访员行走路线的实时监控。目前智能手机都具备GPS定位功能，且一些软件也提供了GPS定位及轨迹记录功能，可以直接加以利用，或者单独购置GPS定位设备让访员携带使用。

（三）指纹仪

指纹仪是利用手指指纹"人各不同，终身不变"的特点进行身份识别的一种电子仪器，包括采集指纹图像、提取指纹特征、保存数据和进行指纹比对四个功能。目前常用的指纹采集设备有三种，光学式、电容/电感式、生物射频式。目前市面上的指纹仪种类及品牌繁多，价格从200元到上千元不等，可以根据实际需求及项目经费自由选购。

指纹仪在社会调查项目中的应用主要是收集受访者的指纹以核实其真实性，尤其有利于追踪调查项目对追踪对象的核实。

（四）体检设备

有些调查项目需要给受访者做体检，因此需要配备相应的体检设备，例如量尺、体重秤、血压仪、握力器、肺活量测试仪等。这些设备的特点是简单易操作，可培训非医学专业的访员使用。还有些项目涉及采集唾液样本以提取 DNA，因此需要配备唾液采集器。唾液采集器的使用比较简单，需要注意的是样本保存问题。一些具有相关资质并获得批准的调查项目采集血液标本，要用到专业的采血设备、存储设备和分析设备，需要请专业的医生或护士完成。

（五）受访者礼品

对受访者进行酬谢可以采取现金形式或实物形式，给予实物的优势是让受访者更直观地看到配合调查的收益，增强其参与访问的意愿。在礼品的选择上通常以日常用品为主，例如洗衣粉、洗衣液、肥皂、毛巾、雨伞、水杯、文具、U 盘等。选择受访者礼品时应注意几个问题：一是成本，二是尽量方便访员携带，三是品质过关。受访者礼品可以由项目团队统一采购，也可以给予访员一定资金，让其在礼品定价范围内自由购置礼品。

（六）访员物资

访员所用物资包括印有调查机构或调查项目标识的衣服、遮阳帽、雨伞、电脑包、背包、哨子、手电和文具等，这些物资应由项目团队统一购置。

第六节　预调查组织与结果运用

预调查是对调查项目的组织实施方案、沟通协调策略、调查工具适用性、培训方案、执行流程以及人力、物力安排等方面的综合性测试和预演，目的在于发现调查项目筹备和组织中存在的问题并及时修正，保证正式调查的顺利进行。本节对预调查组织实施的目的、对象和抽样方法、方案制订、总结与结果运用进行详细介绍。

一、预调查的目的

预调查的目的是对整个项目的执行流程进行预演，以期发现各项工作在准备过程中的不足并及时修正。具体而言，预调查主要有以下几个目的：

（一）测试问卷适用性

问卷适用性包括三个方面：一是问题设计是否便于访员进行提问；二是问题顺序是否合理；三是问题及选项设计是否便于受访者回答。一般来说问题设计应尽可能适用于不同社会背景的人群，如有明显不适用情况应在问卷中设置跳转。问题选项应该包括所有可能的情况，特殊情况应增加"其他"选项，如测试发现"其他"选项中存在普遍且较集中的答案则应增加相应选项。

（二）测试问卷长度

问卷长度对应答率、中断率、拒访率有很大影响，预调查应从访员和受访者的反馈及数据指标两方面考察问卷长度是否适中。除了整体时长外，还应关注每个模块的时长，通过对受访者反应的观察、意见的采集及数据指标分析，对问题设计冗长且数据采集质量较差的模块进行适当调整。

（三）测试不同地区受访者应答率

为了对正式调查的应答率进行预估，对抽样的扩大系数进行科学估算，预调查通常会选择在具有典型特征的地区开展。如果是全国性调查，建议选取发达城市、一般城市、县城、农村分别作为预调查地点。同时，在选择预调查地点时还需要考虑南北地区差异和东西地区差异。

（四）测试调查信息系统

在计算机辅助调查模式下，在预调查中还应对访问管理系统、调查支持系统、核查系统和报告系统等各种访问相关系统进行测试，测试应重点关注系统稳定性、系统运行速度及系统使用便利性等。

（五）测试培训方法和评估培训效果

培训形式、培训课程设置和培训时长都是影响培训效果的重要因素。预调查在访员培训环节需要充分了解访员对培训诸环节的意见，结合访员在实地访问中的反馈，对培训工作计划做整体评估。根据评估结果，对培训方案进行调整，以保证在正式调查中每位接受培训的预备访员都能达到合格访员标准。

（六）测试访员的实地工作时长和任务量

访员的实地工作时长受到问卷长度、受访者配合程度、交通条件等多方面因素的影响。在预调查中需要了解访员日平均工作量，以便合理进行正式调查访员储备,有效预估现场执行期,并对访员工作任务量进行科学筹划和安排。

(七)测试调查整体流程

预调查是正式调查的演习,也是一个非常完整的小型调查项目。实施预调查能够对正式调查所涉及的诸多环节进行测试,尤其是对各环节衔接流程进行预演。在正式调查之前将实施流程理顺,能够避免由流程不顺畅导致的困难和损失。

(八)测试质量管理方法和核查系统

预调查除了对现场执行相关环节进行测试外,还需要对质量管理方法、流程和效果进行测试。对于计算机辅助调查而言,预调查也是对质量核查系统功能进行检验的好时机,通过真实访问样本的核查测试,确保正式调查中核查系统的稳定性、核查样本选择和流向的准确性以及核查结果计算程序的精确性。

二、预调查对象和抽样方法

(一)调查对象

确定项目的调查对象时应结合研究者的研究目的和执行者的实践经验,科学地给出调查对象的定义,明确地规定调查对象的总体范围与界限。

预调查对象的选定要从以下几个方面考虑:

1. 代表性

预调查对象必须具有正式调查对象群体的所有特点或关键特点。如果正式调查有多类调查对象,预调查也需要尽量全部覆盖到。

2. 可行性

预调查对象的选择还需要考虑到执行可行性。预调查时间短、任务重,如执行难度过大,预调查的重点就成了执行攻坚,全面测试的目的难以实现。但也不能过于简单,如执行过于顺利,预调查就等于走过场,无法测试正式调查中可能出现的各种问题。

(二)抽样方法

预调查抽样方法的选择需要结合研究目的和成本预算来考虑。选择合适的抽样方法能够在实际执行过程中节省成本和时间,更好地控制误差,提高数据质量。一般而言,预调查抽样需要参照正式调查标准进行。考虑到预调查样本规模较小,可以结合项目特殊需求,有针对性地选择一些重点调查地区。

在大型调查项目中,尤其是全国范围的调查项目,考虑到不同省份的经济发展水平、地理情况、风俗习惯有较大差异,在预调查中应选取有差异性的地区,例如分别选取北方省份和南方省份,分别选取经济发达地区、经济发展水平一般地区和经济发展落后地区,分别选取平原地区和山地地区,考察多种情况下的应答率和访问难点,以此估算全国访问应答率。

三、预调查方案制订

预调查筹备阶段,需要进行方案设计和研讨,针对预调查的目标、抽样设计、系统开发、调查执行、质量控制、技术支持以及数据清理等多个方面做出预案,以指导预调查的实施。一般来说,预调查方案需要涵盖以下几个部分:

(一)时间安排

预调查的时间选择非常重要。在预调查之前,应按正式调查标准完成所有准备工作,以保证预调查起到对正式调查全面预演的作用。同时,预调查时间的选择需要充分考虑到一点,即预调查结束后有足够的时间进行总结,解决预调查期间发现的问题,并适当调整执行策略,以保证正式调查的顺利开展。

(二)人员安排

预调查人员的主要任务是对问卷、系统和执行全流程进行测试,因此参加预调查的人员必须熟悉整个调查流程且对调查具体目的有深刻的了解,项目组需要精心选拔且进行有针对性的培训。

(三)执行策略

执行策略包括访员招募策略、访员培训方法、样本点沟通协调办法、访员和受访者激励措施、调查执行阶段性工作重点以及时间表安排。

就访员招募而言,预调查的访员要求应与正式调查的访员要求有所区别,预调查的访员要带着预先准备好的观察问题开展调查,除了真实准确地记录问卷答案外,还需要把整个访问过程中遇到的所有问题记录下来,并给出解决方案或建议。在访员培训方面,预调查培训课程在常规培训课程外,还需要针对预调查的测试目的、测试内容、执行流程等方面进行专门的讲解。

从预调查执行阶段的重点方面看,在执行准备、实地执行和收尾总结阶段都有需要注意的关键点:

1. 执行准备

在这一阶段需要对抽样、行政支持、设备准备、入户材料、酬金/礼品、技术支持等工作做好充分的准备。

2. 实地执行

调查开始后,项目组所有成员应将工作重点转移到实地执行上,充分利用预调查发现调查工具、执行流程上的问题,及时进行总结和讨论,并提出切实可行的解决办法。

3. 收尾总结

实地执行完成后,项目组需要对实地调查过程中发现的调查工具、执行流程以及各部门协调方面的问题进行认真总结,对可能对正式调查产生不利影响的问题进行专题讨论,形成解决方案,以保证正式调查的顺利进行。

(四)质控策略

预调查不仅需要测试实地执行流程,还需要测试质控流程。质控工作可根据项目团队的要求由执行方承担或由第三方进行,质控方法的选择需根据调查工具、项目团队对数据的要求、成本预算、时间预算等进行综合考虑。质控应与实地入户同时开展,并根据预调查的时间安排及时向项目团队、执行团队提交质控报告,各团队应根据质控报告实时了解并解决访问质量问题。质控团队应根据核查结果对质控方法、质控流程和质控效果进行评估,并对正式调查的质控方案进行相应改进。

(五)部门协作

预调查的目的包括完善各团队、各部门间的沟通机制。预调查开始前,团队间、部门间都应有明确的分工,并对各自的职责有详细规定。

项目 PI 团队应尽量做好各协调单位、合作单位的沟通工作,为调查实施争取到有力的支持条件。此外,在预调查执行期间还需要对问卷数据和并行数据进行分析和研究,总结问卷设计问题和执行策略问题。预调查结束后,根据数据分析结果对整个预调查工作给出客观的评价,并提出在正式调查中予以改进的具体策略。

在整个预调查活动里,除执行团队的执行部门按照执行流程开展调查工作外,也需要其他部门给予积极的配合和支持。

1. 行政部

(1) 准备。

预调查开始前需要由行政部在入户材料和访问设备准备、食宿预订、差旅预支等工作上予以配合。在各项工作开始前由执行部给行政部提供相关信息,以便行政部更准确地准备各项工作,做好预调查期间的后勤保障工作。

(2) 执行。

受访者酬金/礼品、访员劳务费和设备管理是执行过程中执行部与行政部配合最为密切的部分。执行部根据访员完成问卷的数量和质量,定期跟行政部申请酬金和劳务费,行政部根据执行部的申请和说明做好相关物资和款项发放工作。预调查期间如发生设备损坏、更换、退还等情况,行政部在收到执行部情况汇报后应及时核实情况并做好备案。

(3) 收尾。

预调查结束后,行政部需配合执行部进行劳务表、酬金/礼品签收单、设备回收以及访问结账等工作。对各项工作均需有相应文件进行记录。

2. 质量核查部

为保证正式调查时访员能够收集真实准确的数据,在预调查期间,质量核查部应与参与预调查实地工作的督导保持密切联系,实时了解督导在实地访问过程中发现的问题并完善质量核查方案。

3. 数据部

预调查开始前,数据部需要根据样本信息进行样本数据的准备,并对报告系统进行测试以保证正式调查开始后能正常运转。执行部在报告系统准备阶段及运行期间如有特殊需求应向数据部提交正式说明。在调查过程中,数据部实时数据清理的结果应及时反馈给执行部,通过与访员和受访者核实,进一步理清清理逻辑,完善清理程序,为正式调查做好准备。

4. 技术部

在预调查准备阶段,技术部在开发支持系统、问卷系统和核查系统时应充分听取项目 PI 团队以及各部门的需求和建议。在预调查开始前,与行政部配合完成实地所需调查工具的系统安装和调试,保证预调查的正常进行。在预调查开始后需安排经验丰富的技术人员在线值班,及时解决实地调查中访员遇到的各种技术问题，尽可能地减少访员在访问过程中因设备、系统等造成的进度延误。在预调查中，技术部还需要对系统稳定性、服务器压力、技术支持的人员需求进行测试和评估。

四、预调查总结与结果运用

预调查结束后，应组织所有参与调查的部门和人员进行总结，整理预调查中发现的问题并提出改进方案。一般来说，需要从以下几个层面进行问题总结，充分利用预调查结果。

（一）问卷设计

通过预调查可以检验问卷设计的科学性和适用性，根据调查结果，可以从以下几方面对问卷进行调整：

1. 问题适用性

适用性问题包括提问方式不恰当、选项不全面、问题不适用等，对于这类问题应结合访员的意见进行讨论，问卷的修改要考虑受访者的反馈，同时也需要保持问卷设计的专业性，追踪调查问卷还需要注意保持核心问题的连续性。

2. 逻辑跳转错误

逻辑跳转错误是指问卷设计中的逻辑错误，会严重影响访员的访问，可能会引起受访者对调查专业性的质疑，也会影响数据的准确性，需要问卷设计者重新梳理问卷逻辑并进行相应修改。

3. 项目无回答

无回答率较高的题目需要分类讨论并决定是否修改。敏感性问题如确实必要则应保留，并在访员培训课程中着重强调并提高提问技巧。而问题设计不当导致受访者无回答的，则应修改提问方式。

4. 问卷时长过长

问卷时长会影响应答率和数据收集的真实有效性，通过预调查可以计算出问卷的平均时长，结合核查数据估计访问时长对数据质量的影响。根据评估结果，可以考虑对问卷进行适当删减，在访员培训中加强因访问时间过长而遭受拒访的应对策略和技巧训练。

（二）技术层面

1. CAPI 问卷

预调查中可能发现问卷测试未发现的问题，例如显示、跳转、加载等。在预调查过程中，应让访员及时做记录，在预调查结束后汇总给技术部门进行修改。

2. 各种系统的使用情况

预调查中应详细记录各种系统的使用问题，包括访问管理系统、调查支持系统、核查系统、报告系统等的功能实现和系统响应时间等，在预调查结束后汇总给技术部门进行修改。

（三）执行层面

1. 协调问题

预调查中应重点考察各级行政协调单位之间的沟通渠道是否畅通有效，通过预调查中的行政协调工作开展情况，可以估计正式调查时的协调力度，如协调力度不够应在正式调查开始之前与协调单位进行沟通，并明确提出协调需求。如果协调结果不乐观，应尽早寻找新的协调和合作单位。

2. 应答率估算

根据预调查的应答率，尽可能客观地推算出正式调查的应答情况。需要注意的是，预调查的应答率不能完全代表正式调查的应答情况，应排除访员素质及访问地点选取等因素，对正式调查的应答率进行合理估算。

3. 访员工作量安排

根据预调查的执行经验可以较为准确地估算访员日完成量，在正式调查时更精准地计划现场执行时间及访员人数，有效控制执行成本。

4. 受访者礼品或酬金确定

在预调查中可以通过对比试验确定给予受访者礼品还是酬金，礼品的成本应与酬金保持一致，只是考察受访者的接受程度。受访者礼品的选择也可进行对比试验，例如在预调查中给予同一地区的受访户不同的礼品，通过回访调查受访者对礼品的满意程度，选取合适的受访者礼品。

（四）质控层面

1. 质控问题总结

预调查质量管理中发现的访员行为问题也很可能是未来正式调查中的

问题,因此需要对预调查中出现的所有质控问题进行认真总结,并与执行部门沟通,在访员培训中应重点强调。

2. 质控漏洞

质控漏洞需要结合以往调查的经验来查找,如在预调查中完全没有出现过某种质量问题或出现的比例明显较低,应注意查找原因,如果是由于质控指标设定不敏感或核查问卷编写有误,应及时进行修改和完善。

由于预调查规模较小,不可能发现并解决正式调查中可能出现的全部问题,正式调查开展的前期阶段仍需要密切关注调查实施的各个环节,及时发现问题、总结问题并采取恰当的解决方法。

第七节 调查宣传和行政支持

近年来,社会调查中的拒访趋势越来越明显。在影响调查拒访率的诸多因素中,调查组织方的声望效应影响显著,政府主导调查的应答率通常高于学术调查,学术机构组织的调查应答率又普遍高于商业调查。[①] 在社会调查项目实施中,以高校或研究机构工作人员的身份进入调查现场,获得受访者信任和支持的难度也越来越大。为了提高应答率,需要开展调查项目宣传工作,提高调查项目的影响力,增强人们对调查项目的了解和信任度,降低访问的难度,保证调查项目的顺利进行。

本节将对调查项目宣传的目的、方式和行政支持在调查各阶段发挥的作用进行详细介绍。

一、调查项目宣传的目的

(一) 提高调查项目知名度和可信度

开展调查项目宣传的主要目的之一是提高项目的知名度和可信度。知名度的提高一方面能够扩大调查数据的影响力,提高专家和学者对数据的关注度;另一方面也能够提高调查在广大受访者中的影响力,为调查开展做好铺垫。调查可信度也会随着调查宣传的开展和调查项目知名度的获得而提高。如果项目的意义和价值能够获得受访者的认同,那么受访者在回答问卷

---

① 罗伯特·M.格罗夫斯等:《调查方法》(邱泽奇译),重庆大学出版社 2017 年版,第 162 页。

时,会更加认真对待,从而提高数据采集质量。

(二) 树立调查机构形象

调查项目宣传的目的还包含调查机构形象的树立。在调查项目宣传中可以对项目实施机构进行介绍,包括调查机构成立的背景、使命、主要调查项目、发展前景等。调查机构良好形象的树立对于调查项目获得受访者信任、提高受访者参与度有重要作用。

(三) 普及项目相关知识

有的调查项目本身兼具数据采集和宣传教育两种目的。例如,一些卫生领域的调查会在调查的同时,发放有关某些疾病的知识材料,传播疾病预防和治疗的科学知识,引起公众对健康问题的重视。社会调查既是一个数据采集的过程,也是一个接触广大社会公众的机会。借助调查访问,普及健康知识、法律知识、金融知识或其他知识,引发公众对调查问题的讨论和思考,对整个社会的进步都有非常积极的作用和意义。

二、项目宣传的方式

(一) 录制宣传片

宣传片是对调查项目有重点、有针对性地进行策划和拍摄,可以生动全面地展示调查项目,让受众直观地感受和了解调查目的和意义,使之对调查项目产生兴趣和信任感。宣传片的优势在于形象生动,视觉冲击力较强,能够给受众留下深刻印象。但制作精良的宣传片通常拍摄成本较高,因此,在选择拍摄宣传片时应综合考虑调查项目预算、调查项目影响力和播放频率等因素。

(二) 制作宣传海报

宣传海报展示面积大,有一定的视觉冲击力,能够吸引人们对海报内容的关注。宣传海报的设计尤为重要,设计者要将图片、文字、色彩、空间等要素进行完美结合,以恰当的形式向人们展示项目信息。设计者应对调查项目的背景、意义、项目内容以及调查机构有较为全面的了解,并根据受众特点有针对性地制作宣传海报。宣传海报的张贴位置以村/居委会的官方宣传栏为宜,在取得村/居委会负责人许可的前提下将海报张贴到宣传栏,能够更好地获得居民的信任,保证海报的宣传效果。

（三）制作宣传单

宣传单是较为常见的宣传印刷品,宣传单的优势是能以图文并茂的形式展示调查项目和调查机构,便于受众理解和接受。宣传单可以制作成单张、折页或者小册子,形式多样,价格较便宜,也方便访员携带和发放。

（四）制作宣传横幅

宣传横幅是一种价格较低廉并被广泛使用的宣传手段,横幅的特点是醒目、主题突出、可循环使用。宣传横幅的设计、制作都较为简单,需要注意的是悬挂位置的选择,应选取村/居委会的主要干道和居民的必经之路。

（五）微信平台推送

随着网络媒体的发展、人们对微信的广泛应用,微信公众平台成为新兴的信息传播途径。开通微信公众号及制作微信推送的成本较低,受众面较广,宣传效果较为显著。为保证宣传效果,需要提高微信公众号的关注度,保证一定的订阅量。必要情况下,可以安排专人负责微信公众号的运营和维护。

三、行政支持的作用

目前,在社会调查项目实施中,进入调查现场和家庭户的难度越来越大,需要相关部门或基层组织的支持与配合,以获得进入调查现场的许可,取得当地居民的信任,保证调查项目的应答率。具体来说,行政支持能够起到以下作用:

（1）协助访员安排访问工作。

基层工作人员可以有效地为访员在村/居内的工作安排提供指导。访员进入调查现场后,可以借助基层力量对受访者居住地的地理分布情况有清晰的了解,对当地居民可以接受调查访问的时间以及可能产生的疑问有基本的认识,对访问工作进行合理计划和安排。在配合程度较高的社区,基层工作人员还能够帮助访员制订有效的工作计划。

（2）协助调查宣传工作。

项目实施时,可以借助行政资源在样本点进行项目宣传,提高当地村/居民对调研项目的认同感,降低访问入户的难度。

（3）提高项目的可信度。

居民对村/居干部的信任度较高，访员在第一次与受访者接触时如由基层干部进行介绍，获得受访者认可和信任的可能性更大，也更易于说服其接受访问。

在项目实施的不同阶段，行政支持发挥的作用如下：

（1）抽样阶段。

抽样阶段需要通过行政力量获得样本框信息，样本框在村/居层面包括村/居地理位置、常住人口、流动人口等情况，居民层面包括每一户的地址、户主姓名、年龄、性别、家庭人口、常住或流动人口情况等信息。如果调查项目采用地图地址抽样法，还需要借助行政力量完成样本村/居绘图的边界确认、地址确认、非住宅及空户的排查等工作。

（2）调查准备阶段。

在大型调查项目准备阶段，需要尽量争取获得行政部门的支持。相关部门通过函件的形式将项目情况和需要各省/自治区/直辖市、市、区/县、村/居给予支持的具体工作内容下发，并确定各级部门协调人。在获得协调人名单后，调查团队就项目具体情况和需要获得的协助内容与相关协调人进行沟通。一般来说，在实地调查工作开展前，调查团队需要协调人协助完成以下工作：

① 向执行督导介绍当地地形、气候、交通状况及居住格局，便于督导安排访员的实地工作；

② 协助执行督导在当地开展调查项目的宣传工作，如拉横幅、张贴海报、在村/居进行广播宣传等；

③ 提前向受访户介绍项目的具体情况；

④ 协助进行访员招募工作，解决偏远地区的访员招聘困难问题。

（3）现场执行阶段。

实地调查工作开始后，访员需提前与村/居协调人联系，告知到达村/居的时间及在实地工作的时间。访员应与村/居协调人沟通了解受访者的情况，商定具体的入户工作安排（如确定带路人、入户时间安排、带路人劳务费用的支付等）。在一些高档社区，访员应先通过村/居协调人联系小区物业，取得小区物业的支持，获得在小区进行访问工作的许可。

访员应记录村/居协调人和小区物业管理人员的联系电话,便于在访问工作过程中进行联系,也有助于调查机构在调查工作结束后开展维护工作。此外,在追踪性调查项目中,村/居协调人可以帮助调查团队关注样本户的情况,及时了解并报告样本户的搬迁、拆迁或外出信息,尽可能减少样本户的流失。

在利用行政资源开展社会调查的过程中,访员需要坚持对受访者进行面访时请协调人员回避的原则,保证受访者对问题的回答不受其干扰,真实地回答问卷问题,保证调查数据的可信度。

第五章 调查执行管理

调查执行管理的目的是确保调查项目的实施高质量、高效率、高效益,执行管理的模式和方法对调查执行效果具有重要影响。如何组建并管理督导团队和访员团队,如何提高访员访问效率和质量,如何减少访员带来的测量误差,如何通过激励和维护措施获得受访者的支持和配合是执行管理中需要特别注意的部分。本章将从调查团队管理、访问管理、访员效应的控制、访问情境的影响和控制、访员及受访者激励、追踪调查中的维护工作和调查报告七个方面,详细介绍调查执行管理的诸多环节及要点。

第一节 调查团队管理

调查团队包括执行团队、质控团队、技术团队、数据团队和行政团队。执行团队是整个调查团队的核心部分,主要由执行督导团队和访员团队两部分组成,本节将分别对两个团队的管理进行分析和讨论。

一、执行督导团队管理

执行督导团队是调查执行团队的核心组成部分,主要负责调查项目现场执行的协调、组织和管理工作。在项目执行过程中,对督导的组织和管理方式需要根据项目特点制定,以保证调查能够高效率、高质量实施。一般情况下,对督导的管理采取分项目管理和分任务管理两种方式。因管理模式不同,督导常规工作的内容和重点也会存在一定差异。

（一）管理模式

1. 分项目管理模式

分项目管理模式以项目为主导，督导全面参与调查项目执行管理的全流程工作。在这种模式下，督导可以同时全面参与多个调查项目。根据调查项目的复杂程度和管理层级，可以分为简单分层管理模式和复杂分层管理模式两种。

（1）简单分层管理模式。

简单分层管理较为单一、直接，管理层级较少且分工明确，通常由项目主管、高级督导和初级督导三级构成。在这种模式下，由于督导直接管理一线访员，因此管理效率和质量较高。同时，层级制的管理模式，能够锻炼和培养出优秀的项目管理人员。

项目主管负责与项目委托方、协调方以及调查团队其他部门协调沟通，并直接领导高级督导和初级督导的工作。作为项目主管，需要有较强的全局意识，把握项目的整体执行情况，能够对执行中出现的特殊情况及时给予处理。一般来说，根据项目规模不同，可以设置项目主管1—2人，管理1—3名高级督导和3—10名初级督导。

高级督导负责分项事务管理，如访员招聘、访员培训和质量反馈等。高级督导要具有发现问题、解决问题的能力，能够协助项目主管对项目执行的进度、质量进行监管，对可能出现的问题进行预判。高级督导作为储备人才，是被培养成为项目主管的重要人选。

初级督导直接负责调查一线工作，如访员招募、培训筹备和组织、访员调查管理、访员财务管理以及区/县、村/居层面的协调等。初级督导是与访员沟通最为密切的一环，在访员管理方面能够发挥重要作用，会对访员行为产生直接影响，如疏导访员情绪、调整访员工作状态、保证访员工作质量等。

（2）复杂分层管理模式。

复杂分层管理模式对督导职能的划分与简单分层管理模式较为不同，这一模式通常会用在多单位合作实施的大型调查项目中。项目主要负责方在项目实施过程中会设置大区督导、巡视督导和地方督导三个层级进行管理，以实现各单位协同组织现场执行工作且有第三方监督的目的。

大区督导负责若干省份的管理工作，监控每个省份的调查进度、数据质量和人员配备情况,指导巡视督导的日常工作。大区督导一般由项目主要负责单位的骨干人员担任,对于调查安排和问题处理有决策权,能够统筹规划大区调查工作。

每个省份视样本量及样本分布情况安排1—2名巡视督导,巡视督导前期协助访员招聘和培训工作,调查期间负责联系相关协调单位,处理调查中出现的问卷和技术问题及访员情绪问题,辅助大区督导进行人员管理和处理意见的落地实施。在调查结束后,协助收尾工作。

地方督导是与访员接触最多的一级管理人员,通常由合作单位的工作人员担任,主要负责与地方区/县、街道/乡镇、村/居进行协调和沟通,对现场访问执行进行管理。地方督导在调查期间与访员一起工作和生活为访员提供顺畅的调查环境,保证每个访员的安全,保证调查按计划实施。

2. 分任务管理模式

中大型调查机构通常会同时执行多个调查项目,在人员比较充足的情况下,可以采取分任务管理模式。在这一模式中,按照调查项目实施的不同任务要求,对督导进行分任务管理,如招聘任务、培训任务、执行任务和质量管理任务。每个督导专门从事某项单一任务的执行工作,可以同时为多个项目提供服务。例如,招聘组督导可同时负责多个项目的招聘工作,在多个项目间进行合理调配和协调,优化招聘资源。但是,由于项目执行工作较为复杂,分任务管理模式也存在一定的困难:各个项目的执行期各不相同,各任务组的安排应当根据项目的情况进行调整,否则会造成人员安排不合理等问题;调查项目实施的各个阶段工作由不同督导负责,工作衔接难度较大,容易出现现场执行督导对访员了解不足的情况,可能会产生执行管理中的各种问题。分任务管理模式下,督导团队通常被分为以下几个组开展工作:

（1）招聘任务组。

招聘任务组负责执行团队需要的绘图员、访员、核查员和实习督导的招聘工作。前期的主要工作包括设计招聘方案和策略、制定招聘流程、设计面试所需量表或问题。中期工作主要包括发布招聘信息、联系和拓展招聘合作单位、收集和整理简历、筛选简历、电话面试以及视频面试/实地面试等。在工作后期,招聘组需要将招聘资源进行归纳和整理,形成归档文件,以便将来工作时使用。

(2) 培训任务组。

培训组负责绘图员、访员、核查员和实习督导的培训工作，包括培训流程的制定、培训材料的开发、培训日程安排、培训课程讲解、课堂秩序监管、分组练习指导及培训考核等一系列与培训相关的事务。在每一批学员培训结束后，对其学习情况和培训效果进行总结。

(3) 执行任务组。

执行组主要负责访员的执行进度管理、质量管理、财务管理和设备管理等访问管理工作。与分项目管理模式中的初级督导相比，执行组的督导不再承担访员招聘、培训的工作，直接管理已经培训合格的访员，指导他们进行访问调查。与分项目管理模式相比，这种模式下的执行组督导由于没有参与前期访员招聘与培训，督导与访员之间缺乏相互了解，在访问初期需要尽快建立督导与访员之间的信任关系。

(4) 质控任务组。

单独设立质控组的意义在于从客观、中立的角度评判访员访问质量，避免执行督导对访员的主观判断，减少执行督导与访员之间的矛盾。在核查结果反馈和质量问题沟通的具体实施上，可以根据项目人员配备情况，采取由质控督导负责或执行督导负责两种方式。

(二) 绩效管理

对执行督导团队的绩效管理主要是指从工作绩效的角度出发，对督导的工作能力和成效进行考评和管理。由于调查实施工作阶段性比较明显，可以分阶段对督导团队进行绩效管理。

1. 调查筹备阶段

在调查筹备阶段，督导团队的主要工作任务是访员团队招募和组建、问卷测试和系统测试、培训工作筹备以及预调查筹备和实施。相应地，这一阶段督导绩效管理的主要指标是访员团队组建的成效（包括招聘时长、招聘访员数量、访员条件与招聘要求匹配度，尤其是方言、民族、地域等特征是否符合预期要求）、测试效果（包括测试中发现问题的能力和成效、对于测试工作提出合理建议）、培训筹备成效（包括培训材料开发能力、试讲表现、访员培训通知发放及收到回执情况、入户材料准备中发挥的作用等）以及预调查实施效果（包括预调查方案设计的科学性、预调查实施进度和质量、预调查经验总结能力等)。

2. 调查培训阶段

在调查培训阶段,督导绩效管理指标主要有三个:一是访员的报到率,即招聘到的访员是否能如约参加培训。这一指标能够体现督导在筹备阶段工作的认真程度和成效。如果督导在招聘阶段缺乏与访员细致有效的沟通,没有培养访员对调查项目的信任和对调查工作的热情,在培训前的通知阶段没有与访员进行有效的确认,很有可能出现访员培训的低报到率。报到人数低于预期,对于培训资源是极大的浪费,也会打乱招聘、培训和调查访问执行的整体计划和安排。因此,保证报到率是督导的重要职责,也是业绩考核的重点。对于组织科学、经验丰富的执行督导团队而言,通常能够达到95%及以上的报到率。二是访员对执行督导讲解课程的评分。在培训结束前,访员要对督导讲解课程的内容、结构安排的合理性、授课方法的科学性以及课堂气氛调动能力进行综合评估,评估结果将作为督导业绩考核的组成部分。三是访员培训考核结果和培训期间的退出率。在培训期间,督导需要全程参与维持课堂秩序、带领小组练习、组织团队活动。督导通过培训过程中的密切观察和紧密沟通,充分培养访员对调查机构的信任,调动其对调查工作的激情,关注并及时解决访员培训中凸显的知识和技能方面的问题,对于访员即将展开现场访问的态度和能力进行合理预测和评估。督导这部分工作的成效将主要通过其管理的访员的培训考核结果来体现,此外,培训期间访员的主动退出率也是督导考核的重要指标。

3. 调查执行阶段

在调查执行阶段,执行督导主要负责管理访员的访问进度和访问质量,处理访员在调查现场遇到的协调问题、问卷和系统问题、情绪问题以及突发状况,控制访问预算,合理进行访员劳务费用申请,并且在调查收尾阶段完成设备回收和物资清点工作。与此相对应,这一阶段的督导绩效管理重点主要有三方面:一是调查应答率。应答率是考核访员工作效果的指标之一,也是考核督导绩效的重要指标。督导应每天关注访员调查进展和应答率状况,及时对应答率较低的访员进行指导,对于影响应答率的因素进行分析,并提出有效解决方案。调查过程中对应答率的及时监控,能够避免后期攻关任务的堆积和经费的浪费。二是调查数据质量。督导在调查过程中应与质量管理部门保持密切沟通,实时了解所负责访员的访问质量状况,对于质量存在问题的访员根据严重程度及时给予指导、警告和劝退处理,确保访员的高应答率不以低质量的数据为代价。事实证明,督导的管理方式和管理能力与访员的访问质量有密切关系,因此,访员调查数据质量的评估结果应作为督导的绩效考核指标。三是预算控制效果。在执行过程中,督导需要在多个环节进行预算控制和管理,如访员调查现场特殊费用申请(包括交通不发达地区的租车费和住宿费、特殊协调费、遭遇自然灾害或人身伤害产生的不可预见费用等)、因访员退出产生的招聘费和培训费、应答率偏低导致的攻关费用、因访问质量问题产生的重访或补访费用以及设备损坏或丢失导致的损失等。督导在调查实施中需要关注预算外的支出情况,并通过积极有效的管理措施尽量减少额外支出。预算控制和管理的能力和效果也应成为督导绩效管理的重要指标。

二、访员管理

访员是调查一线工作人员,访员队伍组建和管理方法对于访员归属感的培养、访问效率的提高和数据质量的保证都起到非常关键的作用。下面从访员来源、调查季管理和日常管理角度出发,对访员队伍组建和管理方式进行详细分析,并介绍电访访员管理的特殊性。

(一)访员来源

调查机构的访员一般分为社会访员与学生访员两类:社会访员是指已经离开学校,能够全职或兼职进行访问的访员;学生访员指本专科院校在读的、能够兼职或利用寒暑假时间参加访问的访员。两类访员各有非常明显的优劣势,在调查项目组织和管理中,应该结合项目特点进行选择或搭配使用。

1. 社会访员

社会访员的优势包括以下几方面:社会经验丰富,在突发事件的处理上较为冷静、周到;经济基础较好,对于需要先行垫付费用项目的接受度更高;时间灵活,且可以用于访问工作的时间较长,在需要追访的项目中和执行期较长的项目中更适用;一般居住在样本地,能够有效地自行开展协调工作;对当地民风民俗较为熟悉,易获得受访者的信任;对当地交通状况熟悉,能够较科学地规划访问行程;住宿能自行解决,节省调查项目住宿费用支出。

但是,社会访员也存在较多问题:如对问卷较复杂、计算机操作要求较高的项目,学习能力和接受能力较弱;服从性较差,对其进行组织和管理难度较大,如监督不力,发生质量问题的可能性较大;对于访问规范重要性认识程度较低,在接受质量督导和干预之后,改进速度较慢,改善空间较小;对当地居民较熟悉,核查难度较大;在追踪调查项目中,如原访员因质量问题被劝退,新访员开展下一轮追踪访问难度较大。

2. 学生访员

学生访员的优势在于:计算机基础普遍较好,对复杂的操作系统学习能力强,接受速度快,培训效果较好;在访问现场遇到系统问题时描述较为精准,便于在线技术支持人员给出处理建议;对调查工作有热情,能够主动提出改进问卷、系统和调查方法的意见和建议;愿意参与调查机构组织的访员活动,如摄影、征文比赛,能够积极为调查项目提供文字和图像素材;服从性较好,能够按照督导的安排和指导开展工作;在认同调查项目价值和意义的基础上,对调查质量重要性的认识较为深刻,在督导指出其访问中存在的质量问题并给予指导后,能够较快改正。

学生访员的劣势在于:可以用于工作的时间不够灵活,通常只有暑假和寒假;心理承受能力普遍弱于社会访员,更加情绪化,需要督导每天关注其情绪,并及时给予疏导;经济基础较差,如不能及时发放访员劳务费或报销各类费用,将因为资金短缺造成访问工作停滞。

充分了解两类访员的优劣势,在执行时可以结合调查项目特点、执行时间、周期以及样本分散程度等因素决定访员队伍组建方法。

(二)调查季管理

1. 访员组织模式

访员的组织模式主要包括两种:组队模式和单人模式。两种模式在项目实施过程中也可以混合使用,模式选择的依据主要是访员的来源和样本特点。在执行工作开始前,需要根据项目的情况规划访员的组织模式,并根据访员的意愿和实际情况对样本进行分配。

(1)组队模式。

组队模式是社会调查项目较为常见的组织模式,适用于学生访员数量较多且样本分布较为集中的调查项目。具体操作方式是,安排若干访员组成访问小队共同进入一个区域进行访问,队内访员的人数需要参考样本量、执行期等因素确定。从样本量角度看,需要根据样本总数、样本分散程度和每份问卷的平均时长等,核算每名访员每天完成问卷数量的区间,判断每个小组的合理人数,既要保证每人每天有比较饱满的工作,又能在出现突发情况时有应对的余地。同时需要注意的是,各地区受访者的特点、样本间的距离、交通便利情况、农业劳作情况、季节气候等因素也会对访员每日访问完成量产生一定的影响,在核算人数时要进行综合考虑。

此外,组队规模和访员人数还要根据执行期要求进行估算,以入户访问为例:一个村/居有60户样本,每一户做一份问卷,每份问卷时长1.5小时,一天的合理完成量范围在3—5份,如每天的问卷完成量取中间值4份,根据执行期估算每个村/居的访问时间为15天。但实际情况为该村/居马上进入秋收期,能够利用的调查时长仅为5天。那么根据上述情况,该村/居应配备的访员数为3人,即理想状态下,该村/居至少应配备3名访员的调查小队。此外,督导在组织调查小队时还应考虑到天气、交通等情况再额外增加一定比例的人员配备。

(2)单人模式。

单人模式即由一个人完成整个区域内的访问工作。是否采用单人模式也需要考虑样本量、执行期时长、样本特点等因素。一般来说,样本覆盖面较广且要追踪访问离家人员的项目,或样本量较小且执行期较短的调查项目,更适合此类模式,从访员收益角度考虑,也推荐这种模式。

这种模式的问题是访员的访问体验较差,在访问现场所有问题都需要自己面对和解决,缺乏组队模式的组织归属感,容易在受挫时放弃访问,访员需要有较强的抗压能力和自我管理能力。此外,单人模式在保证访员安全方面存在较多困难,需要督导给予更多关注。

2.实地工作执行管理

在调查项目执行期间,督导需要对访员团队的工作任务进行安排和管理。实地执行工作管理的重点在于日常工作进展监督、质量问题反馈和指导,以及访员的及时更换和调配。实地执行工作流程见图5.1。

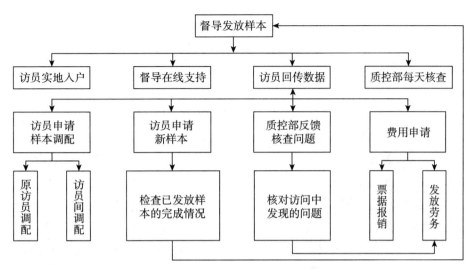

图 5.1 调查项目实地执行工作流程

（1）样本发放。

在样本发放策略上建议分批发放，以更加有效地把控应答率，避免访员随意挑选样本造成困难样本被最终放弃的情况。但必须注意的是，在分批发放的同时，要尽可能地将地址相邻的样本在同一批发出，减少访员在路上花费的时间和精力，尤其是在山区和交通不便的地区。

样本发放通常由执行督导完成，一般首次发放样本为10个左右，根据样本完成情况、访问质量和访员申请要求再决定第二次以及之后的样本发放数量。控制样本发放速度的主要目的在于保证应答率和调查质量，避免因一次性全部或大量发放样本造成的访员挑选样本和污染样本问题。除了发放样本之外，督导还需要进行样本调配，例如，发放给访员 A 的样本，由于访员原因或受访者搬迁等，需要调配给访员 B 来进行访问，督导需及时了解情况并进行合理的样本调配。

（2）调查执行。

无论采用何种访问形式和组织模式，在调查期间必须对执行进度、数据质量和访员情绪有较好的管理和控制。

在执行进度和数据质量上需要找到平衡点，过快的进度必然导致数据质量的下降，过慢的进度会造成项目执行期的拖延。在项目开始之初，可以结合项目执行经验确定每天最多完成问卷份数,以此作为参考标准对访员的访问进度进行控制。当访员的访问质量出现问题时,需单独进行针对性的指导,并监督其后续访问的情况。

在访员情绪的管理上,需要关注访员心理状态,尽量让访员保持积极态度,并且帮助访员养成有问题找督导反映和探讨的习惯。同时,督导也要善于利用QQ群或微信群的群管理功能,引导访员在群里发起正面交流和讨论、分享调查经验,为其疏解负面情绪,培养访员的团队意识,增强其归属感。

(3)数据传输。

数据传输需要切实保证数据安全。调查机构、督导团队和访员团队无论是在调查期间还是在调查结束后,都不得对外披露调查对象的个人信息。从数据保密和数据安全角度出发,在对访员进行数据传输管理时,应要求访员做到以下几点:对调查机构提供的信息和访问中收集的所有信息严格保密;每天及时对数据进行发送接收;访问设备仅限个人使用,禁止外借;访问设备只能用于访问工作,不可用于其他个人用途;不可在访问设备上使用陌生U盘、移动硬盘或其他移动存储设备。

数据管理人员应及时对实地传回的访问数据进行清理,对于上传数据不完整、数据上传缺失、数据上传间隔时间过长的访员要及时通知和督促其上传数据。

(4)质控结果反馈。

数据质量是调查的生命,是判断调查项目成功与否的最重要标准。调查质量的控制是整个项目执行的重要组成部分,执行督导需要高度关注访员的访问技巧与规范,以保证获得高质量的数据。执行督导通过质控组提供的质控结果对访员进行访问质量管理,并根据质控结果与访员进行沟通,以规范访员的访问行为,保证访问数据质量。督导可通过电话、短信、邮件、QQ、微信等方式定时或不定时地提醒、警告和指导访员。根据质量问题的具体情况可以采用统一提醒或单独提醒的形式与访员进行沟通和反馈。对于存在严重质量问题的问卷,应及时安排其他访员进行补访或重访。

3. 访员更换与调配

在实际工作中,为了使访问工作顺利进行,执行督导需要根据访问的情况和访员的特质及时进行访员更换和调配。访员的更换和调配主要涉及以下几方面内容：

（1）访问技巧。

访员的访问技巧除了通过培训期间的课程培养以外，更多的是依赖于个人学习和实际访问工作的经验积累。考虑到每个访员的特点，适当地进行访员调整，有利于提高应答率。例如，当访员遭遇受访者强烈拒访时，通常会优先安排同区/县内的有访问经验的其他访员尝试再次沟通；在同地区访员尝试无效的情况下，可以安排拒访攻关能力强的其他地区的访员，且提高访员劳务费以示鼓励。

（2）访问进展。

调查过程中会有访员因病或因事暂时无法进行访问或退出访问工作，也会有访员因为各种问题造成访问进度滞后。在这些情况下，需要及时安排其他访员进行支援。访员支援工作安排需要注意以下几点：一是做支援工作的访员需要高质量完成既有访问工作任务又有充裕的时间和精力完成其他地区的访问。二是要求访员在开展支援工作之前与督导充分沟通，了解即将访问的样本情况，并对支援工作提前做出费用预算和工作时间安排。三是制订科学合理的访员支援补贴和激励方案，常用方式有两种：按完访样本进行补贴或按工作天数进行补贴。

（3）方言。

方言问题在一些偏远地区及面对年龄较大的受访者时比较突出，在方言地区需要特别招聘一定比例的会当地方言的访员。另外，即使在普通话普及程度高的地区，由于部分受访者对非本地口音访员的警惕和怀疑，也需要储备适量的会当地方言的访员，必要的时候进行访员调配，拉近与受访者距离，提高应答率。

（4）性别。

男性访员与女性访员在访问工作中各有优劣势，根据受访者的情况选择合适性别的访员往往会起到事半功倍的效果。为了提高应答率而需要更换访员时，首先考虑换不同性别的访员进行再次尝试。

（5）民族。

民族问题在一些少数民族聚居区比较明显，为了避免由民族习惯差异造成的不必要的误会，应当尽量调配与受访者相同民族的访员进行访问。

（6）宗教信仰。

宗教信仰问题在西方社会调查中较为普遍，在中国不是很突出。不过遇到特殊情况时，督导还是应该尽量调配与受访者有相同宗教信仰的访员进行访问。

4. 访员退出和补充招聘

在调查实施过程中，导致访员退出的原因主要有两个：一是访员的行为不符合访问规范，需将其清理出访员队伍；二是访员因生病、意外伤害或其他原因无法继续访问工作。

对于第一种原因造成的访员退出，督导可以通过招聘和培训中严格把关、访问工作开始之初对其发生的访问规范问题进行及时监督指导的办法降低发生率。而由于第二种原因产生的访员流失是不可控的，需要管理者进行应急判断和处理：一是了解退出访员负责的区域访问完成情况，二是了解附近是否有访员有能力支援访问。如退出访员遗留访问量较小或有可支援的访员，考虑成本及执行难度，应优先选择让其他访员支援。但如果退出访员遗留的访问量较大且没有可支援的访员，则需要进行补充招聘。在一些特殊情况下，可以派出执行督导到实地紧急支援访问，访问的同时开展实地核查的工作。

5. 访员绩效评估

访员绩效评估的目的在于明确访员职责，帮助访员树立工作目标，促使访员积极主动地完成访问工作。同时，绩效评估还能够起到规范访员行为、提高访问质量和激发访员工作积极性的作用，使访员队伍建设处于良性发展状态。绩效评估制度的建立应充分考虑到稳定性、持续性、全面性和公平性，考核内容覆盖访员工作的各个方面，并将考核标准量化。考核结果可以作为调整访员招聘、培训、管理等相关策略的依据。

（1）考核期。

根据访员工作模式的特点，将考核期定为培训开始至执行期结束。

（2）考核项目。

考核项目可以根据调查项目的管理需求进行选择，一般来说应该包括五个大项：培训表现、访问质量、完访情况、工作态度和特殊贡献（见表5.1）。通过这五项内容的考核，达到规范访员行为、提高访问质量的目的。同时，根据考核结果对访员进行筛选,建立高质量的访员队伍。

表 5.1 访员考核项目表

考核类别	考核内容
培训表现	课堂态度、遵守纪律、小组练习、实地入户、笔试
访问质量	数据核查、电话核查和录音核查通过率、有效录音率和电话采集率
完访情况	按时完成、应答率、追访成功率
工作态度	工作积极性、工作热情度、团队精神
特殊贡献	提出建议、收集信息、困难地区攻关和支援

（3）考核标准。

考核采取计分制或评级制,以质控组和数据组提供的数据为主要依据,结合执行督导对访员工作的评定进行打分或评级。考核结果可作为优秀访员评奖或访员级别评定的参考。（见表 5.2）

表 5.2 访员考核评分表

考核项目	权重	考核内容	考核要点描述
培训表现	10%	课堂态度	培训期间态度端正,上课认真听讲
			愿意与他人分享学习经验
		遵守纪律	爱护访问设备
			严格遵守上课时间,不迟到、不早退
		小组练习	按规范访问,如按要求逐题提问、适时追问等
			理解培训要点,练习出错率低
		实地入户	在访问中表现出较强的应变能力
			具有较强的团队精神
		笔试	有较好的访问技巧,严格遵守访问规范
			笔试成绩

(续表)

考核项目	权重	考核内容	考核要点描述
访问质量	40%	数据核查	数据核查通过率
		电话核查和录音核查通过率	电话核查通过率
			录音核查通过率
			出现严重问题的比例
		有效录音率和电话采集率	有效录音和电话的采集率
完访情况	30%	按时完成	在约定时间内完成访问
		应答率	应答率
		追访成功率	追踪调查中搬迁、拆迁、外出样本的追访完成率
工作态度	15%	工作积极性	积极开展访问，并主动与督导沟通进度和质量
		工作热情度	对访问工作充满热情，及时对督导的指导和提醒做出回应
		团队精神	具有团队精神，与其他访员沟通顺畅
特殊贡献	5%	提出建议	能主动思考并提出提高工作效率的建议
		收集信息	善于收集与实地工作相关的信息，及时向执行督导汇报村/居和受访户动态
		困难地区攻关和支援	积极参与攻关和支援

6. 访员安全管理

实地入户调查存在一定的危险性，安全问题应该是调查机构在项目执行过程中需要特别关注的问题。

（1）访员安全问题类型。

访员在实地工作时，会遇到各种各样的安全问题。可能会遇到不配合的受访者，在严重的情况下受访者的不配合甚至会上升为暴力事件。此外，由于访员对当地治安情况不了解，可能会发生访员财物被骗、被偷、被抢的安全事件。在陌生环境中开展实地调查的访员，也容易发生意外事故。例如到一些偏远村/居进行访问，为了找到受访者需要翻山越岭，路途中可能会出现险情。又如，访问路途中遭遇极端天气或自然灾害，也会有意外事件发生。再如,对家中养有牲畜或宠物的受访者进行访问时,可能会被咬伤。

(2) 保障访员安全的方法。

培训结束之后,访员到实地开展调查访问工作,督导对其进行远程监督和指导。督导需要与访员保持密切联系,不仅了解访员的工作进度,而且要了解访员当前所在地、行程安排、住宿情况和遇到的困难等信息。尤其是在访员进入信号较差的村/居前,要求其必须和督导沟通好在村/居的工作及时间安排,并留下村/居联系人的联系方式以备不时之需。此外,在计算机辅助调查中,可以让访员全程开 GPS 定位,督导可以实时看到访员的行走路线、所在位置,既可以作为质量控制的辅助手段,也能实时了解访员的状态。

访员应尽量将访问工作安排在白天,必须进行夜间访问时,要求访员与督导提前沟通并告知入户时间及受访户信息,尽量请村/居的协调人陪同入户或两名访员结伴同行。此外,访员如需要在样本地点周边安排住宿,为了保证安全,要求访员注意选择安全合法的住宿地点。建议选择全国连锁的宾馆,或在村/居委会的协助下结伴借住在村/居干部或热心村/居民家中。

(3) 访问设备和访问材料安全。

访问设备主要是指笔记本电脑、Pad 和无线网卡等,访问材料是指酬金签收单、劳务费签收单和知情同意书等。访问设备可能出现的问题有:遗失、被骗、被偷、被抢和损毁。当设备丢失或损毁时,需要确定设备价值、损毁程度及维修费用,按照访员的责任来判定赔偿金额。另外,设备丢失或损毁造成问卷数据丢失的,还需要再进行补访。为了减少损失,要求访员每天上传问卷和录音数据。

小贴士:

访问设备遗失(含丢失、被抢、被偷、被骗等)的处理程序:

① 访员就近报案并通知督导;

② 复印报案材料;

③ 事件文字说明;

④ 督导审核并给出处理建议,提交给机构设备管理部门;

⑤ 设备管理部门评估设备价值,并结合报案材料、事件说明、督导批复进行最终的赔偿金额确定。

当访问材料出现遗失时,如果是空白材料,可以采取下载电子版材料并打印的方式进行补充。但如果丢失的是受访人已签名和载有其身份信息的材料,则会造成数据安全问题。比较好的解决办法是,尽量将所有纸质材料要收集的信息纳入访问系统中,在访问系统中实现受访者签名和身份信息登记。

(4) 情绪疏导。

调查访问是一项高强度的与人打交道的工作,每天面对不同的人和事,承受各方面的压力,访员必须有较强的抗压能力和心理调节能力。访员的心理状态也会直接影响访问数据的质量,访员在备受受访者责难的情况下,带着紧张或低落的情绪是无法高质量完成访问工作的。

因此,督导不仅要关注访员的工作情况,也要关心访员的心理状态及心理变化,并根据情况给予开导和鼓励。具体说来,督导应尽可能地在日常工作中与访员多接触、多沟通,在一定程度上成为访员的良师益友,倾听访员诉说并鼓舞访员士气。督导可以通过电话、QQ、微信等多种媒介与访员沟通,了解访员的情绪状态并及时对其不良情绪进行疏导。

(三) 日常管理

在调查季结束后,需要对访员队伍进行日常管理。日常管理的目的在于征询访员意见和建议,改进调查方法和管理方式,并对访员队伍进行维护。

1. 访员回访机制

访员处于访问工作的一线,对访问问卷、受访者态度和访问流程都有较深刻的理解。及时采集访员对调查问卷、执行流程和调查机构的意见和建议,对于调查项目运作和调查机构发展,都会发挥积极的作用。

(1) 座谈会。

在调查结束之后,通常采用座谈会的形式,邀请所有访员或访员代表就访问工作中出现的问题进行交流和探讨。座谈会邀请访员人数一般在 30 人左右,能够较充分地就主要关注问题进行深入探讨。座谈会的优势在于能够让访员将所有的建议和意见进行充分表达,也便于调查机构管理人员和访员进行直接沟通和讨论。座谈会讨论的内容需要以纪要的形式进行记录和存档,以便日后查阅。

(2) 意见收集邮箱。

调查机构可以设置专门的意见收集邮箱,从调查开始就公布给所有访员,用于收集访员对执行团队工作人员的意见或建议、对问卷和系统改进的建议、对调查实施方案改进的建议以及其他与调查相关的意见和建议。项目主管收到访员意见后,应及时了解情况,并与相关人员进行沟通。问题解决后,需向访员做出正式反馈。邮箱收集意见的优势是不受时间、地点的限制,但信件内容可能多种多样,需要安排专人或多人轮流定时查看并回复处理意见。

(3) 问卷回访。

问卷回访是以结构化问卷的形式采集访员意见和建议。问卷回访的优势在于管理者可以有针对性地让访员回答其所关心的问题。表5.3是访员回访问卷基本板块设置范例。

表 5.3 访员回访问卷基本板块设置

A 部分	访员基本信息
B 部分	对问卷的建议与意见
C 部分	访员激励的建议与意见
D 部分	受访户的维护建议
E 部分	村/居协调人员维护建议
F 部分	对调查机构各项工作的建议与意见

2. 访员团队建设

调查执行过程中,需要通过多种方式增进访员对项目进展的了解,增强访员的归属感和使命感,提高访员工作热情。具体可以采取以下几种方法:

(1) 摄影展。

照片是展现一个地方风土人情最直接的方式,视觉的感受也最强烈。通过收集访员在各地所拍摄的照片并进行共享,可以让访员直观地了解其他同事的工作环境,并由此产生共同话题,有助于增进访员之间的交流,同时也可以作为项目影像资料进行保存。

(2) 征文。

以文字的形式记录访员的所感所想,让访员的想法得以充分表达。征文可以限定主题,也可以请访员自由发挥,优秀作品可以刊登在调查机构网站上,也可以结集成册出版或作为内部刊物保存。

(3) 简报。

简报包含的内容较为丰富,例如:项目的最新进展、调查机构主办或参与的重大活动、征集的文章及照片、调查方法介绍、访员问答、主题讨论、节日简报、访员生日/结婚/生子等喜事的恭贺等。根据项目执行期的长短情况,可做周报、月报、季报或年报,可以采取的形式包括微信推送和在工作交流群里共享等。

(四) 电访访员管理的特殊性

电访访员在管理上与面访访员基本相似,只在任务安排和绩效考核方面存在一些特殊性。

1. 任务安排

在电访样本的分配上,首先要考虑电访访员掌握方言的情况。尤其是首批发放的样本,尽量是访员最为熟悉的家乡样本,能够帮助访员获得受访者的信任,提高访员访问的兴趣和信心。对问卷内容和所使用的系统完全熟悉后,可以发放语言相同或相近的样本,以保证沟通无障碍,也能够在一定程度上提高应答率。

当遇到方言/民族语言问题时,首先要尝试用普通话进行沟通,判断其普通话的应用程度,在确定普通话沟通无效的情况下,由首次接触的访员记录下方言/民族语言的类型,如不能确认也记录下大致的类型,由执行督导调配给适当的访员进行访问。当遇到严重拒访的样本,且原访员认为已经没有尝试的必要时,视情况将样本调配给沟通能力较强的访员,尽力争取受访者的配合。

2. 效率与考核

按完成份数计酬的项目,可以根据项目的执行期时长,通过访员的每日、每周、每月或每季度的完访问卷量排名来对访员进行考核。按工作时间计酬的项目,可以通过访员每个小时的完访问卷量来进行效率计算,并结合实际完成份数对访员进行考核。两种考核方式都需要注意的是,必须考虑访员所负责样本的难度系数(包括负责样本的所在具体地区和负责样本先前的联系基础)及与其熟悉语言的匹配情况,保证考核的公平性和有效性。

对在第一周工作效率排名靠后的访员,执行督导需在访问沟通技巧、系统操作等方面安排有针对性的单独指导,并视访员第二周的工作改善情况来决定是否留用。如连续两周效率排名靠后,且完成率与平均值相差较大,需考虑劝退或转岗。

第二节 访问管理

为了按时、保质、保量、高效地完成调查任务,需要对访问进程进行科学管理。管理方法往往会对调查实施效果起到决定性的作用,在调查不同阶段应采取恰当的管理方式,对各阶段重点和难点工作进行针对性的管理,在进度、质量和效益之间进行平衡,保证调查实施的效益最大化。本节从访问管理目标、方法以及财务管理三方面对调查访问管理进行介绍。

一、访问管理的目标

进度管理、质量管理和效益管理是访问管理工作最主要的三个内容,在实地访问执行中需要兼顾三方面,不能有所偏废。在保证质量的前提下,确保调查进度,尽量减少调查支出,这是访问管理的关键。调查项目主管应每天关注整体访问进度和访问质量状况及问题,并据此对调查实施策略和方案及时做出调整。

(一)按时

调查项目对时间要求较为严格,在规定时间内完成调查任务是访问管理的基本目标。在方案设计阶段,需要项目负责人和执行团队共同对调查任务量及所需时间进行科学评估,确定合理的执行任务表和时间表。在调查实施中要求项目主管严格按照时间表推进各项工作,对影响进度的潜在因素进行预判并准备多种预案,确保调查能够按时完成。

(二)保质

数据质量是调查工作的生命线,没有高质量的数据,调查的所有工作安排和结果没有任何价值。因此,在访问管理中,管理者要自始至终贯彻质量第一的理念,采取科学的质量管理措施,确保调查采集数据的真实性、有效性和准确性。

(三)保量

调查项目对于有效问卷数量有明确要求,对调查应答率通常也会有最低要求。在对调查访问进行管理时，需要项目主管认真分析样本构成和分布特点，提出针对性的访问计划和方案，切实保证有效问卷数和应答率能满足项目要求。

(四) 效益最大化

无论是按时、保质还是保量，都需要建立在对成本效益综合考量的基础上。访问管理需要特别关注的是，如何既保证高效又降低成本，如何在有限的成本预算下保证数据质量，如何合理设计实施方案避免人员浪费、时间浪费和经费浪费。

二、访问管理方法

从访问管理的目标出发，下面具体从进度管理和质量管理两方面对访问管理方法进行介绍。

(一) 进度管理

访问工作进程分为四个阶段，前期、中期、后期和收尾，每个阶段都有相应的主要工作内容，管理工作也有不同的关注点和重点。

1. 调查前期

调查项目实施前期的工作重点有三项：一是对调查执行流程、访问管理系统、调查管理系统、质控系统和问卷稳定性进行密切观察。各地区应先派出首批完成培训的访员进入实地开展访问工作，以测试整体执行流程的流畅性。同时，及时汇总首批访员在访问过程中遇到的问题，汇编成执行指南共享给所有访员，以提高实地执行工作效率与质量。二是对行政协调是否已落实到位进行跟进和确认。一旦发现行政协调存在困难或落实不到位的情况，需及时与相关部门进行沟通，确保调查全面开展之前得到有效解决。三是做好当地食宿交通的考察工作，督导应协助访员，规划更加合理高效的调查顺序与路线，为调查执行做好铺垫。

就执行督导而言，在接到调查启动通知后，应该第一时间联系访员，进行样本发放工作。在发放的策略上，建议采用分批发放而不是一次性发放的方式。分批发放可以督促访员尽可能提高应答率，而不是将难以访问的样本都留到访问终结前进行攻关或直接放弃。就发放地点而言，可以先发放应答率较高的农村地区样本，以提升访员的信心。一旦遇到由于方言或地点原因无法完成的样本,要尽快调配回调查机构,由督导将样本再次发放给有能力完成访问的访员。

就访员而言,在访问初期阶段,由于刚刚开始正式访问,对问卷内容和访问管理系统还不够熟悉,缺乏访问经验和技巧,难免会对访问工作产生畏难情绪。同时,访问初期也是访员与样本点进行沟通和协调比较密集的阶段,在出现协调困难时,访员较容易受挫。此外,在这一阶段,访员还需要尽快熟悉样本点交通状况和民风民俗,并对调查期间的食宿进行安排。访问初期是综合考验访员抗压能力、协调能力、统筹安排工作能力的阶段,也是访员在访问过程中较为困难的阶段。针对这一阶段的特点,督导在监控访员访问进度的同时,需要做好心理疏导与鼓励工作,及时了解访员在工作现场遇到的问题,给予合理的建议和指导。此外,这一阶段需要加强技术团队的在线支持工作,保证及时解决访员遇到的技术问题,帮助访员尽快熟练操作访问系统,学会处理简单的技术问题,增强访员对系统操作的信心。

对于电访调查模式而言,由于访问只能通过电话完成,在访问管理上有几个需要特别注意的方面:

(1) 工作时段。

由于手机的普及和人们对于手机依赖性的增强,越来越多的人有随身携带手机的习惯,这无疑为电访提供了很好的基础。但是需要注意的是,随身携带手机并不等于随时方便接听电话。因此在电访执行管理中,应特别注意访问时段,尤其是问卷较长的调查项目,更需要根据在不同时段受访者能够接受访问的可能性调整电访访员人数。通常来说,工作日的上午只需安排少量的电访访员,且工作时间建议从上午 9 点开始安排,主要联系已经约定时间的样本和筛选出一些白天方便接听电话的受访者。从下午开始,可以逐渐增加电访访员的人数,工作时间建议是下午 1 点以后。而晚上以及周六日全天则是电访的黄金时段,可以全力投入访员人数,以提高完访数量和访问效率。

(2) 前期监管方法。

对于电话调查访员而言,调查前期是整个电访工作的"破冰期"。前几个电话往往是最艰难的,既要克服与陌生人非面对面沟通的恐惧感,又要面对不完全熟悉的问卷和访问管理系统。因此,在这一阶段,应该派驻更多的督导在电访现场值班以应对各种突发问题。如果电访访员是在异地进行远程电访,负责督导应帮助电访访员进行多种情况的模拟训练,帮助其尽快度过这一时期。

在样本发放上,管理人员需要控制发放速度,既保证电访访员每天都有可用样本,又要控制新样本的发放数量,避免电访访员"挑肥拣瘦"造成样本浪费。此外,要确保每个样本都达到联系次数要求。决定放弃样本时,必须由负责督导进行把关。

2. 调查中期

调查中期是整体执行趋于稳定的时期,调查工作已全面展开,访员访问技巧不断提高,每日问卷完成量进入高峰期。在此阶段,管理应侧重于问卷数据质量和访员心态调整两个方面。

在问卷数据质量上,应根据各访员、村/居、区/县的进度报表对访问进程进行管理,控制访问速度,防止访员因急于完成访问任务而降低访问质量。另外,应借助质控管理部门提供的各类核查数据对访员的访问技巧和规范进行管理,结合访问时长、访问时段、访问频率、联系结果代码等并行数据,对访员的行为进行监督。此外,要配合数据部门的日常清理工作,及时联系访员或受访者对奇异值和缺失值信息进行补充采集。

在访员心态方面,调查中期访员也由最初的兴奋、好奇逐渐进入到疲惫、麻木的阶段。如果管理方法调整得当则会顺利进入高效率、高质量的平稳期,既能提高访员访问效率,也能降低访员流失的风险。在这个阶段,有必要对全体访员进行一次大规模的访员激励,例如启动访员中期评优工作、召开分区域的视频总结会议等。同时,也应加强不同地区访员之间的沟通交流,分享经验,弥补不足。督导应及时将各小组反映的问题和解决办法进行汇总,分享给各组成员,其他组成员遇到相同问题时可依此进行处理。

与面访调查相似,电访访员在度过了最初的"破冰期"进入到调查中期阶段后,对于问卷和访问管理系统都更加熟悉,访问过程也会愈发顺畅。随着访问完成量的增加,通常在工作2—3周后,访员会从兴奋期逐渐进入疲惫期。此时,督导需及时地、有针对性地帮助电访访员进行心理调适。对于集中在调查机构电访室工作的电访访员,可以视执行周期和访员人数,定期组织经验交流会。执行周期较长的项目,通常每两周组织一次交流会,时长在1—2小时,主要内容为:访问建议交流(含各类问卷问题和建议、访问管理系统建议、培训课程建议以及管理与激励等方面的建议)、系统操作小窍门以及访问经验分享(开场白的技巧、信任感获得技巧、受访者抗拒情绪的应对等)。同时，需要注意的是，调查中期是完访样本数量激增的时期，同样也是质量问题集中爆发的时期。无论是在问卷数据质量监控上，还是电访访员的访问行为规范管理上，都需要执行督导与质控督导紧密配合，确保调查进度加快以保证质量为前提。

3. 调查后期

在调查后期，大部分地区的访问工作进入尾声，访问困难地区的问题也随之凸显。在此阶段，执行督导应该对访问困难样本的情况进行分析，并采取切实有效的攻关策略。对于追踪调查项目而言，调查后期还有追访和补访相关工作，需要合理安排，尽量提高应答率。除了现场执行外，调查后期还要进行财务结算、设备和资料回收、数据检查和数据库建立等工作。

（1）严重拒访攻关。

在访问中，访员会碰到形形色色的受访者，有直接拒绝访问甚至对访员恶语相向的，也有完成部分访问后拒绝继续访问的。针对这种情况，可以请攻关访员联系村/居联络人帮忙协调沟通，证明访问工作的真实性，排除受访者的疑虑。联络人一般是村/居负责人，也可以是对当地情况较为熟悉的热心村/居民。

还有一些受访者属于软拒绝，他们害怕接受调查，担心访问带来的压迫感，因此会一直躲避访员。要打消这类受访者的疑虑，应采用循序渐进的方式。可以请攻关访员将访问相关材料送给受访者，给予其充分了解调查机构和项目的时间，不要求当天就进行访问；或者请访员在受访者门上留下手写的信件，表明访问的内容和意义，并表达访问的诚意。适时、适度的多次登门，能够逐渐取得受访者的信任，促其做出接受访问的决定。

执行督导在攻关阶段应该及时和访员谈心，帮助其疏导负面情绪，给访员更多的鼓励，用各种方式提高访员的工作积极性。如果有必要、有机会，督导也可以直接与拒访者通话，以证明访员的身份，从不同角度说明项目的意义，以争取受访者的支持。

（2）困难村/居攻关。

在住户调查中，每个项目都会存在一定数量的访问困难村/居，一般有以下几种类型：一是受访户因为一些特殊事件而排斥访问；二是村/居负责人由于对当地住户不够熟悉甚至完全不认识，而起不到协调的作用；三是村/居层面不愿意配合访问工作；四是村/居正在筹备或已经拆迁、搬迁。根据不同的困难情况,应采取针对性的攻关措施。

情况一:特殊事件一般是由于村/居的领导层与居民存在矛盾,村/居干部对村/居民管控力薄弱,导致村/居民无法配合。对于此类情况,联系村/居领导帮忙协调会适得其反,可以集中一批攻关能力强的访员直接登门与受访户联系。主要采用的方式为耐心解释和劝说,手写信件给受访者或者购买一些贴心的小礼物,尽量安抚受访户的激烈情绪,争取其信任、理解和支持。

情况二:多发生在一、二线城市的居委会,由于城市的快速发展,人口流动愈加频繁,居委会工作人员对所辖区域的住户情况了解不够,即使亲自带领访员登门,也产生不了较好的效果。对于这种情况,需要选择经验丰富的访员进行攻关访问,具体措施包括适当提高受访者酬劳、多次登门联系、请已接受访问的受访者帮忙解释和沟通等。

情况三:对于上级单位文件无法落实到村/居一级,或村/居本身各项任务比较重而无力承担协调工作的情况,可以采用提高协调费用、送锦旗、与村/居共建学生实践基地等方式,增加村/居委会的参与感和荣誉感,以提高其配合程度。

情况四:拆迁、搬迁村/居的访问困难程度也非常大,在非统一安置的拆迁、搬迁村/居中,原住户的新地址非常分散,无法获得新的联系地址和联系方式,给访问造成非常大的困难。在没有受访户电话的情况下,首先应该联系原村/居委会,寻求受访户的联系方式。另外,可以通过滚雪球的方法,从能够联系上的受访者处获得其他受访者的联系方式。

(3) 追访及补访。

为了有效地提高调查应答率,可以根据项目要求,对于离开样本村/居范围的样本进行追访。以提高追访效率为原则,在追访人员安排上应该以样本区/县为单位,调动本地访员的积极性,争取将本区/县范围内样本的追踪工作全部完成。另外,对于从其他地区流入本样本区/县的样本,也优先安排本区/县访员集中完成追访。对于流出到非样本区/县的样本,要根据其聚集情况来安排追访,尽可能减少长途调用访员的情况并通过合理安排追访路线减少调用访员在追访区域的停留时间,以节约交通和住宿成本。

对于外出务工人员较为聚集的村/居,利用务工人员春节回乡的时间进行访问是提高应答率的较好办法。在常规访问时,可以在问卷中收集外出人员在春节期间返乡的具体时间,根据前期收集的相关数据可以更有效率地集中安排春节补访。需要注意的是,春节期间回乡人员会有较多的走亲会友安排,访员需要提前与受访者沟通并约好具体访问时间。

（4）电访攻关。

电访调查后期工作与面访调查大致相似,仅在攻关策略上存在差异。对于电访调查而言,调查后期仍旧是应答率和完成量提升的关键时期。督导需根据项目要求适时地调整电访访员的激励措施,鼓励其坚持高质量完成访问工作。从具体策略上看,这一阶段应认真分析完访样本的特点,如地区、年龄、访问时间段等,并从电访库中选出特点相近的样本作为此阶段的访问重点。此外,要认真分析未完访样本的电话拨打情况,对于多次拒访的样本,因其应答可能性最小且访问效率最低,不建议在这一阶段安排过多的人力进行尝试。此时应该选择前期拨打中无人接听或已接听需要再次联系的样本作为访问重点。另外,对于在联系过程中给出新的联系电话的样本,也可以作为重点访问对象。

4. 调查收尾

在结束全部现场访问工作后,收尾阶段的重点是数据检查、访问设备和访问材料回收、财务结算等工作。

（1）数据检查包括问卷数据、结果代码和录音数据的检查。

问卷数据检查:数据清理人员提取出存在离群值或逻辑关系错误的样本变量,由督导与访员进行沟通和核实。如果访员存在回忆困难,也可以适时联系受访户进行求证,力求问卷数据的真实与完整。

结果代码检查:在访员离开调查现场之前,需要与督导确认所有数据均已上传到中心服务器。另外,需要核对未完访样本情况,检查所有样本是否都已经接触并达到了接触次数要求。同时,对于结果代码的准确性也要再次进行检查,确保每个样本的最终状态完整且准确。

录音数据检查:最终要检查访员电脑中的访问录音是否已全部上传且上传完整,如因故无法上传或出现部分缺失,需要及时联系技术人员寻求解决办法。

（2）在访问设备和访问材料回收方面,需要注意以下两点。

访问设备和材料邮寄:访员在邮寄设备和材料前,督导需要给访员提供访问设备和材料邮寄清单,明确告知访员需要邮寄的设备和材料种类,并提醒访员将清单上的所有设备和资料完整地邮寄回调查机构。在邮寄电脑等设备时，最好由访员按照培训课程的细节要求自己动手包装，如果是快递公司包装，访员要监督快递员的包装环节，确保电脑在邮寄过程中不会损坏。另外，纸质材料需要做好防水包装，避免遇水造成字迹模糊。访员需要妥善保存快递单据并将快递单号告知负责督导，便于督导及时在网上查询快递进度。

访问设备和材料回收统计：在收到访员邮寄回来的设备和材料之后，需要及时登记和进行入库核对。需要登记的信息包括：访员信息、设备和材料的数量、收货日期、收货人、是否存在缺失或破损情况等。需要特别注意的是，在收到电脑的第一时间要打开包装，仔细检查电脑是否完好。如果电脑出现破损，要及时告知快递人员，并询问访员具体情况。在确定责任之后，记录处理方案。如果是快递公司的责任，与之协商赔偿的相关事宜。如果是访员的责任，要明确告诉访员赔偿金额并做好记录。如果在访问期间访问设备被抢、被偷或者不慎丢失，访员需尽快向当地公安机关报案，将受理报警登记表和报警回执交予调查机构，并对事件过程写出详细的说明。

（3）调查收尾阶段也是财务结算的重要阶段，需要关注的工作包括以下几方面。

完成总量和劳务费核对：在全部调查完成后，对每名访员完成问卷总量进行核算。与访员核对无误后，再结合每份问卷的酬劳和已经发放的劳务费计算最终结算额。在大型调查项目中，通常会利用调查支持系统进行自动计算，避免人工计算可能出现的错误。

质量问题扣费：在劳务费结算时，应根据质控组提供的每名访员的问卷质量报告，结合项目标准进行扣费处理，并与访员进行沟通。对于存在严重质量问题的访员需要记录在案，在其他调查项目中将不再录用。

其他扣费项目：除了质量问题扣费外，在结算表中还需要列出其他扣费项目和金额。常见的扣费项目包括超支网费和设备损耗。在常规情况下，给每位访员配发的无线网卡/电话卡能够满足其在访问过程中接收/发送数据和录音上传的流量需要。如果无线网卡/电话卡的费用因非项目原因而超支，这部分费用将在最终结算时从访员的劳务费中扣除。此外，访员在调查过程中，由个人原因造成设备损坏或丢失，在结算时需要按照相关规定进行赔偿。

奖励费用：最终结算表单中，还需要对奖励费用进行计算。奖励一般包括访员评优奖励、支援和攻关奖励、访员征文和摄影比赛奖励以及调查中设计的其他奖励项目。

（二）质量管理

质量管理与进度管理是同期进行的，项目主管和督导在关注每日访问进度的同时，需要对质量核查结果进行分类处理。从管理流程上看，督导每天通过系统或汇总表格查看访员数据核查情况、录音核查情况和电话核查结果，对核查问题有清晰的判断，并与访员及时进行沟通，对访员做出指导、警告或劝退等干预措施。与访员沟通获得的反馈应及时与核查人员进行讨论，对于核查中存在的不合理之处应及时进行改进。

与传统纸笔调查不同的是，在 CAI 模式下，由于数据传输和核查的实时性，质量管理的重点不再是事后惩罚，而是通过及时发现问题并积极干预，帮助访员纠正不规范访问的行为，提高访问技巧，在访问过程中不断改善访问质量。因此，在质量管理中，及时开展核查工作、第一时间与访员沟通访问质量问题并科学指导访员纠正访问行为是最关键的。

与面访调查相比，电访调查的质量管理较为简单。由于大部分电访调查采取集中在调查机构电访工作室开展的方式，通过实时监听和督导巡视等质量管理手段，能够基本保证访问的真实性。对于分散电访的访员，可以通过匹配样本电话号码和拨打成功电话号码的方法，对拨打电话的准确性和真实性进行监控和管理。因此，电访访员质量管理的重点应该放在访问技巧和操作规范性上，通过实时监听和录音回听，对其访员不规范的操作行为进行纠正，对其访问技巧进行指导，帮助访员提高应答率和访问质量。质量监控的重点和质量管理的方法详见第六章。

三、财务管理

财务管理是访问管理工作的重要组成部分。下面将对财务管理目标、管理内容和管理方法做简要的介绍，财务管理细节详见第八章第二节中预算编制和管理相关内容。

（一）管理目标

规范的财务管理制度和科学的财务工作流程是调查顺利进行的重要保障。具体的财务管理方式与调查机构的属性和所承接项目的性质有关。不管采取何种财务管理方式,财务管理的目标都是合理预算、规范支出、控制成本和提高调查单位成本效益。

(二) 管理内容

1. 访员相关费用

需要支付给访员的费用通常包括三个类别:一是访员劳务费,即访员的工资,常见的计算方式是按份数计费或按时间计费;二是实报实销的费用,需要事先制定细致的财务报销范围和标准;三是包干费,将访员现场访问可能产生的交通费、住宿费、餐费和通信费等以包干的形式附加到每份问卷的劳务费中。

2. 受访酬金与礼品

按照国际惯例,调查访问占用了受访者的时间,需要给予一定酬劳。一般采取发放酬金或礼品的方式,两种方式各有优劣。发放酬金比较方便访员/督导操作和事后财务的核对,但花费较高。直接给受访户发放礼品比较节约经费,但所购礼品需要满足大部分受访者的需要并保证质量,采取这种方式,访员在访问过程中需要携带多份礼品,负担较重。考虑到两种方式的优劣势,调查机构可根据调查项目的预算、调查对象的特点针对性地制定相应的受访者酬金或礼品支付规则。

3. 村/居协调费与带路费

村/居协调费是指向在调查过程中起到协调作用的村/居协调人支付的劳务费用,通常由访员在访问过程中代为发放。另外,在实地入户访问时,由于访员对当地地形和居民地址不熟悉,需要请村/居工作人员推荐带路人协助访员寻找样本地址(通常带路人会选择熟悉村民/居民情况的热心人而不是村/居干部,以免受访者对访问产生完成行政任务的误解,对回答真实性和数据质量产生负面影响)。同时,带路人协助入户也能增强受访者对访员的信任感,提高应答率。为了表示对带路人所付出劳动的感谢,一般会按完成的问卷数量或工作天数支付带路人一定额度的酬金。

4. 特殊费用申请

特殊费用申请是指访员在访问过程中由于一些突发状况出现费用不足,需要补充申请经费的情况,例如村/居协调费不足、包干费用不足等。

特殊费用常规申请流程是:

（1）访员向督导提出口头申请，并说明理由；

（2）督导与访员确定合理的申请金额，并由访员递交书面申请；

（3）督导在访员特殊费用申请书上批复意见和建议，并向执行主管提交访员的书面申请；

（4）执行主管和财务主管对特殊费用申请进行批复；

（5）督导和财务主管各自对特殊费用进行记录。

在项目执行中，对于访员特殊费用申请进行批复需要特别谨慎，如果处理不当，极容易产生调查费用超预算的问题。因此，在访员提出特殊费用申请后，需要督导通过各种方式进行查证和核实。例如访员提出交通费特殊申请，督导需要上网查找当地的交通线路、交通方式和交通费用，必要时候需要向当地交通运输部门进行咨询，以确保特殊费用申请的合理性，避免不必要的调查费用支出。

（三）管理方法

1. 核算

访员费用核算的三个重要指标分别是完成问卷种类和数量、申请费用记录和审批情况、访员的问卷质量情况。

需要注意的是，如果访员的问卷核查结果不达标，存在或疑似存在较严重的问卷质量问题，需暂停申请各项费用。督导与访员沟通说明费用暂停发放的原因，通过采取扩大核查和多种核查方式相互校验的方式，优先对此类访员进行核查，确定问卷质量无严重问题后再恢复正常的费用发放。对于核查判定为有质量问题的问卷，将根据质量问题的类型和访员协议相关规定进行劳务费用扣除。此外，对于不能按时按量完成访问任务的访员，也将视完成情况根据访员协议相关规定进行劳务费用扣除。在最终结算访员费用时，一般需要预留劳务费的四分之一作为各项费用扣除的预备资金。

2. 申请

访问费用申请应有统一的申请表格模板，由督导或专门的财务人员负责为访员进行财务申请，并由项目主管对申请的合理性进行审批，最终由财务主管进行审核和转账。

3. 反馈

反馈主要有两方面内容：一是督导应告知访员申请的金额及预计到账的

时间;二是访员应向督导反馈是否在预定时间收到正确的金额。如有出入,需要访员将电子银行入账凭证或在银行打印的对账单作为凭证,由督导转交给财务主管进行查账。

第三节 访员效应的控制

调查环节中的测量误差是指由访员、受访者、测量工具和调查场景等因素造成的所采集的数据与客观事实之间的偏差。其中,访员因素是社会调查过程中主要的测量误差来源,对访问质量产生至关重要的影响。面访调查中,访员是直接和受访者进行沟通和交流的,受访者是否能够接受访问、是否能真实地表达意见、是否能配合完成问卷访问,在很大程度上都取决于访员。访员的个人特征、专业精神、访问态度、访问技巧和沟通技巧都是影响受访者参与访问意愿和访问质量的重要因素。

尽管在CAPI模式下,通过技术手段可以减少访员效应造成的误差,但仍旧不能彻底消除其对访问过程和访问结果的影响。充分认识访员对访问质量的影响,控制访员效应导致的误差,利用CAPI模式的技术手段改善访员管理方式,对于提高访问质量是非常关键的。本节将重点探讨影响访问质量的访员效应和减少访员因素造成误差的方法。

一、访员效应对访问质量的影响

访员对访问质量的影响主要表现为访员效应,即访员在场、访员特征、访员经验以及访员态度对受访者回答产生的影响。在调查过程中,需要充分了解可能引起测量误差的相关因素,并采取相应措施。

(一) 与访员在场相关的访员效应

很多研究发现访员的在场会导致偏差性的回答,这种偏差与访员的个体特征没有关系。研究者经常采用对比访员收集数据和自填问卷收集数据的方法来探讨此类偏差。对敏感问题而言,访员的在场更容易对受访者的回答产生影响。访员的"社会存在"使得受访者在回答问题时更多地考虑到社会规范,遵从社会规范的压力促使受访者选择隐瞒真实情况,从而造成研究对负面性后果的低估,由此产生的偏差经常被视为是系统性的和难以避免的。

在 CAI 模式下,可以借助计算机辅助自助语音访问系统解决因访员在场而产生的敏感题和隐私题测量误差问题。计算机辅助自助语音系统是在 CAI 模式基础上发展起来的一种新技术,这项技术将问卷中的敏感问题通过语音转换软件嵌入访问系统。访员在问到此类问题时,需要根据系统提示将电脑转交给受访者。受访者在回答问题时,通过耳机收听计算机播放的题目录音,自行输入答案完成访问。整个过程由受访者独立完成,访员不参与并且不能浏览受访者提供的信息。这种方式已经在多个国家被应用于酒精和毒品使用、性行为、家庭暴力等敏感度较高的调查中,并且被证实能够提高敏感问题的报告率。

(二)与访员特征相关的访员效应

访员的特征可能会影响受访者对问卷中特定问题的回答。当某些问题与访员的某些特征有关时,访员的这些特征甚至会对受访者的回答产生直接影响。具体来说,访员的特征如年龄、性别、种族等对某些特殊主题的调查会产生影响。例如,在关于反犹太主义态度的问卷调查中,当访员的名字里含有常见的犹太姓氏或者外貌有明显的犹太人特征时,受访者表达反犹太主义观点的比例会降低。同样,在关于非裔美国人的调查中,如果访员恰好是非裔美国人,白人受访者会更少地表达出敌意或对非裔美国人的恐惧。[1] 此外,受访者会根据访员社会阶层的不同而对收入状况问题给出不同的回答,比如依靠救助金生活的受访者面对来自本社区外的中产阶层访员时,会如实地回答自己的收入状况,而面对与他们社会人口特征相似的访员时,则可能不会把收入状况回答得很精确。[2]

在美国,访员特征可能与种族相关;在其他社会,可能会跟语言、民族、社会经济特征或年龄相关。当调查中的问题与某些访员特征有关时,受访者倾向于根据访员的特征来做出判断和回答。但是在很多情况下,很难判断应该选择与受访者社会属性相似还是相反的访员,因此,在实地调查中最好的方法也许是随机安排访员,以此来减少访员自身特征带来的误差。

---

[1] S. Hatchett and H. Schuman, "White Respondents and Race-of-interviewers Effects," *Public Opinion Quarterly*, Vol. 39, No. 4, 1975-1976, pp. 523-528.

[2] C. Weiss, "Validity of Welfare Mothers Interview Response," *Public Opinion Quarterly*, Vol. 32, No.4, 1968-1969, pp. 622-633.

(三）与访员经验相关的访员效应

访员的调查经验对于访问质量而言是一把双刃剑，可能会对调查结果产生两种作用：一种是比较积极的作用，有经验的访员掌握更好的入户技巧和与受访者沟通的技巧，更可能获得较高的应答率和合作率；另一种是比较负面的作用，调查经验的增加可能让访员掌握更多的规避核查、付出较少努力获取数据的方法，可能会降低访问质量。

在美国国家药物使用与健康调查（National Survey on Drug Use and Health, NSDUH）中，研究结果显示，有经验的访员较之没有经验的访员汇报了更少的毒品使用情况。更有数据表明，访员参与 NSDUH 的经验越丰富，收集到的毒品使用状况越少。即使在没有经验的访员组内，随着完成访问数量的增加，其数据中毒品使用状况的汇报也会减少。① 另有一项研究表明，访员完成更多的访问后，得到的精神健康症状报告会更少。②

从以上研究中可以看出，访员的经验会对数据质量造成影响。那么，是何种因素促成了这种影响？这种影响是不是都是负面的？一种观点认为，有经验的访员由于对问卷非常熟悉，可以引导受访者选择能够捷径跳转的题目，以此来减少访问工作量。此外，调查经验丰富的访员可能在与受访者的互动中有意缩减题目所传递的信息，以减少受访者思考的时间。也就是说，在严格按照执行标准进行访问方面，有经验的访员会模糊固定标准，按照自己对问卷的理解进行访问。与前一种观点不同的是，另一种观点认为有经验的访员可能更好地掌握与受访者沟通的技巧，在访问过程中通过技巧性发问和追问可以获得更准确的信息。在敏感题和困难题上，有足够经验的访员可能会获得更高的回答率。

访员经验是否会给访问质量带来正面的影响效果，关键取决于对访员的管理方式和监督手段。如果通过培训和日常督导，能够为访员确定清晰、可操作且易于监督核查的访问规范，能够强化有经验访员对项目价值、意义的认知和认同感，增强其作为项目一员的责任感和使命感，能够通过实时数据

---

① R. Groves et al., "Experiments in Producing Nonresponse Bias," *Public Opinion Quarterly*, Vol. 70, No. 5, 2006, pp. 720-736.

② H. Matschinger et al., "An Analysis of Interviewer Effects on Screening Questions in a Computer Assisted Personal Mental Health Interview," *Journal of Official Statistics*, Vol. 21, No. 4, 2005, pp. 657-674.

清理和有效的核查手段,发现访员访问行为和规范问题,并及时给予反馈和指导,那么,可以相信访员经验的增加能够在提高合作率、减少测量误差方面发挥正面作用。

(四)与访员态度相关的访员效应

在一项调查开始之前,大多数受访者对于如何接受访问、如何回答问题是没有概念的。在访问过程中,影响受访者参与访问态度的一个重要因素就是访员通过言语或肢体语言表现出来的对于调查的态度。简单来说,访员的态度会影响到受访者的态度,进而影响受访者对问卷的回答。

为什么有些访员能够让受访者汇报更多更真实的信息?有学者进行了研究,对接受过健康调查的受访者进行回访,回访内容主要包括:访员在访问过程中所表现出的态度,即访员是很想得到"准确答案",还是仅希望得到"一般的想法"。同时,对访员也进行回访,询问他们在访问中是优先考虑"准确性",还是优先考虑"效率"。研究结果显示,受访者回答访员是想得到"准确答案"而不是"一般的想法"的,更可能给出真实的回答。而访员对自己在访问中优先考虑事项的认知与受访者对其做出的评判有显著相关性,认为自己的工作优先考虑"准确性"的访员,得到的受访者评价也更多是想获得"准确答案"。[①]

访员对于访问工作的态度和在受访者面前表现出来的态度会直接影响受访者对调查的认知,进而决定受访者参与调查的态度、配合程度和回答问题的真实性。这种访问过程中访员与受访者之间的互相观察、认知、判断和互动会对调查进程和结果产生较大影响,并最终影响数据的质量。

二、减少访员因素造成误差的方法

在访问过程中,如何标准化访员的行为,如何控制访员在受访者面前表现出来的行为差异,如何减少访员行为差异造成的数据偏差,已成为众多学者关注的话题。为了尽量减少访员因素对访问数据的影响,保证访员行为在数据收集过程中的稳定性和一致性,研究者至少需要关注三个方面:问卷设

[①] F. Fowler and T. Mangione, *Standardized Survey Interviewing: Minimizing Interviewer-Related Error* (Beverly Hills, CA: Sage Publications, 1990), cited from Robert M. Groves et al., *Survey Methodology*, 2nd, New Jersey: John Wiley & Sons, Inc., 2009, p. 300.

计、访员访问过程控制和访员管理方法。

(一) 问卷设计:减少访员效应对数据的影响

问卷设计在很大程度上决定了访员是否有足够的机会产生访问行为偏差。如果问题设计得很容易理解,就会得到受访者快速且准确的回答。反之,如果问题设计得让受访者感到难以理解,就需要访员进行更多的解释和追问。在这种情况下,访员对问题的理解能力、解释技巧和追问能力会在很大程度上影响受访者的回答。

有学者对问题设计和访员行为之间的关系进行了研究,非常直接的结论是:越是需要访员追问、解释才能获得回答的问题,所获得数据的准确性越多地受访员因素的影响。另外一个结论是:需要记录描述性答案的开放式问题越多,越依赖访员的追问和记录能力,访员效应对访问质量的影响就越大。① 这些研究结果表明,减少访员因素造成误差的一个重要手段就是设计高质量的问卷问题。好的问卷问题,应该在两个方面有所体现:一是题干内容表述非常清晰,当访员读题时受访者能够快速理解并给予明确的答案;二是题意要明确,对于想要受访者回答的内容要表达清楚,让受访者知道题目想要问什么以及该如何回答。

另外,需要注意的是,在问卷设计阶段需要进行大量测试和预调查工作。通过收集测试和预调查过程中访员及受访者的反馈、分析测试数据,可以发现哪些问题需要访员一再进行解释才能让受访者理解、哪些问题在逐字逐句念出时容易被受访者打断、哪些问题让受访者不知道该如何回答、哪些问题让不同的受访者产生不同的理解并给予不一致的回答、哪些问题需要访员进行追问才能获得回答、哪些问题的发问方式容易引起受访者的反感和不配合态度等。根据这些总结和分析再进一步修改问卷,能够在很大程度上减少访问过程中问卷设计问题导致的误差。

(二) 访员访问过程控制:标准化、规范化

访员的访问行为和规范也会在很大程度上影响到访问质量。早在20世纪70年代,坎内尔(Cannell)和其他学者共同展开了一系列研究并尝试使用

---

① T. Mangione and F. Fowler, "Question Characteristics and Interviewer Effects," *Journal of Official Statistics*, Vol. 8, No. 3, 1992, pp. 293-305.

多种方法标准化访员的访问行为[①]：

一种方法是让访员放慢语速。访员的语速可能会影响到受访者对访问的认知和态度，如果访员语速很快，会给受访者带来访员想尽快结束访问的感觉，并配合其快速完成访问。坎内尔很重视访员放慢语速的重要性，并做了这一方面的实验，但目前还没有明确证实访员语速一定会对访问质量产生影响。

另一种方法被称为"系统强化"。这种方法在数据收集中显示了较好的结果。在实验中，坎内尔要求访员对受访者的行为给予相应反馈。比如在访问过程中，如果受访者表现得非常积极，能够提供详尽的答案，则要求访员给予受访者正面的回应。相反，如果受访者不经思考就回答问题，访员应该提醒受访者多思考一下题目并提供准确信息。在很多此类实验中，通过强化受访者的配合行为能够提高访问质量。

再一种方法是通过程序化的指导来提高数据质量。在实验中，访员需要读一段标准化的说明语给受访者听，希望受访者能耐心应答并提供更精确的数据。在整个访问过程中，访员定时重复传达这段说明。通过程序化的指导，标准化的要求得到了较好的贯彻执行，数据质量会显著提高。

还有一种方法是让受访者"做出承诺"。这可能是坎内尔实验中最有创造性的一个。在这些研究中，在受访者同意接受访问并回答了一些问题后，访员会暂时停止访问并要求受访者签署一份承诺书，承诺提供最准确的信息。如果不签署承诺书，访问将不会继续进行。有人担心这种方法会让很多受访者拒绝签署，调查的回答率可能也随之大幅下降。但事实上，几乎所有的受访者都同意签署，而且从收集到的数据的质量上看，签署了承诺书的受访者明显比没有签署的访问质量要高。

访问过程的标准化对受访者行为会产生影响，标准化要求使受访者更加清楚研究者的预期，同时也激发了受访者提供准确数据的意愿。当访员对受访者持续提出访问标准和要求时，也会促进访员行为的标准化，能在一定程度上减少由访员引起的误差。坎内尔提出的上述方法对于促进访问标准化、规范化、强化访员和受访者之间的互动关系、促使访员引导受访者按照标准给予更详细和真实的回答是非常重要的，也是很具启发意义的。

[①] 罗伯特·M. 格罗夫斯等：《调查方法》（邱泽奇译），重庆大学出版社 2017 年版，第 243—244 页。

虽然对于访员哪些行为更有利于提高访问质量尚未有系统的研究,但从已有研究中仍可以总结出一些普遍适用的原则:专业性、逐字提问、适时追问和如实记录。

访员在访问过程中应该与受访者建立何种关系以保证受访者既感到舒服又愿意给予准确回答一直是学者们讨论的问题。是应该保持一种熟悉的、亲密的关系以获得受访者的信任,还是保持专业、中立的态度让受访者感受到访问的专业性和正规性?对此,研究结果各有偏向,并没有一致的结论。从理想类型上看,热情又专业的关系是最好,但达致这种关系是非常不容易的。对此,只能对访员提出一些相关的建议,如在访问过程中尽量避免就问卷问题进行谈论或表达自己的观点,以免对受访者的选择产生影响;尽量避免过多地透露自己的个人信息、倾向或价值观,以免受访者根据访员的特征来进行问题的判断和选择;可以通过闲聊来拉近关系,但闲聊的内容尽量不要跟问卷问题相关;访问过程中更多的时间应该放在访问任务上,应该对问题或回答保持中立态度。虽然尚未有足够的量化证据来证明访员与受访者的亲密程度、访员在访问过程中表现的专业化程度对访问质量有影响,但是访员在获得受访者信任的基础上尽量减少个人因素对受访者回答的影响、专业而不失热情地完成访问是各调查机构一致认同的标准。

逐字念出题目内容是标准化访问流程最基本的也是最被普遍认可的原则。尽管有些研究证明有些改变不会影响数据结果,但更多的研究表明读题内容的改变,会潜在影响到调查结果。如果不和访员强调逐字逐句读题的重要性,就可能使访员产生可以根据自己的理解进行提问的误解,并由此带来影响访问质量的访员相关误差。

在受访者做出回答后,如果答案不够清晰或受访者误解了题意,访员需要及时追问或者重新读题以提醒受访者注意。需要进行追问的情形大致包括:受访者给出的答案不在选项范围内、受访者的回答不够精确(尤其是需要回答准确数字的题目)、受访者的回答模棱两可、受访者误解了题意或对题目理解有偏差。在这种情形下,访员需要给出解释并进一步追问。需要注意的是,在追问时不能直接猜测受访者的意图并给予引导,而是要在澄清题意的基础上,鼓励受访者给出更准确的答案。

如实记录受访者的回答,不对答案做任何主观解释或推论也是非常重要的。如果认为受访者的回答不合逻辑,可以在追问过程中进行核实,而不能在填写答案时根据自己的理解对受访者的答案进行纠正。在填答错误的发生率上,计算机辅助调查要比纸笔调查低,这主要是逻辑控制和值域控制发挥了很大作用,但这样仍然无法彻底避免录入错误的问题。同时需要注意的是,很多调查都会有这样一类题目:记录受访者的描述,并进一步进行编码选择。如果此类题目的分类比较复杂或互斥性较差,由访员现场编码容易带来很多错误。由访员现场记录受访者回答,之后由专业的编码员进行编码,是减少访员现场编码错误的一个较好的方法。

就标准化的访问流程而言,学者们也有不同的意见。主要的争论焦点是:是否可以给予访员一些灵活性,让访员可以根据受访者的特点对发问方式进行调整?标准访问是否让访员和受访者之间的沟通变得生硬、令人烦躁?实际上,如果访员经过良好的培训,能够很好地理解每个问题的题意和设计目的,是可以在受访者遇到理解困难的时候给予一定的灵活解释的。这种灵活性不但不会产生访员误差,反而会提高访问质量。

(三)访员管理方法

在任何一项调查中,只要有访员的参与,都无法避免访员效应对调查结果和访问质量的影响,但这并不意味着完全无法缓解或消除访员带来的误差。通过访员管理手段,可以在一定程度上控制访员因素发挥作用的范围,并降低由此产生的误差。相关的管理内容包括:访员选择、访员培训、访员监督和访员工作量安排。

就访员的选择而言,招聘"正确的"的访员是保证访问质量的关键。但何为正确的选择?是否在性别、年龄、婚姻状态、受教育程度、工作经历、目前职业等方面有特别的偏向?对此,学者和调查机构并不能给予一个明确的答案。换个角度看,由于调查工作的特点,可供选择的潜在访员并不是很多。调查工作需要应聘者识文断字、善于沟通、吃苦耐劳、坚忍执着、普通话和方言兼通、有足够时间完成任务、愿意在晚上和周末开展工作。如果是计算机辅助调查,还需要应聘者有较好的计算机操作技巧和文字输入能力。就满足这些条件而言,既让项目组满意又让应聘者对项目满意并非易事。就北大中国社会科学调查中心项目实施的经验而言,执行团队更愿意选择闲暇时间较多、认真踏实、认同项目价值、能够长期参与项目的访员,而不会在应聘者的基本特征上过多纠结。

访员培训的时间和质量直接决定数据的质量。从时间上看,培训过于仓促会严重影响访员在实地调查过程中的表现。有学者在研究中将新招聘的访员随机分为四组,分别培训半天、2天、5天、10天,培训内容包括逐字逐句念题、追问、记录答案、互动中保持中立等。研究结果表明,只接受过半天培训的访员的表现明显不如其他访员,培训时长在访员读题规范性、追问技巧方面发挥的作用都是显著的。[①] 培训时长是保证访员能够扎实掌握访问技巧、深入了解问卷设计目的和问题准确含义的关键。除此之外,培训课程的设置和培训质量是决定访员培训效果的另一个重要方面。就一般的调查项目而言,在培训内容设置上应该包括项目介绍、访员技巧和规范、问卷内容详解、课堂分组练习、质量控制流程、执行流程、模拟测试、实地入户训练等多个方面的课程。从培训质量的保障措施上看,培训之前的讲义准备要充分、培训期间要时刻注意访员的课堂表现和反应、及时对态度消极的访员给予提醒、督导陪同访员参与培训、每天给接受较慢的访员以特别指导等。只有保证培训时长和培训质量,才能在较大程度上避免访员在实地工作中可能产生的各种问题。

在调查过程中,对访员的行为进行指导和监督是保证访问质量的重要环节。在纸笔调查中,为了及时了解访员的访问行为和数据的质量,督导需要实地跟随多个访员进行监督和问卷的检查工作,但这也只能解决一部分访员的访问行为问题和问卷质量问题。在计算机辅助调查中,可以采取多种手段对访员进行监督,如录音、拍照、键盘回放、监控采访时长等。由于访问数据需要每天上传,数据部门和核查部门可以每天检查访问质量,并在访员开始新的访问之前就给予反馈,提醒访员按照访问规范进行访问。北大中国社会科学调查中心调查实践表明,在访问过程中及时监督和指导访员,对于减少不规范的访问行为、提高访问质量有明显效果。

访员的工作量也是影响访员行为和访问效果的重要因素。在不同的工作量安排下,访员会表现出不同的行为。与此相关联的一个因素是访问期限,即便访问量不大,但如果时间紧迫,同样会影响到访员的访问行为。有学

[①] F. Fowler and T. Mangione, *Standardized Survey Interviewing: Minimizing Interviewer-related Error*, Baverly Hills, CA: Sage Publications, 1990, cited from Robert M. Groves et al., *Survey Methodology*, 2nd, New Jersey: John Wiley & Sons, Inc., 2009, p.316.

者认为,对于同一个调查,如果多次重复提问、追问、讲解,会使访员在访问过程中产生厌倦感,并因此产生漏问、诱导、捷径跳转的问题。一般而言,访员在第 10 份问卷时会达到技巧最佳状态,而到第 35 份问卷时会产生调查质量下滑的问题。[1] 而执行团队在调查实践中也发现,访员在完成 25 户左右的调查任务量后,普遍会出现疲惫和厌倦的情绪,进而影响到访问时发问和追问的积极性。访员访问质量下滑临界点的研究还需继续深入,但已被学者们认可的事实是,应该给访员安排适当的工作量,在成本预算许可的范围内,招聘足够的访员,尽量减少工作量和工作时间给访员造成的压迫感。

第四节 访问情境的影响和控制

在社会调查实地执行过程中,访员、受访者作为调查参与者处于特定的访问场景之下。同时,访员和受访者还会围绕问卷的提问、回答、确认等展开互动,有时候互动的范围还会扩展至在场的其他人。我们将访问场所、访问参与者及访问所涉及的各主体之间的互动统一概括为访问情境。调查自始至终都处在特定的访问情境下,调查质量会受到访问情境的影响。

一、访问情境的构成

访问情境主要由两方面构成:一是访问硬环境,即访问时的客观外在环境,如访问场所(受访者家中、室外的开放场所、营业场所等);二是访问软环境,即参与访问的主体(访员和受访者)所营造的环境,如访员在访问中的态度、语速、沟通技巧,受访者的理解能力、对调查的配合程度、对调查的兴趣等。

无论是硬环境还是软环境,均有可能给受访者带来"环境压力"。环境压力是指访问环境中的在场人员(如访员,以及亲友、邻居、村/居干部等其他人员)或者其他客观因素(如嘈杂的、寒冷的场所等)可能给受访者做出准确回答带来的压力。

(一) 硬环境

硬环境主要指受访者接受访问时所处的场所。例如,受访者家中、室外

---

[1] 边燕杰、李路路、蔡禾:《社会调查方法与技术:中国实践》,社会科学文献出版社 2006 年版,第 161—191 页。

的开放场所(如路边、院子里、楼道等)、营业场所(如茶室、餐厅等)。根据隐私程度的不同可将访问场所分为"受访者家中"和"非受访者家中"两类。不同类型访问场所的"隐秘性"不同,给受访者带来的压力不同,应答率和答案效度也可能会受到影响。

多数调查都强调要在受访者家中进行访问,要求访员对受访人单独进行访问。室外的访问场所多是在农忙季节应受访者要求而选择的,这种场所无法避免周围有人经过或者围观。选择营业场所作为访问地点的情况比较少。在追踪调查中,由于知道受访者是谁,也知道其联系方式,预约访问的时候可以尽量要求约在受访者家中。

此外,硬环境中的场所氛围是嘈杂的还是安静的、寒冷的还是温暖的等,都会影响到访问过程以及受访者的回答。例如,在寒冷的冬天站在居民家门口或者楼道里进行访问,对于访问质量会产生影响。

(二) 软环境

影响社会调查质量的软环境由访员和受访者共同构建。其中,"访员环境"主要体现为访员的个人特征及其访问行为;"受访者环境"则主要体现为受访者的个人特征,以及受访者对调查的态度,如对调查的配合程度、对调查的疑虑程度、急于结束调查的程度等。此外还有"互动环境",即访员和受访者在访问过程中形成的氛围和关系。有研究从心理学的角度提出受访者作答的四阶段模型,即受访者在接受访问时要经历理解(comprehension)、检索(retrieval)、判断(judgement)和作答(response)四个阶段[①],在其中任何一个阶段受访者和访员的互动行为都会影响到受访者对题目的作答。

(三) 环境压力

无论是硬环境还是软环境,均有可能给受访者带来"环境压力"。这种压力来源于受访者保护自己隐私、遵循社会道德规范、规避风险的需求。

从硬环境来看,如果访问现场有村/居干部在场,在回答对村/居委会工作评价这类问题的时候,多数人会担心负面评价可能给自己带来麻烦从而隐瞒真实的想法。访问场所如果是嘈杂混乱的,不仅会影响受访者的回答,而且会影响到访员的提问。环境压力导致受访者要么隐瞒自己的想法,要么匆

---

① R. Tourangeau, L. J. Rips, and K. Rasinski, *The Psychology of Survey Response*, New York: Cambridge University Press, 2000, pp. 358-359.

匆忙忙不经过思考作答以求尽快结束访问,甚至直接中断访问。

从软环境来看,访员和受访者的特征会构成一种环境压力。例如,一个女性受访者如果面对男性访员,而访问又涉及较隐私性的身体健康状况类题目时,受访者可能倾向于不回答。如果访员和受访者共同营造的问答氛围是互相信任、友好而轻松的,那么不仅受访者的回答压力会减少,其认真回答的程度也会增加。

二、访问情境对调查质量的影响

构成访问情境的各种因素都会在不同程度上对调查数据质量造成影响,例如无应答率、敏感题目和社会期许题目的真实答案、问卷后半部分题目的答题质量等。由于敏感题目和社会期许题目的作答极易受访问情境各因素影响,因此,从调整访问情境的角度提高这两类题目的应答率和作答真实性,对改进调查数据整体质量起到关键作用。

(一)对无应答率的影响

从访员构建的软环境来看,英国家庭追踪调查(the British Household Panel Survey, BHPS)发现,有访问经验的访员相比没有访问经验的访员有更高的应答率。另外,访员年龄对无应答率存在显著影响,访员年长于受访者可以显著减少出现"不知道"答案的可能性。[1] 有研究者使用欧洲社会调查(European Social Survey)连续两年的比利时的数据,发现受访者和访员在年龄、性别方面的相似性可以显著降低题目拒答的比例。[2]

从受访者营造的软环境来看,有针对网络调查的研究指出,受访者在填写问卷的同时做其他事情的多任务行为(multitasking)会影响到问卷作答的每个环节,如读题不全导致理解不清、没有进行充分的回忆、思考不全面和填答不准确。[3] 对北大中国社会科学调查中心项目数据进行分析的结果显示,配

---

[1] P. Campanelli and C. O'Muircheartaigh, "Interviewers, Interviewer Continuity, and Panel Survey Nonresponse," *Quality & Quantity*, Vol. 33, No. 1, 1999, pp. 59-76.

[2] Anina Vercruyssen, Celine Wuyts, and Geert Loosveldt, "The Effect of Sociodemographic (mis) match between Interviewers and Respondents on Unit and Item Nonresponse in Belgium," *Social Science Research*, Vol. 67, 08 Mar 2017, pp. 229-238.

[3] C. K. Kennedy, "Nonresponse and Measurement Error in Mobile Phone Surveys", Unpublished doctoral dissertation, 2010.

合调查意愿强、对调查疑虑较低的受访者无应答率较低,隐瞒真实想法的可能性也更小。此外,受访者的理解能力和配合程度对无应答率的影响也十分显著,相对于受访者理解能力"很好"的情况,受访者理解能力越差,无应答率就越高。分析还发现,在控制了访员因素的情况下,亲友/家庭成员在场比没有其他人在场更可能导致无应答。

(二)对社会期许回答的影响

社会期许会导致受访者在回答问题时的欺骗行为。① 针对社会期许偏差的研究表明,更高的社会期许会导致受访者在作答时汇报更少的抑郁症状、更少的毒品使用和更低的酗酒测试(Alcohol Use Disorders Identification Test, AUDIT)得分等。② 在面对存在社会期许的题目时,如是否在公共场所抽烟、是否闯红灯等,受访者会为了满足社会期许而做出不符合实际的回答。这种偏差严重影响了这类题目的效度,导致据其计算的一系列统计指标的偏误。提问这类涉及社会一般规范的题目时,受访者面对访员的压力或者其他在场人员的压力,更易隐瞒其真实的行为或想法,导致社会期许偏差扩大。

(三)对敏感题的影响

除了社会期许,涉及隐私的敏感题目的作答也会受到访问情境的影响。对于私人的财产情况、婚姻状况、性行为,或者企业的偷税、漏税情况等,受访者往往不愿意在公开场合作答,或者会给出与实际情况不相符的答案,从而导致拒答或答案效度的下降。CFPS 项目问卷也涉及隐私性题目,如针对 6—16 岁少儿的问卷中的题目"你有男/女朋友(恋爱关系)吗?(1.现在有;3.有过;5.从未有过)"。此类敏感题目的作答情况会受到访员在场、访问场所、其他人在场等访问情境因素的显著影响。

(四)对题目内容效度的影响

有些问卷调查涉及专业词汇和概念,如果受访者不认同调查的意义,或者对调查项目存在疑虑,就不会花时间去理解专业词汇的含义,其提供的回

---

① A. J. Nederhof,"Methods of Coping with Social Desirability Bias: A Review," *European Journal of Social Psychology*, Vol. 15, No. 3, 1985, pp. 263-280.

② C. A. Latkin et al., "The Relationship Between Social Desirability Bias and Self-reports of Health, Substance Use, and Social Network Factors Among Urban Substance Users in Baltimore, Maryland," *Addictive Behaviors*, Vol. 73, 2017, p. 133.

答内容可能与问卷设计者所想要测量的内容不符,或者出现较多的无应答,导致这类题目的测量偏差。例如,2016 年 CFPS 家庭经济问卷中的题目"您家现在是否持有金融产品,如股票、基金、国债、信托产品、外汇产品等?"的单题无应答率达 5%。这道题目涉及专业的金融知识,需要受访者对题目提到的股票、基金、国债、信托产品、外汇产品等概念有所了解,否则会导致拒答。另外,虽然问卷中给出了题目所涉及专业概念的详细解释,但是由于概念比较复杂,解释文字太长,访员在实际访问中很可能不愿意花费时间向受访者解释,导致受访者在该类题目上的拒访。

三、访问情境效应的控制方法

(一)从问卷设计角度减少环境压力

1. 基于调查对象特征设计题目提问方式

由于调查数据质量会受到受访者年龄、性别、理解能力、受访态度等因素的影响,因此,若要改进调查质量,可以考虑针对不同类型的受访者改进访问方式。例如,对于理解能力有限的青少年或者受教育程度相对较低的农村老年人,可以采用偏口语化的题目表述,对于题目中较为专业的词语也要提供浅显易懂的解释。

2. 按照题目难易程度安排访问顺序

对于访问耗时较长的问卷,可以根据题目的难易程度或复杂程度进行排序组合,交错提问难易程度不同的题目,以避免集中提问难度较大、拒访率较高的题目而影响后面题目的作答,进而影响整份问卷的无回答率。

3. 针对敏感题目和社会期许题目的访问设计

敏感题目的真实数据一般较难获得,这更加凸显了敏感题目的价值。社会期许"掩藏"之下的人们的真实行为偏好(如抽烟、喝酒等)对研究者来说具有更大的价值。这两类题目由于从本质上来说涉及受访者隐私,因此很难通过改进提问方式的途径来提高回答质量,可以从减少客观环境对受访者的影响的角度,改进访问设计。

(1)随机化回答技术。

美国统计学家沃纳(Warner)认为题目作答的隐私性越强(甚至访员不在场),受访者的合作意愿越强。例如,如果想要获知一个群体中 A 类人和 B 类人的比重,则由群体中抽取的受访者私下自行转动一个指针(该指针指向 A

的概率为 p，指向 B 的概率为 $1-p$），之后受访者仅需回答自己是否在指针指向的组中，假定这些回答都是真实的，这种方法最终可使用极大似然估计法估算群体中 A、B 两类人所占的比重。①

沃纳方法在一些国内文献中被称为随机化回答技术（Randomized Response Techniques，RRT），这种方法通过充分保护受访者的个人隐私，消除受访者如实作答的疑虑，从而提高了敏感题目答案的准确性。根据这一方法的原理，可以对各种类型的调查的问卷设计进行相应的改进。

（2）卡片访问。

对于需要准确获得每一个受访者回答的调查而言，沃纳方法并不适用，此时可以退而求其次，将敏感题目集中显示在"自答"卡片上，由受访者自行浏览题目并给出答案，这样可以在一定程度上减轻由访员访问带来的压力。

（3）语音自助访问。

在卡片访问基础上进一步削弱访员影响的方法是采用语音自助访问，将提前统一录制的题目录音内嵌在访问系统中，受访者佩戴耳机自行听取录音后填答问题。访员仅需协助受访者填写样本编码，待受访者自行填答完毕后提交即可。在这一过程中，访员对敏感题目的作答情况是完全不知情的，从而消除了访员对受访者的影响。

（二）构建良好的访问情境

1. 选择适宜的访问场所

尽量由访员对受访者单独进行访问。对于包含敏感题目的问卷，尽量避开家人或其他围观者。对于存在社会期许的题目，则尽量在受访者家中单独进行访问，以避免公共场所的其他人给受访者带来社会期许压力。

2. 建立相互信任的访问环境

有研究指出，尽管访员需要按照科学的标准收集数据，但是访问的有效性在很大程度上有赖于他们所表现出来的"人性关怀"。② 在进行访问培训时，需要提醒访员注意访问时的语调、语速，充分展现对受访者的关心和尊

---

① S.L. Warner, "Randomized Response: A Survey Technique for Eliminating Evasive Answer Bias," *Journal of the American Statistical Association*, Vol. 60, No. 309, 1965, pp. 63-69.

② Derrett Sarah and Colhoun Sarah, "Being a Quantitative Interviewer: Qualitatively Exploring Interviewers' Experiences in a Longitudinal Cohort Study," *BMC Medical Research Methodology*, Vol. 11, No. 1, 2011, p. 165.

重,建立良好的沟通氛围。另外,可由使用项目数据进行研究的学者向访员介绍研究的开展情况,使访员对调查项目有更加深入的了解,并能够在访问过程中向受访者准确传递项目的意义和价值,激发受访者的社会责任感和成就感,获得受访者对项目研究的认同和支持。

3. 张弛有度的访问节奏

在访问过程中,受访者可能因为访问时长过长出现倦怠、拒访或做出不准确的回答。在营造良好沟通氛围的基础上,一些问卷较长的调查,可以通过调整访问节奏来减少受访者答题的倦怠感。通过预调查或问卷测试的方式,预先了解整个访问过程中受访者的心理感受,判断出容易让受访者感到疲惫或厌倦的题目和时间点,提醒访员在问到这些题目或进行到这些时点时做一些调整,如稍做休息,或使用轻松口吻调解一下气氛,或对受访者情绪进行安抚等。

4. 开展系统的访员培训

项目组需要及时对降低问卷应答率和答案效度的原因进行总结、分类,建立系统的应对机制,并对访员展开相应的培训。在实地访问中,有的受访者对入户访问的不信任程度较高,访员可以通过培训中掌握的技巧,与受访者攀谈拉近距离,耐心介绍调查项目的意义,说服受访者接受访问。在访问过程中访员的专业态度以及按照培训的规范读题、追问和对关键词做出解释,能够激发受访者的责任心,提高受访者的合作程度,确保访问数据的准确性。关于访员培训的详细内容,参见第三章第四节。

5. 建立质量评估标准

基于研究目的和问卷题目性质建立评估访问质量的指标,如项目无应答率、重点监测题目的无回答率、敏感题目的作答情况以及每道题目的平均访问时长等,在访问过程中通过数据实时监测和及时反馈,督促访员改进访问行为。

(三) 采集访问情境数据进行分析

由于访问情境会影响受访者对敏感题目和社会期许题目的应答率和回答有效性,因此对访问情境的深入研究会对改善调查质量发挥重要作用。访问情境数据的采集,可考虑综合访员观察和受访者评价两种数据。

1. 访员观察数据

（1）对受访者特征的观察。

受访者特征包括性别、年龄、健康状况、普通话熟练程度、外貌、衣着整洁度、理解能力、表达能力、智力水平、对调查的接受程度、对调查的怀疑程度和回答可信程度等。

（2）对敏感题目、社会期许题目和涉及专业词汇题目作答的观察。

对于敏感题目、社会期许题目和含有专业词汇的题目这三类题目，可以分别选择1—2道典型题目，由访员记录所观察到的受访者的疑虑程度、配合程度和回答的可信度等，用以评估访问情境对这些题目的应答率和答案效度的影响。

（3）对在场其他人的观察。

访问时如有其他人在场，则由访员对其进行观察，收集如其他在场人员与受访者的关系、年龄、性别、对调查的疑虑程度、对调查的感兴趣程度以及是否对访问进行干扰等信息，据此分析有其他人员在场的各种情况对数据质量的影响。

（4）对访问场所的观察。

由访员观察访问场所的情况，例如是否是受访者熟悉的生活环境（如受访者家中、受访者所在小区、受访者住所附近的公共场所等）、人群是否密集、是否喧闹、环境舒适度等。对受访者来说，不同的访问场所具有不同程度的隐秘性和安全性，最终会影响调查访问的数据质量。

2. 受访者评价数据

（1）受访者对调查项目的评价。

在访员向受访者介绍调查项目的基本情况之后，请受访者对调查项目的价值做出初步评价。另外，还可考虑在访问结束后再次询问受访者对调查的评价，并据此改进访员向受访者介绍调查项目的方式，提高受访者的接受度。

（2）受访者对访员的评价。

在完成问卷访问并由访员填完有关的观察题目之后，由受访者自行填写和提交对访员的评价，例如访员的语速、耐心程度、认真程度、亲和力等，用以分析访员的访问态度对数据质量的影响。

（3）受访者对题目的评价。

除了收集访员的观察数据，还可考虑由受访者评价回答敏感题和困难题时的疑虑程度、感兴趣程度、作答难度等，以了解题目的设计对受访者作答的影响。

（4）受访者对访问环境的评价。

在访问结束后，可由受访者自行填答并提交其对访问环境的评价，如有其他人在场时，其作答受到多大程度的干扰，在受访过程中是否感受到压力和紧张，以及负面感受主要是由访问情境中的哪些因素引发的。根据分析结果可以提出通过改善访问情境来提高访问数据质量的方法。

访员、受访者、访问场所、访问时在场的其他人等构成访问情境，会对访问过程各个环节产生影响，最终影响访问数据质量。其中，敏感题目和社会期许题目的无应答率和答案效度对访问情境最为敏感。对此，可以考虑改进问卷设计和控制访问情境压力，避免访问情境对访问数据质量造成负面影响。除此之外，还可在访问的同时收集有关访问情境的数据，供进一步分析使用。

第五节 访员及受访者激励

研究表明，访员和受访者激励措施会对调查应答率和数据质量产生影响，需要根据调查项目的资金状况和实施特点，设计科学合理的激励方法。本节主要介绍访员和受访者激励的设计方法、适用环境和效果。

一、访员激励

访员激励制度的本质是对访员创造性、积极性和主动提高自身能力的动力的有效调动。在执行期间及时给予访员有效的激励是非常必要的。需要注意的是，对于有一定规模的调查机构而言，激励不应该是"一锤子买卖"，需要长远考虑访员个人发展以及访员资源的可持续利用和挖掘。

（一）全职访员

在全职访员的激励上，要注意用精神激励和物质激励两种手段提升访员的工作动力。

1. 科学的职业规划

在访员职业规划上要体现个人价值，在全职访员队伍里，骨干访员往往充当督导助理的角色,也更有机会晋升为督导。与职业规划相对应,在薪酬设计上也要体现科学化和公平性,让访员切实感受到付出更多可以收获更多,切忌薪酬平均化。

2. 合理的薪酬体系

对于全职访员,薪酬会根据其工作能力、承担的职责、任职的时间长短和对项目的贡献等诸多因素进行评估。按照评估结果进行定级,并在薪酬上体现合理差距,激励访员向骨干访员、督导助理、督导等岗位努力。

3. 完善的考核制度

根据调查机构发展规划和相应的职位要求,在有明确的晋升机制的同时,需要给每个职位的职责和权力做清晰界定,让每个访员对工作任务、工作目标和考核标准有明确的认识。访员职位最重要的考核指标是时间、数量和质量,要求访员在规定的时间内高质量地完成访问任务。如果访员担任督导助理职位,其考核指标要增加组织管理能力、应变能力和财务管理能力。

4. 良好的工作氛围

良好的工作环境和团队协作氛围是吸引访员的重要因素。因此,营造人际关系融洽、团队合作愉快的工作氛围是非常必要的。在非调查季,可以定期举办一些文体娱乐活动,例如组织趣味运动会、集体拓展项目、集体生日会等,以达到增进访员与督导以及其他部门同事的感情、增强访员机构归属感的目的。

5. 舒适的软环境

优秀的团队文化、良好的机构形象,加上人性化的管理方式,构成了一个舒适的软环境。这样的软环境既能促使访员努力工作,又能让访员兼顾日常生活。对于在机构集中工作的访员,可以设立备有冰箱、微波炉、咖啡机和沙发的休息间,方便访员放松心情。考勤管理制度人性化,如果项目需要访员长期值晚班,允许其用调休或倒休的方式进行调整,以保证访员精力充沛地投入到工作中。

(二)兼职访员

兼职访员是多数调查项目的核心力量。学术型和政策研究型调查项目的访员多由在校的本科生和研究生担任,他们利用课余时间和寒暑假参与调查项目。需要注意的是,知识型人才更加需要精神和物质相结合的激励方式。如果过多依靠提高薪酬的激励方式,调查机构将会很快失去对访员的吸引力。因此,需要对学生访员加强精神激励,强调社会经验的积累和眼界的拓展,鼓励其通过调查项目的锻炼取得更好的学业和职业发展。

1. 社会经验积累

对于大学生访员来说,参与社会调查是了解社会、体验社会生活的机会。访问劳务费并不是吸引访员参与调查的主要因素,更能吸引他们的是深入基层和普通家户,观察中国社会的发展和变化的机会。

调查机构要做的是提供机会,鼓励访员将调查中的感悟进行整理和记录。文字与影像的记录,无论是对于访员还是调查机构而言,都是非常珍贵和具有价值的。在调查项目执行期间,尽量采取多种措施鼓励访员将调查中的所闻所见和所感所想以文字、图片、视频的形式发给督导,督导按不同的主题结合图片编辑为微信推送,供各地访员阅览。在项目执行结束后,调查机构可以举办主题征文比赛活动,激励访员系统地将调查实地访问感想整理出来。可以设置多个层面、多个领域的主题,如访问技巧、调查方法、民生观察、调查感悟和思考等。获奖文章经修改编辑后结集成册,可以作为项目结束后进行汇报、总结的素材,也可以发放给将来参与调查项目的访员,供其参考和学习。对于在征文中获奖的访员和积极参与的访员,应根据项目的资金情况发放奖金,以资表彰和鼓励。

在调查过程中,访员会收获个人成长,例如增强与人交往的能力、与人协作的能力等,如在《亲历社会调查——北京大学中国社会科学调查中心访员征文选》中,就有不少访员谈到通过调查丰富人生经历、增加人生阅历、开阔眼界等方面的感悟:

> 我不知道该怎么形容这一段即将结束的实践经历,或许它将是我未来简历上浓重的一笔,又或许它将成为我众多演讲中的谈资、正能量的例子。聚焦于当下,它使我成长,它把一个有点儿自卑的人变得独立自信、落落大方。尽管工作辛苦但我充满了自信,踏遍村庄小巷。有一些画面,在我脑海中相连,就像温情的旧电影,有血有肉:会计翻文件时的侧脸看起来认真而严谨,她打算盘的声音清脆好听;车窗外一晃而过的许多处风景,朴实别致;中午的盒饭,温热简单。
>
> ——沈珏

没有人是一座孤岛，可以自全。国家存在的意义，从某种程度上来说，就是帮助无力的人生活得更好。他们生活的样子，就是我们生活的样子。当我问："您在多大程度上同意只有努力工作，才能带来好生活？"他们十之八九都选"非常同意"。虽然有时也会听到一些否定答案和对生活困难的抱怨，可大多数人都相信通过自己的努力可以让自己过得更好。我觉得人无论在什么环境中都可以过得很积极。

——刘品妍

访问以前，他们的喜怒哀乐、柴米油盐和我没有任何关系。我们仿佛是庞大数据背后一个个毫无关联的像素点，浑然一体却又相互漠视。推三轮车走2个小时去集市卖玉米的奶奶，还有每天做三份工作几乎睡不了觉供孩子上小学的大哥……流淌在他们轮廓中汹涌沸腾的情感，彻彻底底重塑了我对世界所有的感知。

——李永杰

2. 个人价值认可

对访员来说，个人价值认可意味着调查机构、执行督导以及其他访员对其工作的认可，也是一种重要的非物质类鼓励。常用鼓励方法是，在方案制订、流程规划和问卷设计阶段征求访员的意见，使其更深入地参与到调查项目中。在项目结束后，通过问卷调查或深度访谈的形式充分听取和采集访员的建议。

此外，及时鼓励与认可对于兼职访员而言有着非常重要的激励作用，能够让访员充分感受到机构对自己工作的重视。在访员培训期间可以安排机构负责人和项目负责人做动员讲话、与访员团队合影、答疑解惑以及颁发结业证书等活动。在调查执行期间，邀请项目负责人录制鼓励访员的视频，对访员的付出表示感谢，充分认可访员在调查项目中发挥的作用。

3. 未来发展

（1）发展型奖励。

对于表现优秀的兼职访员，尤其是学生访员，应根据其需要出具相应的实习证明或推荐信，尽可能地为其将来的学业发展或职业发展提供助力。例如，在调查中获评优秀访员的，项目负责人、学术专家可以亲自指导他们使用调查数据撰写论文，并对有学术发展潜力的学生提供特别指导或提供推荐信,帮助他们获得进一步深造的机会。

（2）访员评优。

访员评优是对访员最直接的奖励与肯定方式,应根据项目的资金、规模与执行期情况,决定访员评优的次数和评优比例。项目执行期在半年以上的,建议分别进行中期和终期的访员评优。评选可以参考的标准包括访员培训期间的表现、完成访问的情况、问卷数据质量、设备/材料保管情况、是否参加支援访问以及其他突出表现/贡献等。奖励的方式多种多样：发放奖金、在调查机构官网/官方微信上刊登表扬通知、调查机构其他项目的免试录用及成为正式员工的机会等。

4. 物质奖励

（1）提高酬劳。

无论是在电访还是面访中,薪酬体系的构建都应该遵循"多劳多得"的原则,保证公平性。薪酬的级别要根据访问的表现、访问的难度和访员的等级来制定。例如在追踪调查中,上一轮拒访的样本会比接受访问的样本访问难度大,如同一级别的访员分别访问这两种类别的样本,在单份样本的薪酬上需要体现差别。在访问表现方面,要结合质量监控的结果、应答率、花费成本、支援的力度、是否有其他突出贡献等进行综合评估。

（2）支援与攻关。

由于访员工作不力、样本点协调困难或者出现其他特殊困难,在调查过程中会产生支援与攻关的需求。通常,调查机构会选择业务能力强、性格有韧性的访员承担支援任务。考虑到支援和攻关工作的特殊性,在薪酬设计上需要体现对支援访员的尊重和对其付出努力的回报,一般需要提高至单份薪酬的1.5—2倍,也可以按支援或攻关的天数发放补助,并根据攻关的难度给予不同级别的奖励。

（三）通用激励方式

1. 发挥潜能

应促进访员充分发挥才能和智慧,并尽可能地将其好的想法运用到实际访问中,这样做既能够提高应答率,也是对访员的一种肯定。例如,当某地访员遇到一个物业管理极其严格而无法进入的社区时,可以在微信群中发起讨论,群策群力,通过头脑风暴激发访员提出应对方法,对行之有效的方法进行总结并在访员群中推广。

2. 树立榜样

在调查机构中,与访员关系最紧密的执行督导是他们行为的标杆,但更直接的榜样应该是与他们一样身处一线的访员。因此,在访员中选择工作态度端正、访问技巧扎实、问卷质量过硬的访员作为榜样是非常必要的。榜样可以起到排头兵的作用,为整个访员队伍起好头、带好队。需要注意的是,选择的榜样必须具有说服力。如在访员培训时,可以着重表扬多次参加调查项目的优秀访员,并对其调查执行的过往成绩进行介绍。再如,在调查执行期间,对于应答率和访问质量排名前几位的访员在访员群中、机构网站以及公众账号上进行表彰,并邀请其介绍访问技巧和经验。在调查结束后,也可以邀请优秀访员参与结项仪式和总结会,介绍访问见闻和经验,提出调查项目改进建议。

3. 访员评级

访员评级是在访员考核制度的基础上进行的,主要用于调查机构访员队伍的长期建设。主要目的有三个:一是肯定访员自身价值,增强访员的荣誉感,提高访员的工作热情;二是维护访员队伍,增加访员的忠诚度;三是提高访员质量和访问质量。

在访员评级制度细则制定上,需要考虑以下几个方面:

(1)设立评级制度,给予访员"星级"职称。访员评级制度可与访员考核制度结合,按照访员考核评分进行排序并确定评级标准。但访员评级与访员考核略有不同,考核只针对某个调查项目,评级应在考核的基础上增加对访员工作年限及多个项目工作表现的综合考量。

(2)职称可分为五个等级,从"一星"至"五星"。"一星"为初级访员,"五星"为高级访员。在每个调查季或年度结束后进行评级,按等级发放级别奖金。需要注意的是,访员级别不能一成不变,应该根据访员的工作情况予以调整,以提高访员的工作积极性。

(3)访员等级将在工作证件上进行标注,五星级访员可以在调查机构官方网站上进行公开介绍和表彰。

二、受访者激励

目前,在调查项目中,常规的受访者激励方式是发放酬金或礼品。而较专业的受访者激励方案应该是根据调查项目的意义、目的、作用进行个性化定制,目的是充分利用项目的优势,补足项目劣势,提高调查项目的应答率。

(一)价值认同

获得受访者的认同,对于调查项目的顺利执行是非常重要的,这包括受访者对调查项目的愿景和目标的认同、价值观的认同、规范准则的认同以及内在情感的认同。只有达到全方位的认同,受访者才可能对项目产生信任感。对于学术型和政策研究型调查项目来说,其调查宗旨在于促进对中国社会的深度观察,通过微观基础数据的采集和以数据为基础的政策及理论研究,改进政策、改善民生。在寻求受访者对项目意义的认同时,要重点说明项目的目的、内容和数据的用途。例如,在 CMHS 中,受访者知情同意书中有这样一段话:这项调查的主要目的是了解中国居民各种躯体疾病和心理疾病的患病情况,为我国医疗制度改革、卫生立法以及各级政府制定相关政策提供科学依据。

获得受访者认同的方式比较多样:例如,在执行前期进行项目宣传,张贴海报、悬挂横幅,宣讲项目的意义;在项目执行期间,可以通过为受访者提供纸质宣传材料、访员当面介绍和宣传、播放调查项目宣传短片给受访者观看、联系当地媒体对调查项目进行采访和报道等方式获得受访者的认可;对于受教育程度较高的受访者,还可以赠送调查机构出版的研究刊物,让其更深入地了解调查项目的价值和意义。

(二)物质激励

物质激励包括酬金或礼品,也可以采取其他形式:如在 CHARLS 中,参与项目的受访者可以获得免费的基础体检,并可以获得一份体检报告,这对于很多没有定期体检的受访者而言是参与项目的收益,尤其在一些欠发达地区能收到较好的激励效果。

从成本角度看,发放礼品较发放酬金更节省经费,但无论礼品的体积是大还是小,都会给访员造成一定负担。礼品要因访问地区的经济发展水平、居民的风俗习惯而有所不同,要尽量避免礼品选择不当导致受访者对调查的反感。此外,在礼品选择上要特别注重质量,避免因质量问题对受访者身体造成损害以及由此引起的各种纠纷。酬金发放的标准也需要根据当地的经济发展水平、占用受访者的时间以及访问的难度来制定。

受访者酬金或礼品的提供在截面调查和追踪调查中有所区分。如果是追踪调查项目,不建议为了说服拒访的受访者而轻易增加酬金数额或礼品份数。一旦提高了受访者的期待值,在下一轮的调查中也只能持平或继续提高,导致执行费用增加。而在截面调查中,为了激励受访者参与调查访问,适当地、有计划性地提高酬金标准,可以有效地提升应答率。具体来说,可以根据实际情况,决定是给个别受访者提高标准,还是给该区域内的所有受访者提高酬金标准。如果是给个别受访者提高标准,需要注意保密,尤其在农村,村民之间关系较为紧密,一旦将标准透露给其他受访者,将会造成该村酬金标准的普遍上调。

第六节 追踪调查中的维护工作

相较于截面调查,追踪调查项目更注重末端样本框、样本、访员以及各级协调单位的维护。制定和执行有效的维护策略及维护措施对于保证追踪调查的应答率、减少样本流失将起到重要作用。因此,需要科学制订维护方案以指导维护工作的组织和实施。

一、维护对象

追踪调查的维护对象应该包括调查项目的末端抽样框、调查样本和各方面参与人员,包括项目的协助方和实际的参与者。

(一) 末端抽样框

末端抽样框的维护目的在于获得最新的村/居委会的家户地址列表,了解样本村/居的住户地址变动情况,为追踪调查的样本补充和其他搭车调查提供翔实可用的末端抽样资料。在实地样本框维护中,可以将所有样本村/居委会按照规模分成大、中、小三类并相应设 1—2 名抽样框维护人员。抽样框维护人员的主要职责是,每年定期向调查机构提交最新的村/居委会的家户地址列表和家户地址分布图。

(二) 样本

为了降低样本流失率,提高受访者的配合程度,为下一轮追踪调查打好基础,需要在非调查季的间隔年有重点地对受访者及其联系信息进行维护。在样本维护中,应将所有样本分为完访样本及未完访样本两大类,其中未完访样本包含拒访样本、无联系样本、搬迁/拆迁或其他原因无法访问的样本。在具体的维护中,应根据样本在历次调查中的完访情况制订相应的维护方案。同时,向受访者传达下一轮调查开始的时间和调查安排等信息。

(三)访员团队

访员团队的维护分为调查季维护和非调查季维护两类。调查季的访员团队维护主要目的在于,调动访员的积极性和创造性,在实现调查目标的同时也让访员的自身价值得到充分体现。非调查季维护的主要目的在于,保持调查机构访员资源的稳定性和多样性,为调查项目的实施储备高素质的访员队伍。

(四)村/居协调人和带路人

村/居协调人是与调查机构、督导和访员联系最紧密的人,也是项目执行第一线的协助者。村/居委会对调查机构执行工作的配合包括宣传调查项目,通过登门、电话通知或预约等方式协助访员与受访户建立联系。村/居委会对调查机构以及调查项目的了解程度和认可程度会影响其配合意愿和力度,进而影响整个调查活动的执行效果。在追踪调查中,需要对村/居委会负责人和带路人进行维护,以保证调查能够持续获得基层的许可和支持,并确保在村/居协调人出现更替和变动时,获得新任协调人的信任,保证协调工作的可持续性。

(五)各级协调单位

在调查执行日益困难的社会大环境下,获得协调单位的支持对于保证执行效果非常关键。因此,科学制定和实施维护策略,保证调查持续获得协调单位的支持显得尤为重要。通过调查项目的合作,各级协调单位对调查机构会有一定的了解,为了保持紧密友好的合作关系,在制订维护计划时,需要考虑到协调单位的体制特点和工作模式,分层级制定相应的维护策略。

1. 国家级协调单位

国家级协调单位在调查项目中的主要作用是向省、市、区/县级协调单位传达调查目的和意义并安排工作任务,在整体协调中发挥着至关重要的作用。国家级协调单位对调查机构以及调查项目的认可在很大程度上会影响其配合意愿,也会直接影响到市级、区/县级协调单位对项目的支持力度。

2. 省、市级协调单位

在整体协调工作中起到承上启下作用的是省、市级协调单位。通常来说,省、市级协调单位在接到工作指示后,负责将具体任务布置给下级单位,而与调查机构的联系相对较少,进行常规维护即可。对于在执行期间直接协助开展协调工作的,需进行特别维护。

3. 区/县级协调单位

区/县级协调单位是与调查机构联系比较多、关系比较紧密的单位。区/县级协调单位的职责是与乡镇/街道,或直接与样本村/居委会进行协调,其配合程度直接关系到项目的执行效果,因此区/县级单位的维护是整体维护工作中最重要的组成部分。

4. 街道/乡镇级协调单位

由于一般调查的次级抽样单位是村/居,因此,在行政协调流程中往往会跳过街道/乡镇,直接与样本村/居进行沟通和协调。但如果在调查中需要请街道/乡镇协助协调,也应做好维护工作,以保证追踪调查工作的顺利进行。

二、维护策略

维护策略需根据调查项目的资金状况、实际需求和专长优势而专门定制,具体维护方法可分为精神维护和物质维护两类。精神维护,是对维护对象给予精神上的鼓励,如颁发证书、送锦旗、共建"××单位/××项目调查实践基地"、给予荣誉称号、口头/书面表彰等。物质维护,即对维护对象给予物质上的奖励,如发放酬金、礼品以及提供免费学习或培训机会等。

维护方法的选择应该视维护对象的身份和需求而定,如对协调单位而言,授予荣誉称号或提供学习进修的机会可能比发放实物奖励更加有效。而对于受访者,物质上的奖励能起到的维护作用更大。对于访员群体,提供学习和晋升的机会则更能发挥激励的作用。以 CFPS 和 CHARLS 为例,下面将分别介绍针对不同维护对象的维护方式。

(一) 末端抽样框维护

以样本村/居或街道/乡镇为单位,设立维护员一职(兼职),其主要职责是:

(1) 每年 12 月,提交最新的村/居委会的家庭列表清单和家庭地址分

布图;

(2)若样本村/居委会有较大变动,例如整体或部分拆迁、搬迁等,需要及时向抽样框维护督导反映,并提交最新的清单资料;

(3)当村/居有拆迁、搬迁计划时,及时向调查机构反映,并在调查专业人员指导下对末端抽样框进行更新和维护;

(4)当样本户即将拆迁、搬迁时,及时记录其迁后的电话和地址信息,并向调查机构汇报,以更新联系信息库;

(5)协助调查机构开展样本实地维护工作。

调查机构应配备维护督导,督促维护员开展工作,并根据维护人员提交的资料,在系统中登记收到清单的情况、村级资料的基本变动情况和抽样框维护人员的完成情况。

(二)样本维护

(1)在中国传统节日,以调查机构名义给受访者发送祝福短信。为了避免过多的打扰,建议选择重大节日发送,如春节和中秋节。以春节祝福短信为例:"北京大学中国社会科学调查中心给您拜年啦!衷心感谢您参与我们的调查,值此新春佳节来临之际,中心全体工作人员恭祝您阖家欢乐,万事如意!"也可以选择邮寄明信片的方式,但是对于较偏远的农村,送达效果不理想。

(2)调查执行结束后,向完成访问的受访者寄送"致受访者的感谢信"(详情请扫右侧二维码获取)以表达谢意,同时希望他们继续支持下一轮的调查。向拒绝接受访问或没有访问成功的受访者寄送"致受访者的信"(详情请扫右侧二维码获取),诚挚邀请他们参与下一轮的调查执行。

致受访者的感谢信

(3)对于拒访率较高、入户困难的村/居,样本维护可与村/居维护相结合,主要依靠执行督导实地攻关。在有条件的地区,联系当地媒体对调查项目进行新闻报道,并将相关材料(如报纸)作为村/居宣传和访员入户的工具。

致受访者的信

(4)举行特殊维护活动,如CFPS项目举办的"幸运家庭游北大"活动,从连续多年参与调查的受访者中抽选出若干名,邀请他们来北京,安排其参观北大校园和调查中心,并组织一系列交流活动。也可以采取抽奖方式,在完成访问的受访者中抽取不同奖项的获奖者,并在调查机构网站公布。

(5)每年对样本做流失风险等级评估,评估主要指标有:完成调查的次数、户内成员的完成率、家庭结构、访问期间的联系次数、未完成原因、是否有过拒访、拆/搬迁情况、联系方式的数量等。根据风险等级的不同,制定相应的维护策略,对于流失风险等级高的家户在间隔年可以选择经验丰富的访员进行实地维护,以降低追踪调查的流失率。

(三)访员团队维护

对于访员团队的维护,除在调查期间采取的访员评优、征文和摄影等方式外,还有其他几种维护方式。

1. 祝福短信

定期向访员发送短信,其主要目的是加强访员的归属感、增强联系。发送时间可以选择重大节日,如元旦、春节、劳动节、国庆节、中秋节等,也可以选择一些特殊的日子,如访员的生日。

2. 发送简报

定期向访员发送简报,让访员及时了解调查机构的最新动态,增强访员的归属感和使命感。简报内容可以是介绍调查项目的最新进展、调查机构主办或参与的重大活动、征集的访员文章及现场调查照片等。简报形式可以是视频,也可以是微信推送,由督导通过QQ群和微信公众号发送至相关访员。

3. 选拔晋升

对于当选过优秀访员且有志于长期从事社会调查行业的访员,可以选拔进入调查机构工作,晋升为初级督导。

(四)村/居协调人和带路人维护

1. 礼品与感谢信

在调查结束后,向给予访员实际帮助的村/居委会协调人寄送"致村/居委的感谢信",并赠予调查机构统一制作的纪念品(如背包、帆布袋、笔记本、杯子等)以示感谢。

2. 表彰信

对于在调查期间积极为访员协调村/居关系、协助访员入户的工作人员,调查机构可在调查结束后通过寄送感谢信给其单位或上级单位的方式,对其进行表彰。

3. 实践基地

对于配合程度高的村/居委会,在征得其同意后,可以共建"社会调查实践基地",并举行挂牌仪式,建立长久的合作关系。

(五)各级协调单位维护

1. 国家及省、市协调单位

对协调部门进行维护的关键在于考虑对方的实际需求并探索双方合作的领域,在此过程中充分利用调查机构的现有资源和既有优势。唯有真正考虑协调单位的需求并使其在合作中有所获益,才能保证合作关系长期维持和发展。

(1)在每一轮调查开始前,需请国家及省、市协调单位下发协助调查执行工作的相关文件至下级协调单位,同时更新各级协调单位负责人、联络人的信息及联系方式。在每轮调查结束之后,需致电告知相关协调单位调查项目结束的信息,在口头表示感谢后,分别寄送"致××省的感谢信"(详情请扫右侧二维码获取)。

致××省的感谢信

(2)充分发挥调查机构在调查方法和调查组织管理方面的优势,如果协调单位有调查方面的需求,可以积极与其开展调查方法和技术上的交流和探讨,在调查的各个环节如问卷设计、调查技术、数据清理、数据挖掘等进行专题研讨。

(3)充分发挥调查机构各类研究人员的专业优势,就社会、经济、文化、人口等方面的课题,与有关部门开展合作研究,共同出版专题书刊,并形成有影响力的出版系列。

(4)形成双方定期沟通机制,充分尊重协调单位对调查项目发展状况的知情权和建议权,促进双方深入开展合作。

(5)调查机构工作简报、年度简报、各类出版物等定期寄送给有关单位的负责人参阅,加强其对调查机构工作的了解,便于其更好地开展协调工作,进一步探索和拓宽双方合作的领域。

(6)调查机构举办的项目总结会、调查报告发布会和调查年会等,可以邀请相关协调单位的工作人员参加,以共享调查产出和成果。

2. 区/县、街道/乡镇协调单位

在区/县、街道/乡镇协调单位的维护策略上,应以增进相互了解和信任、增强合作意愿并促使其在调查工作中发挥更大作用为主要目标。

(1) 调查开始前,将调查执行相关安排及需要协调的内容,通过邮件和电话沟通方式向区/县级负责人进行详细说明,以达到知会项目进展和请求协助的双重目的。调查结束后,在三个工作日内以邮件和电话沟通方式与区/县负责人联系,告知项目结束信息以及该区/县执行情况,着重对其在协调方面给予的帮助表示感谢并寄送"致××区/县的感谢信"。

(2) 在每轮调查执行前,通过短信的方式与协调人进行简单沟通,对其在职情况、联系方式以及是否负责本轮的协调工作等信息进行确认,并对提供信息者给予适当的激励。

(3) 春节前快递感谢信、年度简报、宣传手册,酌情选择维护礼品,以表示对其协调工作的感谢。

第七节 调查报告

在调查项目完成后,应及时对调查项目的执行情况进行分析,对实施过程中发现的问题和积累的经验进行总结,提出解决问题的建议和方案,以改善未来的调查工作。对于公开发布数据的调查项目而言,调查报告通常要随调查问卷和调查数据一并发布,以方便数据使用者深入了解数据采集的组织过程和数据质量评估结果,同时在使用数据开展研究工作时也能更准确和客观。一般而言,一个完整的项目调查报告应该包括抽样报告(含加权报告)、技术报告、调查实施报告、质量督导报告和数据管理报告(含数据使用说明)等多个分报告。抽样报告在相关的统计学教材或者抽样设计教材中均有论述,本节不再赘述。

一、技术报告

在采用CAI模式的调查中,访问系统、管理系统和调查辅助系统的设计和开发由技术部门完成。技术部门根据调查项目的特点,将工作流程用信息化的方式实现，以提高调查项目执行的效率及质量。技术人员需根据调查项目的流程设计开发数据采集、访问管理、数据分析转换、数据质量核查以及调查执行进展报告等各环节的信息化系统，并在访员培训期间和调查期间给予线下线上的技术支持。因此，技术报告中需体现各项需求实现的方法、过程、效果以及关键的时间节点。

（一）需求分析

在项目前期接洽时，技术人员根据项目组在调查执行、质量管理和数据管理方面的要求，提供切实可行的系统定制方案。包括建议使用哪种访问媒介、所需的各种配套系统及其具体可实现的功能、系统的展示界面及查看权限分配、收集到的数据转换格式等。

（二）系统环境配置

首先是网络环境，描述所使用的网络拓扑结构、网络安全相关的保障方案与措施。其次是硬件环境，描述业务服务器的配置标准和调查设备的基本要求。最后是在操作系统设计方面，根据调查项目需求选择最适合的操作系统，并根据级别设定不同的查看与操作权限。

（三）调查信息系统设计与运行状况

需要对调查项目中所使用的访问管理系统、样本管理系统、核查系统、数据提取系统、支付系统分别进行描述，主要包括系统的开发时间、系统使用的语言和架构、数据库和服务器的配置情况、各类问卷版本、系统更新的次数和变更的内容、系统各个模块的主要内容介绍和展示以及最终版本号等。

（四）技术支持

技术支持主要分为访员技术支持和数据技术支持，要分别写明两类技术支持的参与人员的级别、人数、工作时间、工作职责和具体的工作内容。此外，还需对负责检验功能实现情况的人员安排、突发情况的处理办法和结果进行报告。

（五）系统开发时间表

以表格形式展示各项工作的序号、内容、负责人员和起止时点，方便项目管理人员对系统开发任务进行总结和评估。（见表5.4）

表 5.4 系统开发时间表

序号	内容	负责人员	开始时间	结束时间
1	系统开发测试			
2	访问环境部署			
3	导入访问数据			
4	系统修订			
5	访员机器准备			
6	访员用户信息添加			

（六）数据库运行状况

在调查执行期间，服务器每天自动运行数据加载、提取、合并等程序集，这些数据表的运行状况需要给出报告。以数据合并程序为例，当问卷版本更新时，数据合并程序会报错，这时需手动迁移已经合并的数据版本并重新调整合并程序。数据合并完成后服务器会自动运行数据拷贝程序，将合并服务器上的数据拷贝到共享服务器。通常，技术组会每天检查数据合并情况，当遇到异常情况时需及时通知相关数据使用者，并进行记录。

二、调查实施报告

调查实施报告首先应该对项目的整体执行情况进行描述与分析，对项目运行各阶段的各项任务完成情况进行总结，包括调查项目筹备、调查团队组建、调查执行管理、经费支出说明、总结、意见和建议等各方面内容。如果正式调查过程中或调查结束后进行了追踪访问或补充访问，对追访或补访的实施情况和完成情况也应做补充总结。

（一）调查项目筹备

1. 调查物资筹备

在正式调查开始之前，执行团队需要准备多种纸质和视频类项目材料，以更好地协助访员开展访问工作。这一部分应按用途分类列出调查使用的所有物资的作用、数量、领用规则和监管制度。

2. 执行制度的制定

项目执行制度的明确规定是调查项目顺利开展的基础，具体制度包括常规沟通模式、特殊事项申请汇报渠道、关键信息流转方式、各阶段例会周期、各类报告的周期等,应报告项目主要内容、负责人、对接方式、实施效果及争议问题处理办法。

3. 预调查

对于具有一定规模的调查项目而言,在正式调查开始之前进行预调查是非常必要的。在预调查完成之后,应及时召集各组人员进行经验总结并提出改进建议,从而形成预调查报告。报告内容包括预调查开展的目的、地点、样本情况、实施时间、参与人员、筹备情况、访员招聘和培训情况、调查完成情况、问题和经验总结等。其中,预调查中发现的有关问卷、访问系统、组织管理和现场实施的问题、经验和改进建议需要重点总结和报告。

(二) 调查团队组建

1. 项目组

项目组通常是由调查项目的委托方或调查项目聘请的专家组成,负责项目方案的制订和行政协调资源开拓。在调查报告中应对其人员构成进行简单介绍,重点说明其工作职责和工作的实际完成情况,并对其工作效果对执行的影响进行评估。

2. 执行组

执行组由督导和访员两部分人员构成,这一部分内容应包括人员构成的分析与培训情况的总结。报告应对执行督导的工作职责、参与督导的基本情况分析(性别、年龄、教育背景、工作年限、曾经参与的调查项目等)、具体职能分工、执行管理模式和督导管理经验进行总结。此外,还需要报告访员招聘的渠道和途径、方式和流程、招聘周期、实际招聘的人数、访员基本情况分析(性别、年龄、教育背景、职业、专业、是否有调查经验等)和招聘经验总结。访员培训部分包括培训讲义整理、物资准备和发放情况、培训时间和地点、培训批次和各批次的规模、参与讲师、具体课程安排、考核结果、劝退与主动退出人员特点和原因分析以及培训经验总结。

3. 质量管理组

与执行组相似,质量管理组的团队人员情况和培训情况也需要在报告中进行分析和总结。需要特别注意的是,一个项目的核查员与访员不能是相识关系,否则会严重影响核查质量及真实性,在报告中需要对执行和质控人员的独立性进行说明。

4. 支持团队

调查支持团队包括技术组、数据组、行政组和财务组。报告应对支持团队的人员构成、在调查执行中的工作职责、工作成效以及对调查实施效果的影响进行分析和汇报。

(三) 调查执行管理

调查执行中各个环节、各个阶段的执行质量决定了调查项目执行的整体质量，报告应对调查执行流程进行详细的描述与分析，这也是调查机构经验积累的重要部分。

1. 管理模式

需要报告调查项目所采取的管理模式，选择这种管理模式的理由，管理模式的特点、优劣势，以及管理效果评估。在管理模式选择理由部分，需要详细分析调查项目的类型（追踪调查或截面调查）、样本规模、执行方式（面访、电访、网络访问、混合模式）、执行周期、行政协调和财务预算等各方面的情况。

2. 访问管理

不同的调查阶段有不同的管理侧重点和方法。一般情况下，将访问管理分为前期、中期、后期和收尾四个阶段。访问管理的方法是否得当、管理内容是否全面、管理时机是否合适对于调查执行的质量有较大影响。因此，在报告中需要对四个阶段访问管理的工作内容、工作方法、重点和难点、问题与解决方案进行详细描述和汇报。

3. 访员与受访者激励

对访员和受访者的激励策略也应该在报告中进行说明。需要具体描述激励办法和规则，并对激励效果进行评估。受访者激励主要采取物质激励方式，报告需要对所采取的激励办法进行汇报，并汇总分析受访者对于激励的反应和态度，以期改进受访者激励方法。

4. 质量管理结果应用

执行督导可以基于质量管理结果，对访员的访问行为进行干预、对数据进行处理、对样本质量等级进行评定。报告需要对质量管理结果的具体应用方法和效果进行介绍和分析。

（四）经费支出说明

在调查项目的执行报告中，还应汇报执行过程中实际支出的各项费用，并详细说明各种费用的支出标准及实际用途。支出情况应与预算进行对比，评估项目是否在预算范围内开展。若超出预算范围，应详细说明超出预算的原因。

（五）总结

总结部分需要包括三个方面内容：一是样本接触和完成情况，包括各省/自治区/直辖市、市、区/县、街道/乡镇、村/居有效问卷数、应答率和合作率、未完成样本的原因分析、拒访率和逆转率。重点对应答率较低的地区进行综合分析，探明主要原因。如果是追踪调查，需要提出下一轮调查提高该地区应答率的具体建议。二是调查执行的难点和处理办法、调查中特殊问题和突发事件的处理方案和经验总结。三是对于实际执行方法与项目执行方案设计的不一致之处，应说明原因、调整办法以及效果，为将来制订科学有效的执行方案提供参考。

（六）意见和建议

访员和执行督导是参与实地执行的一线工作人员，其意见和建议对于改进项目执行有着重要意义。因此，在项目执行过程中，要注意收集他们的意见和建议，并在项目结束后及时进行汇总与总结。

收集方式可以有多种，如：设置专门的电子邮箱，访员可随时将与项目相关的建议发送至邮箱，项目组安排专人回复和整理；开辟网络论坛，访员登录后可在不同的板块进行讨论；设计结构化的回访问卷，由访员在调查项目结束后填答；收集并整理访员在日常工作沟通中提出的意见和建议等。意见和建议可以从以下几个方面进行分类汇总。

1. 关于问卷设计

问卷设计的好坏直接决定着调查数据质量的高低，而访员和执行督导对问卷设计有着最直观的感受。在调查过程中，访员还可以收集受访者对问卷设计的意见，在调查结束后连同自己的建议一并反馈到执行督导处。来自执行督导、访员和受访者的意见及建议可以帮助问卷设计者从多个角度完善问卷的设计，使问卷更具适用性。

2. 关于执行流程

访员与执行督导对调查项目执行流程的意见对于改善调查执行有着重要作用。在征集访员和督导建议时，可以根据执行流程的具体内容进行分类收集，如受访者激励方案设计、访员劳务费标准设计、访员培训课程设计、访问质量问题的反馈方式等。通过征集和采纳访员和督导的合理建议，进一步优化执行流程，提高执行效率，改善执行质量。

3. 关于访员管理

调查机构对访员的管理方式直接关系到访员的工作积极性和工作表现。访员对调查机构的管理方式也可以提出意见，如日常管理方式的改进、访员活动的组织与开展、访员奖惩制度的建立与完善等。

4. 技术类的问题

调查执行人员结合调查执行中对访问管理系统、访员招聘系统、调查支持系统、报告系统及核查系统的使用体验，从便利性、快捷性、实用性和稳定性等方面提出改进建议。

三、质量督导报告

质量督导报告是针对调查过程中质量核查的基本原则、具体实施的技术路线、组织管理方法、质量核查完成情况以及质量核查信息和结果的运用情况进行汇总分析和汇报。

（一）质量管理的目标

调查数据质量的误差可以分为系统误差和随机误差两大类。其中系统误差多数是由人为因素引起的，消除系统误差通常是质量督导的主要目标。系统误差主要有问卷设计不当导致的系统误差、末端抽样精度不够导致的系统误差、访员行为不规范导致的系统误差、数据汇总和整理过程中出现的系统误差。报告中需要详细说明调查项目质量管理主要针对的误差类型。

（二）质量管理的方法和策略

结合系统误差的不同来源以及各种质量督导方法的适用特点，实施不同的督导策略。在报告中需要说明质量核查的侧重点、覆盖面、样本数量、质量管理方法使用顺序和处理办法，核查失败样本的替换办法，以及疑似出现重大问题访员的扩大核查措施与核查结果。

（三）质量管理实施

1. 实施程序与反馈机制

质量管理实施具体程序包括核查员的招聘与培训、核查样本的分配与审核、跨组工作的信息流转以及问题样本的最终判定等。无论是问卷质量问题还是行为规范问题，都可能是由问卷设计不合理、访问管理不当或执行流程不顺畅造成的。因此，要具体分析质量问题产生的原因，并在报告中进行整理和汇报。

2. 质量管理的审核

对每种质量管理方法的审核方式进行说明，常见的办法是针对每种核查方法设计审核问卷，通过回听来评估核查员的工作情况。这一部分需说明样本进入审核的规则、实际审核的数量、审核发现的问题类型、涉及的核查员数量、纠正和改进的办法。

（四）质量核查完成情况分析

1. 访员不规范行为类别

访员的不规范访问行为是质量管理的重点，在报告中需详细列出每一种不规范行为的名称和含义。

2. 质量核查结果

对质量核查的结果进行汇报，包括分不同质量控制方法的核查数量、问题类型和数量、重点问题和多发问题、涉及访员情况和处理办法，分不同地区的核查数量、问题样本类型、数量及比例以及重点问题。对质量问题严重且需要扩大核查的访员情况进行详细说明，包括其最终判定结果以及处理方法。

四、数据管理报告

数据管理报告涉及项目调查执行过程中，对抽样信息数据、调查问卷数据、调查并行数据和质量核查数据这四类原始数据进行整理、检测、筛选、分析和清理的过程及结果。

（一）调查样本的整理与加载

在抽样工作完成后，需要将抽取的样本进行编码，且应保证样本编码的唯一性。同时，还要将项目调查执行时所需的样本信息进行整理，加载到访问管理系统中。报告应对样本编码规则进行记录，对加载过程中的问题和结果进行描述。

(二) 调查并行数据检测

1. 访问管理系统数据检测

访问管理系统的数据通常存储在不同的数据表中,需要通过检测保持信息的合理性。应将处理方法进行具体说明,如有执行组、技术组等予以配合,也应在此进行描述。

2. 访问单题时长数据检测

访问单题时长数据检测是解决由访员电脑系统时间混乱导致的访问管理系统的数据异常,需要实时提取单题访问时长(Time of Each Questions, TIEQ)异常样本,筛选出差异较大的样本,生成数据库提交技术组修订,并在报告中写明此类情况涉及的样本类型、规模以及处理办法。

3. 访问结果代码清理

调查项目中多采用结果代码记录每个样本的访问状态,结果代码种类繁多,可能会出现操作错误和技术故障。若结果代码存在问题,会影响有效问卷数据的确认、访问结果各种比率的计算、访员劳务费的结算和权重的计算。调查过程中和调查完成后,数据部门需要对结果代码状态不准确的样本进行清理,筛选出的结果代码问题样本、与技术和执行团队沟通确认的结果、修订后的结果代码都需要在报告中详细说明。

(三) 报告系统运行

为了方便调查项目中不同角色的人员及时查看执行进展情况,一般会采用在线报告系统进行分类展示。报告系统通常包含三大类功能,即完访情况统计、采访结果统计和访问质量监测,每类功能又包含多个展示维度。数据团队根据报告系统方案编写程序,用真实数据逐一运行、检查程序,及时纠正程序错误,保证报表的正确输出。在系统运行过程中会出现由于服务器原因无法连接报告系统、数据未及时更新,以及增加新的报表需求等情况。因此,数据团队需安排专人每日对报告系统进行检查和维护。报告中应对报告系统的功能、程序和结果进行展示和汇报。

1. 执行进展报告

执行进展报告可以让项目组和执行组对项目进展情况有全面把握。项目组比较关心整体进展,而执行组则更关心每个区/县甚至每个村/居、每个访员的情况。因此,报告通常是分问卷类型、分地域范围(省/自治区/直辖市、市、区/县等)、分时间跨度(每天、每周等)以及分访员展示访问结果的。

2. 数据质量监测报告

数据部门对调查数据质量进行分析,把数据质量情况汇总报告给项目组。数据质量的指标主要包括:某时间跨度内的采访时长、问题无应答情况和项目组特别关心的个性化问题。

3. 访员行为监测报告

对访员的行为进行分析,通常包括各访员的录音比例、平均采访时长、访问时机分布、联系结果以及次数分布等。

4. 数据清理监测报告

数据清理监测主要包括对联系结果代码状态不符、逻辑矛盾、非最终状态的样本进行监测清理,以及数据回收中状态异常、缺失的清理。监测报告应具体展示清理的数量、状态分类和结果。

(四) 调查问卷数据清理

问卷数据清理的主要对象是变量和变量值,最终目的是明确所有问卷变量的含义和取值,确保变量值有效、合理,使问卷变量可以被有效使用。主要清理内容是输入错误、跳转错误、逻辑错误、显示错误和离群值,以及在访问期间由于问卷更新导致的变量和数据的变动。报告中应对清理步骤、清理方法、清理程序和清理结果进行详细汇报。

(五) 数据使用说明

数据使用说明包括样本的编号规则,变量名的命名规则,变量值中特殊编码的规则、缺失值的种类、开放式问题的编码依据,抽样信息的使用方法(如抽样单位、权重的使用方法),特殊题目的说明,离群值的说明等。除此之外,对于追踪调查,还需要报告固定样本的标识方式,固定样本的特殊变化之处等。如果某项调查问卷中有成熟的量表和指数,还需报告这类指数的制备方法和使用方法。

第六章 调查质量管理

数据质量是调查的生命线,质量管理的目标就是尽可能地控制和减少测量误差,最大限度地保证调查数据的质量。为此,调查项目组需要针对调查数据的误差来源,确定质量管理的方法并科学设计核查流程。

在大型社会调查中,计算机技术的引进为数据质量的管理提供了更多有效手段。事实证明,在计算机辅助模式下,随着数据的及时回传、并行数据的采集和数据质量核查的实时开展,数据质量管理也从传统纸笔模式的事后提前到事前和事中,这对于干预和改善访员访问行为、提高数据整体质量有着非常重要的影响。

计算机技术在调查中的应用越来越广,可用于质量管理的数据种类也越来越多,如何设计合理的数据质量管理方案,如何运用计算机辅助调查模式的优势和多种类型的数据为调查质量管理服务,如何根据调查项目的特点灵活组合运用质量管理方法,这些问题值得深入研究和探讨,也是本章重点讨论的内容。

第一节 质量管理的目标

相比传统的纸笔访问模式,在计算机辅助调查模式中,调查数据能够实时上传到数据中心,不仅可以省却数据录入的环节,有效避免数据录入环节的误差,还可以基于调查系统产生的并行数据实时开展访员访问行为管理和监控。

目前世界上主要经济体中使用计算机辅助调查技术的知名调查项目很

多,如美国家庭收入动态跟踪调查(PSID)和健康与养老调查(HRS)、英国家庭追踪调查(BHPS)①、德国社会经济跟踪调查(SOEP)②、欧洲社区家庭跟踪调查(ECHPS)、欧洲社会调查(ESS)、墨西哥家庭生活调查(MxFLS)和印尼家庭生活调查(IFLS)等。近年来我国也有不少机构致力于通过综合性社会调查采集数据,虽然起步较晚,但也产生了较大的社会影响力,极大地促进了量化社会科学研究的发展,有代表性的调查项目有:中国家庭追踪调查(CFPS)、中国健康与养老追踪调查(CHARLS)、中国综合社会调查(CGSS)、中国社会状况综合调查(CSS)、中国家庭金融调查(CHFS),以及中国台湾地区的家庭动态资料调查(PSFD)和香港地区的香港社会动态追踪调查(HKPSSD)等。

由于综合性社会调查项目覆盖范围广、样本量大、参与人员众多,调查内容往往涉及政治、经济、文化、社会生活等各个方面,从项目设计到调查实施的各个环节,几乎都存在影响数据质量的各种不确定因素。因此,高效、科学地实施数据质量管理,及时发现可能影响数据质量的各种因素并采取相应改进措施,对于保障大型调查数据的质量显得尤为重要。

一、误差种类

调查方法就是试图理解在调查统计中为什么会产生误差。在调查方法中,我们运用受访者对访题的应答来推论受访者的特征,并通过统计值的计算来推论更大总体的特征。这意味着,从质量角度出发,在调查中受访者子集必须与更大的总体具有相似的特征,同时,受访者的应答必须准确描述受访者的特征。当这两个条件中的任何一个得不到满足时,调查统计值就会有误差。③ 简单来说,调查误差通常包括两种,即抽样相关误差和测量误差。

(一)抽样相关误差

抽样的科学性直接决定数据的代表性和数据的整体质量。抽样过程中

---

① N. Buck and S. McFall, "Understanding Society: Design Overview," *Longitudinal and Life Course Studies*, Vol. 3, No. 1, 2012, pp. 5-17.

② G. G. Wagner, J. R. Frick, and J. Schupp, "The German Socio-Economic Panel Study (SOEP): Scope, Evolution and Enhancements," *Journal of Applied Social Science Studies*, Vol. 127, No. 1, 2007, pp. 139-169.

③ 罗伯特·M. 格罗夫斯等:《调查方法》(邱泽奇译),重庆大学出版社2017年版,第34页。

会产生多种误差,如覆盖性误差、抽样误差、无应答误差和调整误差。

1. 覆盖性误差

目标总体不同于抽样框会产生覆盖性误差,通常有两种可能:一种是覆盖不足,即应该纳入抽样框的单位被遗漏,如以电话号码簿作为抽样框,没有电话的就会被漏掉;另一种是过度覆盖,即不应该纳入抽样框的单位被涵盖,如家户电话调查中将商业公司的电话纳入抽样框中。

2. 抽样误差

在抽样调查中,不是所有对象都能被调查,而是抽取一部分样本作为调查对象。在这种情况下,被调查的样本统计量与全样本的统计量之间会形成偏差。抽样误差通常也有两类:一类是抽样偏差,即抽样框的某些单位没有被选中的机会或者被选中的机会很小,会出现偏差;另一类是抽样方差,在既定抽样方案下,如果有多个不同的抽样框组,会产生抽样方差,每一组在统计量上都会有不同的值。

3. 无应答误差

在实际调查中,并不是所有抽中的样本都会应答,单元无应答的比例也呈上升趋势。无应答误差即是实际应答数据和完全应答数据的统计量差值。如果无应答的单元有明显的特征,那么根据应答者回答得到的数据误差就会很大。无应答率越高,存在的误差就会越大。但高应答率也并不一定意味着低无应答误差,如果无应答者对调查变量影响非常显著,高应答率也会有较高的无应答误差。

4. 权重调整误差

调查数据采集完成后,需要进行实时调整。调整会以加权的方式进行,对数据集中代表性不足的样本加以更大权重。事后调整会减少覆盖性误差、抽样误差和无应答误差,但同时也会造成权重调整偏差。

(二)测量误差

测量误差是指测量样本获得的值与真值之间的离差。可以分为系统误差和随机误差两种,其中系统误差多数是由人为因素引起的,是质量管理的主要目标。系统误差的来源可以分为以下几种。

(1)问卷设计不当导致的系统误差。由于问卷中的问题设计不适用于受访者,受访者很难回答或大量拒答。问卷存在系统性错误跳转、问题选项设计不穷尽、选项分类效度太低等问题。

（2）末端抽样精度不够导致的系统误差。如在住户调查中发现抽中了空宅和非住宅单位，或抽中的住户单位不符合事先设定的样本条件等。

（3）数据汇总和整理过程中的误差。这部分误差由于使用了CAPI系统会大大减少，但是在开放型问题编码过程中也可能会产生。

（4）访员行为不规范导致的系统误差。这部分误差来源比较多，比较常见。

本章介绍到的质量管理方法主要是针对第4类误差来源（访员的不规范行为导致的误差）采取相应的管理措施，为调查部门开展访员访问行为的监测和管理提供可操作性的参考依据。

二、质量监控的重点

社会调查项目开始之初，研究者会设计抽样方案，通过科学的抽样方法抽取研究所要使用的样本。在样本确认之后，访员应携带访问设备、相关文件、资料按照调查机构提供的样本地址进行访问。即使是在允许样本替换的调查中，访员也需要按照调查组织单位给出的替换样本进行访问，按照规定地址访问是保证样本分布和样本代表性的最基本要求。在访员正式开始访问之前，需要对访员进行一般规范及访问技巧的培训。访员的不规范访问行为可以分为以下若干情况，这也是质量监控的重点。

（一）作假行为

作假行为是指访员未真实访问受访者，自己伪造访问数据，是较为严重的作弊类型，也是质量管理的重要目标。

1. 替换或访错住户

由于访员没有正确理解抽样方法、不熟悉样本地区或者目标受访者不配合等，会出现替换或访错受访者的情况。在不允许样本替换的调查项目中，替换受访者是应重点关注的严重质量问题。

2. 未使用CAPI

计算机辅助访问系统有效地控制了问卷跳转，能够进行实时数据校验，并能对收集到的数据进行实时的数值有效性、完整性的检验。利用这些信息对访员的访问行为进行管理，既提高了访问的效率，又保证了数据的完整性。

访员若未按照要求使用计算机辅助访问系统进行访问,不但收集到的问卷数据不完整,还无法采集调查访问过程中的并行数据,例如受访者联系状态、访问场景信息、访问录音、访问中键盘和鼠标的操作轨迹等,导致后期无法对访员的访问行为进行系统评估。因此,未使用计算机设备采集数据是一种严重的不规范访问行为,访员培训过程中会强调这一点,在质量管理的流程中也会重点关注。

3. 代答

有些调查问卷中设计了一些主观判断类的题目,为了保证数据的准确性,必须由抽样选中的受访者本人进行填答。在调查中,可能会因为受访者外出、身患疾病或拒访等无法进行访问,为了提高应答率或获得更多访问报酬,有些访员会选择让其他家庭成员代为回答问卷。这类问卷无法反映受访者本人的真实情况,在质量管理中需要进行核实并做相应处理。

4. 代访

代访是指访员让未接受过培训的人员代为访问。由于访员在实地访问之前需要接受有关调查项目的背景、访员的职业道德、访员的工作流程、基本行为规范、访问技巧、系统操作等内容的系统培训,若让未接受过培训的人员代为访问,将严重影响问卷数据的质量。

5. 臆答

访员有意不提问某些题目而自行填答的访问行为称为访员臆答。访员臆答与访员不登门而自填问卷有所不同,后者是整份问卷都由访员自答,访员臆答是指访员询问了受访者一些个人特征的题目和/或一些有可能被核查的事实性题目,而对一些难以核查的题目、不被核查的题目、受访者比较反感的题目、自己不用提问就能够判断出答案的题目自行填答。访员臆答在纸笔面访调查中很难被监测到,即使采用电话回访或实地回访,也只能访问那些事实性的、受访者不易改变答案的题目,而对态度性的题目,很难通过前后两次访问的对比结果来判断访员是否臆答。因此,在纸笔面访调查中,对于访员臆答的监控,始终没有一个切实有效的方法。[①]

使用计算机辅助面访调查系统,通过回听访问录音的方法可以重现访问

---

① 严洁等:《社会调查质量研究:访员臆答与干预效果》,《社会学研究》2012年第2期,第168—181页。

时的情景,从而判断访员是否存在臆答行为。管理者本应监测所有题目,但是考虑到监测量、时效等因素,在访问过程中,监测主要选择那些不可能通过自行判断而填答的题目。访员臆答在调查误差中属于测量误差,可能对数据质量造成严重的影响,臆答的监测和控制对于提高社会调查数据的质量而言至关重要。

6. 捷径跳转

能够控制问题跳转路径是 CAI 最重要的特征之一,当问卷包含大量复杂的跳转问题、循环问题时,这项功能显得尤为重要。一方面,跳转路径的系统控制可以避免访员对问题逻辑关系理解不清而出现错误跳答或者漏答的情况;另一方面,CAI 的自动跳转控制能够让访问过程更加顺畅,访员不需要花费时间对跳转路径进行判断。[1] 但访员经过系统培训和长时间访问后,对问卷结构有了深入的了解,会出现选择短路径以回避需要长时间作答的题组或模块的问题。在质量管理中,需要对模块跳转的节点题目予以重点关注和核查,避免访员的作假行为。

(二)不规范访问行为

1. 答案比对失败

访员在访问过程中可能出现选错答案或录入错误的情况。选错答案通常是因为访员没有看清选项,录入错误则容易出现在数值题上,出现这类问题一般是因为访员没有看清楚数值单位或者笔误。例如"您家这个房产市值是多少(万元)?",如果访员没有注意到单位是"万元",错误以为是"元",数据会产生巨大误差。对于这种题目,在访员培训时应该着重强调。质量监控中将通过电话核查和录音核查的方式,对关键性问题和易错问题进行答案比对和核实。对于核查出的问题,需要及时与访员沟通,纠正数据错误,并提醒访员在后续访问中特别注意。

2. 提问不准确

访员的提问应是客观的,按照问卷上原有的内容逐字逐句读出。如果受访者不理解,访员可以用其他的字或词代替原来的问句进行简单解释,但不能改变原题的意思。一般情况下,会要求访员尽量不要提供问卷问题之外的额外信息。研究证明,读题时即使是微小的改变都会影响到受访者的回答。

---

[1] 丁华:《计算机辅助调查与数据质量》,《统计与决策》2014 年第 3 期,第 98 页。

尽管有些研究证明有些改变不会影响数据结果,比如用"流产"来替代"结束怀孕"对受访者回答没有显著影响[1],但更多的研究表明改变读题内容,会潜在影响到调查结果。如果不跟访员强调逐字读题的重要性,就会使访员产生可以根据自己的理解提问的误解,由此可能会带来影响访问质量的访员相关误差。实际调查中也发现,访员提问方式的改变尤其是访员对题意的错误理解会对受访者回答质量产生影响。按照题目内容逐字念出是标准化访问流程最基本的也是最被普遍认可的原则。

3. 追问不足

如果受访者给出的答案不够清晰或误解了题意,访员需要及时追问或者重新读题。在追问时不能猜测受访者的意图或对其进行诱导,而要在澄清题意的基础上,鼓励受访者给出更准确的答案。如果受访者轻易拒绝回答或者回答"不知道",访员应技巧性地进行追问,以得到更精准的答案。通过录音核查可以发现访员的追问不足行为,需要及时给予指导,帮助其提高追问技巧,保证获取数据的真实性和准确性。

4. 诱导

访员是问题与答案传递过程中的一个媒介,因此中立立场特别重要。不能用语言、行动、手势等方式破坏中立原则,诱导受访者给出某种答案。在访问过程中,访员应该始终保持客观、中立的态度。在提问时,不允许加入自己的判断,不应有倾向性或诱导性的语言或行为,例如"我访问的其他人都……您的情况是怎样的"。诱导性的提问可能会导致受访者为了迎合访员的期待而做出不准确的甚至是与事实情况截然相反的回答。对于受访者的任何回答,访员也都要保持中立立场,不能给予肯定或否定的评价,更不能主动迎合对方或企图说服对方。

5. 未按要求发放酬金/礼品

一般情况下,社会调查项目尤其是追踪调查项目在结束对受访者的访问后,为了感谢受访者的积极配合、维护与受访者的关系,会向其发放酬金或礼品。如果访员未按项目要求足额/足量发放酬金/礼品,可能会造成受访者对

---

[1] H. Schuman and S. Presser, *Questions and Answers in Attitude Surveys: Experiments in Question Form, Wording, and Context*, New York: Academic Press, 1981, cited from Robert M. Groves, et al., *Survey Methodology*, 2nd, New Jersey: John Wiley & Sons, Inc. 2009, p. 291.

项目的不信任,影响项目的持续开展。为了维护项目和受访者的利益,质量管理部门将通过电话回访对酬金/礼品是否按要求发放进行核实。

三、质量管理的目标

在存在众多误差来源和访员不规范操作的情况下,质量管理的目标就是运用多种方法来全面及时地监测、评估和纠正访员的访问行为,减少误差,提高访问质量。

(一)降低抽样相关误差

在调查项目实施中,根据抽样相关误差的来源,在抽样方法设计上要充分考虑目标总体的特征,通过科学设计尽量保证抽取的样本包含目标总体的基本特征,避免覆盖不足和过度覆盖的问题。在末端抽样中,地图地址法制作的抽样框具有较好的覆盖性,据此抽取的样本代表性较强,能够减少末端抽样的误差。

在不加控制的情况下,单元无应答会呈现一定的趋势,即年轻人群体、高收入群体、高受教育水平群体更可能无应答,样本的年龄和性别分布会偏向于女性和老年人群,导致较高的无应答误差。质量管理过程中应实时关注样本年龄、性别和其他基本变量的分布情况,通过控制样本发放进度、督促和指导访员在合适的时机联系受访者、保证足够的联系次数等管理方法提高整体应答率和特定群体的应答率,减少无应答误差。

对于有户内抽样的调查,为了选中配合度较高的家庭成员,提高访问成功率,访员可能会漏登或多登记家庭成员,造成户内抽样的误差。保证户内抽样的准确性是质量管理的重点内容,在计算机辅助调查访问中,可以通过程序设定以KISH表或者随机数方法抽取户内受访者,并在抽取结束后进行锁定,避免访员随意更改抽样结果或为了抽取到能够配合的受访者而修改登记人员信息。此外,在质量管理中,还需要通过电话核查和录音核查的方式对户内登记信息部分进行重点核实,以减少户内抽样错误和误差。

(二)减少测量误差

问卷设计是测量误差的来源之一,问卷的适用性、长度、复杂度、题目和选项设计等都会影响到测量的准确度和有效度。在计算机辅助访问中,需要通过值域、校验、数据加载等设计减少数据采集过程中可能产生的错误。具体方法参见第四章第二节"问卷电子化与系统测试"。

访员是测量误差的最主要来源,也是质量管理的重点。可以说,在执行过程中,质量管理的主要目标就是降低由访员引起的测量误差。本节第二部分对访员的作假行为和不规范访问行为进行了归纳和解释,下一节将对访员行为管理的具体方法进行介绍。

数据汇总和整理过程也会产生误差。在计算机辅助调查模式中,能够利用多种并行数据信息辅助进行清理,减少相关误差,具体方法参见第七章第二节"问卷数据清理"和第三节"并行数据清理"部分内容。

第二节 质量管理的方法与流程

计算机辅助调查技术的应用给数据质量管理带来了飞跃式发展。[1] 相对于纸笔调查,CAI 在很大程度上改变了原有的数据收集过程,提高了数据质量控制的时效性和有效性。CAI 模式对数据质量的影响贯穿调查准备、实地执行和后期数据清理的每个环节,它将传统的事后质量控制提前到事前和事中,对于调查质量的提升可以说具有革命性的作用。运用计算机辅助技术可以及时、有效地获得可用于监测访问过程的并行数据,极大地扩展了质量管理的方法,提高了对访员访问行为干预的时效性。[2] 同时,本节将对计算机辅助面访调查和电访调查的质量管理方法和流程分别进行介绍。

一、面访调查质量管理方法

目前,就面访调查而言,调查质量管理的方法一般有以下几种:数据核查、录音核查、电话核查、实地核查,以及近几年随着技术进步而逐渐开始采用的指纹、GPS、照片比对等核查方式。

(一)数据核查

传统上,数据核查以问卷数据为主。在计算机辅助调查技术引入后,随

---

[1] Reginald P. Baker, Norman M. Bradburn, and Robert A. Johnson, "Computer-assisted Personal Interviewing: An Experimental Evaluation of Data Quality and Cost," *Journal of Official Statistics*, Vol. 11, No. 4, 1995, pp. 413-431.

[2] 严洁等:《社会调查质量研究:访员臆答与干预效果》,《社会学研究》2012 年第 2 期,第 171—172 页。

之产生的并行数据极大地拓展了数据核查的可用数据来源和核查方法。并行数据是指在计算机辅助问卷调查的数据收集过程中,根据系统的事先设计,由计算机自动记录下来的与调查实施密切相关且有助于调查质量管理和评估的数据。运用并行数据,在理论上可以实现在任意一个调查时点上直接监测访员的行为,对监控数据进行实时汇总、统计分析并反馈给访员,达到在调查执行中同步进行质量管理的目的。常见的可用于数据核查的并行数据包括以下几大类[①]:

(1) 联系记录数据。

联系记录数据是最常见的一类并行数据,主要包括联系方式、联系时间和联系结果。这类数据在传统的纸笔访问中已有应用,但采集信息的完整性和完备性与计算机辅助调查模式相比还有差距。通过采集此类数据,可以在多个方面改善调查管理和数据质量,如对与受访者联系方式、时间和结果数据进行分析,可以研究联系方式和时间段对应答率的影响,获得针对不同人群的最佳联系方式和联系时间段,对访员的联系行为进行指导,提高接触率和应答率。此外,通过对联系结果的实时分析,可以全面了解访员在工作现场接触样本的情况和努力程度,帮助项目管理者及时对访员的行为进行指导,促使访员更有效地接触并劝说受访者接受访问。同时,联系记录也是后期进行数据加权处理的重要辅助变量。

(2) 访员观察数据。

根据研究者的需要,访员观察数据可以包括多方面内容,如受访者拒访程度、社区环境、访问情境、受访者家庭环境、受访者参与访问的兴趣、理解能力和配合程度、受访者对调查的疑虑和回答可信度等。通过采集和分析此类并行数据,不仅可以了解受访者参与调查的态度,对问卷数据的可信度进行评估,还可以分析受访者的生活环境因素对于其参与访问的态度和行为的影响。

(3) 访问录音数据。

在受访者知情同意的情况下,计算机访问系统可以对采访过程进行全程或部分模块录音,并且可以分问题条目进行存储,以方便录音数据的查找。录音数据除了在质量管理中用于监测访员的臆答、诱导、捷径跳转、提问不完整和不准确等作假或访问不规范行为外,录音率也是监测访员访问质量的重

---

① 任莉颖、严洁:《并行数据与社会调查质量探讨》,《统计与决策》2014 年第 6 期,第 28 页。

要指标。访员是否努力劝说受访者接受录音、访员的问卷平均录音率、各初级抽样单位的整体录音率等数据，能够较为客观地反映访员访问的认真程度和采集问卷数据的真实性。在跟踪调查中，还可以比较分析不同访员在同一抽样单位的录音率差异，发现访员因素造成的数据质量问题。

（4）访问痕迹数据。

访员或受访者在使用计算机设备进行采访或自答时，访问系统可以自动记录键盘的敲击顺序、鼠标移动的轨迹、每道问题的起始时间和结束时间以及功能键的使用情况等。在质量管理中，可用于分析和研究的痕迹数据有两种：一种是F1功能键的使用，另一种是校验的使用。在CAPI系统中，可以在需要术语/概念解释的页面加入F1键并进行标识。在调查过程中，访员可以非常便捷地按F1键打开概念解释的小对话框，获得相关信息并为受访者做出正确的解释。在CAPI系统中，访员是否调用F1键访问帮助以及调用的频率等相关数据可以通过键盘回放的方式获得。采集和研究此类数据，一方面有助于调查管理者考察访员访问的认真程度，掌握F1键调用频率随调查问卷份数增加而发生的变化，并进一步对数据质量进行评估；另一方面，从问卷设计的角度看，F1键的使用频率、借助F1键是否可以增加受访者对题意的理解，能够从一定程度上反映问卷题目设计的科学性和易操作性，有助于问卷设计和F1键设计的改善。

除F1键外，CAPI系统中能够通过键盘回放手段获取的另外一个访问痕迹数据是软检查和硬检查的使用频率。软检查的主要目的是对访员录入的异常值进行提醒性检验，访员可以选择强制通过检验进入下一题，也可以选择回到原题对错误的录入进行修改。而硬检查的主要目的是对常识性错误答案或前后题目填答逻辑不一致的答案进行检验和提示，在这种校验模式下，访员必须对录入的答案进行修改才能跳至下一题。通过键盘回放采集两类校验出现的频率和访员操作痕迹数据并进行研究，可以对校验手段在修正错误数据、改善数据质量方面发挥的作用进行评估，进而对校验设计进行改进。充分利用和挖掘操作痕迹数据，在必要的题目上设计合理的校验提示类型和内容，对调查数据质量的提高有重要价值。

（5）访问时长数据。

在CAPI模式中，计算机能够记录每份问卷开始的时间、问卷中断的时间以及问卷结束的时间。除此之外，计算机系统还能记录访员在每一个问题上停留的时间,由此获得的并行数据被称为单题访问时长数据。在执行过程中,通过事先编制的程序,调查管理者可以看到访员每天的整体访问时长、分模块访问时长和单题访问时长数据。采集此类并行数据,对于评估数据质量、改进问卷设计、及时干预访问行为非常重要。从某种程度上讲,时长并行数据是监测访员行为最敏感的工具。尤其是单题访问时长数据,能够非常直观地发现访员易产生臆答、虚假访问、捷径跳转的问题题目,并进行有效的干预。而且,分析大多数访员易发生单题访问时长问题的题目,可以发现问卷设计和调查执行设计中存在的问题,并据此对问卷相关题目和执行流程设计进行针对性改善。

数据核查主要是基于问卷数据和并行数据,通过统计分析技术与方法,从数据分布的角度来检查数据的质量,识别数据有问题的问卷及存在不规范或疑似不规范行为的访员,然后汇总提交给项目执行组进行核查和确认。用于质量管理的并行数据主要有每道题目的访问用时、整份问卷的访问用时、每个模块的访问用时、每道题目的无回答情况和访问录音数据等。

1. 数据核查的特点

相对于录音核查、电话核查和实地核查,数据核查具有实时、高效、全面、低成本和避免再次打扰受访者的特点,这也是 CAI 模式与其他调查方式相比最有优势的地方,可以作为所有核查方式的起点。在访员回传数据后,质量管理人员进行数据合并与分析,实时进行数据核查,访员在数据回传第二天就可以得到数据质量反馈和指导。数据核查的内容主要有两个方面:对访问过程的并行数据进行分析和质量检查;对问卷数据进行分析和核查。随着技术的发展,目前能够实现访问过程中的质量监测,访员在访问进行的同时能实时获得系统自动计算的访问时长和无回答率提醒,帮助访员在访问中提高访问质量。

2. 数据核查的内容

数据核查主要监控的是并行数据中的访问时长数据(包括问卷总访问时长、模块访问时长和单题访问时长)和项目无回答率数据(包括问卷总体无回答率和模块无回答率)。此外,还可以通过其他并行数据,如访问时机、电话采集率、录音采集率、数据及编码有效性等对访员访问行为进行整体把控。

(1) 访问时长。

访问时长在很大程度上可以反映出访员访问的认真程度。有两种情况将直接导致单题和整体的访问时长过短:一种是访员为了缩短访问时间而自行填答题目,另一种是访员根据观察到的或者已经采集到的有关受访者的信息而自行判断得出答案。虽然在访员熟悉问卷后会普遍出现访问时长缩短的趋势,但访问时长仍然是评估访员访问质量的一个较好的指标。

在数据核查中,访问时长通常在三个层面上进行分析:一是访问总时长。通过统计访问总时长的均值、中位数、最大值、最小值、四分之一分位值和四分之三分位值,能够了解整体访问时长的情况。在此基础上,可以选出访问时长低于某个标准的样本进一步核查。二是特定模块的访问时长。监控模块可以根据不同项目的关注点进行选取。以 CMHS 为例,疾病筛查部分的访问质量直接关系到模块跳转,并影响患病率的计算。为此,在数据核查中增加了筛查模块的访问时长统计和分析。三是单题访问时长,即每一道题目的访问时长。通过设定每题的标准访问时长,并统计访员实际单题访问时长与标准时长的差值,可以筛选出访问时长不达标的样本和对应的访员。

对单题访问时长的核查要经过三个步骤:第一步,确定监测题目列表,即按照问卷类型和模块挑选监测问题,主要针对容易出现时长过短的题目,例如敏感题目、访问困难题目等。第二步要计算各类问卷监测题目的合理用时。合理用时是指监测题目的最短读题时间,可以挑选几名经过培训、经验丰富的督导用最快的速度读题,取最短时间或均值作为合理用时。第三步是计算每个样本在每个监测题目上的实际访问用时,其中少于合理用时的定义为采访用时不合格。不合格的比例达到一定程度,即判定问卷单题访问时长不合格。单题访问时长不合格意味着访员没有按照要求进行提问,可能存在未经提问自行填答、提问不完整、追问不足等不规范行为。单题访问时长被认为是质量核查的敏感指标,能够有效准确地发现问题样本和问题访员。此外,通过对单题访问时长的数据分析,可以筛选出问卷中用时最长和最短的题目,对两类题目进行分析,通常可以发现问卷设计的问题,这对于研究者及时改进问题的提问方式、获得更高质量的数据有重要价值。

(2)项目无回答率。

受访者虽然同意参与访问,但在访问过程中可能会拒绝回答某些问题或表示不知道,项目无回答即是指无法获得样本对某个或某些问题的回答。这些回答在调查中均不能视为有效答案。许多专家和学者都曾证明高比例的项目无回答率有可能导致样本估计偏差，因此，如果在数据分析过程中直接忽略那些高比例的项目无回答题目或样本，或者简单利用有效回答的题目或样本代表那些没有回答的题目或样本，会有很大可能得出错的结论。① 项目无回答率是指每一份问卷中无回答题目占全部应回答题目的比重，问卷题目无回答率过高，可能是访员沟通能力不足或者没有按照要求进行追问，导致受访者对某些题目拒访或表示"不知道"，而降低了问卷数据的有效性。但无回答率过低也需要引起注意，受访者对问卷中某些题目拒访或表示"不知道"的情况是正常现象，反而当访员造假时，为了使数据看起来更合理，很少或从不出现被访者表示"不知道"或者拒绝回答的情况。②

无回答率监控的主要目标有三个：一是筛选出无回答率较高的题目，并采取相应的措施。可以根据无回答率监控的结果对相应题目的设计提出建议。二是筛选出无回答率有问题的访员。可以将无回答率最低的 10% 和最高的 10% 的访员筛选出来。督导需要对无回答率最高的 10% 的访员进行有针对性的指导或再培训，改进其访问技巧，提醒其适当追问。而无回答率最低的 10% 的访员则可以作为质量管理的重点监测对象，时刻关注其是否有故意造假的嫌疑。三是筛选出无回答率较高的样本进入录音或电话核查，进一步探究原因，并对样本进行处理，对问题访员进行质量管理。

（3）其他类型的并行数据核查。

除了访问时长和项目无回答率外，还有几类并行数据对于监控数据质量、改善执行管理有重要作用。例如，访问时机核查能够发现访问时机不合理的样本，如凌晨开始或结束的访问。出现此类异常的访问时间，在排除系统错误后，可以判定是受访者有特殊需求、访员作弊或访员不规范操作等原因造成的，需要单独与访员沟通，并通过电话或录音核查方式进一步核实。除了实现核查目的外，此类并行数据在追踪调查中可以作为有效的访问管理数据用于下一轮的调查。如在追踪调查中，会按样本将历年访员信息、受访者个人基本信息和联系信息、上一轮调查访问成功时间等数据整理成单独的

---

① 严洁：《项目无回答的成因与降低其水平的途径》，《华中师范大学学报（人文社会科学版）》2006 年第 45 卷第 6 期，第 58 页。

② 孙玉环等：《CAI 模式下社会调查项目质量控制的数据核查方法》，《调研世界》2015 年第 3 期，第 59 页。

文件嵌入系统,为访员安排访问提供参考,提高访问成功率。

录音采集率和电话采集率也是可用于核查的并行数据,这两类数据能够反映出访员与受访者沟通的能力和努力程度,在一定程度上可以筛选出存疑样本。比如电话采集率极低的样本,排除当地电话普及程度低的因素外,会存在访员故意逃避电话核查的可能。在执行过程当中,应及时关注此类并行数据的核查结果,规范访员的访问行为,督促访员收集有效的电话。在追踪调查中,还可以与上一轮或前几轮相同受访者的电话采集率和录音采集率进行比较,以便对访员访问质量做出准确判断。除此之外,电话采集的有效性也是数据核查的一个重要方面,为提高电话采集率而在多个问卷中填写同一电话号码、填写自己或亲友的电话号码、臆造错误的电话号码等行为需要在质量控制中引起特别注意。

并行数据中访员完访样本的数量与次序也对评估访员访问质量有指导价值,例如某份问卷的完访顺序号、某份问卷是在访员开始访问的第几天完成的、某份问卷是访员某一天完成的第几份等,此类数据可以用于检验样本是初期、中期还是后期完成访问的,结合各类核查结果,可以判断不同访问时期出现的不同质量问题,更有针对性地管理访员的访问行为,并对其有可能出现的不规范操作进行预判。

(4)问卷数据核查。

通过对问卷数据的分析,也能有效发现访员的访问行为问题。例如,随着访员访问数量的增加,访问质量下降的问卷会出现多选题的答案数目减少,选择第一个选项的情况增多,选择"其他(请注明)"的情况减少的问题。此外,通过问卷数据分析,还能够发现访员的跳答路径是否会缩短,即访员可能会选择较短的路径进行跳问和填答。另外,对于有态度量表题的调查,可以分析量表的变异量,对于有作弊动机或臆答问题的问卷,能够通过分析发现此类问题的变异量的减少。对于需要访员记录文字信息的题目,如职业、疾病、地址等开放题,可以通过分析文字记录的规范性和详细程度来对访员的访问质量进行评估。

(二)录音核查

录音数据的采集和应用对于调查质量管理的改进和评估有着非常重要

的意义。在计算机辅助调查中,可以非常方便地在系统中嵌入录音程序。随着技术的不断升级,调查系统可以实现定题录音和定题回放。在正式访问开始时,征得受访者同意并签署受访者知情同意书后,访员在调查系统中开启计算机录音程序,对访问过程进行全程或者部分录音。根据调查项目要求,可以分题目储存录音,以便后期查找录音数据和进行录音核查。根据问卷长短及调查项目不同要求,录音核查可以对整份问卷的录音进行逐题回听和核查点判断,也可以对挑选出来的监控题目的录音进行核查。

1. 录音核查的特点

与电话核查相比,录音核查能够避免对受访者的二次打扰,核查信息量更大,核查也更全面。录音核查一般在收到访员回传数据的第二天开始,一直伴随整个调查期,直至调查结束。录音核查侧重于检查访员访问行为的规范性,主要关注点有以下几个方面。

(1) 访员行为。

录音核查的题目一般会根据项目设计者的关注点进行挑选。通过回放选定题目的录音,判断访员是否存在不规范访问行为,如作假行为、不规范提问行为和不规范操作行为。就作假行为而言,主要通过录音判断是否有受访者请其他人代为回答、是否有访员请其他人代为访问、访员是否不提问直接臆造答案、访员是否为了跳转模块而故意选择路径较短的答案等。作假行为是录音核查重点关注的部分,对于作假的问卷通常会采取作废并尝试以重新访问的方式进行补救。

除此之外,录音回放过程中还会就问卷设计者关注的特殊题目的提问方式进行核查,比如访员对题干较长的题目是否能完整提问、对于有关键词的问题能否对关键词进行重读强调、对于受访者不能给出答案的题目能否适当追问、是否根据自己对问题答案的喜好对受访者进行诱导式提问等。不规范的提问方式会对问卷整体质量和某些特定题目的数据质量产生较大影响,也因此成为质量督导的核查重点。在 CAI 模式下,录音核查的结果一般会在当天反馈给访员,督导给予针对性的提醒和指导后,访员提问行为的改善会非常明显。此外,录音回放还会对访员的不规范操作行为进行核查,如在没有征得受访者同意的情况下开启访问录音、未按问卷要求将卡片题展示给受访者、未发放礼品或酬金等。访员此类不规范的访问行为对问卷数据质量影响不明显,但会影响受访者对调查的配合意愿和态度,也需要督导及时对访员进行监督和指导。

(2) 问卷数据填答的正确性。

录音回放除了帮助对访员的访问行为进行核查外,还会为数据清理提供辅助信息。例如在数值题的清理中,对于异常值或者逻辑关系混乱的填答,可以通过录音回放重现访员现场提问内容和受访者回答的信息,纠正因访员录入错误或理解偏差而产生的错误数据。此外,在追踪调查中,受访者电话和地址信息的完整性和准确性对于下一轮能否成功追访将产生重要作用。因此,在录音核查问卷中一般会加入对地址和电话信息的核对,以保证此类关键信息采集的有效性。①

2. 录音核查的内容

回放访问录音是监测访员访问行为的有效方法,从录音文件中可以识别出受访者真实的回答、访员的提问方式、受访者和访员的互动模式、访问过程状况等。录音核查可以检测的不规范行为包括代访、代答、臆答、捷径跳转、答案比对失败、提问不完整、提问不符合题意、提问关键词不准确、诱导和追问不足等。②

小贴士:

录音核查侧重于检查访员访问行为的规范性,在保证时效性的同时,在选取核查样本时,要增加完访时间靠前的样本选取量,对访员访问初期的行为进行强化管理,及时发现并纠正访问的不规范行为,培养访员的质量意识。

(三) 电话核查

1. 电话核查的特点

在纸笔调查模式中,由于缺乏足够的辅助核查的数据,电话核查成为主要核查方式。但电话核查受电话采集率、应答率、受访者记忆偏差、受访者配合程度等因素的影响,核查效果难以保证。此外,电话核查相当于对受访者进行二次打扰,电话回访的时机和策略就显得尤为重要。尽管电话核查方式的使用受诸多因素限制,但这种方式对于核实访问真实性非常有效。在 CAI

---

① 丁华等:《基于 CAI 模式的调查数据质量控制》,《统计与决策》2017 年第 7 期,第 30—31 页。
② 丁华等:《基于并行数据的调查质量管理》,《统计与决策》2016 年第 20 期,第 33 页。

模式下,可以结合数据核查和录音核查结果对电话核查样本进行筛选,对于问题样本或存疑样本进行针对性核查。

2. 电话核查的内容

电话核查主要侧重于以下几个方面①:

(1) 真实性核查。

访问真实性是电话核查的重点,通过电话回访获得访员的性别、访问时间、访问时长等信息,判断访员是否按照要求对正确的受访者进行了全问卷的访问。在 CAI 模式中,还需要跟受访者确认访员是否全程使用计算机进行访问,以避免访员使用纸质问卷询问关键信息后臆造问卷数据。此外,对于需要户内抽样的调查,还需要就家庭成员信息进行询问,以确保访员按照规则抽选受访者而不是选择方便样本。在 CAI 模式下,可以在 KISH 问卷设计中设置相关锁定,避免访员为抽选到方便样本而进行成员信息修改。除了电话核查外,对于户内抽样的准确性,可以通过对实时回传的数据进行编程分析,对抽中的受访者性别、年龄进行监控,及时发现有可能存在质量问题的问卷和相应的访员。

(2) 关键问题比对核查。

电话核查中对受访者的回访时长要尽量缩短,以避免对受访者造成过度打扰,因此需要进行问题答案比对的题目要精练。一般情况下,选择短期内不会改变的客观题目和与调查目标紧密关联的跳转节点题目,例如受访者的婚姻状况、受访者的政治面貌等。跳转题目也应该选择客观题,避免受访者因记忆偏差导致问题答案对比失败。电话核查一般在问卷数据回传三天内进行,在排除了受访者的影响因素外,电话回访数据与访问数据对比失败的样本可能会存在严重问题,需要采取其他质控方式进行再次核查,并扩大问题访员的电话核查样本数量。一旦查出作弊问卷,应及时作废原有问卷数据并安排重访。

(3) 酬金或礼品发放问题核查。

是否足额发放酬金和礼品会影响受访者对访问的配合程度,尤其在追踪调查中还会对受访者再次接受访问的意愿造成影响。因此在电话核查中会询问受访者是否收到足额酬金或礼品,如果未按照要求发放酬金和礼品,需

---

① 丁华等:《基于 CAI 模式的调查数据质量控制》,《统计与决策》2017 年第 7 期,第 30—31 页。

要及时安排补发。

(四) 实地核查

为了保证调查数据的准确性、有效性和真实性,策略性地开展实地核查很有必要。实地核查即核查员找到受访者,通过面对面询问的方式,就访员访问的真实性、规范性、问卷中的关键问题以及其他方式核查发现的疑点进行核实,通常会采用结构化的问卷就核查结果进行记录。实地核查的对象分为三大类:第一类是追踪类项目基线调查所涉及的所有访员。基线调查的完访样本会被永久追踪,实地核查需要尽量覆盖到每个访员,通过实地核查保证样本的真实性。第二类是通过电话核查或录音核查发现存在严重访问质量问题的访员,或完访样本中有效的录音文件和有效的电话极少的访员,有必要通过实地核查的方式对相应访员所有或部分完访样本进行核实。第三类是无法通过录音核查或电话核查方式正常完成质量监控的访员,需要采取实地核查的方式验证样本的质量。

实地核查的重点主要有:抽样框核查,保证抽样框的完整性以及数据的准确性;未完访样本核查,保证访员对样本按照规则进行足够次数的接触;完访样本核查,保证访问的规范性以及数据真实性、准确性和有效性。

实地核查能够弥补电话、录音两种核查方式的不足,但实地核查往往成本较高,具体核查流程和核查样本比例的制定要视不同项目的需求而定。

与电话核查相比,实地核查的优势表现在以下几个方面:

(1) 实地核查可以从多个方面收集数据。实地核查员到受访者家中可以观察到受访者的家庭环境,感受到受访者的态度,结合观察和面对面交流得到的信息,能够更加准确地做出核查结果判定。

(2) 实地核查员具有准确处理问题的优势。在电话回访中,由于看不到、感受不到受访者的情绪变化,有些问题得不到正确的处理。实地核查能够更有效地获得受访者的配合和支持,而且能够对电话里无法深入沟通的问题进行交流并获得相应核查结果。

(3) 实地核查可以充分利用现场其他资源辅助核查。对于不配合电话核查或者一直无法取得联系的受访者,在实地核查中可以通过走访其邻居或村/居干部、村/居内热心人的方式获得相关信息,弥补电话核查或录音核查的不足。

(4) 实地核查可能实现拒访转变,减少样本流失。优秀的实地核查员通过有技巧地与受访者沟通,能够消除访员工作不当导致的受访者疑虑,挽回拒访样本。

(5) 实地核查能够在一定程度上解决录音核查无法发现或解决的问题:

① 实地核查可以更加准确地判定核查结果。有些访员倾向于在正式访问之前与受访者通过聊天拉近距离,并在这一过程中获得了较多关于受访者的基本信息,这可能会导致正式访问中某些问题的漏问或不问自答,造成录音核查员在一些题目上的误判。通过实地核查,可以解决此类问题,准确地做出核查判断。

② 访员操作不当会导致录音质量问题,部分问卷可能无法完成核查,实地核查可以弥补录音的不足,有效完成核查工作。

(五) 其他核查方法

在CAI调查模式中,运用技术手段在很大程度上能够协助调查管理者及时发现影响数据质量的因素并进行有效干预。例如,结合GPS定位系统,能有效地防止访员随意更换调查对象或者不进行访问而自行编造问卷答案;利用计算机拍照功能,在抽样框制作阶段对受访者房屋和受访者本人进行拍照,可以避免访员因作弊或失误找错受访家户的问题;利用指纹识别系统,也可以在很大程度上避免访员访错受访者或进行虚假访问。在大型的追踪调查项目中,还可将多次访问采集到的GPS、指纹、照片数据进行比对,确认访员是否成功访问同一受访者。

小贴士——覆盖面及核查数量策略:

1. 从覆盖面上

(1) 每一份问卷中的所有变量和并行数据中的所有变量都将定期使用统计分析的方法来检验,查找系统性偏差并加以修正。

(2) 每个访员访问的每种类型的结果都应被核查到。

(3) 每个访员访问的每类问卷数据都应被核查到,每个访员都将经历所有的核查方式。

(4) 每份问卷中通过一种核查手段发现的问题,将通过另一种核查手段进行佐证。

(5) 每个核查发现的问题,均要评估是否需进行扩大比例核查。

(6) 每份无法核查的样本,均要评估是否需进行替换核查。

2. 从数量上

核查样本数量需根据项目执行要求而定。一般而言,完成的问卷都会经过数据核查;对所有无法完成的问卷,都会与访员进行沟通,核查样本联系情况。关于电话核查与录音核查的比例,对于已完成的问卷通常会安排15%—25%的录音核查和15%—25%的电话核查。

二、面访调查质量管理流程

质量管理流程是指在一个调查项目中综合运用各种质量管理方法进行核查和质量控制,包括所有样本的核查分类、各种核查方式的使用顺序和交互验证流程、核查样本替换和扩大策略以及审核和反馈流程。下面以北大中国社会科学调查中心项目为例,具体讲解面访质量管理流程(见图6.1)。

(一) 核查样本的分类

在核查工作实施之前,需要根据项目质量管理要求将样本分为以下几类。

1. 特殊监控样本

访员刚开始进行访问时,是最容易出现不规范访问行为的时候,也是有效纠正访员访问行为的最佳时机。尽早对访员完访的样本进行质量管理,发现其不规范行为,及时对其进行质量督导,是保证访员收集到高质量数据的有效方法。特殊监控样本可以是每名访员完成的前三个样本,也可以按完访的时间顺序选择一个或两个有录音的样本进行录音核查。如果前三个样本中没有能够进行录音核查的,则从中选择一个样本进行电话核查。

2. 问题样本

所有完访的样本都要先经历数据核查,数据核查不通过的样本定义为问题样本。问题样本在质量管理流程中要重点关注。

3. 随机样本

从通过数据核查且非特殊监控的样本中随机选取一定比例的样本定义为随机样本。例如抽取10%的样本定义为Ⅰ类随机监控样本优先进行电话核查,可以抽取完访序号尾号为3的样本(随机数为0—9均可);抽取20%的样本定义为Ⅱ类随机监控样本优先进行录音核查,例如可以抽取完访序号尾号为6和8的样本。

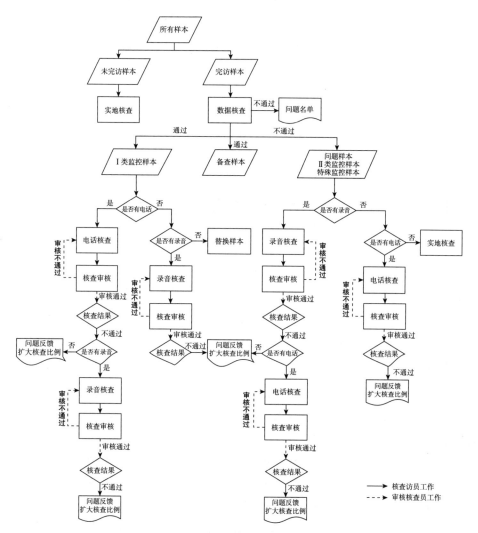

图 6.1 面访调查质量管理流程图

4. 备查样本

除了以上讲到的特殊监控样本、问题样本和随机样本,其他样本将作为备查样本用于替换核查和扩大核查。

(二)质量管理的具体流程

在流程设计上,建议以数据核查为开端,所有完访样本先进行数据核查。随后,数据核查有问题的样本、特殊监控样本和Ⅱ类随机监控样本进入录音核查样本库，与此同时，I 类随机监控样本进入电话核查样本库。

完成电话核查的样本，如果出现未使用 CAPI、代访、代答的结果，需要转入录音核查库，采取录音核查的方式进行验证核查。同时，完成录音核查的样本，如果出现臆答、代访、虚假访问等严重质量问题，将转入电话核查库，继续采取电话核查的方式进一步核查和验证。

对于通过数据核查，但无法完成电话核查和录音核查的样本，将启用备查样本库进行替换核查。经数据核查筛选出的问题样本如因其不可替代性不进行替换，需要每周汇总反馈给访员，重新收集受访者联系信息。最终无法核查的样本将被纳入实地核查抽样框，优先进行实地核查。

在核查过程中，还将根据核查情况，采取扩大核查的策略。具体来说，扩大核查主要适用于四类情况：电话核查和录音核查综合结果为不通过的访员；访员访问前三户既无电话又无录音，无法评估访员初期工作质量；访员已结束某个村/居的访问工作，核查比例未达到设定值；访员结束访问工作时，督导对访员整体工作情况进行分析，包括每类核查的覆盖情况、无法核查的问题样本比例、每类核查比例、问题样本比例等，根据综合结果评估，对于问题严重的访员进行扩大核查。

小贴士——替换与扩大策略：

为最大限度减少质控盲区，保障访员的核查覆盖面，可考虑采用替换和扩大策略。

（1）替换核查。主要针对通过数据核查，但无法完成电话核查和录音核查的样本，进行同质替换，旨在保证对每名访员的核查均达到规定比例。替换样本选择同一访员通过数据核查且没有被其他方式核查过的样本，优先选择同村/居的样本。无法核查的问题样本因其不可替代性不进行替换。最终无法核查的样本将被纳入实地核查抽样框，优先进行实地核查。

（2）扩大核查。主要为了实现两个目的：一是为了保证对每名访员的核查均达到规定比例；二是确认核查不通过所涉及的访员质量问题的严重程度，以便及时采取补救措施。

扩大核查选择同一访员完成的通过数据核查且没有被核查过的样本，优先选择同村/居、同时期完成的样本。

（三）核查审核

在核查工作进行时，核查审核工作也要同期开展。核查审核主要是对核查员的工作进行检查，避免由核查员的工作失误导致对问卷质量问题的误判。通常情况下，要单独成立审核小组，包括审核主管和若干名审核员。根据质量管理的方法，对应的有录音核查审核和电话核查审核。录音核查审核重点关注核查数据的准确性，只审核判断不规范行为所对应的题目。电话核查审核重点关注核查员工作的规范性、核查员工作的质量和工作态度。

审核工作需要覆盖每一名核查员，尽量覆盖每一种不规范行为。对于录音核查不通过的样本需要全部进行审核，如出现代访、代答和臆答的样本。录音核查结果为"通过提醒"的样本的审核需要覆盖每一种不规范行为，如捷径跳转、答案比对失败、提问不完整、提问不符合题意、提问关键词不准确以及追问不足等。对于录音核查通过的样本，需要每天随机抽取1—2个样本进行审核，尽量在工作开始前期进行，便于问题的纠正。对于电话核查不通过的样本需要全部进行审核，导致电话核查不通过的不规范访问行为包括虚假访问、未使用 CAPI、代访以及代答等。电话核查结果为"通过提醒"的样本的审核需要覆盖每一种不规范行为，包括：捷径跳转、访问时长过短、未（足额）发放酬金、酬金单作弊以及答案比对失败。对于电话核查通过的样本，每天随机抽取1—2个样本进行审核。

（四）质量问题反馈

质量问题反馈主要有两种方式：一种是由质量管理督导或核查员直接向访员反馈核查结果。这种形式反馈更及时更客观，但不利于执行督导全面了解访员的工作情况。一种是由质控组将所有反馈内容汇总到执行组，由执行督导逐一反馈到各个访员。这种形式便于执行督导对访员的访问质量进行整体把控，但因涉及不同部门的合作与核查结果流转，在反馈时效上不如第一种形式及时。

北大中国社会科学调查中心的多数项目主要采用的是第二种反馈方式。经历了多种核查方式和审核的样本会进入核查系统中的督导反馈模块，执行督导登录核查系统后，可以在该模块看到其负责的所有访员的样本质量核查结果。执行督导需在第一时间联系相应的访员进行反馈和核实，并对访员的访问工作给予指导，对于存在严重质量问题的访员需要做出暂停访问或劝其退出访问的决定。若访员不认可质量核查结果,可以对核查结果提出质疑,执行督导需要将这一样本反馈为存疑样本,质控组会根据执行督导和访员的反馈意见重新进行核查和审核。

三、电访调查的质量管理方法

电话访问是通过电话访谈系统对受访者进行访问。电话访问大都在相对固定的电话访谈室进行,电访访员集中在统一空间开展电话访问,较面访访员更容易监控和管理。对于计算机辅助的电话访问(CATI)而言,可以完成对电访访员的实时监听和核查。通过监控系统,督导能够实时监听访员与受访者的对话并观察电访室每名访员的工作情况,还能够对每名访员所负责的每个样本的拨出记录进行汇总和分析。

由于集中访问能较好地保证访问的真实性,电话访问的核查会更侧重于访员操作的规范性。通常情况下,电访访员在访问初期容易出现操作不规范、与受访者沟通不顺畅等问题。为了避免此类行为对电话访问问卷数据的影响,提高电话访问的应答率,可以对访员完成访问的第一份问卷或前三份问卷进行实时监听核查,对电访访员的提问行为、操作规范、访问技巧等进行监控。区别于面访核查,电访实时核查使用的问卷一般为开放性问题居多的评估类问卷,目的在于发现访员的访问规范和技巧问题,并根据评估结果有针对性地进行指导。为此,电访核查组应建立实时监听核查小组,及时高效地进行实时监听核查和录音回放核查,发现问题立刻反馈给相应的电访访员,避免该访员将不规范行为延续到之后的电话访问中。

除实时监听核查外,与面访相似,数据核查和录音核查方式同样也应用在电话访问调查的质量管理中。其中,数据核查要更加注重电话呼出记录,包括呼出电话号码、每一次拨打结果以及呼出时间和访问起止时间等。录音核查要更加注重访员访问的规范性和技巧,相应核查问卷的开发也要以这两方面为重。如果访问真实性能够得到保证,电话访问调查项目一般不再进行电话回访核查,以免对受访者过度打扰。

四、电访调查质量管理流程

电访调查与面访调查的质量管理流程大致相似,不同之处主要有两点:一是电话访问由于大都采取集中访问的方式,且对访问过程进行录音,访问的真实性能够得到较好的保证,一般不需要再进行电话核查。二是电访调查能够进行实时监听核查。为了更早地发现电访访员的不规范操作,并及时对其进行督导,将对每个访员完访的前两份或前三份样本进行实时监听核查。

督导可以通过拨号系统中的班长台进行实时监听核查。从拨号系统中找到需要监听电话的访员的座位号即可听到访员与受访者的实时通话情况。在实时监听的同时,核查员需要在核查问卷中记录访员的不规范行为,对其访问的整体情况进行描述性评价,待访问结束后将问题反馈给访员。电访调查的录音核查操作流程同面访调查,核查过程中出现录音核查失败的样本,需要替换为其他完访样本进行核查。集中电访调查方式基本上能够解决访问真实性的问题,其核查的重点是访员访问技巧和规范性,核查目的是提高访员的访问能力和技巧。电访调查质量管理流程见图6.2。

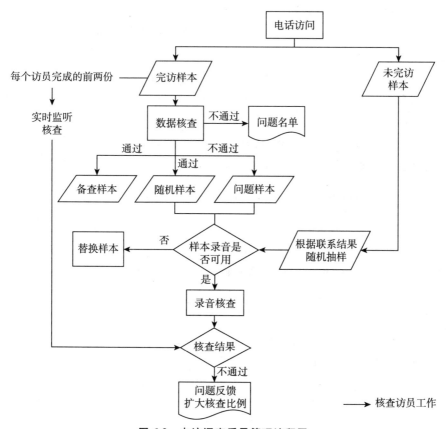

图 6.2 电访调查质量管理流程图

第三节　数据监控方法及应用

数据监控是通过分析社会调查问卷数据和并行数据,评估访员行为偏离访问规范的可能,辅助质量管理人员筛选出质量存在风险的样本,进而有针对性地进行录音核查、电话核查和实地核查,提升发现质量问题的效率,实现在有限的质量管理预算下,提高调查数据质量的目的。

调查执行过程中,常用的核查手段有核查员回听访问录音、对受访者进行电话回访和实地复核等。这些质控方法消耗大量人力和物力,需要强大的资金支持,而通常情况下,调查中用于质量管理的预算是有限的。因此,通过数据监控和分析识别出质量风险高的样本和访员并对其进行重点核查,是调查执行机构常用的质量管理策略。研究表明,通过分析问卷数据和并行数据对调查质量进行初步评判是可行的,学者们通过数据的异常,能够发现调查数据中存在的质量问题。

质量管理对于社会调查的意义不言而喻,然而在现有的文献中,对于访员造假行为和不规范访问行为的数据监测研究却非常有限。低质量的访问数据会影响所有基于这些数据的研究结果,因此负责任的调查执行机构有义务尽可能甄别出存在问题的数据,并努力挽回损失,保证调查数据的质量,为定量社会科学研究提供坚实的基础。

一、数据监控方法

社会调查机构在调查执行过程中可以使用相关数据构建指标体系,辅助传统的质量管理手段进行数据实时监测和核查。常用的监控数据有两种来源:问卷数据和并行数据。相应的监控指标有来自问卷数据的已知信息校验、陷阱问题、异于预期的问卷数据、单访员样本方差、半开放性和开放性问题填答、异常答案结构、追踪调查轮次间数据变动、捷径跳转以及项目无回答水平;应用并行数据监测的单题访问时长、最短访问间隔、电话/录音采集率和有效率、图片校验、GPS定位信息及指纹分析等。

(一) 问卷数据监控方法

1. 已知信息校验

已知信息校验是指,调查机构在调查开始之前已经从其他途径获取到受访者的基本信息,如性别和年龄,在访问中让访员采集这些机构已知而访员未知的信息,再将两者进行比较。这是一种有效的校验方式,因为含义清晰,理解起来非常简单,分析的结果便于质量管理人员在项目执行中使用。1994年,科克利用德国综合社会调查(German General Social Survey)数据,通过对比已知的受访者性别年龄和调查采集的性别年龄数据,在 3505 份样本中识别出了 196 个不匹配的条目,经过重访判定了其中 81 份样本涉及作假行为,45 份样本是完全的虚假访问。① 已知信息校验方法能够较为准确地发现访问中的作假和不规范行为,但已知信息的获取渠道比较有限,获取的难度较大。而且即使有这样的信息,调查机构也会提供给访员,使其可以快速拉近和受访者的距离,以提高应答率,所以这种方法在一般性的社会调查中使用的可能较小。

2. 陷阱问题

陷阱问题是设计一些有错误答案的问题,预期真实访问与虚假访问在这种问题上的答案分布会有所不同。例如在调查中设计"您阅读下列杂志/报纸吗?"的题目,而选项中列出的杂志或报纸一半是不存在的。被真实访问到的样本会比虚假访问的案例更少选择事实上根本不存在的报纸杂志。陷阱问题对于虚假访问的判定比较直观有效,但受问卷容量的限制,问卷设计者更倾向于在受访者能接受的访问时间里多询问一些对调查项目有重要意义的题目。因此,陷阱问题更适合在单次的为探索质量控制方法而进行的实验研究和调查中使用。

3. 异于预期的问卷数据

专家学者对数据是有预期的,调查机构可以与他们合作,分析数据与预期是否相符。如果是访员的作弊行为导致数据与预期差距很大,那么就应该引起重视。如果样本都是真实的,那么偏离预期的数据也会是很有趣的研究课题。美国国家药物使用与健康调查(NSDUH)2002 年在问卷里采集了受访者是否使用过烟草、酒精、大麻、可卡因、海洛因的数据。墨菲(Murphy)发现作假问卷和有效问卷在受访者使用各种药物的汇报率上有明显差别。大多

---

① B. Sebastian et al., "A Literature Review of Methods to Detect Fabricated Survey Data," in W. Peter et al., *Interviewers' Deviations in Surveys: Impact, Reasons, Detection and Prevention*, Bern: Peter Lang GmbH, 2013, p. 7.

数情况下作假者都低估了药物的使用情况,这种差别在控制了性别、年龄和种族变量之后更加明显。① 这种监控方法对同一区域内有多名访员且样本量足够大的调查项目比较有效。

4. 单访员样本方差

有研究认为,造假的访员在捏造数据时会避免填写极端值,从而导致造假访员样本方差小于真实访问的访员。因此,对于样本方差小的访员,数据管理人员需要给予关注。可以从问卷中选择若干需要重点关注或有代表性的题目,计算每名访员所完成的全部问卷中各题目的方差,如果某访员在某个或多个观测题目上的方差为观测题目方差最小的10%,则需将该访员列为质量控制的重点监控对象。②

5. 半开放性和开放性问题填答

问卷在某些单选题中,会设计一个选项"其他(请注明)",而选择这一个选项,就需要访员输入这个"其他"具体是什么,这种问题是半开放性问题。真实访问的受访者能够根据现实情况提供"其他(请注明)"的答案,而虚假访问的访员如果对这类半开放性问题进行造假则比较困难。③ 因此,虚假访问的访员选择"其他"这个选项的情况就会较少。2016年CFPS成人问卷中关于婚姻的问题"您与配偶/同伴如何认识",问卷设计专家设计了在学校自己认识、在工作场所自己认识、在居住地自己认识、在其他地方自己认识、经亲戚介绍认识、经朋友介绍认识、经婚介介绍认识、父母包办、经互联网认识以及"其他(请注明)"共10个选项。如果选择"其他",则需要进一步回答认识的方式。尽管选项设计的认识方式已经涵盖大多数情况,但是现实比问卷更复杂。比如,有访员在认识方式的其他情况中注明是人贩子贩来的,这种答案是造假的访员很难编造的。与此相似的方法还有计算访员在开放性问题上输入的字符数,即计算一份问卷中访员手动输入的非选择题的总字数。将问卷里所有开放问题(采集地址信息、注明准确职业、备注信息等)的字数计算出来,筛查出仅填入很少文字或根本没有输入文字的访员。如果造假访员

---

① Joe Murphy et al., "A System for Detecting Interviewer Falsification," paper presented at the American Association for Public Opinion Research 59th annual Conference, 2004.
② 孙玉环:《访员访问行为的数据分析监测方法》,《中国统计》2012年第10期,第37—38页。
③ Sebastian Bredl et al., "A Statistical Approach to Detect Interviewer Falsification of Survey Data," *Survey Methodology*, Vol. 38, No. 1, 2012, pp. 1–10.

不愿意付出这样的造假努力,真实的访问就会与造假的样本有所区别。

6. 异常答案结构

异常答案结构是一种很早就被用来检测访问质量的手段,例如有问卷连续多题选择同一选项(1—1—1—1—1—1—1—1)。实际调查中,这样的答案有可能来自不耐心、不配合或认知能力有限的受访者,也可能来自造假的访员,还有可能是访员没有重视非提问性的观察类题目而臆造相同的答案。无论质量问题是由访员造成的还是受访者造成的,这样的答案是没有实际意义的。① 中国综合社会调查工作小组也使用这种方法评判访问质量,他们选取了态度量表题的结构进行分析,认为态度量表中回答的差异性越小,越可能是诱导较多。②

7. 追踪调查轮次间数据变动

追踪调查轮次间数据变动是固定样本追踪调查可使用的比较简单有效的数据质量监测方式。相对于单次调查或重复横截面调查,固定样本追踪调查更容易通过比较同一受访者问卷数据在各轮次间的变动,筛查出存疑的访员和问卷。问卷各轮次中相同的题目适合做这种校验,比如个人工资收入、是否曾经吸烟以及初次吸烟年龄等。另外,访员观察类题目,如访员观察的受访者智力水平、待人接物水平以及语言表达能力等,也适用于这种方法。

8. 捷径跳转

有一些筛选型题目,选择某些值之后,会跳过其后一系列题目。比如"中国综合社会调查"(2003年城市部分)询问了拜年网中每一职业的平均拜年人数(总拜年人数除以拜年者的职业类别数量),在调查中发现,被调查者不愿意回答职业类别,需要访员进行解释和追问。所以理论上访员越认真追问,平均值越小。③ 访员在采访中为了缩短访问时间,会诱导受访者选择最短路径以跳过大量题目,甚至直接捏造筛选题答案。因此,检查问卷捷径跳转的情况也是数据监测质控的重要内容。

---

① Jörg Blasius and Victor Thiessen, "Detecting Poorly Conducted Interviews," in W. Peter et al., *Interviewers' Deviations in Surveys-Impact*, *Reasons*, *Detection and Prevention*, Bern: Peter Lang GmbH, 2013, pp. 67-88.

② 边燕杰等:《社会调查方法与技术:中国实践》,社会科学文献出版社2006年版,第163—164页。

③ 同上。

9. 项目无回答水平

高比例的项目无回答有可能导致样本估计偏差。① 过高的无回答率有可能是访员追问不足、访问努力程度不够造成的。因此,通过问卷数据监控项目无回答比例,发现无回答率过高的样本和无回答率高于同地区平均水平的访员,予以及时反馈和进一步电话或录音核查是必要的。

(二) 并行数据监控方法

1. 单题访问时长

单题访问时长是计算机辅助调查中最常用的质量控制指标之一。计算机辅助调查为访问提供了时间戳,进入与离开每一道题目的时间均被计算机记录下来。目前大多数访问要求访员进行规范性提问,即将问卷上的题目逐字逐句准确念出,而非由访员自主决定如何提问。因此访员用自己最快语速念出某题目所需的时间,不应少于访问中该题目的合理用时。单题访问时长在数据监测中通常采取计算单个样本中题目用时不通过比例的方法,也就是算出在单个样本中访员实际采访用时少于合理用时的题目比例,即为这个样本的单题访问时长不通过比例数据。具体标准根据项目有所不同,常用的有110毫秒/音节、125毫秒/音节、150毫秒/音节和160毫秒/音节等。中国社会科学调查中心的项目在单份问卷上,如果单题时长低于合理值的题目数量超过全部题目数量的30%即被认定为存疑数据,该标准的设定主要取决于疑似样本问题命中率、核查成本和核查手段有效性三者之间的平衡。

2. 最短访问间隔

最短访问间隔是访员从完成 A 样本访问到开始 B 样本访问需要的最短时间。计算机辅助调查记录了进入和离开某样本的时间,可以计算出访员从结束某样本的访问到开始下一次访问的时间间隔。对于末端抽样使用地图地址法且采集 GPS 信息的调查,能够大致计算出两个样本点之间的距离,推算出访问两个样本之间的合理间隔时间,可以使用这个指标对访员的访问行为进行监控。

3. 电话/录音采集率和有效率

电话采集率和录音采集率是监测访员访问真实性较为灵敏的指标。以

---

① 严洁:《项目无回答的成因与降低其水平的途径》,《华中师范大学学报(人文社会科学版)》2006 年第 6 期,第 58—63 页。

实施 CFPS 调查的经验为例,成人问卷的录音采集率在 76%—80%,电话采集率在 80%—90%。虽然会存在地区差异,但如果访员在某个村/居的电话和录音采集率低于平均水平,说明访员存在有意偏离访问标准流程的可能,其访问质量将会被重点关注。而且,追踪调查可以利用多次调查的电话采集率和录音采集率针对同一个村/居做历年纵向比较,能够更准确地发现访员行为问题。

除了采集率外,采集的有效性也是数据监测的重要部分。对于电话采集而言,数据检查将会对错误电话号码和重复电话号码进行筛查。非关联受访者出现重复电话号码需要进一步找出原因,没有合理理由的则可考虑进行实地核查。此外,在电话核查中,无法完成电话核查的比例(通常以 30% 及以上无法完成核查为标准,具体情况因项目而异)也是数据监测的重要内容。如果访员采集的电话在回访中无法接通、是错号、关机比例过高,将会进入重点核查名单,核查人员会采取其他方式进一步开展综合核查。同样,录音采集的有效性也是要关注的,如果录音质量低,无法清晰回听访员和受访者的对话,在排除设备和技术原因外,此类样本和访员也需要引起关注。

4. 图片校验

图片校验是对调查中多次采集的建筑物和受访者图片进行比对和检验,以发现可能存在的访问规范问题。在采用地图地址法构建末端抽样框时,要求绘图员拍摄抽取样本的建筑外观,在访问期间,要求访员对同一样本的建筑外观再次进行拍摄。通过比较绘图员与访员拍摄的照片,可以发现作弊行为或者非主观原因造成的失误。在追踪调查中,还会有不同访员采集的照片,通过比对能够对访问是否真实进行初步判断。此外,在征得受访者知情同意后,可以现场采集受访者照片,该类照片也会用于历次调查的受访者真实性核查和比对中。

5. GPS 定位信息及指纹分析

近年来新技术为质量管理提供了新的可能,如 GPS 动态监控与信息采集以及指纹采集。GPS 记录与分析在调查项目中已有所应用,动态 GPS 可以提供访员行动的轨迹,帮助质控人员判断访员是否存在虚假访问。样本地址的 GPS 信息采集虽然没有动态 GPS 监控实时和有效,但也能够起到预防访员作弊行为的作用。此外,指纹采集和比对也在调查中有所应用,尤其是追踪调查,能够较为有效地保证访问对象的准确性。

二、数据监控方法应用

利用数据监控方法进行质量管理一般包括两部分:一部分是对所有完访样本进行的单题访问时长不通过比例和项目无回答不通过比例的计算;另一部分是当样本积累到一定数量后进行的综合各种数据指标的访员访问质量风险判断。

(一)每日对新增完访样本进行数据监控

数据监测需要每日对新增完访样本单题访问时长和项目无回答率进行计算和报告。单题访问时长监控是将每份问卷中所有有必要计算访问时长的题目实际访问时长与标准访问时长进行比对。计算单题访问时长,需要使用系统记录的每一道题进入与离开时间,多次进入同一道题的时间需要叠加,同时也需要计算标准化提问需要的最短访问用时。如果访员在某题的用时少于合理用时,则该题的单题访问时长判定为不通过。计算出一个样本所有不通过的题目数,除以需要监控的总题数,即可获得该样本的单题访问时长不通过率。单题访问时长核查不通过率高于设定标准的样本应该优先进入录音核查和电话核查中。为保证实时发现访员追问不足的情况,还会对项目无回答率进行监测,填写不知道或拒绝回答的题目的比例高于总监控题目数 10% 及以上的样本将全部进行录音核查。

不同调查可以根据质量管理实际需求设计数据监测不通过标准,但需要注意的是,尽量在核查标准与核查成本、核查效率间做平衡。如果使用过于严格的标准,进入录音核查的样本会较多,会挤占对随机抽样样本进行核查的资源。如果标准过于宽松,可能会在核查中漏掉存在问题的样本。

图 6.3 展示了 CFPS 2016 年成人问卷样本单题访问时长不通过题目比例与录音核查无问题率的关系。横轴是单题访问时长不通过题目比例,纵轴是录音核查无问题的样本占被核查样本的比例。从图 6.3 中可以看出,单题访问时长不通过题目比例和录音核查无问题率之间存在着相关关系。单题访问时长不通过比例越高,通过录音核查发现样本确实存在访问规范问题的比例就越高。

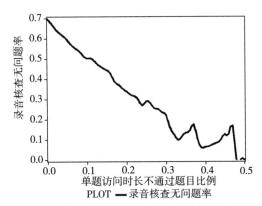

图 6.3　单题访问时长不通过题目比例与录音核查无问题率的关系

进一步对 CFPS 2016 年电话核查无法完成率和家户内问卷平均单题访问时长①不通过率的关系进行分析(见图 6.4)。横轴为家户内问卷平均单题访问时长不通过率,纵轴是电话核查无法完成率。可以看出,随着样本单题访问时长不通过率的增加,电话核查无法完成率也增高了。单题访问时长对于问题样本监测是一个比较灵敏的指标,在这一指标上不通过的样本在进一步电话或录音核查中也更可能被发现存在质量问题。

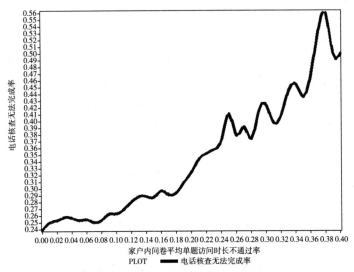

图 6.4　家户内问卷平均单题访问时长不通过率与电话核查无法完成率的关系

---

①　CFPS 的电话核查是基于家庭层面的,这里将家户内所有问卷的单题访问时长不通过率取平均值,检查其与电话核查结果的关系。

需要注意的是,尽管单题访问时长不通过题目比例和访问质量确实有关,也不应该忽视那些在该指标上没有检测出问题的样本,因为访员一旦知晓核查内容,就很容易让完全作假的样本也通过核查。是否告知访员这一核查标准,在实践中是有争论的。有人认为告知访员这个指标,会使访员放慢访问速度,清晰准确读题,使受访者对题目有清晰的理解和充足的反应时间。但也有人认为,这种容易作假的指标一旦告知访员就失去了监测访问质量的效力,因此需要对访员保密,向访员反馈问卷质量问题时应依据录音核查和电话核查结果。

(二)固定周期性的数据监控

录音采集率、录音核查无法完成率、电话采集率、电话核查无法完成率及重复电话对于质量管理部门发现和判定访问质量问题有重要作用,建议这5项指标的数据在访问开始后固定以每周一次的频率提供给质量管理人员。理论上讲,如果访员没有为每个虚假访问样本提供一个不同的配合作假的电话,那么他就无法在大规模虚假访问的同时,做到电话采集率、电话核查无法完成率、重复电话核查和电话回访这4项均无问题。因此,为配合质量管理部门开展工作,需要数据部门每周提供访员层面的录音采集率(完访样本中同意录音的问卷数÷该访员完访问卷数)、电话采集率(采集了电话的问卷数÷该访员完访问卷数)和对应的录音核查无法完成率(录音核查无法完成问卷数÷该访员进行录音核查问卷数)、电话核查无法完成率(电话核查无法完成问卷数÷该访员进行电话核查问卷数),以及非关联家庭出现的重复电话号码。电话和录音的采集率、核查无法完成率均受地区因素较大影响,除了参考当轮次的总体均值外,也要引入历年同地区的数据进行比较。对于多个指标同时出现问题的访员,需要使用实地核查的方法进行质量问题的最终认定。

(三)样本层面的数据监测:追踪调查轮次间数据变动

比较追踪调查各轮次间数据,是发现数据质量问题的最有效方法之一,也是追踪调查质量控制的特有方式。这种方法假设同一受访者的基本情况在短期内出现剧变的可能性很小,如果在某访员负责的样本问卷数据中发现除客观不可抗因素(自然灾害、政治因素等)外无法解释的变动,那么此次调查或往期调查中就有可能存在问题或两期调查均存在问题。

追踪调查轮次间数据变动可以提供样本层面的"质量警报"。在中国社会科学调查中心执行的民政部贫困家庭和社区治理 2017 年追踪调查项目中,使用 2015 年和 2016 年采集的信息进行校验并且比对分析 3 轮次间数据,发现了 20 余个经核实确定为错访或代答的样本。

通过分析追踪调查轮次间数据变动,还能初步筛查出存疑样本和存疑访员,帮助质量管理部门确定实地核查地区。在 CFPS 2016 年追踪调查中,通过与 CFPS 2014 年数据比较,提出了访员层面样本数据变动的前 5%,通过实地核查发现有两名访员存在虚假访问这种严重作弊行为。在进入分析的 300 多名访员中,取前 5% 就意味着至少要重点监控 15 名访员,而这 15 名中有 13 名都没有过于严重的质量问题。这意味着追踪调查轮次间数据变动也会为我们提供相当多的"假警报",但与其他方法相比,这已经是一个较低的水平了。

这种方法对于发现存在质量问题的样本有独特优势,但也存在局限性。首先,如果访问轮次少,比如只有两轮调查数据,则这种方法不能确定是哪个轮次的数据有问题。其次,如果调查允许代答,那么轮次间的数据变动更有可能是受访者的不同导致的,在这种情况下,需要将受访者与访员引起的质量问题分开讨论。

三、数据监控指标的构建与难点

访问质量问题是多种多样的,有作假类的虚假访问、臆答,有介于作假与规范性问题之间的捷径跳转、诱导性提问,也有规范性问题如关键词不准确,而每种质量问题的监控方法是不一样的。数据监控需要结合各种质控结果,构建指标体系,评估访员/样本存在质量问题的风险。一个好的指标体系可以最优先指向严重的质量问题,其分项指标还能发现不同类型的质量问题。

最严重的质量问题,如大规模的虚假访问可以通过多个监控指标综合判断。访员层面的电话核查无法完成率、录音核查无法完成率和追踪调查轮次间数据变动都是非常有效的指标。除此之外,已知信息校验和异于预期的问卷数据也是较好的监控指标。通过综合运用这些方法,可以构建起指标体系,筛选出高风险的访员和可能存在质量问题的样本,再辅之以图片校验、GPS 分析和实地复核,能够提高质量管理的效力和效率。

基于并行数据与问卷数据的监测和分析,对于评估问卷质量风险非常有效,但要最终判定质量问题的类型和程度,还需要结合传统核查手法。受电话有效性、回访应答率、录音采集率和清晰度的影响,通过数据监测和分析判断高危样本,可能会出现一定比例的"无法完成核查"。如果质量管理人员止步于"无法完成核查",则无法对访问质量进行最终判断,可能会遗漏潜在的严重质量问题。数据分析对筛选和标识存疑样本是可行而有效的,但数据分析结果无法像电话和录音核查一样完全准确地判定样本存在的质量问题类型,而只能提供风险水平评判,实际运用过程中需要数据分析人员对指标有深刻的理解,需要质量管理人员对监测结果有效性的充分认可及对难以避免的"假警报"的辨识。

第四节 质量管理团队组建与管理

拥有一支稳定、高素质的质量管理队伍是保证质控工作顺利完成的必要条件。质量管理团队主要由两部分构成:一是质控督导和核查员、审员,即质量监控团队,主要负责监控调查过程中的质量问题;二是执行督导,主要负责运用质量监控的结果指导访员采取正确的、规范的方式进行访问。关于执行督导团队的组建、培训和管理在前文已有论述,本节重点关注质控督导和核查员团队的组建和管理。

质控督导负责质量管理工作的组织和协调,核查员队伍在质控督导的指导和组织下完成质量管理的具体工作任务。选拔合适的质控督导、招聘到适合不同质量管理方法的核查员队伍是团队组建工作的首要任务。本节将按照质量管理的工作流程,明确质控督导的职责与能力要求,以及管理要点;核查员队伍的职责和工作内容、招聘相关内容,以及对其的管理要点。

一、质控督导团队建设

（一）质控督导的职责

质控督导是核查队伍的核心。对内,承担对质量监控工作的指导、监督、管理、审核和反馈的任务,对核查工作负有直接的责任;对外,质控督导和执行督导直接对接,反馈质量监控的结果。具体而言,质控督导的岗位职责有以下几个方面。

1. 管理

质控督导负责核查流程和规则的制定、核查人员的组织和安排、核查样本的分配、与执行督导协商核查结果的应用,以及向项目负责人汇报质量监控工作进展。在正式访问之前(至少提前一个月),质控督导需和项目管理者、执行督导、系统开发人员以及数据管理人员共同制定核查流程和规则,提前一个月组建核查员队伍并开展专项培训,提前一周统计核查员可工作的时间,提前一天准确统计可以工作的核查员数量,合理安排核查人员。在核查的过程中,合理分配核查样本,审核核查结果,向相关负责人汇报核查工作状况。

2. 指导

质控督导需要熟悉核查流程和规则,对核查问卷内容和重点有深刻理解,同时掌握一定的核查技巧,以便在核查过程中对核查员给予有效的指导。核查员虽然都经过了严格的系统培训,但在核查执行过程中难免会遇到不可预见的问题或难题,尤其是电话核查和实地核查,会遇到与受访者沟通困难或拒访的情况,需要质控督导及时对核查员工作进行指导。此外,核查员在使用核查系统过程中遇到的技术问题,质控督导也需负责及时解决。对于较大型的调查项目而言,核查周期伴随着调查周期,一般有2—3个月,质控督导在核查期内要认真观察并总结核查员的共性和个性问题,及时采取指导措施,保证核查实施质量。

3. 监督

在核查过程中,质控督导需要随时通过核查系统掌握整体核查进度以及每个核查员的工作进度。此外,需要定时巡查每个核查员的工作情况,检查核查员是否按照规范流程进行操作、是否高质量地完成了核查任务。监督的方式包括:对核查员核查结果进行审核、在电话核查过程中进行实时监听以及在核查员工作空间巡视等。

4. 审核

审核是质量管理工作的重要组成部分,主要目的有两个:第一,对核查员工作进行复核,及时发现并且纠正核查员在核查过程中的不规范操作,避免由核查员工作失误导致对访员访问质量的错误判断;第二,保证经核查确认无作弊或违规问题问卷的数据质量,对于访员的访问行为进行客观、准确的评价,确保核查结果的有效性。核查结果的审核由专人负责,质控督导负责制定审核的规则并抽查审核的结果。

5. 反馈

反馈内容通常可以按照质量监控的方法来区分,例如,按照数据核查、录音核查、电话核查、实地核查四类核查方式进行反馈。除此之外,还可以根据汇总分类进行反馈,即按照访员层面(每个访员在一段时期内的质量问题的表现及发展变化情况)、样本层面(每一个样本的质量问题内容和问题严重程度)、村/居层面(每个村/居的质量问题)进行综合评估并反馈。由于反馈涉及多种核查方式和多个层面,质控督导需要具有综合评估的业务能力。

6. 汇报

质控督导需定期向调查项目管理者进行汇报。汇报工作通常包括两类:一是常规的进展汇报,汇报核查进度、核查结果的综合评估、对调查管理的建议等;二是专项报告,应调查项目管理者或客户要求对某一时期、某一类样本或者某一种具体的质量问题进行专项的分析和总结。

(二)质控督导的能力要求

1. 专业素质

要领导一支核查员队伍完成核查任务,质控督导需要有高度的责任感、较强的组织和管理能力、良好的沟通和协调能力、灵活的应变能力以及细致严谨的工作态度。

质控督导需要对数据质量有高度的责任感,能够在工作过程中始终秉持质量是调查生命线的理念,带领核查员团队高效开展核查工作,确保调查数据的真实性和有效性。

质控督导需要组建核查员队伍,实施核查员业务培训,指导核查员进行核查工作。如果对核查员缺乏有效合理的组织管理,核查的工作效率就会大大降低。因此,质控督导必须拥有良好的组织和管理能力,能够从整体核查工作出发,妥善组织、合理安排,保证核查工作的效率和质量。

沟通和协调能力是质控督导必备的能力。质控督导不仅需要及时与核查员沟通,随时发现他们所面临的问题,同时还需要与执行督导、技术主管、数据管理者以及项目管理者沟通,共同确保质量管理工作有条不紊地进行。核查员队伍人数较多且每个人的时间安排比较灵活,质控督导需要具备沟通和协调能力,尽量保证核查员的工作时间满足核查任务的需要。

质控督导还需要具备灵活的应变能力。无论计划安排多么周密,实际工作中还是会出现各种突发问题,例如核查样本突现"井喷"、服务器受到外部攻击等。质控督导需要随机应变,沉着冷静,认真分析问题并找出快速有效的解决办法,保证核查工作不受影响。

基于质控督导工作的复杂性与重要性,细致严谨的工作态度是质控督导必不可少的。一方面,质控督导需要严谨求实,发现访问质量问题后通过多种方式验证并审查核实,不因错判或误判而对访员工作产生不良影响;另一方面,质控督导又需要认真细致,通过综合分析各种核查线索,甄别存在质量问题的访员,并及时给予反馈和指导,避免访员产生更严重的质量问题。

2. 业务能力

质控督导要有过硬的业务技术能力,这样才能够有效组织核查员开展工作,及时、准确地解决核查员在核查过程中遇到的各种问题,不断总结工作经验、创新核查方法。

质控督导需要充分了解所参与的调查项目,对于调查项目的抽样方法、调查问卷、调查实施方案都有清晰的认识。在参与设计核查方案时能够综合考虑调查项目的问卷设计特点、样本特点、访员特点和调查实施特点,制定出符合调查项目需求的核查策略。

质控督导需要熟悉核查流程和规则,熟练掌握核查系统操作技巧。在核查工作开展过程中,充分利用系统工具的优势,高效率地组织核查员完成各项核查任务。同时,在使用系统的基础上,能够及时总结经验和教训,善于对系统设计的改进和核查流程的完善提出专业建议。

质控督导还需要具备一定的统计软件操作技能,能够通过编程实现核查数据的提取和加载、数据在不同核查方式间的流转、核查指标的统计和分析,以及访员质量等级的计算和影响因素分析等。通过对核查数据的深度分析,提出质量监控的具体建议和改善调查质量的干预方法。

质控督导需要掌握各种核查方式的操作技巧,如电话核查中的电话沟通技巧、录音核查中的核查点判断技巧等。在组织核查员开展工作时,能够通过培训帮助核查员熟练掌握核查技巧,能够在核查执行中及时发现核查员的核查规范和技巧问题,并给予专业指导。

质控督导还需要具备统计分析能力,在质量评估上具有全局眼光和判断能力。调查项目管理者和客户通常需要样本层面、访员层面、质量监控效率方面和质量管理效果方面的综合分析报告,质控督导需要设计科学的判定问卷质量等级的指标,形成有价值的分析报告。

(三)质控督导的管理

质控督导的管理包含调查季管理和非调查季管理两部分。调查季管理的目标在于保证质量管理任务的实施和质量管理目标的达成,非调查季管理的目标在于提升质控督导的业务能力和专业素质,维护质控督导队伍的稳定,减少人员流失。

调查季期间对质控督导的管理主要由项目管理者来实现,可以通过绩效评估和日常沟通的方式进行。绩效评估的内容包括核查任务完成的情况(如是否按时完成每一天的工作量)、质量监控的效果(如是否减少了某一类不规范访问行为)、核查的效率(如投入和产出比)、核查成本的控制(如是否超支或节省开支)、部门协作的情况(如是否沟通顺畅、是否影响整体进度等)、核查员和审核员管理的效果(如核查员和审核员工作效率)等。日常沟通是指调查季期间的每日沟通,项目管理者需要在日常沟通中观察质控督导的工作难点、压力、不积极、创造性低和情绪波动等情况,及时进行疏导,保证质量管理工作的顺利进行。

非调查季管理主要由项目管理者或人力资源部门来实现,主要任务是通过培训提升质控督导的专业素质和业务能力,增强质控督导对机构的归属感,保证队伍的稳定。维护质控督导队伍的稳定与常规的人力资源管理没有特别的差异,遵从人力资源管理的一般规则和方法即可。

二、核查员队伍的建设

核查员队伍包括核查员和审核员。拥有一支稳定、高素质的核查员队伍是保证核查工作顺利完成的必要条件。因此,选拔合适的人员并通过培训使其胜任核查工作就成为队伍组建工作的首要任务。

(一)核查员和审核员的职责、工作内容

1. 核查员职责和工作内容

核查员需要在质控督导的指导和管理下开展电话核查、录音核查和实地核查工作。在电话核查中,核查员要与受访者沟通,尽力获得受访者的配合,并根据核查问卷内容逐项进行确认,发现异常情况及时与质控督导沟通。在录音核查中,核查员通过核查系统对访问录音进行回听,并按照录音核查问卷要求如实填写核查内容。在实地核查中,核查员要科学规划行程,做好协

调沟通,取得受访者信任和配合,按照核查问卷要求完成核查工作。对于一名优秀的核查员而言,除了完成常规工作职责外,还应该及时发现和反馈核查工作中的问卷问题、系统问题和其他核查员的工作情绪问题,并对实用有效的工作方法进行总结、归纳和分享,协助质控督导管理核查员队伍,为提高核查效率和核查准确性做出努力。

根据核查员工作的内容和特点,核查员应至少具备三方面能力:首先要有良好的组织纪律性,严格遵守保密规定,服从核查主管的管理;其次,要具备较强的沟通能力、亲和力和不怕困难的精神,能够保证较高的核查完成率;最后,核查员还需要具备较强的责任心,对于高质量数据的重要性高度认可,耐心细致地完成核查任务,提供准确的核查数据。

从工作流程上看,电话核查员需要每天在核查系统向值班督导申请核查样本,并查看核查系统中审核员对完成核查样本的审核结果,对于有问题的核查结果要进行反馈。在拨打电话前尽量检查受访者名字和家庭地址等信息中是否有生僻字,避免电话接通后出现交流不顺畅的情况。拨打电话后根据联系结果,及时插入代码,方便质控督导及其他核查员了解样本的接触和完成情况。结束当日工作时,要在核查系统签退前,将当天未完成的样本退回样本库,特殊情况及时汇报给质控督导。

录音核查员与电话核查员的工作流程基本相同,区别在于录音核查对核查员的方言能力要求较高。对于方言样本,要有针对性地招聘来自方言地区的核查员进行核查。如果发现录音异常,例如静音、音量较小等无法核查的情况,应及时汇报给质控督导,并提醒访员注意操作规范。

2. 审核员的职责和工作内容

(1) 审核工作人员组成。

审核员的工作是核实核查结果的准确性,评估核查员工作技能和工作态度,对核查工作实施的质量进行把关。审核员需要了解核查全流程,明确审核工作的整体情况,具有熟练的核查工作技巧,能够合理评价核查员的工作状况。为提高审核工作效率,建议审核工作在核查系统的审核模块中完成,审核员应该具备熟练操作审核系统的能力。

审核工作由审核主管带领审核团队完成,审核主管按照审核规则将核查员完成的核查样本分配给审核员进行审核,以确定核查结果的有效性,并及时发现核查员工作中的不足,帮助其提高核查技能。审核主管需要掌握访问和核查的整体工作情况,还需要做好审核员的管理工作。作为审核主管,需要具备娴熟的核查技能与核查系统操作技巧,对审核员在工作中存在的严重问题及时总结,并对审核员工作进行指导和再培训,保证审核员保质保量完成审核工作。此外,由于审核工作关系到核查结果的及时反馈,审核主管需要对审核员人数和工作时间做合理安排。

（2）审核问卷。

审核问卷是根据核查问卷进行设计和开发的,是审核员开展工作的工具。需要根据样本的核查结果,采用相应的审核问卷进行审核(请扫本页二维码了解具体案例)。

录音核查审核问卷

对于核查结果为"不通过"和"通过但需要提醒"的核查样本,要将核查问卷中的对应题目提取出来进行审核,确保"问题题目"的核查结果是准确的,排除核查员工作失误导致的错误核查结果。对于核查结果为"通过"的样本,可以随机选取核查问卷中的若干题目进行审核,判断核查员的操作是否规范。在审核过程中,审核员需要详细记录核查员出现的问题,并及时向核查员反馈。此外,审核员需要根据审核情况判断核查员进入审核流程的样本是否需要扩大。通常情况下,如果核查员出现严重的工作失误,要扩大其被审核的样本,并及时纠正其错误行为,情节严重者取消其核查员资格。

（3）审核方式。

对于录音核查结果,审核员需要使用录音核查审核问卷,在核查系统中回听访问录音,比对核查员的录音核查数据,对其核查结果的有效性和准确性做出判断。对于电话核查结果,审核员需要根据电话核查审核问卷,回放电话核查的录音,比对核查员的电话核查数据,对核查结果做出判断。

（4）审核样本选取规则。

核查结果可以分为三类:核查通过(未出现任何核查问题的样本)、核查通过但需要提醒(访员出现不规范访问行为,例如提问不完整、不符合题意、关键词不准确、追问不足等),以及核查不通过(访员出现严重的作假、不规范行为,例如虚假访问、未使用CAPI、代访、代答、臆答等)。对于核查通过的样本,每天随机抽取部分进行审核,随机抽样需要覆盖到每名核查员和每名访员,并尽量在核查员每天工作开始之前进行沟通和反馈,便于问题的纠正。通过但需要提醒的样本,每两小时进行一次样本筛选,优先覆盖每一种不规范行为。核查不通过的样本需要全部进行审核,且给予审核的最优先级别。

小贴士:

(1)核查反馈内容。

数据核查反馈:随着技术手段的进步,可以做到访员客户端实时反馈数据核查结果,即访员完成一份问卷后,可以实时看到这份问卷数据核查的结果。数据核查结果的实时呈现可以及时提醒访员访问过程中存在的不规范行为,督促访员不断改善访问质量。调查项目执行管理的督导需要时刻关注访员的数据核查结果,对访员的整体访问质量进行监督和把控。

录音核查和电话核查反馈:录音核查和电话核查完成后由审核员进行审核,审核通过的核查结果会进入督导反馈界面。督导在向访员反馈时可以在核查系统中听取问卷录音和核查录音,查看核查问卷,根据具体核查情况与访员进行针对性的沟通并给予指导。如果访员对核查结果存有异议,可在核查反馈系统中选择质疑,审核督导会再次进行审核和反馈。

实地核查反馈:实地核查主要用于确认存疑样本或存疑地区的质量情况,重点核查无法通过录音或电话方式核查的样本、访问完成率低的地区以及在录音核查和电话核查中发现的可能存在重大质量问题的样本。核查数据回传到调查机构后,质控督导对数据进行核查结果判定,根据判定结果与访员进行沟通和反馈。

(2)未完访样本核查反馈。

在一些项目的核查过程中,不但要对完访的样本进行质量管理,对于未完访的样本也要进行核查,确保访员报告的样本未完访原因属实。质控组需要提供未完访样本中核查不通过的样本,即受访者表示可以接受访问但实际未完成访问的样本列表,督导据此与访员进行沟通和核实。

(二)核查员和审核员的招聘

1. 招聘要求

核查员和审核员招聘启事应该包含调查项目简介、项目实施机构简介、工作内容介绍、招聘对象、应聘者基本素质要求、薪酬待遇和应聘方式等内容。根据核查工作特点,招聘需要特别注意以下几项内容。

（1）工作时间：如果调查季为寒暑假，则核查员招聘的对象一般为在校大学生，寒暑假期间核查员和审核员工作时间较为集中，核查进度会较快。如果调查季在非假期期间，核查员和审核员的招募对象除了学生之外，还有社会兼职人员，他们每周可以工作的时间较为有限，需要结合其可用时间和调查的实际进度来确定核查员的数量。

（2）工作经验：在招聘时可以优先考虑有相关工作经验的人员，比如电话核查应聘者若有销售、客服或学生工作等相关经验，与人沟通的能力会相对较强。而录音核查要求核查员和审核员有耐心且工作细致，有编辑、行政等相关工作经验的应聘者会更满足岗位需求。实地核查员和审核员则尽量要居住在样本地区，熟悉当地风俗习惯，并且能够独自出差等。

（3）工作回报：优厚的工作回报将会吸引优秀的应聘者，针对不同的应聘者，工作回报的突出重点有所不同。例如，核查员和审核员大多是在校学生，有声誉的调查机构的实习证明或者专家学者的推荐信能够对他们深造或求职有帮助，可以将此作为优秀核查员和审核员工作回报的重要组成部分。

2. 面试

为了提高面试效率，降低面试成本，可设计两轮面试。第一轮为电话面试，第二轮为现场面试。

电话面试的目的是筛选基本条件满足核查员和审核员岗位要求的人员。比如应聘者的可工作时间、是否可以保证参加全程培训、是否掌握方言等。通过第一轮电话面试，可以过滤掉不满足岗位需求的应聘者，遴选出适合进入现场面试的人。现场面试中，可以通过小组面试的方式来筛选应聘人员。例如将所有进入面试的应聘者分为几组，现场安排一项任务，以小组为单位，小组成员分工合作完成任务，在这个过程中考察团队中每个人的能力和团队合作性。

（三）核查员和审核员的管理

核查员和审核员的管理可以分为两部分：一部分是项目执行期间的管理，另一部分是非项目执行期间的管理。

1. 项目执行期

（1）座谈会。

可以定期举办核查员、审核员座谈会和交流会，对核查工作的经验和问题进行交流和探讨。核查员和审核员可以通过座谈会分享核查中的趣事,缓解核查工作带来的压力和负面情绪。同时,质控督导还可以对近期出现的问题进行集中解答。座谈会的优势在于能够让核查员、审核员充分表达建议和意见,也能让质控督导对核查员和审核员有更深入的了解,并开展针对性的管理工作。

(2)简报。

在核查执行过程中,可以定期制作简报。简报形式可以多种多样,例如微信推送、制作卡片、海报等。简报可以介绍项目的最新进展、调查机构主办或参与的重大活动,刊登征集的文章及照片,介绍调查工作相关的方式和方法,设立核查员/审核员问答区、主题讨论区、优秀核查员/审核员经验分享区、质控督导指导意见专区等。

小贴士:

  核查员工作效率是成功核查样本数量与核查员工作时间(小时)的比值。通过工作效率指标可以更好地量化管理,形成科学的管理机制,有助于激励核查员高效率、高质量地开展核查工作。根据项目的具体情况,核查员工作效率可以每周汇总一次,以内部通讯和简报的形式通知所有核查员。根据核查效率排名,可以及时对工作效率低的核查员进行指导和督促,也可以请工作效率高的核查员分享工作经验,带动整个核查团队核查效率的提升。

2. 非项目执行期

在核查执行结束后,可以请核查员和审核员提交工作感想及对核查工作的建议,还可以让核查员和审核员对调查方法、问卷设计、执行方式等建言献策。通过多种方式提高核查员和审核员在非执行期的参与度,也能够实现维护核查员和审核员的目的。此外,可以让新、老核查员和审核员关注调查机构的网站和微信公众号,关注机构和调查项目的最新进展情况。

第五节 质量管理报告

调查质量管理报告是根据调查质量管理结果形成的关于一个调查项目质量的综合报告。它是对整个社会调查项目的质量管理方法、质量管理实施过程、实施结果的阶段性或全过程的总结。全面、详细的质量管理报告能够让数据使用者清晰地了解数据质量状况,更有效地利用数据开展研究。本节将对质量管理报告的分类和报告主要内容进行详细介绍。

一、质量管理报告的分类

调查项目质量管理报告伴随着整个调查周期,分为阶段性报告和结项总结报告。阶段性报告汇总一个时期内质量管理的进度与突出问题,为调查项目管理人员调整执行和质量管理策略提供参考。结项总结报告是对整个调查项目质量管理的全过程和结果的总结。根据项目组内各个团队不同的关注点,质量报告内容也有所差异,主要分为项目负责人报告和执行团队报告。从周期上看,由于项目负责人更关注整体质量状况和发展趋势,一般以周为单位向其汇报。执行团队需要每天及时了解访员的访问质量状况并采取针对性的干预措施,质量报告通常在周报基础上再增加日报。

二、质量管理报告的内容

(一)按报告对象划分

1. 项目负责人报告

项目负责人报告在通常情况下采取周报的形式。项目负责人团队需要及时了解项目执行过程中出现的主要质量问题以便及时采取相应的措施。一份完整的质量管理周报包括:

(1)一周内质量管理工作的总体概述;

(2)本周及累计的不同类型问卷完成总数和进行数据、电话、录音、实地核查的样本数量描述;

(3)采用的质量管理方法及质量核查结果;

(4)本周突出的不规范访问行为;

(5)分核查结果展示质量问题最严重的前 10 名或前 20 名访员,如单题访问时长和无回答问题最严重的访员排名、录音采集率/电话采集率最低的访员排名、录音核查/电话核查问题率最高的访员排名、臆答最严重的访员排名等;

(6)本周及累计核查通过率低的访员排名;

(7)根据核查结果对访员采取的干预措施及效果分析。

以 CFPS 为例,核查中发现家庭经济问卷的引语部分访问时长问题比较突出,例如"下面,我们想了解您家过去 12 个月在以下各项消费中的支出",访员在访问了一段时间后,很容易在访问中将此类引语忽略,以缩短访问时间。此类引语对于受访者了解即将要询问的题目很有帮助,受访者知道将询问家庭支出问题后,可以请家里最了解家庭支出的成员来回答,提高此类问题回答的准确性。将无回答率较高和单题访问时长较短的题目作为周报的报告内容,有助于项目负责团队在了解数据核查情况的同时,对问卷设计进行改进,对质量核查的工作重点提出意见。对于追踪调查而言,质量核查结果对改进问卷设计的作用更大,项目负责团队可以在每次追访前通过对核查数据的分析和研究,对访问问卷进行优化,使问卷结构和题目的提问方式更加合理,更便于访员提问和受访者理解。

在电话核查与录音核查中凸显出来的不规范访问行为也应是项目负责人周报的重点内容,每类问卷核查不通过的样本比例、涉及的访员数量等数据可以为项目负责团队把握项目质量管理的整体情况并调整策略提供参考。除了质量管理周报之外,还会针对专门的问题或特殊的要求提供专项报告,例如,专门针对某一种访问行为(采访用时过短、臆答、提问不完整等)的发展变化情况,提供深入的分析报告。这类报告通常要增加有关变化原因的分析,更深入地探讨质量的影响因素。

2. 执行团队报告

提供给执行团队的报告分为日报和周报两种。日报关注的是每天更新的数据核查结果,一般以报表的形式提供给执行团队,便于执行督导及时与访员沟通,给予其提醒和指导,对访问过程进行有效干预。

考虑到样本经历所有核查方法需要一定的时间,通常情况下,更多质量核查结果会以周报的形式提供,即质控组汇总一周内质量管理的情况,反馈给项目执行团队,供执行督导对访员访问情况进行整体把控和管理。周报由文字版的汇总报告和系列报表组成,汇总报告是对各种核查手段核查的样本量、核查结果进行综合报告,可以分为访员、村/居、样本多个层面进行反馈。主要包括以下内容:

(1)并行数据的采集情况,例如受访者电话、访问录音数量等;

(2)本周内电话核查、录音核查、实地核查的数量及通过比例;

(3)累计电话核查、录音核查、实地核查的问题样本数量和核查结果。

报表是以表格的形式详细展示核查结果,以样本层面的质控周报为例,主要包括以下内容:

(1)详细的样本信息:样本编号、所属地区、访员信息、负责执行督导、问卷类型、问卷开始时间和完成时间、问卷总时长和特殊模块时长、电话和录音采集情况、当天完成问卷总份数、当天完成的第几份问卷、质量核查时间等;

(2)数据核查(单题访问时长、无回答率)的监控题目数、不通过数量、不通过率;

(3)核查样本的类型:电话核查、录音核查、实地核查或者备查;

(4)电话核查、录音核查结果及具体质量问题代码。

(二)按汇总类别划分

在大型社会调查项目中,每个执行督导会负责管理若干村/居访员,无论访员采取单独入户模式还是团队访问模式,执行督导都需要从多个层面了解访员的访问质量。根据执行团队的需求,质控部门需要提供多个层面的质量报告,一般包括:村/居层面、访员层面、样本层面和数据层面。除了这几个层面以外,调查项目主管还需要额外关注督导层面的质量报告,从团队管理的角度出发,更好地把控项目整体访问质量情况。

每个层面的质量管理周报需要汇总各类核查方法的结果及主要问题:数据核查主要监控的是问卷总时长、分模块时长、单题访问时长和无回答率的情况;电话核查侧重监控访问的真实性,主要包括是否实地到访,是否使用CAPI系统,是否存在代访、代答的情况,以及受访者酬金/礼品是否按要求发放等;录音核查侧重监控访问的规范性,比如是否存在臆答行为,是否规范读题,是否按要求进行追问等。电话核查和录音核查除了要汇报核查结果外,还需要报告能反映访员访问行为的并行数据情况,例如电话和录音的采集比例。在质量管理报告中,除了报告成功核查的样本情况外,还要报告核查失败的样本数量(无效录音、无效电话的样本数)。在报告电话和录音核查样本的结果时,可以按照核查出现问题的严重程度依次列出。

1. 村/居层面报告

村/居层面的质量管理周报可以帮助执行督导了解所管理的村/居样本质量情况,如果是追踪类项目,还可以将村/居层面的访问情况与往年的情况进行纵向对比。一旦出现应答率下降、访问质量问题突出等情况,执行督导可以及时判断,是村/居受访者的原因还是访员访问行为导致。对于项目执行主管而言,通过村/居层面的报告可以横向对比所有村/居的访问情况,对于问题较多的村/居逐个分析,后期可以集中安排攻关或重访,提高整个项目的访问质量。

村/居层面的质量报表包括以下内容:

(1) 详细的村/居信息:村/居所属省/自治区/直辖市、市、区/县,负责执行督导,村/居完访样本数量。

(2) 村/居层面并行数据的采集情况:村/居中样本有电话的数量、有录音的数量。对于追踪调查,这类数据可以与往年的数据相比,以探讨是否访员因素导致此类数据采集量下降。

(3) 村/居层面完成电话核查、录音核查和实地核查的样本数量及核查结果。

(4) 各种核查方式发现的不规范行为累计数量,按照问题严重程度排序。

2. 访员层面报告

访员层面的质量管理周报以访员为单位,清晰地呈现每个访员访问的完成情况以及数据核查、录音核查和电话核查的结果。通过结果分析,可以了解访员最突出的质量问题,并进行干预处理。如果访问行为出现轻微问题,执行督导需要提醒访员按照培训时的要求进行规范操作,并根据访员的具体问题进行针对性指导。一旦访员出现严重的作假行为,应及时叫停,涉及的样本尽快安排重访或补访。

访员层面的质量报表包括以下内容:

(1) 详细的访员信息:访员编号、姓名、性别、累计完访样本数量、完访问卷的类别和样本编号、所属地区、负责督导等;

(2) 数据核查(单题访问时长、无回答率)情况;

(3) 访员采集受访者联系电话和访问录音的数量和比例;

(4) 每一种质控方法的累计核查样本数量、累计核查通过样本数量、累计核查通过率、累计无法完成核查样本数量(可以判断访员收集的受访者联系方式和访问录音是否有效)、累计无法完成核查比例、每类核查结果累计出现次数;

(5) 录音核查员对访员访问行为的评价打分,例如访员访问态度的平均分值、诱导行为是否严重的平均分值、语速语气是否合适的平均分值、沟通技巧的平均分值。

3. 样本层面报告

通过样本层面的质量管理报告可以直观地了解每个样本经历的所有核查方式以及相应的核查结果。根据这一层面的质量管理报告，执行主管和执行督导能够对访问质量的整体状况和存在严重质量问题的样本的核查情况有全面的了解。

4. 数据层面报告

在调查访问执行过程中，应对访员收集的数据进行实时监控，通过奇异值和不符合规范的访问数据来发现访员在访问过程中存在的访问技巧问题、规范问题和态度问题。例如在 CFPS 中，询问"您估计您家现在居住的这所房子当前的市场总价是多少万元"，在数据清理的过程中会发现极端大的数值，比如 5 000 000（万元），这种情况很可能是访员错误地将题目中的单位"万元"看成了"元"。需要通过周报将此类问题汇总给执行督导，一方面督导要与访员核对题目的正确答案，另一方面要提醒访员注意题干中的单位。必要时，需要通知所有访员注意此类问题，保证访问数据的有效性。除了数值类型的数据监控外，数据层面报告还会关注需要访员进行文字记录的题目，如是否按要求详细记录受访者的行业和职业信息、是否按照要求详细记录受访者的疾病名称等。

5. 督导层面报告

对于大型社会调查项目来说，督导人数比较多，每个督导对访员管理的方式和效果也参差不齐。督导层面的质量管理周报能够展示每个督导所管理访员的访问质量情况，一定程度上可以说明执行督导的管理方式是否得当，并发现需要改进的方面。

（三）项目结项报告

调查项目结项前，需要撰写质量管理总结报告。该报告是对调查项目质量管理工作的汇报与总结，也能为其他调查项目质量管理工作提供参考。项目质量管理总结报告主要有四部分内容，分别是质量管理的目标、方法和策略，质量管理的具体实施方案，质量管理工作的完成情况以及项目经验总结。①

---

① 质量管理总结报告的架构以北大中国社会科学调查中心项目为例进行介绍。

1. 质量管理的目标、方法和策略

质量管理的目标在于控制系统误差和随机误差,系统误差多数是人为因素引起的,调查质量督导的目标就是选择适当的质量管理方法和策略,尽可能地控制和减少这些误差,最大限度地保证调查数据的整体质量。

质量管理方法按照核查手段可以分为数据核查、电话核查、录音核查和实地核查。在质量管理总报告中,要阐述这些方法各自的应用条件、要解决的问题、核查的比例以及实施策略。

质量管理策略是指应用核查手段达到质量管理目标的具体办法,包括方法策略、覆盖面和数量策略、顺序策略、替换和扩大策略以及效率监控策略。

方法策略是指对于访员出现的各种不规范访问行为采用哪种质量管理办法来核查。

覆盖面和数量策略是指需要核查样本的数量,以及在访员和村/居方面的覆盖情况。通常要求覆盖到每一个访员、每一种调查问卷和每一个村/居,15%—40%是国内调查常用的核查比例。

顺序策略是指各种质量管理方法的使用顺序,例如,按照数据核查—录音核查—电话核查—实地核查的顺序进行。

替换和扩大策略是为了最大限度减少质控盲区,保证核查覆盖面而特别制定的策略。具体而言,替换策略是指如果随机抽取的核查样本无法实施核查,则在同一访员的其他完访样本中随机抽取一个样本进行替换。例如,某一样本如果随机进入录音核查样本池,但是录音质量不好,则在同一访员的其他完访样本中,找一个可以进行录音核查的样本替换。通常对随机抽取的核查样本使用替换策略,而对数据核查发现的存疑样本则使用扩大策略。扩大策略是指,如果发现某位访员出现了严重的质量问题,则对该访员的所有完访样本进行核查。

效率监控策略是指质控效果的监控办法,好的质量管理方法会以较少的成本获得最大收益。为此,存疑样本的问题命中率和质控效率都是这一策略要解答的问题。存疑样本命中率主要是指由第一步数据核查发现的存疑样本中有多大比例被证实为存在质量问题。命中率往往依靠调查经验来提高,单题访问用时、量表题的组间方差、题目无应答率、多选题的首位效应等都是寻找存疑样本的有力线索。质控效率监控主要关注核查资源在各个访员身上的分配情况。应根据在核查过程中发现的问题情况,及时降低优秀访员的监控比例,达到优化质控资源配置的目的。调控主要分两步:第一步,确定符合降低监控比例的访员和村/居名单;第二步,确定各类样本监控比例的调整幅度。

2. 质量管理的具体实施方案

质量管理的具体实施方案一般包括质量督导的组织机构、组织实施、工作程序以及核查工具等内容。组织机构方面主要介绍实施质量管理的团队的人力资源配置、角色安排以及成员相互之间的合作和职责划分。组织实施包括质控队伍的组建和培训,核查任务的分配、审核和汇报,核查成本控制。工作程序是依据数据流向规定各个角色的任务处理流程和反馈机制。核查工具则需汇报所使用的核查系统和核查问卷。

3. 质量管理工作的完成情况

可以从质量管理方法和问卷类型两方面阐述此项目质量管理的具体情况。为了方便阅读核查结果,可以将常见的访员不规范行为及定义列举出来。表 6.1 以北大中国社会科学调查中心项目为例进行展示。

表 6.1　常见的访问不规范行为及定义

代访	访员委托未经培训的其他人员代为完成访问工作
代答	非抽选中的受访者本人完成访问
虚假访问	访员未真实到访,自己伪造访问数据
臆答	访员在未询问受访者或未得到受访者回答的情况下,自己填答一些题目或选择选项
提问不完整	访员未按照原题提问,或省略了题干的某些部分
不符合题意	访员提问方法与原题题意不符
答案比对失败	访员选错选项
捷径跳转	访员选择短的路径来填写答案
关键词	关键词未读完整
追问不足	访员轻易接受受访者"不知道"或拒绝回答的答案
未使用 CAPI 系统	访员没有使用装载访问管理系统的计算机进行访问工作
未发放酬金	访员没有给完成访问的受访者发放酬金
酬金单作弊	访员没有给受访者发放酬金,并让受访者签署了酬金领取单
访问时长过短	访员完成访问的时间少于平均值

除此之外,还需要综合运用核查结果对每一个样本进行质量等级划分,并且汇报基于质量等级划分的样本分布情况。样本按照从质量问题最重到最轻,分为建议重访样本、严重问题样本、轻微问题样本和无核查问题的样本四个等级。

4. 项目经验总结

项目经验总结主要是对质量管理策略和方法、质量管理组织和实施以及核查结果应用等方面的经验进行归纳和总结,尤其需要对一些创新性方法进行提炼,对质量管理中存在的问题进行反思,对未来质量管理方法的改进提出建议。如果是追踪类调查项目,可以总结此次调查的质量管理与往年的区别,方法改进后的收益以及对下一轮调查的建议等。

第七章　调查数据清理与数据库建立

在社会科学研究中，数据是知识生产、社会事实构建的基础，也是政府制定政策的重要参考依据。随着计算机辅助调查模式的发展，数据管理的概念得到极大的丰富，范围也不断扩大。数据管理的对象不再局限于问卷数据，其工作内容也从调查后的数据清理延伸至围绕项目展开的多种数据支持和实时数据清理。数据管理的方式由研究人员自主进行数据清理，转变为由专业的数据管理团队进行标准化和规范化的数据管理。数据管理所使用的技术手段也从原本的菜单式统计软件，转变为编程式的数据管理和统计软件，例如 Stata、SAS、R 语言等。本章将对计算机辅助调查模式下数据管理的工作内容和要求进行概述，对问卷数据清理和并行数据清理的方式和工作重点进行详细介绍，对数据库建立的工作流程进行梳理和展示。

第一节　数据管理的工作内容和要求

在计算机辅助调查模式下，数据管理的内涵已被极大扩展，不再局限于简单的问卷数据清理。调查前的样本准备和导入、调查执行数据支持和问卷数据实时清理、质量管理监控数据支持以及并行数据的清理也都被纳入数据管理工作中。数据管理的周期也相应延长，从传统调查模式的调查完成后的再清理和整理，转变为调查筹备阶段即开展相应的调查支持和清理准备工作。适应计算机辅助调查的特点和需求，数据管理的工作内容和要求也与传统调查的有较大差异。

一、数据管理工作内容

在计算机辅助调查模式下,围绕着提高数据质量、提供方便使用的数据库的目标,数据管理贯穿调查前、调查中和调查后的样本制作、数据支持和数据实时清理以及建立数据库等多个环节。

(一)调查前:调查样本制作

在计算机辅助调查模式下,调查样本可以提前制作完成并导入访问系统,由执行督导进行统一分配和管理。使用该模式的一大优势是,样本的联系信息、地址信息以及问卷中的加载信息都可以事先导入系统,最大限度确保样本的精准性。也正因为使用计算机系统管理调查样本,已导入的样本在系统中纠错难度极大,因此,制作调查样本是前期数据管理工作的重点。

制作调查样本的第一步是根据执行需求和问卷加载需求确定样本的发放规则,并准备好所需要的样本数据。通常来说,准备样本数据时需要整理好以下几类信息。

1. 样本的基本信息

样本基本信息包括样本编号、问卷类型、是否为追踪样本、受访者姓名等。这些数据可被用于描述样本的基本属性,是访问进程中和访问结束后实施数据管理的重要参考依据。

2. 样本的联系方式

样本的联系方式包括受访者的固定电话号码、手机号、社交网络账号等。在追踪调查中,通常会提供多次调查采集的受访者联系信息,以帮助访员联系受访者。一些大型社会调查项目除了收集个人层面的信息,还会收集家户层面、社区层面的信息。因此,其他家庭成员的联系方式和社区工作人员的联系方式也可以作为辅助信息导入调查系统。这些联系信息经过清理才允许加入样本信息中,清理方式通常是将无效的联系方式删除,如少于或多于11位的手机电话号码、拨打不成功的电话号码以及其他明显错误的电话号码。

3. 样本的地址信息

一个样本的地址信息通常包括省/自治区/直辖市、市、区/县、街道/乡镇、村/居五级行政区划,以及在村/居内的具体地址。目前,我国的大型社会调查项目大多使用国家统计局公布的五级行政区划代码,也有一些项目根据执行需求对样本地址进行自编码。国家统计局五级行政区划代码每年会根据最新的行政区划信息进行更新,使用国统局代码的好处是可以确保地址数据库总是最新的。不同于截面调查,追踪调查会对固定样本进行追踪,由于行政区划调整、受访者搬迁等原因,追踪样本的地址可能会发生变动。因此,在制作追踪样本的地址信息时,要确保导入系统的是受访者最新的地址信息。

4. 执行需要的其他信息

在调查执行期,对访员和样本进行管理是执行督导的工作重点。在计算机辅助调查模式下,可以提前将督导和访员信息匹配到每一个具体的样本中。每一位督导、每一位访员都有唯一的编号,在制作调查样本时需要将督导编号和访员编号导入系统。同时,根据调查系统的要求,还需要为样本设置初始的结果代码和访问状态。

(二)调查中:数据支持与数据实时清理

计算机辅助调查在收集问卷数据的同时,可以通过记录访问过程、访员操作痕迹的方式提供并行数据。在调查执行过程中,对问卷数据和并行数据的分析可以对调查执行、质量管理和系统改进起到支持作用,这也是计算机辅助调查模式的优势所在。调查执行过程中的数据支持工作通常包括以下几个方面。

1. 为调查执行提供数据支持

在调查项目执行期,执行团队通常需要管理几百名访员和几万个样本。为执行团队提供执行进展、完成情况方面的分析可以帮助执行督导及时了解访问进程、监督访员行为。计算机辅助调查模式下,数据可实时回传,数据管理人员可根据每日最新数据分析执行情况。对执行情况的分析可以从样本和访员两个维度展开:在样本维度,可以分区域统计完访样本数、样本接触情况,还可以计算无应答分布、访问时长分布等;在访员维度,可以分督导、分访员统计样本接触情况、完访数量以及访员有无不规范行为等。

2. 为质量管理提供数据支持

质量管理的常见指标有项目无回答率、访问录音采集率、访问整体时长、单题访问时长等。对这些指标的统计需要调用问卷数据、访员信息数据和单题访问时长数据等多个数据库。指标的计算可由数据管理人员通过编程实现,确保质量管理工作的效率和及时性。

3. 为系统改进提供数据支持

在计算机辅助调查模式下,数据通常可以及时回传,但也存在个别完访问卷没有被及时接收的情况。为了避免数据丢失,数据管理人员可依据样本并行数据的结果代码找出未正常上传的数据,并及时反馈给技术支持团队来找回样本。通过对数据传输问题的原因和处理措施的讨论,为系统改进提供具体建议。

4. 数据实时清理

在纸笔调查模式下,数据清理工作只在调查结束、完成数据录入后进行。由于计算机辅助调查模式下数据可及时回传,因此,有必要将数据清理工作提前至执行期。在执行期开展数据清理有助于数据管理人员及时将不合理的联系结果、变量奇异值、变量间逻辑关系不合理等问题反馈给访员,并根据访员的反馈清理数据。与事后清理相比,及时的数据清理可以提高数据清理工作的效率,也有助于提高数据质量。

(三)调查后:清理数据与建立数据库

调查结束后的数据管理工作不仅包括问卷数据清理及建立数据库,还包括并行数据清理。问卷数据和并行数据的清理工作通常是相辅相成的,例如对完访样本的确认不仅要依据并行数据中的结果代码,还要依据问卷数据中的完访状态变量以及问卷数据本身是否完整来综合判断。如何清理问卷数据和并行数据,以及如何建立数据库,将在后续几节详细介绍,此处不再赘述。

二、数据管理工作要求

计算机辅助调查为数据管理提供更多便利的同时,也对数据管理提出了一些新的挑战。基于以往的数据管理经验,我们认为可以从以下几方面着手来应对数据管理模式的新变化。

(一)培养和建立专业化的数据管理团队

计算机辅助调查模式极大地扩展了调查项目的数据种类,各类问卷数据、并行数据、痕迹数据、录音数据等都是数据管理人员可利用的资源,如何充分使用这些数据资源是数据管理的首要挑战。计算机辅助调查模式下的数据管理不仅包括常规的数据清理,而且扩展到整个调查项目执行中的数据管理和数据支持。数据管理也不局限于数据处理的相关工作,还要求数据管理人员从执行、质量管理和调查系统设计等多重视角展开工作。这些数据管理新需求对数据管理者提出了更高的要求,数据管理者不仅要掌握数据清理方法,还要对访员行为、受访者心理、调查技术等有全面的了解。数据管理工作不再是一项单纯的技术性工作,而是转变为关于社会调查中数据、执行、质量管理和计算机技术等方面的研究工作。因此,培养并建立专业化的数据管理团队是十分必要的。

(二)建立规范化与标准化的数据管理工作流程

在调查数据到达数据使用者手中之前,会经历访员提问、受访者回答、访员记录和数据管理人员清理几个环节,已有研究表明访问过程中存在访员效应、社会期许偏差等影响数据真实性的因素。而数据管理的主要目标就是通过对执行情况和访问质量的分析来预防、减少访问过程对数据真实性的影响,并通过数据清理来尽量还原数据的真实取值。为了避免数据管理和清理工作成为影响数据质量的干扰因素,保持数据管理的客观性,需要建立规范化、标准化的数据管理流程,这也是确保数据管理工作透明和可复制的重要手段。

(三)注重数据存储与数据安全

与纸笔调查模式不同,计算机辅助调查模式下的数据完全依靠网络传输和计算机存储,数据一旦丢失便难以找回。因此,对原始数据的存储和备份是至关重要的。除此之外,确保数据安全也是数据管理人员的责任,保证数据安全的方法包括要求数据管理人员在配有加密软件的电脑上开展工作、对原始数据采取授权管理的方法等。

第二节 问卷数据清理

问卷数据是社会调查成果的集中体现,调查各个阶段如问卷设计、调查筹备、现场执行、访问管理、质量管理等实施的质量都会影响问卷数据的最终质量。不论是何种方式收集来的原始问卷数据,如果未经清理直接发布,将会影响数据质量,也会对数据使用者造成极大不便。现今数据越来越受到关注和重视,尤其是用科学方法获得的社会调查数据被越来越广泛地用于政治、经济、社会、文化等各个领域的关键问题和热点问题的研究中,问卷数据清理工作的重要性也因此日渐突出。

一、问卷数据清理概述

问卷数据清理的主要对象是变量和变量值,清理目标是使变量含义明确、便于使用,变量值有效且合理。从阶段上划分,问卷数据清理包括清理准备、数据规范化、实时清理和深度清理等多个环节。数据清理是一个跨学科概念,问卷数据清理作为数据清理的一个分支,依托社会调查而具有特殊的优势。同时,随着时代的发展和科学技术的进步,问卷数据清理也面临着诸多挑战。

(一)问卷数据清理的独特性

不同学科的数据特性不同,对数据清理的需求虽有共通之处,但各有侧重。数据清理的核心环节是错误数据的检测和修复,在检测的标准方面,计算机科学领域对数据库的要求主要为完整性限制(Integrity Constraint),数据之间的逻辑多为函数依赖关系(Functional Dependency)。[1] 医学领域的数据具有相对稳定性,大部分数据记录的是人的生理信息,变量之间的逻辑关系相对明确。相较于计算机科学和医学领域的数据清理,社会科学问卷数据清理的难点在于社会现象纷繁多变导致其变量含义丰富、抽象,且数据逻辑关系复杂。例如,正常情况下社区户籍人口应为正整数,但如果是新建社区,在调查时居民户籍仍在别处,那么户籍人口为零则是该社区的真实数据情况。

尽管存在种种挑战,依托社会调查的问卷数据清理仍具有独特的优势。调查的周期较长使得数据清理的生命线延长,可用于数据修复的手段多样,能够保证数据质量得到有效提升。相对于问卷数据清理,计算机科学和医学等领域的数据清理有一定的局限性,对检测出的数据错误只能运用统计学方法进行估值甚至丢弃。而社会调查收集的问卷数据来源是受访者,这一数据源是可接触的,对检测出的数据错误除了传统的估值和删除等操作以外,还可以通过与受访者核实进行修复。虽然存在一定的难度,但相比于其他途径

---

[1] Xu Chu et al., "Data Cleaning: Overview and Emerging Challenges," in Proceedings of the 2016 International Conference on Management of Data, San Francisco, California, USA, June 26—July 1, 2016.

获得的数据,问卷数据清理在修复上存在更多的可能性。

(二)问卷数据清理的时代新特点

随着社会科学调查技术的发展,问卷数据清理的方法和侧重点发生了变化。传统社会调查的问卷填答采用的是纸笔模式,所有数据都用纸笔记录,访问结束后再录入计算机。自 20 世纪 80 年代末,CAI 开始应用于大型社会调查,荷兰最早在 1987 年劳动力调查中使用这一模式。[①] 截止到目前,CAI 模式已经被越来越多的调查项目所接受,成为大型社会调查收集数据的主要方式之一。中国第一个应用 CAPI 模式开展大型全国跟踪调查的是 2010 年由北京大学中国社会科学调查中心设计实施的 CFPS。近些年,计算机辅助调查在数据收集方面的优势日益受到关注,越来越多的调查项目开始采用这一模式,例如由西南财经大学主持的中国家庭金融调查在 2011 年首次使用 CAPI 模式开展全国调查,北京大学第六医院 2013 年委托北京大学中国社会科学调查中心使用 CAPI 模式在全国开展 CMHS,中国人民大学中国调查与数据中心负责执行的 CGSS 在 2015 年也首次运用 CAPI 模式进行访问[②],中国社会科学院主持的 CSS 在 2017 年委托北京大学中国社会科学调查中心技术团队开发 CAI 系统并首次使用 CAPI 模式开展全国调查等。CAI 模式下采集的数据形式丰富,有数值、文本、音频、视频等[③],此外还可以通过计算机编程实现调查过程中的数据规范录入和数据逻辑关系的实时检验。这些技术手段的不断完善在对问卷数据清理工作提出更多要求的同时,也为数据深度清理带来了极大的便利,为不断提升数据质量提供了可能性。

1. 传统纸笔访问模式下的问卷数据清理

纸笔模式收集的调查数据需要经历由纸质问卷录入计算机这一过程,而社会调查问卷通常题目设计复杂、样本量大,因此排查数据录入错误、与原始纸质问卷进行核对是传统的问卷数据清理工作重点。主流的方法是双录入校验法,即两名录入员录入同一份问卷,将两者录入的结果进行比对,如果发

[①] 丁华:《计算机辅助调查与数据质量》,《统计与决策》2014 年第 3 期,第 97—100 页。

[②] 唐丽娜:《社会调查数据管理:基于 Stata 14 管理 CGSS 数据》,人民邮电出版社 2016 年版,第 15 页。

[③] 任莉颖、严洁:《计算机辅助面访跟踪调查中的数据管理——以中国家庭动态跟踪调查(CFPS)为例》,《中国统计》2012 年第 7 期,第 27—30 页。

现不一致之处（至少其中一个数据错误），需与原始问卷进行核对。这种方法对检验录入错误较为有效，但如果两名录入员犯同样的录入错误则难以辨识。纸笔调查的录入随着科技发展也开始运用计算机技术，常用的方法是光电输入，包括光电扫描和条形码判读两种方式。① 这些方式节省了大量的人力和时间，但由于计算机读取的局限，只能设计特定的计算机可识别的代码，因此收集的问卷数据也是受限的，很难真实有效地反映社会调查结果。

对于数据的逻辑错误检验，传统纸笔模式下重点清理的是野码和路径跳转错误。野码，即为离散型变量中出现的选项之外的变量值。路径跳转错误，指的是题目跳问过程中存在漏答、误答的情况。深层的数据逻辑关系错误在纸笔调查问卷数据清理中较易被忽视：一是由于录入工作较为繁重，首要任务是保证数据集与纸质问卷上的数据一致；二是因访问已经结束，即使检测出错误也难以修复。因此此类清理工作通常是由数据使用者在进行数据分析之前，根据研究的需要加以适当的处理和取舍。但考虑到深层数据逻辑关系是衡量数据质量的重要指标之一，如何避免逻辑错误导致的数据损失和数据质量下降应当引起数据管理者的重视。

2. CAI 模式下问卷数据清理新特点

（1）数据清理生命线延伸。

传统纸笔模式下的问卷数据清理在数据录入后才开始进行，即仅在调查项目后期发挥有限的作用。而在计算机辅助模式下，问卷数据清理贯穿调查项目的始终。在调查项目筹备阶段，主要的工作有制定编码手册和数据检误列表作为问卷数据清理的依据，同时在访问系统中搭载数据清理条件以进行现场清理。在访问执行阶段，一方面通过访员使用的计算机辅助调查系统客户端在访问现场进行实时校验清理，另一方面由数据管理人员对回传数据做规范化整理后开展实时清理。对于追踪调查，在项目后期还可以结合历次调查数据进行深度清理，更严格地把控问卷数据质量。

（2）清理手段丰富。

计算机辅助调查收集的问卷数据直接以电子形式储存，省去了问卷中选择题的数据录入环节。但数字填空题和主观文字题，从仅由录入员统一录入转变为访员现场录入，因此仍然可能出现录入错误。从数量上看，社会调查

---

① 郝大海：《社会调查研究方法（第三版）》，中国人民大学出版社2015年版，第210页。

中需要手动录入数字和文字的题目仅占少数,且 CAI 模式除问卷数据之外还可采集大量的备注数据和访问录音等,可以有效辅助录入错误的排查和数据修复。

数据逻辑关系检测对于单个变量而言,主要是对离群值的分析和对数值合理范围的监测:前者依据变量分布筛选出离群值进而判断是否为真实数据;后者是基于现实政策或其他情况限制而确定的数值范围。数值合理范围监测还包括对野码的核查,虽然 CAI 模式的选择题都由系统自动存储为相应数值,理论上可以避免出现野码,但出于谨慎考虑,对此类问题的常规清理仍然保留。检查多变量的数据逻辑关系是 CAI 模式问卷数据清理的特色部分,计算机可以根据问卷设计和清理的要求编程设置数值计算规则,在访问现场快速准确地反映出数据关系。但这同时也是问卷数据清理工作的难点,如果条件设置不合理就会影响访问的顺利进行,甚至可能得到访员为了迎合条件而篡改的失真数据。因此,通常只将较为确定的数据逻辑条件做事先设定和计算机编程,其他数据关系则在数据回传后进行实时校验,以便随时根据现实情况做出调整。

同时,先进的调查技术使问卷数据清理的手段得以拓展。访员可以通过搭载在访问系统中的校验程序实现数据的现场初步清理。随着数据采集的进行,数据管理人员利用统计分析软件对数据进行实时清理和深度清理。对于检查出的问题数据,可以通过查找备注、回放录音和对受访者进行电话回访等手段进行修复。备注和录音都是 CAI 模式收集数据的新形式,均对应问卷中每一道题目单独存储,调用方便,是对问卷数据的有效补充。

(3) 数据质量进一步提高。

CAI 模式带来了新的数据采集类型和内容,也给问卷数据清理带来了新思路和新方法。虽然存在挑战,但在更大程度上使数据质量的进一步提升成为可能。数据质量在评价工作中逐渐发展出一些常用的指标,由中国科学院计算机网络信息中心提出的《数据质量评测方法与指标体系》将数据质量分为形式质量、内容质量和效用质量,从用户使用的角度构建了一套指标体系,包括可理解性、完整性、一致性、准确性、背景性等。[1] 在 CAI 模式下,清理过

---

[1] 国家科技基础条件平台建设基础科学数据共享网项目组:《数据质量评测方法与指标体系》(TR-REC-064),2011 年 4 月。

的问卷数据不仅符合数据规范化的要求,数据逻辑的严密性更是在数据清理的不同阶段都得到了提高。同时,在清理过程中生成很多衍生产品,例如备注信息、特殊数据列表(不符合常规数据逻辑但确实反映现实特殊情况的数据)等,这些背景性数据作为问卷数据的补充也提升了数据库的整体质量。

二、CAI模式下问卷数据清理步骤与方法

结合国内外最新理论和若干全国大型社会调查项目数据清理的实战经验,下面从问卷数据清理准备、数据规范化、实时清理、深度清理四个阶段详细介绍CAI模式下的数据清理流程和方法(见图7.1)。

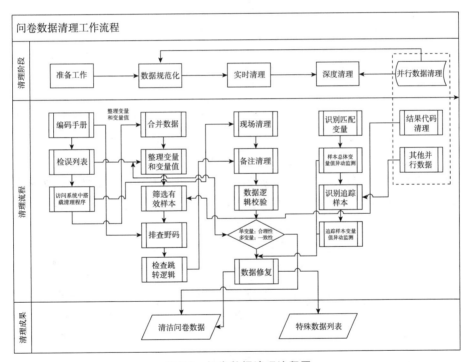

图7.1 问卷数据清理流程图

(一)清理准备

问卷数据清理的准备工作和问卷电子化设计同时展开,调查项目数据清理的内容和规则要在这一阶段基本确定。随着调查的进行,具体清理规则可能会发生微调,但在清理准备阶段需明确清理的基本框架。具体而言,主要

包括以下几项工具的准备。

1. 制定编码手册

编码手册(codebook)规定了变量和变量值的内容、形式和含义。在纸笔访问模式中主要用于数据录入,因此需要标明变量的宽度和栏位等格式要求。在CAI模式下无须再将这些有关格式的信息编入编码手册,而是要对变量和变量值做出更清晰的界定,说明无回答的定义,以作为数据规范化的依据。

(1) 变量名和变量标签。

变量名即为电子化问卷中的题号,由字母和数字组成。通常字母标识题目所在的模块,数字表示在该模块中某一题目的顺序号,在同一个数据集中变量名是唯一的。变量标签是对题目内容的精炼概括,在电子化问卷设计过程中会给每道题目指定变量标签。编码手册中的变量名和变量标签原则上应与电子化问卷保持一致,且按照问卷顺序排序。

(2) 变量值和值标签。

社会调查数据集中的变量从形式上分为字符型和数值型。字符型变量对应问卷中的主观开放题,这类题目在清理时通常不做规定,以真实记录受访者答案为原则。而数值型变量又分为离散型和连续型两种,离散型对应选择题,连续型对应数值开放题(例如年龄、年份、收入等)。离散型数值变量是编码手册的重要组成部分,穷尽列举所有变量值和其对应的含义,是排查野码的主要依据。其中变量值即为电子化问卷中每个选项对应的编号,通常按选项顺序从1开始,到表示"其他"或"以上都没有"的特殊选项(统一编码为77或78)为止。值标签仅适用于离散型数值变量,是对应选项的文本描述。连续型数值变量设定值域以规定数据的合理范围,如某个提问年份的题目值域为1949…2017,以区别于可能与之混淆的年份。但因社会情况复杂,预想的合理值可能并不能涵盖所有真实情形,通常在编码手册中对连续数值变量的规定比较宽泛,例如收入的值域可能为0…1 000 000 000元。

(3) 无回答定义。

CAI模式的无回答分为三种类型:不知道、拒绝回答和不适用。不知道和拒绝回答相当于传统纸笔模式访问的缺失值,不适用的情况为系统设置跳过的题目。无回答在数据集当中采用特殊编码,为与正常变量值相区分通常用负值表示,惯用的编码规则是:"-1"为"不知道","-2"为"拒绝回答","-8"

为"不适用"(见表7.1)。

表7.1 编码手册样例

变量名	变量标签	变量值/值域	无回答定义
A01	性别	1=男,0=女	−1=不知道 −2=拒绝回答
A02	出生年份	1900…2017	−8=不适用

2. 制定数据检误列表

数据检误列表是对数据逻辑的梳理和总结,从合理性和一致性两方面说明问卷中关键变量的逻辑关系。

(1) 单变量取值范围限定。

在编码手册对值域限定的基础上,数据检误列表对单个变量取值进行更严格的限制,依据相关政策或常识缩小变量的合理取值范围。同时对需要特殊关注的变量单位做出说明,例如单位为"万元""元""平方千米""平方米"等容易因看错单位而收集错误数值的题目。

(2) 多变量逻辑关系公式化。

多变量逻辑关系总体上要符合一致性原则。对于两个变量而言,主要有大小关系和取值对应关系。对多变量而言,除大小关系以外还涉及加减乘除等计算。数据检误列表中用公式和文字的形式分别表述这些逻辑关系,作为问卷数据逻辑清理的主要依据。表7.2举例说明了可能存在的数据逻辑关系种类。

表7.2 多变量数据逻辑关系样例

涉及变量	变量描述	数据逻辑	备注
A03 A04	年龄 在职年数	A03>A04	在职年数不应超过年龄
A05 A06	是否有子女 子女数	A05=1 则 A06≠0	有子女,则子女数不应为0
A07 A08 A09	男性数 女性数 总人数	A07+A08=A09	男女人数之和应等于总人数

3. 在访问系统中搭载初步清理程序

CAI模式使问卷数据清理的生命线得以延伸，其中一个重要方面是使在访问中进行初步数据清理成为可能。根据数据检误列表中规定的数据逻辑关系，筛选出一部分较确定的条件（大部分是多变量逻辑关系和少量单变量数据范围限制），通过计算机编程内置于访员的访问系统，分别以硬检查和软检查的形式对采集的数据进行初步的逻辑判定。硬检查在访问中是不能强制通过的，例如某干部的离任年份早于到任年份这样明显的逻辑错误可以以硬检查的方式嵌入系统，一旦输入的数据不符合条件限制，系统自动弹出提醒框，提示访员与受访者核实答案，更改数值后才可继续进行访问，因此硬检查的设置应格外慎重，以免影响访问的顺畅进行。实际操作中现场的数据逻辑校验多以软检查的形式出现，当数据有悖于软检查规定的逻辑时，同样会弹出提醒框，与硬检查不同的是，访员与受访者进行核实后如果因现实特殊情况而不符合常规的逻辑条件，可以选择强制通过，继续进行访问。借助搭载在计算机中的清理程序，访员现场进行的初步问卷数据清理高效且准确，为之后的清理工作打下坚实的基础。

（二）数据规范化

在调查开始之后，随着访员回传第一份问卷数据，数据规范化清理将实时开展。数据规范化作为问卷数据清理的基础环节，通过合并不同类型的问卷数据、筛选有效样本、整理变量和变量值、排查野码、检查跳转逻辑等一系列清理过程，使数据在形式和内容上符合发布要求，为后期的深度清理提供规范可用的数据库。

1. 合并数据

CAI模式下采集的问卷数据可能以不同形式甚至不同的数据集存储，需要数据管理人员合并后再进行进一步的处理，常见的三种需要合并的情况有：

（1）主观开放和半开放问题与数值题分别存储。

需借助统计分析软件将主观问题（通常以".txt"格式存储）转化为字符型变量，添加到存储数值题的数据集中。

（2）同一问卷类型采用了不同的访问模式。

例如CAPI模式和CATI模式相结合的调查项目，需将二者的结果汇总至一个数据集中。但由于电访问卷会删去面访问卷中不适合电话访问的题目，并对一些问题进行简化,可能会出现变量不匹配的问题,对于采用两种访问模式导致的不匹配变量需要分别赋予不同的变量名加以区分。

(3) 同一调查对象在不同调查阶段采用不同的问卷进行访问。

例如 CFPS 的个人问卷分长问卷和短问卷两种形式,短问卷适用于因为受访者外出而由家人代答的情况。根据追踪策略,对已有家人代答的外出受访者仍将进行异地追访,如果追踪到本人将使用长问卷进行访问。因此合并数据时不仅存在长短问卷的变量不完全匹配的问题,同一样本还可能既有长问卷数据又有短问卷数据。通常情况下,采取以自答长问卷数据覆盖代答短问卷数据的方式进行合并,如果自答问卷出现缺失而代答问卷为有效值则采用代答数据。①

2. 筛选有效样本

CAI 模式下由于样本系统发放和使用过程中的问题,有可能存在一个样本对应多个问卷的问题,并行数据清理中的结果代码清理即是对这一问题的有效解决。经过结果代码清理,每个样本都有一个最终结果代码,也仅对应一个有效的问卷。根据与最终结果代码的匹配情况,在规范化过程中需要删除冗余问卷数据,只保留符合调查资格的完访样本的问卷数据。

3. 整理变量和变量值

在 CAI 模式中,变量名和变量值都以系统自动储存的字母或数字显示,且顺序杂乱。此外,访问过程中还会生成中间变量,这导致原始问卷数据的变量和变量值难以被直接使用,需进行一系列操作使变量和变量值的含义更加明确。

(1) 修改多选题存储方式。

多选题的存储在 CAI 模式下多为顺序储存,即选择哪些选项就按顺序将表示该选项的数字编码储存为一组变量。由于同一个选项在不同样本中可能存储到不同的变量名下,且惯例上研究使用的多选题多为虚拟变量,需将多选题存储方式进行相应转化。

(2) 变量整理。

变量与问卷需一一对应,具体而言,变量名需与问卷题号一致且顺序相

---

① 吴琼等:《中国家庭追踪调查 2014 年数据库介绍及数据清理报告》,http://www.isss.pku.edu.cn/cfps/docs/20181229155319145740.pdf,访问日期:2019 年 1 月 10 日。

同。相应地,数据清理的操作步骤主要有变量重命名、调整变量顺序和删除冗余变量。

(3) 添加标签。

数据清理人员主要基于编码手册定义变量和变量值,为所有变量和变量值添加标签。其中,循环提问的题目和转化后的多选题虚拟变量,还需注意标签要同时包括题干、循环项和多选题选项。

(4) 开放题和半开放题编码。

对字符型变量所对应的开放题和半开放题采用标准化的编码规则进行编码。开放题相当于独立题目,变量名与问卷题号保持一致。而半开放题通常有两种形式:一是选择题中"其他"选项的具体说明文字;二是数值填空题中对应内容的描述,例如活动次数以及对应的活动名称。半开放题的题号中表示模块的字母和表示题目编号的数字应与其对应的数值型题目保持一致,另在末尾添加统一编码的后缀(如"SP")以作区别,例如某选择题题号为A10,该题中用于描述"其他"选项的说明文字对应的变量名为A10SP。

4. 排查野码

野码是离散型数值变量中出现的选项之外的变量值,虽然在 CAI 模式下通过系统程序控制可以有效避免此类问题的产生,但为避免错误,使数据更加规范,仍需检查问卷数据中是否有野码存在。离散型数值变量的值可穷尽列举,如果某变量的值不在确定的范围内,可将这些观测输出并查找原因。

5. 检查跳转逻辑

在调查项目的准备阶段,对跳转逻辑已经进行过多轮反复测试。但为了防止未检测出的跳转逻辑错误导致数据不准确,在问卷数据清理阶段将再次进行检查。跳转逻辑错误有两种情况:一是应跳过的题目存在非"不适用"编码的数值;二是不应跳过的题目,出现了"不适用"编码的数值。对此类问题的排查与检查数据一致性问题类似,即触发跳转的题目答案与涉及跳转的题目值要有一致性。例如触发跳转的 A11 题为是否满意(1=是,5=否),涉及跳转的 A12 题为不满意的原因,则对应跳转错误一的条件为"如果 A11 值为 1,则 A12 值应为不适用",对应跳转错误二的条件为"如果 A11 值为 5,则 A12 值应为编码手册中对此题定义的不适用之外的数值"。

(三) 实时清理

经过数据规范化处理后,将通过备注清理和数据逻辑校验进行进一步的实时清理。实时清理包括问题数据识别和数据修复两方面。其中问题数据识别包括通过备注清理识别的待修正数据和未通过数据逻辑校验的疑误数据。数据修复的目的是对问题数据的值进行修正（包括实时清理中被识别出的问题数据，以及数据规范化环节筛查出的奇异值），对不符合常规数据逻辑但能被现实情况解释的特殊数据进行说明，并优化数据逻辑校验策略。依据清理结果，结合真实可靠的信息，在清理过程中对问题数据进行修复，对数据清理逻辑规则进行完善。

1. 备注清理

考虑到问卷的选项设计无法涵盖现实的所有情况，且无法预估现场调查的各种特殊问题，在 CAI 模式的调查问卷电子化开发中对每一个问题都设计了备注功能键，访员在访问过程中随时可以调出备注对话框对受访者的回答或现场情况进行文字说明。因此，备注信息清理也成为问卷数据清理中十分重要的一环。在备注清理过程中发现，很多数据问题可能是由访问系统的限制、访员或受访者对问卷中概念理解不清晰或是确实存在不符合常规逻辑的特殊情况引起的。数据管理人员可以利用备注信息对问卷数据进行清理和修复，也可以获取对数据特殊情况的合理解释。备注信息仅可依靠专业数据管理人员进行人工判断筛选，清理工作量大且成本较高。但备注对访问情境、需要特殊注意的情况和可能存在的多样性答案等做出了详细说明，真实全面地还原了访问的现场情况，与回放访问录音和对受访者进行回访相比，备注清理的性价比较高。

备注信息清理要服从尊重问卷数据的原则，确实有必要进行修正的数据才可做改动。常见的修改类型有：

（1）访问中不便直接输入的数据。

在问卷数据中，有些题目的数值记录不准确，需要结合备注信息进行修正。例如：问题选项单位为亩，但受访者只能提供单位为平方米的数据，访员现场不便换算输入，可以在备注中说明情况。

（2）对题目特殊情况的说明。

一般情况下，不适用的题目会由系统自动跳过。但某些题目在设计阶段没有考虑到现实中会有不适用的情况，因而没有设置相应跳转，导致部分受访者无法回答后续问题，这很有可能造成无回答率上升，影响项目负责人对数据质量的判断，应根据备注信息在清理阶段更改为不适用。

(3) 对问题答案更精准地记录。

在问卷电子化设计阶段,有些题目的值域设计会存在遗漏小数位的情况,例如收集数据的单位是年数,值域设计是保留整数位,但实地调查发现受访者回答不足一年的情况较多,系统无法输入小数位,就会造成真实数据丢失。在这种情况下,备注信息能够提供更准确的数据。

2. 数据逻辑校验

原始问卷数据在经历了数据规范化和备注清理之后基本符合数据使用要求,但为了进一步提高数据质量,使调查结果更符合真实情况,除在访问系统中搭载初步数据逻辑清理条件以外,还需基于数据检误列表的规定,结合数据实际情况进行更严格的数据逻辑校验。数据逻辑校验主要分为对单变量的合理性监测和对多变量逻辑关系的一致性监测。

（1）单变量：合理性监测。

① 离群值。在问卷数据清理阶段,对离群值要加以特殊关注。对于单变量而言,离群值很有可能是访问过程某一环节的问题导致的奇异值。尽管社会现象纷繁复杂,某些离群值在实际情况中可能为真实值,但为保证数据真实合理有效,所有离群值都需纳入数据逻辑校验的范畴进行核实。判别离群值的方法众多,在社会调查领域主要采用以下两种方法：一是用简单描述统计分析变量的频数分布,结合散点图等可视化图表判断；二是用统计方法计算取值是否超出合理值,通常情况下,大于或小于均值的三倍标准差即被认为取值不合理。两种方法在判定离群值上各有误差,实际清理需结合二者进行分析。

② 规定的合理范围。有些特殊变量的数值即使非离群也有可能是问题数据,例如大学生到村任职政策从 1995 年开始实施,那么问卷数据中大学生到村上任年份的变量取值则应为 1995 至调查开展年份之间的整数,若出现 1994 或 1993 等数值需引起注意。再如某类问题涉及每周有多少天从事某项活动,天数这一变量的取值范围是 0—7（整数,含 0 和 7）,若出现如 7.5 或 8 的数值,则为疑误数据。然而仅靠离群值监测难以识别处于合理范围边缘的问题数值,需依照对数值合理取值范围的清晰限定,进一步筛查疑误数据。

③ 地区宏观数值。除了对变量整体进行监测以外,对同一变量的地区性分布进行分析同样是数据清理中的重要工作,这样可以防止出现因抽样问题或访员问题导致的数据误差。例如某一地区的宏观指标出现异常情况,如出

生率或死亡率为 0,需结合访问管理数据查找造成这一现象的原因。

(2) 多变量:一致性监测。

多变量数据逻辑关系校验根据数据检误列表,借助相关统计分析软件编写程序实现。校验对象为一组变量值的逻辑关系,程序检验不通过即为违反一致性原则,需要以样本为单位将这一组变量的信息记录并整理归类供下一步清理工作使用。

3. 数据修复

数据修复是指根据多种确切的信息对问题数据进行更正,同时也对问卷数据清理过程中所使用的数据逻辑规则进行完善。

(1) 修正问卷数据。

对问卷数据进行更改的第一步发生在访问过程中,即访员通过系统搭载的数据逻辑条件提示与受访者进行现场核实更正。第二步是在备注清理阶段,主要对部分数据进行调整。对未通过数据逻辑校验的单变量和多变量关系逐条查找备注,如果发现能够合理解释异常值的原因,则将这部分数据保留在清洁问卷数据集中,否则需进行疑误数据核实。疑误数据核实主要采取回放访问录音和电话回访受访者的方式,如果找到了合理原因确认无须更改,可输出到清洁数据集中。经核实确实存在问题需要修改的数据,修改后同新增的回传数据一并进行数据逻辑校验,不断循环,直至最后所有没有通过校验的数据都有合理解释。问卷数据修正的流程如图 7.2 所示。

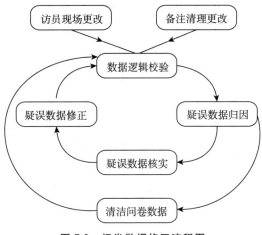

图 7.2　问卷数据修正流程图

(2) 调整数据限制条件。

在数据修复过程中,如果某类校验条件不通过比例过高或呈现地区性特征,则说明条件设置不合理,需要修正的不是问卷数据,而是数据逻辑的限制条件。例如某地区地广人稀,在统计村/居占地面积问题时,该地区所有村/居样本的占地面积数据都会是离群值,对此进行核实徒增工作量,应在逻辑检验中结合实际情况对该地区做单独限定。

(3) 特殊数据列表。

对于没有通过校验但能被解释的数据,虽然从调查和数据管理的角度看是合理的,但会给数据使用造成不便,对数据分析的结果造成影响。因此,除了清洁的问卷数据集外,需要将这些特殊数据及解释原因汇总制成列表,作为问卷数据清理的最终成果之一发布,以方便研究者使用。

(四) 深度清理

深度清理的适用对象是至少完成两轮以上的追踪调查的数据,基本清理思路是通过数据的动态变化,挖掘问卷数据中存在的奇异之处。相比于静态的单次调查数据,追踪数据可比较的层次更丰富,更能精准监测潜在的数据问题。

1. 识别匹配变量

用于深度清理的变量为历年调查中的匹配变量,即问卷中完全相同的题目。对于选择题,要求题目的题干和选项完全相同,填空题的题干和值域限定要完全相同。如果存在细微差异但内容相似,则为不完全匹配变量,存在明显差异的即为不匹配变量。这三类变量应在数据管理中加以区分,能够参与深度清理的仅有匹配变量。同时,对变量匹配情况的分类和整理也是问卷数据清理的最终成果之一。

2. 识别追踪样本

追踪样本识别是追踪调查数据清理的重要组成部分,是访问管理和数据管理的首要任务,也是数据使用者在进行数据分析时要考虑的问题。首先,追踪样本的样本编号要保持一致;其次,即使编号一致也需要参考其他因素进行精准判断。判断的标准因样本层次而异:个人层面的样本主要依据个人基本信息做判断,例如姓名、性别、年龄、联系方式等;家户层面的样本依据对家庭结构的定义做判断,例如主要家庭成员信息等;社区层面的样本以区位信息做判断,包括人口、面积等关键变量。

3. 样本总体变量值异动监测

追踪调查的对象比较稳定,同一变量两次调查的描述性统计分析结果如果有显著差异则为异动。离散型变量关注频数分布,连续型变量关注均值差异。比对后将差异大的变量逐个检查、分析,思路与前期数据清理相似。变量值的跨轮异动同样可能存在合理解释,例如受题目有效样本数影响,或反映了现实情况的某种正常变化等,但真正的数据问题在这样严格的比对中也会无所遁形。

4. 追踪样本变量值异动监测

精准识别的追踪样本匹配变量的跨轮调查数据应保持相对稳定,仅能在合理范围内浮动。如果个人层面的样本在例如受教育程度、身体残疾情况、对某事物的态度等方面出现异常大的变动,很有可能是错访或代答等造成的。同理,如果社区层面的数据在例如公共事务、党组织建设等方面发生异常变动,也很可能存在上述问题。此外,单个样本的某些变量值可能有一定波动,但地区层面的追踪样本若非受自然灾害等因素影响,其大部分变量应保持相对稳定,例如个人收入可能因个体境况突变发生变动,但地区收入情况应相对平稳。

三、小结

问卷数据清理的目标是,在真实准确地反映社会调查结果的基础上,使问卷数据更加规范化,以便于数据分析使用。相比于其他学科,基于社会调查的问卷数据虽然逻辑关系复杂,但在数据修复上存在更多可能性。相比于传统纸笔调查,计算机辅助模式下的问卷数据清理的生命线得以延伸,清理对象和方式更丰富,各个阶段相互衔接、层层深入,更有利于促进数据质量提升。

计算机辅助模式下的问卷数据清理虽已实现较全面的实时清理,但仍属于补救措施,要尽可能从源头上提高数据质量,一方面需要加强访问管理,另一方面可以从问卷设计上做出改进。问卷数据清理的经验也为问卷设计提供了参考的思路:(1)进一步明确题目中的相关概念。社会调查的受访者众多,每个受访者对同一概念可能有不同理解,导致答案混乱,影响数据质量。计算机辅助模式在系统中增加了若干辅助访问的功能,例如将题目中不易理解或易产生混淆的概念释义通过功能键内嵌在访问系统中,访员可以在访问过程中随时查看并对受访者做出正确解释,避免访员或受访者理解错误导致数据问题。此外,在数据清理过程中能够发现容易引起受访者概念混淆的问题,总结归纳出概念不清导致数据错误的多种情形,进而为下一轮访问或类似主题的问卷设计提供建议。(2)完善选择题选项。问卷数据清理不仅有利于当年数据质量的提升,对反复使用的题目而言,数据清理过程中整理的选项信息可以为改进题目设计提供参考。

问卷数据清理步骤繁多、工作量大,虽然大部分清理工作可以借助数据分析软件编程完成,但仍存在较多需人工清理的部分。数据检误条件如果设置过松会遗漏错误数据,过严又会增加数据修复工作量。而数据修复需要回放访问录音和电话回访受访者,不仅成本高而且回访阻力较大,如何兼顾效率与精确度仍是问卷数据清理需要解决的难题。

问卷数据清理是一个长期的过程,随着社会调查理论和技术手段的不断更新又会面临新的机遇和挑战,需要问卷设计者、访问管理人员、调查人员、数据管理人员和数据使用者等共同努力,为科学研究提供更高质量的数据。

第三节　并行数据清理

"并行数据"一词最早由库珀在1998年美国统计协会联合统计会议的研究报告中提出。[①] 他把社会调查的数据分为三大类:一类是调查数据,是关于研究现象的数据,也就是采集的调查问卷数据;第二类是元数据,是关于调查数据的信息和资料,有助于解读调查数据;第三类是并行数据,是关于调查过程的数据。自此,并行数据概念迅速为社会调查的业内人员所广泛接受,并且成为研究热点。[②] 随着计算机辅助调查技术的发展,计算机辅助调查系统采集的管理类并行数据(包括访员访问行为数据和访问观察数据等),被认为是辅助改善访问管理、评估调查数据质量的重要数据。近年来,伴随着计算机辅助调查模式在大型社会调查项目中的广泛应用,并行数据的种类越来越

[①] M.P. Couper and L.E. Lyberg, "The Use of Paradata in Survey Research," in Proceedings of the 55th Session of the International Statistical Institute, Sydney, Australia, 2005.

[②] 任莉颖、严洁:《并行数据与社会调查质量探讨》,《统计与决策》2014年第6期,第27—32页。

多,其在社会调查管理和质量监控中的作用越发受到重视,规范选取、存储并分析并行数据也成为社会调查数据清理工作的重要内容。

一、并行数据的种类

并行数据是关于调查过程的数据。在社会调查的每一个环节中,如抽样、问卷设计、访问管理以及后期的数据处理中都会产生大量的并行数据,识别并挖掘有用的并行数据是调查方法研究的重要任务。为了保证并行数据采集的有效性和研究价值,科学的做法是先绘制调查流程图,列出主要的环节,并标识各环节间的路径关系。根据流程图的指示,确定各环节可能产生的并行数据,再进行有目的的采集。

在纸笔调查的模式下,并行数据多通过访员手工记录的方式采集,不仅信息量少,而且数据质量难以保证。一般情况下,纸质问卷的封面包括以下各类信息的记录:(1)访问开始日期和具体时间;(2)访问结束日期和具体时间;(3)访员编号;(4)访员签字;(5)审核员签字;(6)督导签字;(7)验收日期和时间;(8)录入员1签字;(9)录入员2签字;(10)录入完成日期;(11)第一、二、三次访问日期;(12)每次接触时间;(13)每次接触的状态。问卷的封底则包括详细的访问记录,涉及访员对访问对象的兴趣、可信度、理解水平等方面的观察,对访问对象家庭的观察,对访问对象居住环境的观察,以及对访问场景的观察等。

相比之下,计算机辅助调查模式在并行数据的采集上显示出了更大的优势。库珀在提出并行数据概念时主要是针对计算机辅助调查模式下采集到的新型数据——键盘操作痕迹数据、访问时长以及详细的联系记录。近年来,随着调查技术的进步和研究的逐步深入,并行数据也不断拓展,包括以下几大类信息。

(一) 时间类数据

时间类数据是最常见的并行数据种类之一。这类数据记录了访员每一次与受访者联系的时间、访问开始时间和结束时间以及每一题的进入时间和离开时间等。这类数据可以帮助调查机构了解访员的访问时机,判断访员是否在合理的时段进行访问,确定访员每一道题的访问用时,初步判断访员是否有偏离标准访问流程的行为,详细方法见第六章"数据监控方法及应用"一节。

（二）访问痕迹数据

访问痕迹数据是计算机辅助调查独有的并行数据类型，访员在使用计算机设备进行访问或受访人进行计算机辅助自答时，访问系统可以自动记录键盘的敲击顺序、鼠标移动的轨迹以及功能键的使用情况等。这类数据不需要增加访员和受访者的负担即可获得，而且数据量较大。目前对此类数据的研究主要集中在两个方面：一是对功能键如"访问帮助键"[①]的使用模式及其对调查质量的影响进行研究，以改进调查管理和问卷设计；二是研究访员在访问过程中对题目答案的修改行为，了解访员对问卷所设置校验的使用情境和频率，为问卷设计中的值域设计和校验设计提供参考。

（三）访员观察数据

根据研究者的需求，访员观察数据可以分为三类：一是辅助问卷数据研究的观察数据，如对社区环境的观察（如居民建筑类型、整洁程度、治安状况、基础设施配套情况等）、对受访者家庭环境的观察（如房屋类型、整洁程度、装修家电等）以及对受访者的观察（如衣着、健康状况、待人接物水平等）。二是辅助调查管理的观察数据，如对受访者拒访态度和程度的观察，对受访者方言和普通话熟练程度、语言表达能力的观察等。三是辅助调查数据质量评估的观察数据，如对访问情境的观察（如他人在场、访问场所、受访者是否急于离开等），对受访者的调查配合程度、兴趣、疑虑以及回答的可信程度的观察。

（四）访问联系数据

访问联系数据记录了访员联系受访者的全过程和结果，涉及联系方式、联系时间和联系结果三方面。根据调查项目要求，访员会将每次与受访者联系的方式（如面访、电访、信件/邮件沟通）、联系时间（年、月、日、时、分）以及联系结果在计算机访问系统中做登记。联系结果的记录是以选择一系列联系结果代码的方式进行，如未联系到受访者（包括地址错误、搬迁/拆迁、敲门/按门铃无人应答、无法进入单元楼/小区、无法通过电话取得联系等），联系到受访者（包括预约访问时间、拒访、受访者身体原因无法接受访问等），以及最终联系结果代码选择。在子代码下还可以进行下一级信息的选择和填

[①] 在计算机辅助调查系统中，访员可以在题目层面上使用"访问帮助键"（功能键如F1）调出该题中重要概念的解释，以确保受访者对于概念理解一致，减少测量误差。

写,如约访时间选择、拒访原因选择、搬迁/拆迁后新住址的采集等。

（五）访问录音数据

在计算机辅助调查中,可以非常方便地在系统中嵌入录音程序,随着技术的不断升级,还能够实现定题录音和定题回放。在访问过程中,在征得受访者同意并请受访者签署知情同意书后,可以开启计算机录音程序以获得清晰的录音文件。录音数据作为并行数据的一种,其采集和利用对于调查质量的改进及评估研究非常重要。

（六）样本调配数据

调查执行管理者要将所有的受访样本分配给多个访员,有时还需要将样本在访员中进行调配。计算机调查管理系统记录的样本调配信息能够展示每个样本的流转情况、联系情况、访员联系受访者的时间段和次数,以及受访者对于访问的配合程度。调配数据方便不同的访员掌握样本所经历的联系过程和结果,能够有针对性地开展联系工作,提高样本应答率。如果是追踪类调查项目,样本调配数据对于成功追访样本也起到关键性的作用。

（七）访员特征数据

调查执行机构会给每一位访员一个唯一的编号,并收集他们的性别、年龄、身份证号、受教育程度、毕业院校、专业、职业、调查经验和参加过的调查项目等个人基本信息。访员的基本特征对于调查结果和调查质量有一定的影响,采集访员特征数据,并与问卷数据及其他并行数据一并进行分析和研究,对于改进访问管理方法和减少访员误差是非常重要的。

（八）核查数据

核查数据是在调查机构对访员访问质量进行监测和评估的过程中产生的数据,包括数据核查、电话核查、录音核查和实地核查数据。在数据核查中,会产生访问时长、访问时间和项目无回答相关的数据。在录音核查中,除了根据录音和核查问卷对访员的访问准确性和规范性进行判断外,核查员还会对访员的语气、语调、语速和诱导性行为进行评价。在电话核查中,会跟受访者确认访员访问的真实性和准确性,并收集受访者对访员访问态度和行为的评价数据。在实地核查中,除了收集受访者反馈的信息外,还能采集观察数据。除以上核查结果数据外,还有两类核查数据能够对调查方法研究和调查管理起到重要作用:一是核查问卷数据,如电话核查问卷和录音核查问卷每一道题目的数据,对此类数据的分析能够发现访员易发生不规范访问行为的问题,可以在改进问卷设计以及指导访员访问行为上发挥作用;二是核查执行数据,如电话核查中成功核查的时间段和电话拨打次数、每名访员每天或每周核查工作效率(核查成功问卷数÷工作小时数)、审核员审核工作效率等,对此类数据的分析和研究对于改进质量管理工作方法、提高核查执行效率有较大帮助。

二、并行数据的应用

并行数据近年来得到调查方法研究者们的广泛重视,其应用领域也在不断拓展。在最初阶段,研究者们主要在调查结束后对并行数据进行分析,期望对调查中出现的各种误差有所调整,或在将来的调查中能够有效控制。大型调查项目还将联系记录的信息应用到权重计算上,来调整无应答带来的估计偏差,或是通过对联系记录/访员观察数据的分析,寻求减少无应答的途径。随着计算机辅助调查模式的广泛应用及通信技术的迅速发展,社会调查实现了并行数据的有效采集和及时传输,并行数据的应用也从调查后的评估和研究扩展至调查期间的实时监测,社会调查方法研究的焦点也从事后调整转移到过程质量控制和成本控制上。目前,并行数据被应用到问卷设计、调查管理、质量监控和数据处理等多个工作环节中。下面重点从调查管理、质量监控、测量误差调整、样本流失风险评估四个环节,讨论并行数据的应用情况、效果以及遇到的困难与挑战。

(一)并行数据在调查管理中的应用

调查管理中通常使用的并行数据有访问联系数据、时间类数据和访问痕迹数据,有效利用这些数据对于提高联系效率和应答率、改进访员培训、高效率进行访问管理具有重要作用。

访问联系数据在抽样阶段已经开始采集,在采用地图地址法进行末端抽样的调查项目中,绘图员会在绘图和列表制作过程中记录居民楼是否有门禁、受访者使用方言情况、受访者在家时间等并行数据,这一阶段采集的联系数据可以帮助访员在调查阶段合理安排访问时间。

采集联系数据和时间类数据,可以对调查管理起到改进作用,如研究联系方式和时间段对应答率的影响,进而对访员的联系行为进行指导,提高接触率和应答率；使用访问开始和结束的时间判断访员是否在合理的时段进行访问，对于不合理的过早或过晚的联系时间，如访问时间记录中出现凌晨等非常规时段访问的情况，督导需要及时跟访员了解情况并对违规操作给予警示；及时对受访者接受访问的意愿进行干预，对受访者拒访的意愿进行逆转，降低拒访率；全面了解访员在工作现场接触样本的情况和努力程度，帮助项目管理者及时对访员的行为进行指导，促使访员更有效地接触并劝说受访者接受访问。

联系数据在帮助访员进行现场访问管理方面也发挥着重要作用。一方面能够帮助访员规划访问计划，如有的调查项目要求访员对于联系不上的受访者至少接触 3 次或 6 次，且每次联系都需要在不同的时间段。在这种情况下，联系数据记录的每一次联系方式和联系时间能够帮助访员合理安排下一次联系。另一方面，联系数据能为开展追踪调查的访员提供更多访问联系上的帮助。通过整理历次调查中所有受访者的联系过程、联系方式、联系结果以及访员个人信息和联系信息等并行数据，并运过技术手段加载到计算机辅助调查系统，能够让参加追踪调查的访员直观地了解受访者的历次联系信息，对于合理安排访问计划、提高应答率有很大帮助。

此外，对访问痕迹数据的研究，能够掌握访员对功能键的使用情况，了解访员在校验问题上的使用特点，除了有助于问卷设计改进外，还能够通过评估功能键和校验使用对数据质量的影响，有针对性地改进访员培训课程。

除此之外，访员相关的并行数据的开发和利用也有利于访问管理。一般情况下，调查项目会对访员的基本信息如性别、职业、年龄、访问经验等进行收集。在培训阶段，对访员也会进行观察和考核，并对结果进行相应记录。在访问过程中，会对每位访员的访问质量进行实时核查、反馈和指导。对此类与访员相关的并行数据的分析，可以帮助调查执行机构调整访员招募策略、培训策略和管理策略。

（二）并行数据在质量监控中的应用

在质量监控中，并行数据也有广泛的应用。最常用的是时间类数据和录音数据。

时间类数据能够帮助调查管理者直观地了解访员的访问时间、整体访问时长甚至每个模块、每一题的时长情况，可以有效筛查出访员易产生的臆答、虚假访问、捷径跳转等不规范访问行为并进行及时干预。以访员臆答为例，主要监控访员为缩短访问时间而故意不问自答的行为，所选择的监测题目均是访员无法通过自行判断得出答案的题目，可以通过电话回访、录音回放、访问过程键盘回放以及对题目采访用时的统计分析来发现此类问题。首先，通过比较每个问题采访用时与合理用时，识别出疑似臆答样本。其次，对于疑似臆答样本进行录音回放，确认是否有提问。对于没有录音的样本，进行电话回访，询问受访者在接受访问时访员是否提问了某个题目。最后，对于既没有录音也没有联系电话的样本，进行访问过程键盘回放，以确认访员是否臆答。确认为访员臆答的问卷立即由督导反馈给访员，及时纠正其访问行为。从并行数据的使用效果来看，调查执行团队可以实现对访员的及时干预，数据显示首次干预能够使访员臆答卷的比例显著降低。以 CFPS 2010 年数据为例，首次干预之前臆答卷比例的均值为 0.255（标准误为 0.020），干预之后则下降到 0.098（标准误为 0.018）。①

录音数据在质量管理中可以用于对访员的访问行为进行监测，减少如臆答、诱导、捷径跳转、提问不完整/不准确等访问不规范行为。同时，通过录音文件还能对访员的访问技巧、访问态度以及受访者对调查的态度进行评估。此外，录音率也可以作为并行数据，是监测访员访问质量的重要指标，反映了访员的工作努力程度、认真程度和真实程度（对于并行数据在数据质量监控中的应用，见第六章第三节详述）。

(三) 并行数据在测量误差调整中的应用

从数据采集到得到统计结果的所有环节和步骤都有偏误的风险，并行数据可以用来调整权重，研究测量误差。② 并行数据包括所有调查过程信息，如联系记录数据、访员与受访者的所有联系时间及联系结果，为研究单元无应答提供了重要的辅助信息。早在 1980 年，德鲁和富勒就提出在联系记录数据基础上对无应答现象进行模型预测。③ 在对测量误差的研究中，联系记录、访员观察和访员特征同样是重要的信息来源。访问情境会对受访者的应答有

---

① 严洁等：《社会调查质量研究：访员臆答与干预效果》，《社会学研究》2012 年第 2 期，第 168—181 页。

② 任莉颖、严洁：《并行数据与社会调查质量探讨》，《统计与决策》2014 年第 6 期，第 29 页。

③ J. Drew and W. Fuller, "Modeling Nonresponse in Surveys with Callbacks," in Proceedings of the Section on Survey Research Methods of the American Statistical Association, 1980.

影响,访员特征如性别、年龄甚至语音特征都会影响到问题的测量。采集和分析访员特征、联系记录信息和访员观察信息,可以帮助研究人员更好地理解并减少测量误差。

(四)并行数据在样本流失风险评估中的应用

对于固定样本追踪调查,调查机构需要评估样本流失风险,以确定在非调查年进行样本维护的策略和依据样本流失风险的追踪方案。样本流失风险的评估和风险指标的构建需要用到并行数据,联系过程代码和最终代码数据是其中重要的部分。结果代码数据记录每个样本在访问过程中联系的次数和联系的结果,可以用这类数据分析访问过程中一次拒访、多次拒访和最终拒访的样本流失概率,一次接触完成访问与多次接触完成访问的样本流失概率,拒访逆转后的流失风险,以及搬迁/拆迁/全家外出打工样本的流失风险等。如果是家庭调查,还可以综合分析户内个人问卷完成情况与户流失风险的关系,历次调查户层面和户内层面的联系结果与流失风险的关系等。可以利用此类并行数据分析结果跟问卷数据评估指标来构建样本流失风险模型,预测样本流失风险,并制定针对性的维护和追踪策略。

三、并行数据清理

(一)痕迹数据的清理

痕迹数据来自问卷访问系统,系统会自动记录与访问题目相对应的时间和鼠标键盘操作,并以文本形式储存。下面展示一道题目从进入到离开的系统记录数据、时间数据、键盘鼠标操作数据。

"2016/8/9 14:51:53:563",
"Enter Field:SecA.SRESP","Status:Normal","Value:"
这条记录显示在 2016 年 8 月 9 日 14 点 51 分 53 秒 563 毫秒,进入了 SecA.SRESP 题,状态正常,SecA.SRESP 题值为空。

"2016/8/9 14:52:10:058",
"Mouse:692,342","Message:LeftDown","HitTest:Client"
"2016/8/9 14:52:10:188",
"Mouse:692,342","Message:LeftUp","HitTest:Client"
这两条记录显示在 2016 年 8 月 9 日 14 点 52 分 10 秒 058 毫秒,鼠标左键在屏幕

(692,342)像素点处按下,14点52分10秒188毫秒,鼠标左键抬起。

"2016/8/9 14:52:10:848","(KEY:)[ENTR]"
"2016/8/9 14:52:10:848","Action:Store Field Data","Field:SecA.SRESP"

这两条记录显示2016年8月9日14点52分10秒848毫秒,回车键按下,系统为SecA.SRESP题存入值。

"2016/8/9 14:52:11:904","Leave Field:SecA.SRESP",
"Cause:Next Field","Status:Normal","Value:77"

这条记录显示在2016年8月9日14点52分11秒904毫秒,系统离开SecA.SRESP题,原因是进入下一道题,状态正常,本题存储值77(值来自访员的鼠标单击操作)。

"2016/8/9 14:52:33:756","(KEY:) shilg [BACK] ioo [BACK][BACK][ENTR]"

这一条记录显示在2016年8月9日14点52分33秒756毫秒,键盘输入了shilg,删掉了g,输入了ioo,删掉了oo,按下回车。

从上面展示的实例可以看出,并行数据以原始的形态由系统自动存储,通常难以直接使用,需要经过清理和挖掘的过程,才能为调查管理和调查方法研究所用。研究主题和研究方法不同,数据预处理工作差别也很大,因此,需要确定研究主题和用途,才能对这类数据进行有目的的清理。清理后的数据,应当保证准确且方便使用。痕迹类数据不是一个项目结束后做完例行清理就可以束之高阁的。随着新问题的提出和新的研究主题的确定,需要再次对数据进行预处理和清理,在清理过程中各类文件和数据的规范存档非常重要。

(二)访员观察数据的清理

观察数据类似于一份小问卷,其清理类似于问卷数据清理,在此不再赘述。

(三)访问联系数据的清理

对于系统自动记录的并行数据(录音、鼠标键盘操作等),通常保证数据完整、妥善存档即可。访问联系数据中,结果代码需要访员手动操作,这类并行数据会因为访员误操作而产生问题,需要进行深度清理。

调查项目使用结果代码记录每个样本的访问状态,结果代码种类繁多,总体来看包括过程代码和最终代码两大类。过程代码有敲门无人应答、无法进入小区、首次拒绝访问、第二次拒绝访问、受访者没有拒绝需要再次联系等。最终代码有完成访问、受访者外出无法完成访问、受访者身体原因无法完成访问、搬迁/拆迁、受访者死亡等。除了问卷完成访问后自动生成的最终完访代码外,其他结果代码均由访员手动插入,之后再通过数据上传方式发送至调查机构,其中难免出现操作错误和技术故障。若结果代码存在问题,可能会影响有效问卷数据的确认、调查访问各种指标的计算、访员劳务费的结算以及权重的计算。因此,结果代码的清理是并行数据清理工作的一项重点。

结果代码清理工作主要包含以下几方面内容。

1. 结果代码与数据状态不一致

有些样本可能会存在结果代码为完访但无问卷数据的情况,或有问卷数据但结果代码为未完访的情况。造成这种情况的原因可能是在数据发送接收过程中出现数据丢失或者访员误操作。出现此类情况时,需要选出相应样本交由技术部门和执行部门协助进行分析,并通过技术手段找回丢失的问卷数据或结果代码数据。

2. 非最终结果代码

当一个样本最终完成访问或最终确认无法访问时,应该被赋予一个最终结果代码,但实际访问过程中会存在一些样本没有插入最终结果代码的情况。在这种情况下,需要数据团队将此类样本筛选出来,与执行团队一起根据访员反馈结果插入合理的结果代码作为最终结果代码。

3. 备用样本清理

访员在调查中可能会用错样本,也可能在访问中记录错误答案导致无法准确生成下级问卷,也有极少数访员完成的问卷因严重作弊而被作废。在这些情况下,需要为访员发放备用样本进行重新访问。在正常情况下,原样本和备用样本只有一份有效,但实际上,可能会存在原样本和备用样本的结果代码均为有效的情况。在这种情况下,数据团队需要根据执行团队的反馈为每个样本保留一份有效问卷。

4. 上下级逻辑关系不一致

有些调查项目会有多种问卷，且问卷间存在逻辑关系，有些问卷是由上一级问卷生成的。根据问卷生成规则，上一级问卷完成后，下一级问卷才会生成，且与上一级问卷采集的信息对应。结果代码的清理工作应重视问卷间的逻辑关系，在清理中需挑选出上下级逻辑关系有问题的样本，根据问卷间的逻辑关系和实地反馈识别出应置为废卷而没有及时置为废卷的样本和实际完访而结果代码为非完访的样本，根据执行实际情况修正样本结果代码。

5. 作废样本删除确认

在执行过程中，会有部分样本因为错误生成、访问错误、质量问题等需要作废，数据清理阶段需要提取这些作废样本，确认删除。

尽管进行了以上清理，结果代码仍可能存在一些错误，最常见的错误是访员没有及时、准确地插入联系记录。这种问题是无法通过清理解决的，需要在访问管理过程中实时监控访员结果代码插入的情况，减少因访员产生的错误或遗漏。

（四）样本调配数据的清理

样本调配数据一般是规范记录的，每一次调配记录样本号、调配时间、调配前的访员/电脑和调配后的访员/电脑。这样记录的调配数据不需要做过多清理。

（五）访员特征数据的清理

访员特征数据类似于一份问卷，其清理类似于问卷数据清理，在此不再赘述。

（六）核查数据的清理

核查数据中的电话核查、录音核查、实地核查均以问卷形式呈现，其清理类似于问卷数据清理。除了问卷内容之外，核查数据中也包含核查样本的筛选、样本分配的痕迹数据，清理的工作包括：与问卷数据的样本编号匹配、每个样本质量等级标志的抽查和确认以及核查数据库的完整性和标准化工作等。

四、小结

大规模和规范化地采集、整理、分析并行数据，并在访问管理、质量控制和样本流失风险评估等方面广泛应用并行数据，已经成为社会调查领域的新趋势。并行数据体量大且种类多,对其开发应用需要强大的技术支持,目前还有大量的并行数据未被充分挖掘。将这些数据利用起来不仅要求数据分析人员具备传统的统计知识和基本的编程能力,也需要具备探索精神且掌握多种技术。

并行数据近些年才在调查中被大规模采集和使用,一些概念还是仅停留在理论层面。并行数据是一个刚刚被开发的宝藏,还有很多探索性工作等着社会调查方法研究人员去做。

第四节 数据库建立

对于社会科学调查来说,要建立一个便于统计分析的结构化数据库,需要经过设计数据库、录入数据、清理和规范化数据库以及完善数据库等多个环节。不同于传统的纸笔调查模式,在计算机辅助调查模式下,数据录入是由访员在访问的同时完成的,而数据库的设计在问卷电子化阶段已完成。因此,访员上传到服务器的数据已经形成以样本为单位、具有结构化特征的数据库(例如 SQL 数据库),再经过数据清理环节,数据的质量和规范化程度会进一步提升。但通常来说,清理后的问卷数据并不能立即使用或发布,还需要数据管理人员对数据库进行完善,建立便于研究者使用的数据库。本节将具体介绍如何设计数据库以及完善数据库。

一、设计数据库

设计数据库的工作可从变量和数据库两个层面展开。

(一)变量层面设计

从变量层面设计数据库,通常需要考虑以下几个方面:变量名、变量标签、变量类型、变量值和变量缺失值以及样本编号。

1. 变量名

大部分统计分析软件要求变量名以英文字母开头,不能含有汉字,因此,数据库中的变量名通常由英文字母、数字、下划线组合而成。变量名的命名方式多样,数据使用者通常希望变量名具有唯一、简明、信息丰富等特征。最简单的变量命名方式是按照顺序命名,例如将问卷中所有变量按照顺序统一命名为 V1、V2 等,这种命名方式较为简便,适合问卷较短且题目间逻辑关系简单的调查项目。社会科学领域的问卷设计通常较为复杂,目前使用最广泛的命名方式为根据问卷题号命名变量,例如根据问卷中 A—F 几个模块将变量分别命名为 A1、A2、F1、F2 等,这种命名方式可方便数据使用者将问卷题目与数据库变量一一对应。在建构数据库时,还会根据研究需要增加或生成一些新变量,这些不在问卷中的变量通常按照变量含义命名,例如在抽样调查项目中会在建立数据库时将权重变量匹配到数据库,此时可将权重变量命名为"weight"。

2. 变量标签

变量标签通常是对问卷题目的简短说明,能够辅助数据使用者理解数据库,使数据使用者在没有问卷的情况下也能清楚了解变量的含义。变量标签应该简短且能涵盖题目的主要概念和含义,能够让数据使用者快速了解变量所表达的数据内容。

3. 变量类型

常用的变量类型为数值型和字符型,数值型变量只允许输入数字;字符型变量则较为开放,允许输入数值、汉字、字符等各种内容。开放性问题一般会被设置为字符型变量以便于访员录入,而选择题、数值填空题则通常被设置为数值型变量来控制访员的录入行为,减少数据清理的难度。

4. 变量值和变量缺失值

在变量取值的设计上,除了在问卷中规定变量值域外,还需在调查开始前考虑如何设计缺失值。变量出现缺失值的常见原因包括受访者拒绝回答、受访者不知道或不清楚、受访者无须回答(不适用)。在计算机辅助调查中系统可以设置题目必填,不会出现访员漏答的情况。不同原因造成的变量缺失值对于计算无回答率和数据分析会有较大影响,需要根据缺失原因设置缺失值的取值。变量缺失值可被赋为负值,例如在 CFPS 中,"-1"表示"不知道","-2"表示"拒绝回答","-8"表示"不适用",这样的赋值方式非常方便数据使用者快速筛选出缺失值。

5. 样本编号

在设计变量值的编码时,有些关键变量的编码规则需设计者在调查开始前就明确,而样本编号就是问卷中最关键的变量。样本编号就像每一个样本的身份证号码,是识别样本的重要依据,在追踪、调配、清理样本的过程中,工作人员会根据样本编号定位、查找和匹配样本。样本编号最重要的特征就是唯一性,这表明样本编号不能有重复,否则可能会造成样本覆盖、样本丢失的问题。在确保样本编号唯一的基础上,样本编号最好能包含关于样本的丰富信息,例如可以将省代码、城乡属性等信息设计在样本编号中。在一个问卷具有层次关系的调查中,生成的下级问卷的样本编号要包含上级问卷的信息,例如在由家户问卷生成的个人问卷中,样本编号可采用家户问卷编号加顺序号的形式。对于追踪调查而言,保证样本编号的唯一性是确保多轮调查数据能够匹配的关键,通过样本编号的设计,保证每一个受访者在连续多次访问中拥有唯一一个编号。

（二）数据库层面设计

在数据库层面进行设计时,主要工作是确定数据库的样本单元并梳理数据库之间的关系。社会科学的研究对象不仅包括社会中的个人,还包括家庭、社区、组织等更高维度的单元,社会调查的对象也因此呈现多元化、层次化特征,如家户调查使用不同的问卷分别对社区、家庭和个人进行访问。在建立数据库时,应针对三类调查对象分别建立以社区、家庭和个人为样本单元的数据库。同时由于社区、家庭和个人具有生成和从属关系,因此,还需在数据库中创建关键变量来匹配不同层次的数据库。例如,在个人层面的数据库中创建家户编号和社区编号,方便数据使用者进行跨库匹配并开展复杂分析。

二、完善数据库

在调查执行结束后,对问卷数据进行清理可以确保数据库中的样本具有有效性,变量含义明晰且变量值准确。数据清理会显著提升数据质量,后续对数据库的完善工作还可以使数据库更具用户友好性。

数据库完善工作首先是补充数据库的研究变量,例如权重变量、匹配其他数据库的重要变量、根据同一变量在多次调查里采集的数据生成的最优变量(追踪调查)以及调整后的问卷变量等。省/自治区/直辖市、市、区/县、村/居等区域变量可丰富数据库的分析维度,有助于数据使用者将更多的社会宏观数据纳入研究,但这类变量通常不进行发布,经特殊申请后可到数据所属机构的保密机上查看数据并进行分析和研究。除了补充有助于科学研究的变量外,数据管理人员还需对一些涉及受访者个人信息的变量做加密处理。

大部分社会调查执行过程中,在受访者知情同意书中都会做出保护受访者个人信息的承诺。而真正实现这个承诺,不仅是因为学术伦理和学术道德的要求,更是因为这样做可以促进公众对学术调查的信任和支持。根据信息的私密程度,对受访者个人信息的处理有两种方法:对于受访者的姓名、联系方式、具体出生日期、具体地址信息以及其他可能定位到受访者的个人信息题目,要严格遵循不公开的原则;对于样本地址中的区/县、村/居信息,可采取重新编码的方式,重新编码后不能识别出具体区/县和村/居,经过重新编码的变量可以公开发布。

数据库结构是否清晰是评价数据库用户友好性的重要指标。在一个经过有效清理的数据库中,样本应当是同一层次的。个人、家庭、社区等不同层次的数据库应该分开存放。以家庭为样本单元的数据库通常有家庭信息表来记录每个家庭成员的信息,家庭信息表通常被存储为横向结构,即一个家庭为一个样本,每个家庭成员的同一题被存储为不同变量。这样的存储方式会增加数据使用的难度,可将家庭成员信息表拆分为独立的数据库,并将数据库转置为纵向结构,即每个家庭成员为一个样本,同一题为一个变量,再匹配家户层面的样本编号,即可建立一个在数据结构上更便于使用的数据库。

近年在社会科学领域中,追踪调查数据越来越受到研究者的重视和欢迎。相较于横截面调查,追踪调查对同一样本持续追踪和重复观测,通过对追踪调查数据的分析可了解研究对象的动态变化,并能更好地解释时间序列效应和因果效应。追踪调查数据库通常按照追踪年份分别存放,而通过匹配样本编号可建立历年追踪数据库。对数据管理人员来说,把并行数据和访问数据相结合,建立起包含样本历年访问和变动情况的数据库,是对追踪样本实施数据管理的有效手段。如家户追踪调查通常可建立以下几类数据库:第一类是根据历年完访样本的家庭人口、人均收入等信息建立家庭背景资料数据库;第二类是通过合并历年发放样本数据建立历年访问数据库,数据库变量可包括样本的进入年份、退出年份、退出原因、历年是否访问成功;第三类是根据历年发放样本的家庭另组、家庭外出、家庭搬迁等信息建立历年变动情况数据库;第四类是对历年发放样本建立历年访问结果数据库,访问结果可包括完成访问、联系不上、拒绝访问等。

提高数据质量的首要准则是记录和报告产生数据的过程。① 为了确保对数据库不熟悉的使用者能顺利使用数据库完成研究,在完成对数据库的建构后,还需准备好与数据相关的各类文档资料。首先需要整理的是对原始数据库进行清理的各种程序,保留数据清理的工作路径,确保清理过程可被重复检查。其次,需要整理数据编码手册和数据使用手册,数据编码手册可展示数据库中所有离散型变量的变量值含义、分布以及连续型变量的取值范围、均值等统计特征,数据使用手册中会说明变量设计的相关内容,这些都可以帮助数据使用者便捷地了解数据库。最后,需要准备抽样报告和数据管理报告,通过展示抽样、数据管理过程的全貌,帮助数据使用者判断数据质量。

共享数据是确保个人贡献被同行认可的最好方式。② 在数据库建设的所有工作完成后,项目组可以选择在适当的时机共享数据资源,数据共享有利于数据资料的长期保存和数据利用率的提高。目前,大型社会调查项目的数据共享途径有两类:第一类是以调查机构或调查项目为依托建立独立的数据平台网站,第二类是委托专业的数据平台。国内大型的社会调查项目,例如CGSS 和 CFPS 等,都已实现数据共享并创建了专门的数据平台。而委托专业的数据平台发布数据已成为国际趋势,目前国外比较知名的数据共享平台包括美国密歇根大学校际政治和社会科学研究联盟(ICPSR)、英国国家数据存档(UKDA)和哈佛大学数据平台(Harvard Dataverse)等,国内的数据共享平台有北京大学开放研究数据平台、复旦大学社会科学数据平台、中国人民大学中国国家调查数据库等。这些数据平台可提供标准化和规范化的数据管理和数据共享服务,通常包含数据整理、数据存储、数据发布、数据检索和咨询服务。

要建立一个质量高且具有用户友好性的数据库,数据管理人员不仅要在前期的设计阶段就考虑到变量的存储方式和数据库的结构,还要在数据清理工作完成后不断完善数据库。而开放和共享数据库不仅有利于提高数据库的利用效率,还能通过收集使用者的反馈来完善调查设计。

---

① 加里・金、罗伯特・基欧汉、悉尼・维巴:《社会科学中的研究设计》(陈硕译),格致出版社2014年版,第 21 页。

② 同上。

第八章 调查预算编制与管理

调查方法是在成本和数据质量约束下,关于调查设计以及数据搜集、加工和分析的基本原则,即意味着在给定成本的条件下,改善调查质量,或者在给定质量要求的条件下,降低成本。① 可见,调查成本是影响调查执行和数据质量的重要因素,对调查成本的预估和控制也是调查方法研究的内容之一。那么,我们该如何编制出符合实际情况的预算,在执行过程中又如何进行成本控制呢?本章将对一般性调查项目的支出科目、预算编制方法和预算控制进行说明。

第一节 调查支出科目

科学严谨的数据收集是一个复杂的系统工程,从前期项目筹备到调查组织、数据清理和数据服务,都会有相关费用产生。调查方式不同,支出的类别也会存在一定差别,本节将对普遍支出的类别进行介绍,并在支出科目介绍中对不同调查方式的差异进行简要说明。

调查支出科目主要包括四个方面,即技术开发和支持、调查实施、数据清理和数据服务以及调查团队人员,其中调查实施是支出细目最多也是支出份额最大的部分,包括问卷设计与测试、抽样设计与实施、调查执行。对调查支出科目的理解是否全面直接决定预算的科学性和合理性,也关系到调查是否能按计划开展。下面对调查支出科目的介绍将按照复杂社会调查的标准展

---

① 罗伯特·M.格罗夫斯等:《调查方法》(邱泽奇译),重庆大学出版社2017年版,第26页。

开,以便全面地呈现调查支出的科目和细目,对调查预算的科学编制起到指导作用。

一、技术开发和支持支出科目

技术开发主要是针对计算机辅助类调查,如 CAPI、CATI 和 CAWI。技术开发支出包括两部分:

(一)系统开发与测试

在计算机辅助调查中,最核心的部分在于调查系统。调查系统不仅包括访员使用的访问系统,还包括后台各类支持系统。开展一项调查必备的系统体系包括问卷测试系统、样本管理系统、支付系统、技术支持系统、核查系统、报告系统、数据同步软件和数据发布系统等,通过完善的调查系统体系构建,能够实现从问卷测试、调查样本发放、访问数据采集、访员访问行为督导至访问数据质量评估全流程的信息化,保证调查的质量和效率。此外,在抽样阶段,采用地图地址法建立末端抽样框的调查项目,需要开发绘图系统,以保证抽样框的质量。系统开发完成后,需要进行大量测试,以保证系统的稳定性和有效性。

系统开发可以采取两种方式:一种是购买已经开发完成的系统,根据项目特点进行适应性调整;另一种是根据项目需求开发新的系统。前者的优势是方便快捷、节省经费,后者的优势是能够更大限度地契合项目需求。考虑到开发时间和经费问题,一般性的调查项目通常会选择第一种开发方式。

(二)技术支持

在调查实施过程中,系统的维护和升级需要技术人员的在线支持。一般情况下,支持一项大型调查项目,需要至少两名技术人员每周 7×14 小时的在线支持,确保访员在访问过程中遇到系统和技术问题能够得到及时处理,保证现场访问不因技术问题而停滞或延误。

二、调查实施支出科目

调查实施是整个调查活动的主体组成部分,按照支出科目划分,可以包括以下几个方面。

（一）问卷设计与测试

调查问卷通常由相关领域的专家进行设计，需要给专家支付咨询费或劳务费。在计算机辅助调查中，在专家设计的纸质问卷基础上，还需要增加调查专业人员对问卷电子化设计（详见第四章第二节）和计算机程序开发的支出项。在问卷开发完成后，需要进行多人多轮测试，测试投入人员和时间需根据问卷的复杂程度而定。

（二）抽样设计与实施

调查抽样方案通常由抽样专家负责设计，必要情况下需要召开抽样专家会议进行论证，抽样设计支出因此包括专家费和论证会费用。抽样实施支出一般由两部分组成：一部分是抽样框获取支出，即从相关部门或机构获取抽样信息的费用。如果末端采取地图地址方法构建抽样框，支出细目包括绘图工具（电脑/Pad、GPS 定位仪）购置费、绘图员培训费、绘图员劳务费、协调费和绘图核查费等。另一部分是抽样框整理支出。抽样框信息采集的规范程度、完整程度和准确程度不同，支出也有较大差异。

（三）调查执行

调查执行相关支出的细目较多，分类介绍如下：

1. 预调查费用

通常情况下，为了保证正式调查顺利开展，大多数大型调查都要先行开展预调查。预调查是缩小版的正式调查，所需支出的科目可以参照正式调查。

2. 协调费

调查正式启动之前，需要对样本点进行相关协调，以保证访员能够顺利进入访问现场，由此产生的协调费用也是必不可少的。

3. 调查物资支出

调查物资包括两类：一类是硬件，包括电脑/Pad、服务器、无线网卡（计算机辅助调查），问卷印刷（纸笔调查），耳机（电话调查）；一类是访员用材料，包括访员证、介绍信、项目宣传资料、培训材料、知情同意书、预约/留言条、签收单、印泥、背包和服装等。为了避免访问员在访问中受到意外伤害，还需要配备必要的警报器、手电筒以及防身用品、医药等。

4. 受访者费用

受访者是调查的访问对象，受访者能否接受访问、能否提供准确和翔实的数据是调查能否成功的关键。因此,如何激励受访者接受调查也是项目执行需要重点考虑的部分。通常来说,入户面访给予受访者一定的酬金补偿或者礼品馈赠是经常采取的方式。而电话访问则通过给受访者手机充值的方式表示感谢。网络访问会采取各种新型激励方式,比如发送红包、电子购物券或者赠送保险等。具体方式可根据不同的受访者进行研究和设计。

5. 访员相关支出

访员支出是调查执行支出最多的部分,主要由四部分组成:一是访员招募,包括招聘网站费用、合作和推荐费用、各种新媒体推广费用等。二是访员培训,包括培训场地、讲师、交通和食宿(非本地访员)费用等。三是访问劳务费和差旅费,包括完成每份问卷的劳务费以及在调查点产生的交通、食宿和通信费用。特别需要注意的是,无论是在访员访问期间还是培训期间,都需要为访员购买保险。四是访员团队建设和激励费用,通过征文比赛、摄影比赛、访问质量评优、访问小组评比、调查期间团队活动等方式构建良好的团队合作氛围,激励访员高质量完成访问任务。相关比赛通常设一等奖、二等奖、三等奖若干名,给予获奖人员相应的奖金和奖品。

6. 质量核查费用

质量核查支出科目根据核查方案而定,如果是比较全面的核查,支出细目包括核查员招聘费、培训费、电话费、电话核查员劳务费、录音核查员劳务费、实地核查员差旅费和劳务费等。

7. 特殊费用

调查实施过程中可能会有不可预料的事件发生,需要提前做预算,以备不时之需。特殊费用通常会用于访员在访问现场遭遇的意外伤害、自然灾害导致伤害和滞留、交通欠发达地区的特殊交通、协调困难地区的特别协调、访问特别困难地区的攻关等情况。

8. 其他费用

其他费用包括调查项目实施期间的各种会议费、通信费、网络费、活动费、材料费、办公耗材、邮寄费、电脑或其他设备租赁费以及设备修理费等。此类费用通常归为会议费、办公或行政支出类进行预算。

三、数据清理和数据服务支出

计算机辅助调查中,数据清理会伴随第一份数据的回传而实时开展,清理包括数据存储核查、结果代码清理、错误修正和问卷数据基础整理等内容。数据清理所需人员视问卷复杂程度和调查规模而定,这项支出主要是人员薪酬或劳务费。

数据服务是一项较为持续的工作,在调查结束若干年后仍旧需要提供相关服务。数据服务人员的设置需根据调查数据用户的规模确定,支出费用也不仅限于调查期间。

四、调查团队人员费用支出

调查的筹备、组织和实施需要专业化的人员完成,相应地,调查支出科目需要包含各类人员的费用。必要的团队人员包括:项目主管、技术主管和技术人员(计算机辅助调查)、执行主管和执行督导、质控主管和质控督导、数据主管和数据管理人员、行政主管和行政人员,以及各部门配备的实习生。

第二节 调查预算编制方法和预算控制

每项调查项目组织和实施都有其独特的特点,在编制预算时,需要综合考虑调查工作的普遍特点和特定调查项目的特殊需求。本节将从预算编制原则、预算编制方法和预算控制三个方面全面介绍预算编制和管理的要点和重点。

一、预算编制原则

预算编制需要遵循一定的原则,有了基本原则的指导,才能够保证预算以正确的方法开展。根据多个全国大型社会调查项目的预算编制经验,总结出四条预算编制基本原则。

(一)根据经费范围,制订预算方案

预算编制的首要限制条件是经费额度,在既定的经费范围内,制订预算方案并编制相应预算表。通常情况下,调查项目在立项之前会进行经费预算,大致确定经费范围。但在有些调查项目中,出资方会先确定经费范围和调查目标,调查机构需要据此进行预算编制。受经费既定额度的限制,执行方案和预算方案需要特别定制以实现调查目标。

财务工作不能独立于业务工作而存在,调查项目尤其如此。不了解调查的业务工作,不理解调查方法的具体含义,就无法做出全面而合理的预算。在做预算之前,要详细了解调查项目的基本情况,获得的信息越详细越有利于做出接近实际情况的成本估算。因此,预算方案和项目实施方案的制订是需要通盘考虑的,在一定程度上可以说,执行方案需要根据预算方案来拟定和调整。当然,如果执行方案设计要求较为确定且较难调整,则需要根据执行方案制订预算方案,在满足执行需求的前提下,合理地对经费进行预算和分配。

(二)分析项目需求,确定预算科目

预算具体科目根据项目需求而定,编制预算时需要仔细分析项目在调查各环节的具体需求,特别需要注意以下几方面。

1. 调查方式选择

调查方式对于预算科目的安排有较大影响,如果采用纸笔调查方式,则不需进行调查技术开发/测试/支持、问卷电子化以及访问设备采买或租用(含服务器、客户端、上网设备或流量等)等费用预算,在访员培训环节无须设计访问系统使用和设备安全相关课程,可以适当缩短培训时长,减少相应预算,但需要增加问卷印刷以及问卷双录入相关预算。如果采取网络调查方式,则不会产生访员相关的所有预算科目,仅需要在技术开发和支持、问卷电子化和测试、数据清理、调查实施人员方面安排预算。如果采取电话调查方式,则不需要预算访员差旅费用和实地核查费用,管理人员预算也可以减少。而对于计算机辅助面访调查方式而言,需要预算的科目较多,且比其他调查方式在技术开发、设备购置/租用、访员培训几个大科目上支出多。

2. 抽样框获取方式

抽样框构建是调查项目预算较重要的一部分,抽样框获取方式对于预算科目有较大影响。如果是网络调查,需要预算构建调查对象信息库的费用、网站合作链接和推广问卷调查的费用、资讯平台推送调研链接费用(如热门App、新闻网页端、视频、弹窗等)。如果是面访调查,通常采取两种方法获取抽样框:一是通过事业部门、企业部门或基层组织获取抽样列表。这种方法的抽样框构建预算科目主要是协调费用和人员劳务费。二是通过地图地址法绘制样本点地图并制作抽样列表。这种方法需要预算的科目较多,包括绘图员招聘/培训费用、绘图软件开发费用、绘图员劳务费用和差旅费用、样本点协调费用以及绘图核查费用。对于全国性的调查项目或计划长期追踪的调查项目而言，建议选择后一种方式获取抽样框并编制相应预算。

3. 生物指标测量需求

在人口、健康、教育、养老和心理等领域的研究中，体检指标以及生物样本的采集越来越受到学者和政策制定者的重视。体检测量主要包括血压和脉搏、呼吸功能、握力、静态平衡能力、步行速度、身高、上臂长度、膝高、体重、腰围等。采集的生物样本主要有血液、唾液、粪便和尿液等，血液和唾液能够用于基因研究，采集的需求较多。对于有这类需求的调查项目，在预算中需要设计的科目包括：测量仪器费用、测量技术培训费用、受访者激励费用、专业医护人员劳务费（采集血液）、生物样本寄送费用（血液需冷链运送）、样本储存和分析费用等。

（三）把握预算要素，科学设计预算方法

除了调查方式外，影响预算的关键要素还有以下几项，需要在编制预算前充分了解相关信息，并做出相应预算安排。

1. 样本分布

样本量大小直接决定预算额度，但相同样本量的调查项目在预算上也会存在较大差异，关键在于样本的分布情况。样本所在的地域和分散程度在执行方案制订中是需要注意的，也是预算方案中需要重点考虑的因素。举例来说，如果一项调查的样本所在地域气候条件、交通条件较为正常且样本较集中，在编制预算时可以按照正常标准计算访员的差旅补贴、劳务费，并根据经验值估算现场执行期。但如果调查样本分布在气候条件恶劣、频发自然灾害、道路条件较差的地区，且样本较为分散，在编制预算时需要在大致了当地基本情况的前提下特别计算访员的额外补贴，并在标准劳务费基础上提高一定幅度，且对于执行期要有合理的预估。

2. 调查时间

调查时间对预算的影响主要体现在调查队伍规模上，如果调查时间较为宽裕，按照正常标准做预算即可。如果调查时间较为紧张，需要在各环节人员安排上按一定系数进行扩充，相应会增加预算中的人员费、培训费和差旅费。

3. 问卷复杂程度及长度

问卷容量和复杂度也是影响预算的重要因素。简单地说,问卷的长度和复杂度是与访员劳务费、差旅费以及受访者酬金/礼品预算额度成正比的。问卷的长度和复杂度会影响到受访者的应答率、访问时长和每天完成有效问卷的数量,进而会影响访员的工作难度和工作效率。做预算时需要综合考虑问卷相关因素,对访员劳务费、差旅费和受访者激励等相关费用进行合理计算。

(四)紧密结合经费支出规定,合理分配各科目预算比例

调查项目经费来源不同(如横向课题、纵向课题、各类捐助等),对于经费的管理办法也有差异。在编制预算时,需要认真学习经费管理细则,按要求规划预算各科目配置比例,尽量兼顾项目实施要求和经费使用规则,做到合理预算、科学支出,符合经费审计要求。

二、预算编制方法

(一)预算表基本格式

就一般调查项目而言,预算表的基本格式建议如下:

1. 预算表名称

如中国家庭追踪调查(2018)预算表、中国居民健康与疾病负担预调查(2013)预算表。

2. 制表单位、制表人和制表时间

列明制表单位、制表人和制表时间,便于存档和查询。

3. 预算概要

按条目概括调查项目的要点,如样本量、样本分布、调查对象、问卷类型及问卷时长、调查方式、访员人数预估、执行期以及其他需要特别注明的执行要点或财务说明。

4. 预算表

预算表通常由三大板块组成,即预算明细、支付方式和备注(见表8.1)。如果经费来源单一,可以省略支付方式板块。

表 8.1　2018 年某项目调查预算表

项目概要：
1. 样本分布：共 100 个村庄，包括北京 1 个、福建 10 个、广东 31 个、河北 5 个、江苏 10 个、山东 6 个、云南 1 个、浙江 36 个。
2. 调查对象及规模：2000 个家庭、村干部 100 人。
3. 预计问卷长度：家户问卷 1.5 小时、村干部问卷 1 小时。
4. 预计访员数量：80 人。

预算明细						支付方式		备注
大类	分类	细类	单价（元）	数量	单位	金额	××经费	××经费	
技术开发与支持	技术开发	系统开发							调查访问系统、管理系统、样本发放系统、支持系统的定制开发
		问卷开发							问卷电子化及程序开发
	测试	系统测试							系统测试，需要××名测试人员，××轮测试，每轮测试××小时，测试人员标准劳务费××元/小时
		问卷测试							问卷测试，需要××名测试人员，××轮测试，每轮测试××小时，测试人员标准劳务费××元/小时
	技术支持	在线支持							技术人员7×14小时在线支持，支持时间覆盖整个培训期和实地调查期，大约需要××天
		小计1				0			
访问执行	访员费用	访员劳务费							1 小时问卷 100 份，劳务费××元/份 1.5 小时问卷 2000 份，劳务费××元/份
		访员差旅费							访员在调查当地的交通、食宿和通信费用，现场工作约××天
		访员保险							访员在调查期间的人身意外保险费，按××标准缴纳保险费
	受访者费用	受访者酬金/礼品							家户××元，村干部××元
		小计2				0			

预算明细中需要包含的内容有大类(如技术开发与支持、访问执行)、分项(如技术开发、测试、技术支持、访员费用、受访者费用等)、细项(分项内容的再细化,如访员费用的细项包括:访员劳务费、访员差旅费、访员保险等)、计算过程(包括单价、数量、单位和金额)。在预算明细中,每一大类预算都需要计算小计金额,所有大类总计一个金额。根据项目管理要求,需要按比例计算管理费和税金,加总税费后,再计算整个项目的总预算额。

支付方式板块较为简单,根据项目经费来源,将各类预算填入各经费来源中即可。由于经费来源的非单一性以及各类经费可支出类别的限制,在具体预算时,需要仔细核算每类经费在各类别的可支出额度并做好预算分配。

预算备注或说明是对每个细项预算的详细解释,能够帮助相关人员较好地理解预算明细。如受访者礼品/酬金,备注中需要详细说明礼品类别和规格,如果是发放酬金,需要说明不同的受访者酬金的分类标准。再例如访问攻关费用,需要注明预计攻关样本数量、攻关人员劳务费和差旅费标准、攻关费用标准。

5. 预算简表

为了让项目负责人和出资方等对预算总体框架有较直观的了解,一般会在预算表的基础上制作预算简表。简表包括项目概况介绍和各大类支出汇总表,项目负责人和出资方通过简表能够较快速地把握预算整体支出和分大类支出情况。(见表8.2)

表 8.2　2018 年某调查预算简表

制表单位:北京大学中国社会科学调查中心
制表人:王晓华
2017 年 12 月 3 日

项目概况

项目名称:××调查　　　　　　　执行项目时长:6 个月
调查方式:计算机辅助面访　　　问卷平均时长:20—30 分钟
抽样省:全国 25 个省份　　　　　抽样区/县:161 个
样本村居数量:483 个　　　　　　样本数量:7000 份
项目起止时间:2017 年 12 月—2018 年 6 月

各项支出汇总列表

支出序号	费用类别	小计金额(元)
支出 1	抽样费	

(续表)

支出序号	费用类别	小计金额（元）
支出2	问卷及系统开发费	
支出3	调查执行费	
支出4	质量管理费	
支出5	数据清理及服务费	
支出6	设备/材料/行政办公费	
支出7	项目人员费	
支出8	管理费	
支出9	税金	
	合计	

（二）重要科目的编制方法

对于调查项目而言，支出比例较大且较为重要的科目包括访员劳务费和补贴、受访者礼品/酬金，这两项的预算方法和精确度对于整体预算的准确性和科学性将产生重要影响。

1. 访员相关费用

访员相关费用主要包括访员劳务费和补贴。就访员劳务费而言，预算方法通常有三种：一种是按份计酬，一种是按访问时长计酬，还有一种是按工时计酬。按份计酬的好处在于计算简便，调查组织者能够较好地预计和控制这项支出，访员也能对劳务收入有较清晰的计算。但这种方法也存在一定问题，有些访员为了在较短时间内完成更多问卷，获得更多酬劳，会故意降低访问质量以减少访问时长。解决的办法是通过对访问时长和单题时长的监控，以及相应的激励和处罚措施的实施，鼓励访员进行高质量访问。按访问时长计酬的优势是能够根据访员付出的时间计算酬劳，符合多劳多得的原则。但这种方法的问题是，调查管理者无法准确预估访员劳务支出的范围，经费预算和管理存在很大困难。而且，访员为了获得更多酬劳，可能会故意拖延时间，且这种问题较难通过质控手段控制。比较两种方法的优劣势，一般情况下建议选择按份计酬方式计算访员劳务费。需要注意的是，考虑到调查对象的差异性和调查地区的差异性，建议在做预算时根据调查点分布情况设计劳务费的若干档次，并确定每一档的劳务费标准。按工时计费是国外调查中常用的方式，这种方法对访员在调查工作上花费的时间都进行了计算，包含交通时间、联系时间和访问时间。考虑到文化差异和操作可行性，国内调查一般不建议采取这种方式。需要注意的是，无论按哪种方式计算访员劳务费，都需要结合质量核查结果、访问期间表现以及其他项目关注的指标进行综合评定，给予每名访员一定的劳务费发放系数，以体现劳务费计算的公平性和激励性。

除了访员劳务费外，访员在调查现场产生的交通费、食宿费和通信费，也需要在预算中体现。对于这部分费用，在实地执行中通常会有三种处理办法：

第一种方法是实报实销，对每个访员发生的费用进行报销，不会让访员产生损失。但这方法存在的问题较多，比如调查点比较分散，各地的票据种类复杂多样，给财务人员的清点和报销工作造成较大负担，在预算过程中，也无法准确预估这类支出。

第二种方法是发放日津贴，即根据各地经济水平制定全部样本区/县的津贴标准，按访员在现场工作的天数发放。这种方法能够较为准确地预估访员津贴支出额，但对于实地执行而言，由于津贴按天发放，与任务完成量不挂钩，可能会产生执行节奏不紧凑、执行期拖长以及经费上的浪费等问题。

第三种方法是包干制，即根据经验值预估访员每天完成的问卷量，结合当地的物价水平，核算每份问卷需要附加的津贴费用。包干标准的制定需要大量经验的积累，既要做到满足访员访问期间的费用需求，又要保证不造成经费的浪费，且能让访员在合理安排下有可获利的空间。访员在接受了包干标准后，调查机构就不再另行报销任何交通费、食宿费和其他杂费。举例来说，假设访员每天能完成4份问卷，当地生活一天的食宿、交通和通信费用为160元左右，那么可以预算每份问卷的包干费为40元。这种方法的优势是能够较为准确地估算访员津贴，较好地控制调查预算，在项目执行上也能起到奖勤罚懒的作用，可以促进访员以更节约、更有效率的方式安排自己在当地的调查活动。如果包干费设计合理，还能够减少调查费用支出。但需要注意的是，为避免访员为获取更多津贴而每天超量完成问卷，需要密切关注访员日访问完成量和访问质量，并根据项目特点确定每日完访量的最大值。综合考虑三种方法的优缺点，建议采取第三种方法进行预算方案制订和编制。

2. 受访者费用

研究表明,受访者激励对于应答率有一定影响且能够降低调查总成本。伯林(Berlin)等人在美国成年人关于读写能力测试的试调查中发现,激励不仅将以前不愿意接受调查的人群"拉进"了应答者队伍,而且能通过提高应答率的方式降低访员相关费用,从而达到节省调查总费用的效果。[①] 调查项目通常采取发放礼品或酬金的方式对受访者付出的时间给予补偿,对受访者的配合表示感谢。在访问之前告知受访者会获得酬劳,对于受访者参与调查也将起到激励作用。礼品和酬金的优劣势和适用情境在前面章节已有介绍(详见第五章第五节),此处不再赘述。在预算中,如果采用酬金方式发放,需要考虑地区差异性,对调查地区进行档次划分,并估算每个档次的酬金额度。如果选择发放礼品,则需要做好购买清单计划并查询相关商品价格、购货渠道和快递费用,在充分了解相关信息之后再进行预算编制。

3. 多个预算方案的编制方法

由于调查涉及环节众多,有些调查在预算阶段尚无法确定具体的执行方案,也不能获得全部预算所需信息,需要进行多个方案的预算编制。在这种情况下通常采取两种方法做预算:一种是根据已知信息,对于不确定的部分进行多种方案设计,预算表也采取多个分表的形式,每个分表对应一种预算方案。比如一项调查无法确定调查方式,预算时需要就纸笔访问和计算机辅助面访、电访、网络访问等多种方式进行逐一预算。当然,在一项调查中通常不会使用以上罗列的所有调查方式,一般是在两种模式之间进行选择,预算也相应地分为两种即可。此外,有些调查会采取混合模式调查,预算也需要按不同调查模式进行编制,总预算应为多种调查模式的总和。另一种方法是分模块预算,在一张预算表中分模块对不同调查方案做预算。这种方法适用于已获得大部分预算信息的调查,仅需要在不确定的部分进行多种模块设计。

三、预算控制

预算工作不仅是对调查项目的报价和成本估算,还包括对项目实施过程

[①] M. Berlin et al.,"An Experiment in Monetary Incentives," in Proceedings of the Survey Research Methods Section of the American Statistical Association, Washington, DC: American Statistical Association, 1992, pp. 393-398.

中的成本进行监控，也就是预算控制。从项目实施过程来看，一般分为三个阶段，即前期筹备阶段、中期现场执行阶段和后期收尾整理阶段。根据三个阶段的经费支出特点，需要进行针对性的预算管理和控制。

就前期筹备阶段而言，主要支出科目为系统开发和测试、问卷开发和测试、访员队伍筹备、访员培训以及设备购买或租用，预算控制的重点在于人员费和设备费，其中人员费是与筹备时间紧密相关的，预算控制中需要与项目主管保持密切沟通，确保筹备工作按时间表如期完成。

现场执行阶段的支出占项目总支出的70%以上，也是整个预算控制的重点阶段。主要支出科目包括访员费用、受访者费用、核查费用、数据清理费用以及执行中的不可预见费用。预算控制的重点是访员劳务费和差旅津贴，控制的方法是紧盯执行进度，避免访问期拖长造成的管理费用以及访员费用增加。如果调查项目规模较大，执行期可能会是几个月甚至是半年以上，预算管理需要对照执行进度每月进行核算，以保证经费支出不超预算。调查是一个系统工程，如果按月计算的访问任务因客观阻碍、访员流失或任务难度预估不够准确未能实现，需要协调各个环节的人员，及时分析问题所在并重新调整方案，例如增加访员、调动人手支援、集中攻关边际效益高的地区等，尽量控制超支经费额度。

第一和第二阶段如果能进行严格的预算控制，后期收尾整理阶段的预算控制将会相对简单。收尾整理阶段的支出主要是攻关费用以及数据最终清理和报告撰写费用，需要特别关注的是攻关费用。这部分在做预算时无法准确估算，仅能根据项目难度和执行经验进行大致判断，因此，在实地攻关阶段，需要对这部分预算支出进行密切监控。在预算额支出一半左右时，与项目主管沟通攻关进展，预估将要产生的攻关费用，提醒项目主管适时调整攻关方案。

预算控制在保证调查项目合理支出、确保经费不超支方面发挥重要作用。在项目启动后，建议根据项目实施各阶段的特点，由财务管理人员严密监控预算支出，在每个阶段完成后进行成本核算，以保证项目能有足够经费支撑所有调查任务的高质量实施。

部分重要名词中英文对照

中文名称	英文全称	英文缩写
计算机辅助调查	Computer-Assisted Interview	CAI
计算机辅助面对面访问	Computer-Assisted Personal Interview	CAPI
计算机辅助电话访问	Computer-Assisted Telephone Interview	CATI
计算机辅助自助访问	Computer-Assisted Self Interview	CASI
计算机辅助网络调查	Computer-Assisted Web Interview	CAWI
计算机辅助自助语音访问	Audio Computer-Assisted Self Interview	ACASI
中国家庭追踪调查	China Family Panel Studies	CFPS
中国综合社会调查	Chinese General Social Survey	CGSS
中国社会状况综合调查	Chinese Social Survey	CSS
中国居民健康与疾病负担调查	China Mental Health Survey	CMHS
中国健康与养老追踪调查	China Health and Retirement Longitudinal Study	CHARLS

参 考 文 献

1. 艾尔·巴比:《社会研究方法(第十一版)》(邱泽奇译),华夏出版社 2009 年版。
2. 费孝通:《社会调查自白》,上海人民出版社 2009 年版。
3. 风笑天:《现代社会调查方法(第五版)》,华中科技大学出版社 2014 年版。
4. 风笑天:《社会调查中的问卷设计》,天津人民出版社 2002 年版。
5. 加里·金、罗伯特·基欧汉、悉尼·维巴:《社会科学中的研究设计》(陈硕译),格致出版社 2014 年版。
6. 劳伦斯·纽曼:《社会研究方法:定性和定量的取向》(郝大海译),中国人民大学出版社 2007 年版。
7. 罗伯特·M. 格罗夫斯等:《调查方法》(邱泽奇译),重庆大学出版社 2017 年版。
8. 袁方:《社会调查原理与方法》,高等教育出版社 1990 年版。
9. Litwin, Mark S., *How to Measure Survey Reliability and Validity*, Thousand Oaks: Sage Publications, Inc., 1995.
10. Mitchell, Michael N., *Data Management Using Stata: A Practical Handbook*, College Station: Stata Press, 2010.
11. Peter W. et al., eds., *Interviewers' Deviations in Surveys: Impact, Reasons, Detection and Prevention*, Bern: Peter Lang GmbH, 2013.

教师反馈及教辅申请表

北京大学出版社本着"教材优先、学术为本"的出版宗旨,竭诚为广大高等院校师生服务。为更有针对性地提供服务,请您认真填写完整以下表格后,拍照发到 ss@pup.pku.edu.cn,我们将免费为您提供相应的课件,以及在本书内容更新后及时与您联系邮寄样书等事宜。

书名		书号	978-7-301-	作者	
您的姓名				职称、职务	
校/院/系					
您所讲授的课程名称					
每学期学生人数	_____人	_____年级		学时	
您准备何时用此书授课					
您的联系地址					
联系电话(必填)			邮编		
E-mail(必填)			QQ		
您对本书的建议:					

我们的联系方式:

北京大学出版社社会科学编辑部

北京市海淀区成府路 205 号,100871

联系人:武 岳

电话:010-62753121 / 62765016

微信公众号:ss_book

新浪微博:@未名社科-北大图书

网址:http://www.pup.cn

更多资源请关注"北大博雅教研"